Heiko Ihde

Blender

Ihr Einstieg in die professionelle
3D-Grafik und Animation

ADDISON-WESLEY

Ein Imprint von Pearson Education

München • Boston • San Francisco • Harlow, England
Don Mills, Ontario • Sydney • Mexico City
Madrid • Amsterdam

Bibliografische Information Der Deutschen Nationalbibliothek
Die Deutsche Nationalbibliothek verzeichnet diese Publikation in der Deutschen Nationalbibliografie; detaillierte bibliografische Daten sind im Internet über http://dnb.d-nb.de abrufbar.

10 9 8 7 6 5 4 3 2 1

14 13 12

ISBN 978-3-8273-2899-1

Einbandgestaltung: Marco Lindenbeck, webwo GmbH, mlindenbeck@webwo.de
Lektorat: Brigitte A. Bauer-Schiewek, bbauer@pearson.de
Fachlektorat: Andreas Giesen
Korrektorat: Sandra Gottmann
Herstellung: Claudia Bäurle, cbaeurle@pearson.de
Satz: Ulrich Borstelmann, Dortmund (www.borstelmann.de)
Druck und Verarbeitung: Firmengruppe APPL, aprinta-druck, Wemding
Printed in Germany

Inhaltsverzeichnis

Vorwort

Hallo liebe Leserin und lieber Leser,

vielen Dank für das Interesse an dem freien 3D-Programm Blender. Aller Anfang ist nicht einfach; besonders bei einem so komplexen Thema wie 3D-Grafik. Durch die Anleitungen in diesem Buch hoffe ich jedoch, den Einstieg oder Umstieg etwas angenehmer gestalten zu können. Und falls es auch nach dem Lesen noch das ein oder andere Mal zum Nachschlagen Verwendung findet, um im Umgang mit Blender zu helfen, dann bin auch ich mit meiner Arbeit zufrieden.

In diesem Buch sollen die wichtigsten Funktionen von Blender verständlich erklärt werden. Für die komplette Funktionalität wäre in einem einzigen Buch ohnehin viel zu wenig Platz. Das ist aber auch gar nicht so schlimm. In Programmen wie Blender lernt man nach einem gelungenen Einstieg ohnehin am besten dazu, indem man einfach ausprobiert. Vieles erklärt sich im Zusammenhang von selbst und manches erst nach einigem Experimentieren.

Eine ziemlich komplette Beschreibung der Buttons und Funktionen findet man zur Not in der Online-Hilfe, die unter `http://www.blender.org/education-help/` zu erreichen ist.

Wichtig ist, niemals den Mut am Ausprobieren zu verlieren!

In diesem Sinne:

Viel Spaß mit Blender ;)

Info

Diesem Buch liegt eine DVD bei. Auf dieser befindet sich die Vollversion von Blender für Windows, Mac OS X und Linux. Weiterhin sind dort die mit Blender produzierten Filme der Blender Foundation zu finden. Außerdem beinhaltet sie auch die Dateien mit den Blender-Szenen, die in diesem Buch beschrieben werden. Diese Dateien sind nach Kapiteln geordnet.

Weitere Informationen und Hilfe gibt es auf `http://blender.heiko-ih.de`. Dort können auch gerne Vorschläge zur Verbesserung des Buches oder entdeckte Fehler mitgeteilt werden. Falls genug Anfragen zu bestimmten Themenbereichen kommen, können wir gern auf der Website einen Tutorial-Bereich einrichten, evtl. sogar diese Tutorials in neue Auflagen des Buches übernehmen.

Danksagung

Ein ganz großer Dank geht an Ton Roosendaal. Ohne ihn wäre Blender ganz sicher nicht das tolle Programm, das es heute ist. Weiterhin danke ich der gesamten Blender Community für all ihren enormen Einsatz.

Ein weiterer großer Dank geht an meine Familie für ihre ständige Unterstützung; besonders aber an meine Frau Bea und meine Söhne Eugene und Charly.

Mindestens genauso viel Dank geht an den Verlag für die gute Arbeit und Unterstützung. Und an die fleißigen „Beta-Tester", insbesondere (An)Dreas Giesen.

Und nicht weniger danke ich allen, die dieses Buch lesen, weil sie sich für Blender interessieren.

Der Autor

Heiko Ihde ist Diplom-Informatiker (FH) und hat bereits mit den führenden Tools der 3D-Branche im Bereich Level-, Character- und Web-Design gearbeitet. Er ist derzeit tätig als Senior Manager im Bereich Media Production bei der Frogster Online Gaming GmbH. Nebenbei leitet er die Gruppe Blender 3D User auf Xing.com und betreibt unter www.heiko-ih.de seine eigene Website.

Kapitel 1
Einführung

Professionelle 3D-Software-Pakete gehören zu den teuersten Grafikprogrammen auf dem Markt. Die Preise für eine Lizenz reichen von ein paar Hundert Euro bis über 10.000 Euro. Für jeden Arbeitsplatz muss eine eigene Lizenz erworben werden. Sobald eine neue Version der Software erscheint, muss auch diese wieder bezahlt werden.

Der Einstieg wird wegen des hohen Preises einem Anfänger nicht gerade leicht gemacht. Wer nicht auf illegale Weise an die Software gelangen möchte, hat meist erst auf Universitäten Zugriff auf ein solches Softwarepaket. Das ist ziemlich spät.

Doch es gibt eine Alternative: Die Open Source 3D-Software Blender. Blender ist absolut kostenfrei erhältlich. Jeder, der es haben möchte, kann es jederzeit von der Blender-Website herunterladen. Gibt es eine neue Version, kann auch diese sofort heruntergeladen werden. Der Kauf einer neuen Lizenz ist nicht erforderlich. Die finanzielle Hürde ist somit genommen.

1.1 Was kann Blender?

Hier ein kleines Blender-Quiz.

In Blender kann man …

- ❑ Bilder malen
- ❑ 3D-Modelle bauen, bewegen und berechnen lassen
- ❑ Komplette Spiele erstellen
- ❑ Videos schneiden
- ❑ Video- und Bildkompositionen erstellen

Lösung: Alle Antworten sind richtig. Blender ist universell einsetzbar.

1.2 Für wen ist Blender gedacht?

Blender bietet aufgrund seiner Vielfältigkeit vielen verschiedenen Anwendern einen Nutzen. Das Programm ist auf jeden Fall interessant für:

- 3D-Artists
- Product-Designer
- Level-Designer
- Game-Designer
- Character-Designer
- Animatoren
- Motion-Designer
- Cutter
- Web-/Flash-Designer
- Architekten

1.3 Welche Anforderungen hat Blender?

Eine 3D-Grafik-Software hat natürlich entsprechende Anforderungen an Hard- und Software. Dank der geringen Programmgröße und des OpenGL Interface sind die Anforderungen aber nicht allzu schwer zu erfüllen.

Folgende Spezifikationen sollte laut der offiziellen Blender-Website ein Computer erfüllen, um Blender starten zu können:

Betriebssysteme

- Windows XP, Vista oder 7
- Mac OS X 10.5 oder später
- Linux
- FreeBSD

Minimale Hardware-Anforderungen

- 1 GHz Single Core CPU
- 512 MB Arbeitsspeicher
- 1024 x 768 Auflösung mit 16 Bit Farbtiefe
- 3 Button Mouse
- Open GL-Grafikkarte mit 64 MB Arbeitsspeicher

Empfohlene Hardware-Anforderungen

- 2 GHz Dual Core CPU
- 2 GB Arbeitsspeicher
- 1920 x 1200 Auflösung mit 24 Bit Farbtiefe
- 3 Button Mouse
- Open GL-Grafikkarte mit 256 oder 512 MB Arbeitsspeicher

Hardware-Anforderungen für Produktionen

- 64 Bit Multi Core CPU
- 8–16 GB Arbeitsspeicher
- zwei Monitore mit 1920 x 1200 Auflösung und 24 Bit Farbtiefe
- 3 Button Mouse und Grafiktablett
- Open GL-Grafikkarte mit 1 GB Arbeitsspeicher, ATI FireGL oder Nvidia Quadro

Die zur aktuellsten Version passenden Systemanforderungen sind wie die soeben genannten auch unter folgender Adresse zu finden:

`http://www.blender.org/features-gallery/requirements/`

1.4 Warum ist Blender umsonst?

Blender war nicht immer Open Source. Bevor Blender am 13. Oktober 2002 unter der GNU General Public License veröffentlicht wurde, war die Software zunächst ein firmeninternes Tool des 1988 gegründeten niederländischen Animationsstudios NeoGeo.

Später gründete Blender-Chefentwickler und Mitgründer von NeoGeo Ton Roosendaal die Firma NaN Technologies und versuchte, das Programm weiterzuentwickeln und kommerziell zu vertreiben. Dies scheiterte, und die Firma ging Anfang 2002 pleite.

Um das Einstampfen der Software Blender zu verhindern, gründete Ton im Mai des gleichen Jahres die Blender Foundation (Stiftung). Zunächst war das einzige Ziel der Stiftung, Blender durch Spenden von den NaN-Investoren für die Open-Source-Gemeinde freizukaufen. Der ausgehandelte Preis war 100.000 Euro.

Zur Überraschung aller gelang dies innerhalb von nur sieben Wochen. Blenders Quellcode wurde frei. Es ist somit zu Open-Source-Software geworden. Jeder darf nun den Quellcode anschauen und nach Belieben verändern und verteilen.

Wer sich für die komplette Hintergrundgeschichte von Blender interessiert, kann diese natürlich auf der offiziellen Blender-Seite finden.

`http://www.blender.org/blenderorg/blender-foundation/history/`

1.5 Was wurde bereits in Blender realisiert?

Neben all den inoffiziellen Projekten rund um den Erdball, gibt es bisher vier offizielle Projekte, die von der Blender Foundation realisiert und finanziert wurden. Diese Projekte haben vor allem den Sinn, das Programm Blender weiterzuentwickeln – ein sehr erfolgreiches Konzept. Jedes dieser Projekte gab Blender einen gigantischen Entwicklungsschub.

1.5.1 Elephants Dream

Elephants Dream ist der erste von bisher drei Open Movies der Blender Foundation und war wohl der weltweit erste 3D Open Movie. Er ist das Ergebnis von ca. einem Jahr Arbeit. Benutzt wurde laut Angaben der Website ausschließlich Open-Source-Software.

Abbildung 1.1

Das Cover des kostenlos erhältlichen Soundtracks zum Film

Der sehr surreale Kurzfilm kann kostenlos heruntergeladen und auch beliebig verteilt werden. Ebenso wie der Film ist auch der Soundtrack kostenlos zum Download verfügbar. Direkt im Download enthalten ist auch ein CD-Cover zum Ausdrucken.

Abbildung 1.2

Szenerie aus Elephants Dream

Alle Szenen und sonstigen Dateien können ebenso wie der Film selbst von der offiziellen Projektseite heruntergeladen werden.

ABBILDUNG 1.3
Emo aus Elephants Dream

Die gezeigten Abbildungen stammen von der offiziellen Seite zum Film:

`http://orange.blender.org`

1.5.2 Big Buck Bunny

Der zweite Open Movie der Blender Foundation hat vor allem die Darstellung von Fur (Fell) und Approximate Ambient Occlusion (schnellere Methode für eine realistischere Licht- bzw. Schattenberechnung) vorangebracht.

ABBILDUNG 1.4
Poster für Big Buck Bunny

Es geht in Big Buck Bunny um einen Hasen, der ein paar ungezogenen Nagetieren Manieren beibringen möchte. Er tut dies auf etwas unkonventionelle Weise.

Abbildung 1.5
Der Big Buck Bunny bewundert einen Schmetterling.

Im Vergleich zum ersten Film, der in einer sehr technischen Kulisse spielte, zeigt der zweite sehr viel Natur. Viele Pflanzen, viel Tageslicht und vor allem viel Gras und Fell.

Abbildung 1.6
Die Unholde aus Big Buck Bunny

Alle Projektdateien können kostenlos von der Projektwebsite heruntergeladen werden. Ein Blick in die Dateien kann nicht schaden, denn schließlich gibt es zum Testen und Lernen kaum besseres Material als Dateien, die produktionsfähig sind.

Abbildung 1.7
Big Buck Bunny mit Bogen

Die gezeigten Abbildungen stammen von der offiziellen Seite zum Film:

`http://www.bigbuckbunny.org`

1.5.3 Yo Frankie!

Im Gegensatz zu den anderen Projekten ist Yo Frankie! kein Open Movie, sondern ein Open-Game-Projekt. Es ist ein 3D-Spiel, in dem der Spieler das fiese Flughörnchen aus dem Big Buck Bunny-Movie durch eine liebevoll gestaltete Welt steuert.

Abbildung 1.8
Das Logo von Yo Frankie!

In dieser Welt begegnet man z.B. müden Schafen und flinken Widdern, gemeinen Ratten und gefährlichen Piranhas.

ABBILDUNG 1.9
Screenshot vom Sheep Character direkt aus Blenders Game Engine

Yo Frankie! wurde zunächst in Blender nur modelliert und mit der Crystal Space 3D-Engine eine lauffähige Version erstellt. Diese Version kann noch immer von der Website heruntergeladen werden.

ABBILDUNG 1.10
Screenshot vom Rat Character direkt aus Blenders Game Engine

Während der Produktion entwickelte sich jedoch die BGE (Blender Game Engine) so enorm weiter, dass das Projekt komplett darauf umgestellt werden konnte.

ABBILDUNG 1.11
Screenshot vom Piranha Character direkt aus Blenders Game Engine

Somit konnte gezeigt werden, dass fast ausschließlich mit Blender ein komplettes Spiel hergestellt werden kann.

ABBILDUNG 1.12
Screenshot aus Yo Frankie! direkt aus Blenders interner Game Engine

Die gezeigten Abbildungen stammen von der offiziellen Seite zum Spiel:

`http://www.yofrankie.org`

1.5.4 Sintel

Der dritte Blender Open Movie trägt den Namen Sintel. Er hat vor allem die Programmversion 2.5 vorangebracht und ist der erste Film, der mit der neuen Blender-Version erstellt wurde.

ABBILDUNG 1.13
Sintel-Logo aus dem Film

Eine der markanten Neuerungen in diesem Film ist die Verwendung von Indirect Lighting (indirekte Beleuchtung), das vorher nur mithilfe externer Programme möglich war.

ABBILDUNG 1.14
Sintel pflegt den kleinen Drachen Scales gesund.

In diesem Film geht es um das Mädchen Sintel, das einem verwundeten kleinen Drachen hilft und mit ihm Freundschaft schließt. Leider wird diese Freundschaft viel zu früh auf eine harte Probe gestellt.

ABBILDUNG 1.15
Die Sintel Credits führen auch alle Sponsoren mit auf.

Wer Blender, die Blender Foundation und die Open-Movie- oder Open-Game-Projekte unterstützen möchte, hat dazu häufig die Möglichkeit durch Spenden oder Mithilfe bei den Projekten. Oft reicht schon die Vorbestellung der DVD. Und als zusätzliche Belohnung wird solch ein Sponsor oder Mithelfer sogar im Abspann erwähnt. Na, wenn das keine Ehre ist!

Die gezeigten Abbildungen stammen vom Film und von der offiziellen Seite zum Film:

`http://www.sintel.org`

Auch zu Sintel wird derzeit ein Spiel entwickelt. Dies ist allerdings kein offizielles Projekt der Blender Foundation. Sintel the Game ist ein unabhängiges Projekt.

`http://www.sintelgame.com`

1.6 Woher bekommen wir Blender?

Neben den Programmdateien auf der CD/DVD zum Buch bekommen wir die aktuellsten stabilen Versionen von Blender auf der offiziellen Website unter folgender URL:

`http://www.blender.org/download/get-blender/`

Wer nicht auf die offiziellen Versionen warten und schon vorher die kommenden Features ausprobieren will, sollte mal einen Blick auf diese Seite werfen:

`http://www.graphicall.org/`

Hier werden Versionen zum Download angeboten, die sich noch in der Entwicklung befinden. Diese sind noch nicht ausgiebig getestet und können noch einige schwerwiegende Fehler beinhalten. Sie sollten nicht in der Produktion eingesetzt werden. Neugierige wird es trotzdem interessieren, bereits vor offiziellem Release die neuesten Funktionen ausprobieren zu können.

1.7 Wie können wir etwas zurückgeben?

Um die ganze Welt verteilt gibt es eine große Zahl an Benutzern, Entwicklern und Fans. Diese Menschen ergeben zusammen die Blender Community. Und wir sind ein Teil dieser Community. Warum? Allein schon das Interesse an Blender und das regelmäßige Benutzen davon machen uns automatisch zu einem Teil davon.

Open-Source-Programme wie Blender leben von der Aktivität ihrer Communities. Jeder Blender-Nutzer kann etwas nehmen, aber auch der Community etwas zurückgeben. Dies kann in Form von Kommentaren zu Bildern, Videos oder Programmfunktionen sein, aber auch aktive Entwicklung der Software oder finanzielle Unterstützung (Spende oder Kauf von Blender-Produkten `http://www.blender3d.org/e-shop/`). Diese aktive Hilfe aus der Community ist der Grund dafür, dass Blender sich so gut entwickelt Weiter so!

Kapitel 2
Das Interface

Blenders Graphical User Interface (grafische Benutzeroberfläche), kurz GUI genannt, ist außergewöhnlich. Blender läuft auf einer Menge verschiedener Plattformen. Dabei ist das GUI auf jedem Betriebssystem identisch. Egal welches System (oder welche Systeme) wir nutzen wollen, Blender sieht immer gleich aus.

Dies wird unter anderem durch den Einsatz von OpenGL beim Erstellen des GUI ermöglicht. OpenGL ist eine Open-Source-3D-Grafik-Bibliothek. Sie wird für die komplette Darstellung des GUI genutzt. Unterschiede in der Darstellung auf verschiedenen Betriebssystemen gibt es daher nicht.

Blenders GUI hat sich über die Jahre sehr stark verändert. Viele fleißige Entwickler rund um die Welt sind damit beschäftigt, Blender immer weiter zu entwickeln. Einige wenige werden dafür von der Blender Foundation bezahlt. Die meisten tun dies jedoch freiwillig und unbezahlt in ihrer Freizeit.

Viele Funktionen kamen hinzu. Viele vorhandene Funktionen wurden verändert, verbessert und an andere Stellen verschoben. Dies wird sich höchstwahrscheinlich auch in Zukunft nicht ändern.

Sicherlich werden auch in der aktuellsten Version wieder einige Funktionen hinzugefügt oder verändert worden sein, die in diesem Buch noch auf einem älteren Stand sind. Dies sollte uns als Blender-Nutzer aber nicht stören. Vielmehr sollten wir uns freuen, ein so aktives Entwicklerteam zu haben, das immer wieder für Fortschritte sorgt. Fortschritte, die andere 3D-Software-Hersteller sich mit jeder neuen Version teuer bezahlen lassen.

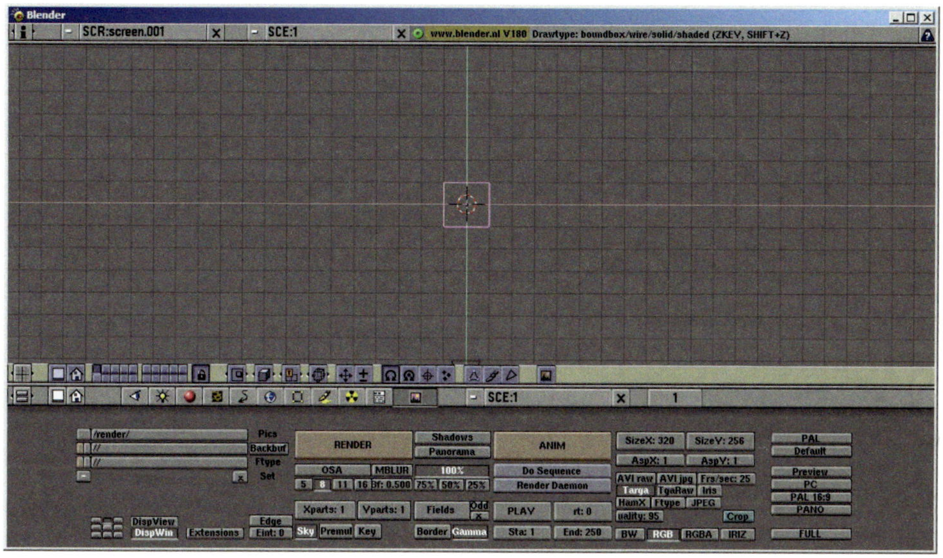

ABBILDUNG 2.1

Blender 1.80

OpenGL steuert direkt den Grafikprozessor auf der Grafikkarte an. Daher ist die komplette Oberfläche von Blender-Hardware beschleunigt. Dadurch läuft Blender im Ganzen flüssiger als manch anderes Programm ohne beschleunigte Oberfläche.

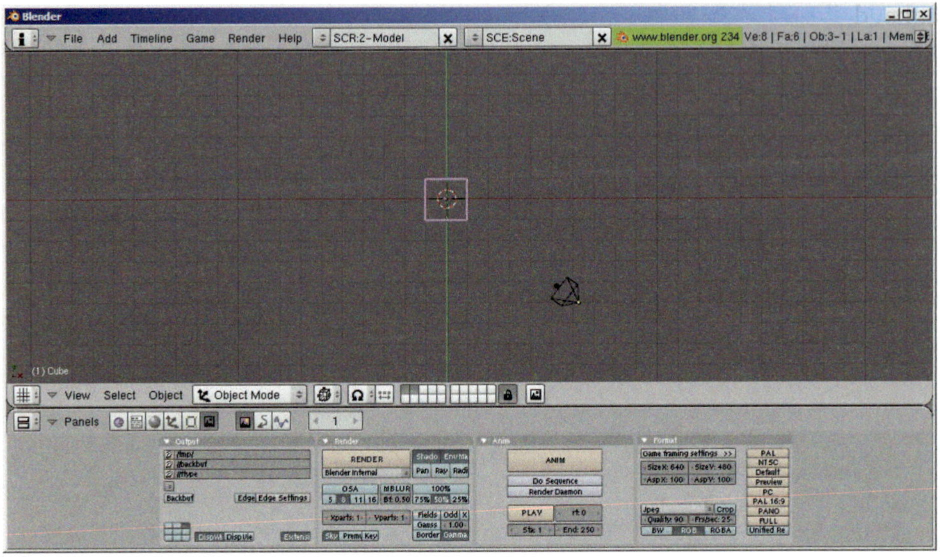

ABBILDUNG 2.2
Blender 2.3

ABBILDUNG 2.3
Blender 2.5 Alpha 0

2.1 Unterschiede zwischen 2.4x und 2.5

Das GUI hat sich im Verlauf der Jahre enorm weiterentwickelt. Da vor allem Blender-Neulingen der Einstieg in das Programm sehr schwer fiel, wurde bei der Version 2.5 besonders darauf geachtet, übliche Konventionen zu berücksichtigen. Die manchmal ziemlich wirre und zusammenhanglose Anordnung der Buttons und Eingabefelder wurde komplett überdacht und neu arrangiert. Funktionen wurden anhand ihres Zusammenhanges Panels zugewiesen und nach Relevanz sortiert. Ebenso wurden nicht eindeutige Bezeichnungen umformuliert.

In der Version 2.5 Alpha 0 wurde zum ersten Mal offiziell das neue Interface veröffentlicht.

Darin enthalten sind folgende Neuerungen:

- Neues UI
- Selbst definierbare Tasten- und Mausbelegung
- Action-Editor zum Dope Sheet erweitert

2.2 Das Blender GUI im Detail

Blenders GUI ist sehr flexibel. Es kann sehr einfach an die persönlichen Anforderungen und Vorlieben angepasst werden.

In Blender gibt es für jede Aufgabe mindestens einen passenden *Editor*. Ein Blender-Programmfenster besteht aus einem Layout von nahezu beliebig vielen *Editoren*.

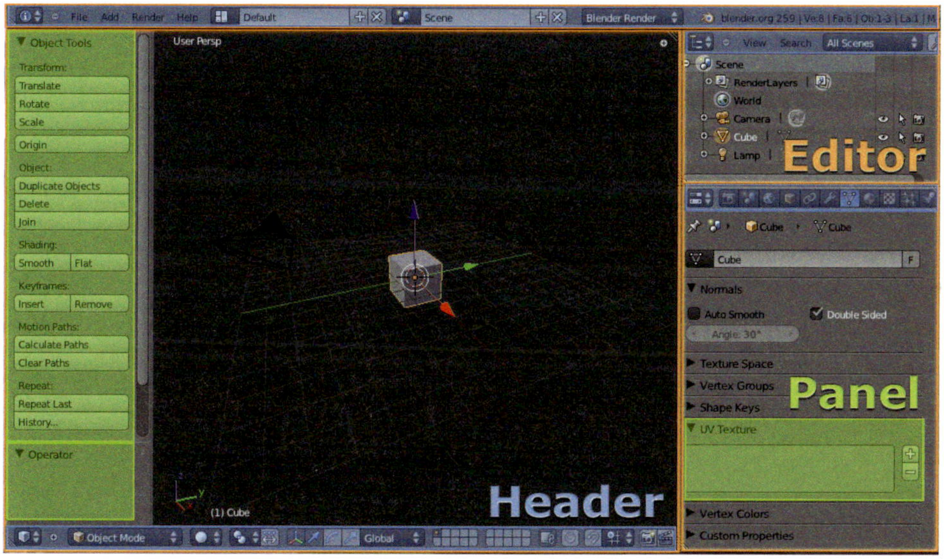

ABBILDUNG 2.4

Ein Blender-Layout mit vier EDITOREN inkl. HEADER und drei geöffneten PANELS

Im *Header* eines *Editors* finden wir meist das Menü zum *Editor* und einige Buttons und Funktionen. Ist das *Header-Menü* nicht zu sehen, ist es zusammengeklappt und sieht aus wie ein *Plus-Button*. Allerdings hat nicht jeder *Header* ein Menü.

Ist der Inhalt von einem *Editor* so lang, dass er aus den Grenzen herausragt, können wir mit der mittleren Maustaste den Inhalt verschieben oder mit dem Mausrad scrollen. Dies funktioniert auch im *Header*. Mit `Strg` und der mittleren Maustaste können wir *Editor*-Inhalte vergrößern und verkleinern.

Ein *Panel* kann mit dem dreieckigen Pfeil neben dem Titel auf- und zugeklappt werden. Ist die Reihenfolge für uns ungünstig, können wir sie jederzeit durch Klicken und Ziehen auf den Greifer rechts neben dem Titel vom *Panel* ändern.

ABBILDUNG 2.5

Greifer zum Duplizieren eines EDITORS

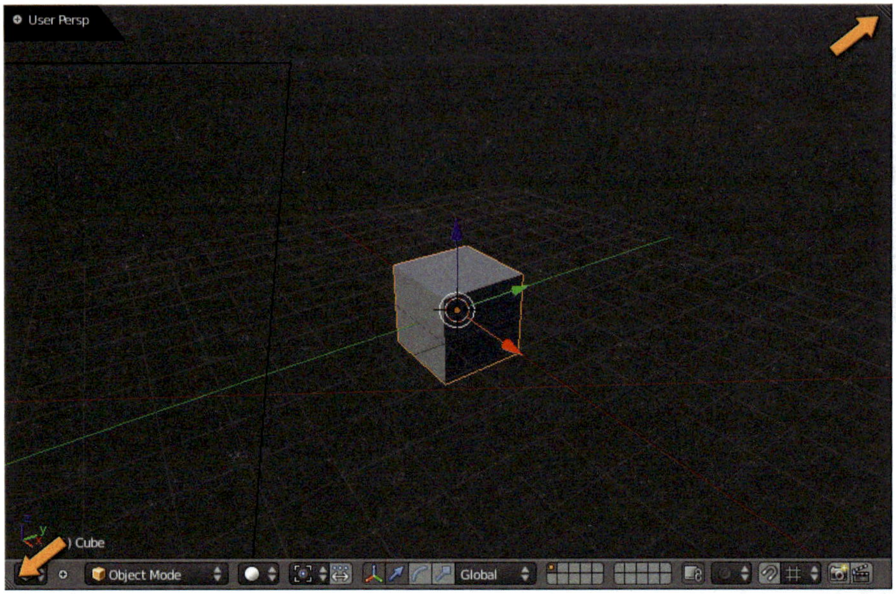

Jeder *Editor* hat einen Greifer sowohl unten links als auch oben rechts. Zieht man nun den Greifer mit der Maus weg von einem Rand des *Editors*, öffnet sich dazwischen ein weiterer *Editor*. Der neue *Editor* ist dabei vom selben Typ wie der erste.

ABBILDUNG 2.6

Ein neuer EDITOR vom selben Typ wird durch Ziehen des Greifers erzeugt.

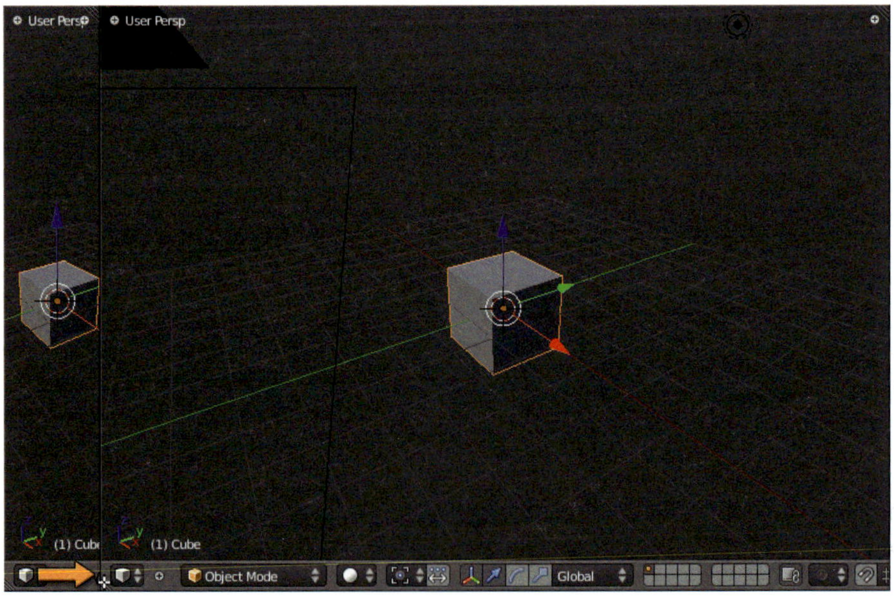

Zieht man jedoch in Richtung eines angrenzenden *Editors*, so erscheint ein Pfeil. Lässt man die Maustaste los, verschwindet der *Editor* mit dem Pfeil darin. Zieht man jedoch vorher mit gedrückter Maustaste wieder zurück in den ursprünglichen *Editor*, so erscheint darin ein Pfeil, und der ursprüngliche *Editor* verschwindet.

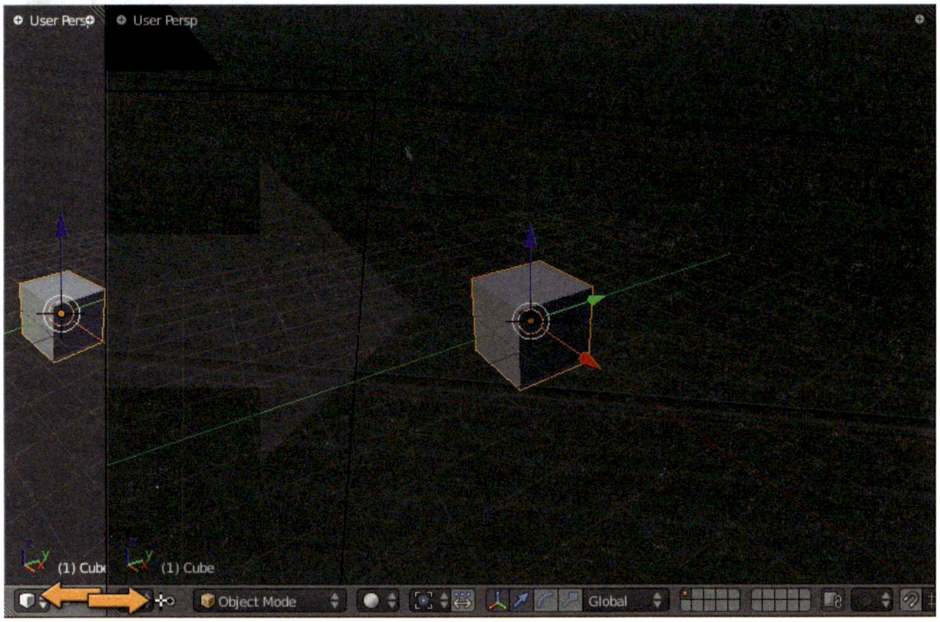

ABBILDUNG 2.7

Wird die Maustaste nun losgelassen, ersetzt der neu erstellte EDITOR *den alten.*

Zieht man den Greifer bei gehaltener [⇧]-Taste, so öffnet sich ein neues Blender-Fenster mit dem Inhalt des betroffenen EDITORS. Dies kann besonders für den Betrieb mit mehreren Monitoren nützlich sein. Jeder Monitor kann sein eigenes Blender-Fenster bekommen, das sich aktiv ändert, sobald in einem anderen Fenster etwas passiert.

Ebenso einfach ist das Austauschen der Editoren untereinander. Zieht man nämlich bei gehaltener [Strg]-Taste mit der Maustaste das dabei erscheinende Swap-Icon in einen anderen Editor, wird der Inhalt der beiden Editoren einfach getauscht.

Die Größe der einzelnen Editoren kann im Übrigen auch ganz einfach geändert werden. Wir brauchen nur auf den Rahmen zwischen zwei Editoren zu klicken und diesen dann bei gehaltener Maustaste in die gewünschte Richtung zu schieben.

Klingt kompliziert? Einfach mal ausprobieren. Es ist wirklich sehr einfach und intuitiv.

2.2.1 GUI-Elemente

Während der Arbeit mit Blender werden wir immer wieder auf die folgenden GUI-Elemente stoßen. Diese tauchen in verschiedenen Variationen auf: manchmal mit Text, manchmal mit Icon und manchmal mit beidem.

Hin und wieder wird ein Element ein wenig anders reagieren als ein Element, das ähnlich aussieht. In diesem Falle dürfen wir uns einfach nicht verwirren lassen. Sie sollten einfach ausprobieren, was passiert.

Beschriftungen der GUI-Elemente werden bei Platzmangel abgekürzt. Falls also ein Element mit TRANS statt TRANSLUCENCY bezeichnet wird, liegt das an der Darstellungsgröße des Elements. Ein Vergrößern des Editors oder Rauszoomen mit [Strg] und der mittleren Maustaste wird in einem solchen Fall die vollständige Bezeichnung wiederherstellen.

Abbildung 2.8

Tooltipp beim Hovern über einem Element

Lässt man den Mauszeiger einige Zeit über einem GUI-Element verweilen, so wird ein *Tooltipp* eingeblendet. Dieser beinhaltet eine kurze Beschreibung, die Tastenkombination und den Namen der Python-Funktion bzw. Variablen.

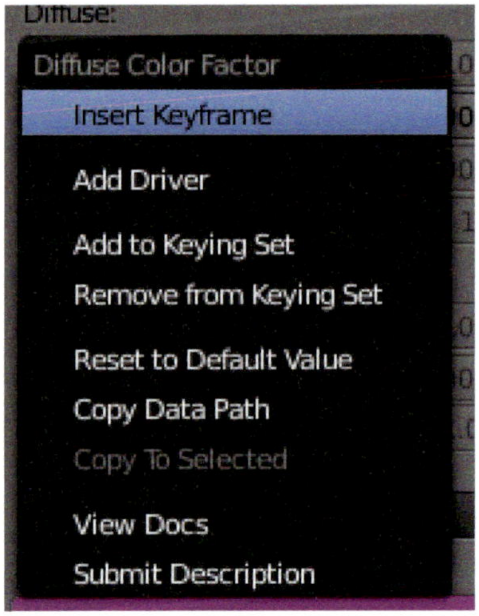

Abbildung 2.9

Menü bei Klick der rechten Maustaste

Klickt man mit der rechten Maustaste auf ein GUI-Element, so erscheint ein Menü. Über dieses Menü kann z.B. ein Keyframe für das Animieren dieses Elementes eingefügt werden. Mit dem Menü-Eintrag *View Docs* können wir eine Hilfe zu diesem Element aufrufen.

Abbildung 2.10

Button mit Icon

Ein *Button* startet im Normalfall ein sogenanntes Tool. Ein Tool ist z.B. eine Aktion wie Skalieren oder Verschieben oder Abspielen einer Animation.

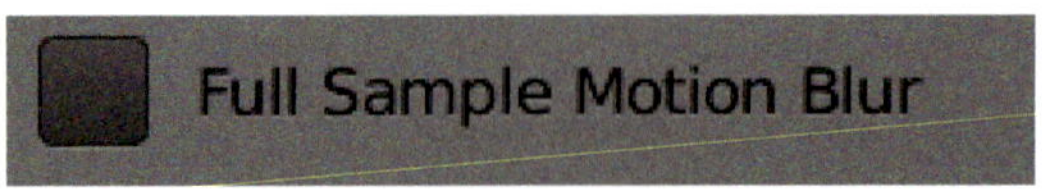

Abbildung 2.11

Checkbox deaktiviert

Eine *Checkbox* hat zwei Zustände: aktiviert und deaktiviert.

ABBILDUNG 2.12
CHECKBOX aktiviert

Ist die *Checkbox* vor der Überschrift eines Panels, kann mit einem Klick die gesamte Funktionalität eines Panels ein- oder ausgeschaltet werden; selbst wenn das Panel zugeklappt ist.

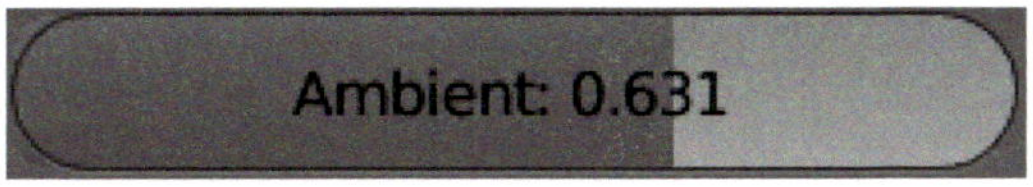

ABBILDUNG 2.13
SLIDER ohne Pfeile

Um Zahlenwerte zu definieren, gibt es die *Slider*. Bei gedrückter Maustaste kann der Wert durch Ziehen nach links oder rechts verändert werden. Ein Klick in die Mitte wechselt zum Eingabemodus, in dem ein Zahlenwert eingegeben werden kann. Dieser Wert ist dann der neue Richtwert für den *Slider*.

ABBILDUNG 2.14
SLIDER mit Pfeilen

Ein *Slider* mit Pfeilen kann bei Klick auf die Pfeile in kleinen Schritten gesenkt bzw. gesteigert werden. Ein Klick in die Mitte wechselt auch hier in den Eingabemodus. Auch hier kann bei gehaltener Maustaste der Wert durch Ziehen nach links oder rechts verändert werden.

ABBILDUNG 2.15
SELECT-BUTTONS (nur eine Auswahl möglich)

Select-Buttons bieten eine Auswahl aus mehreren Möglichkeiten. Ist der Hintergrund der Buttons dunkel, ist nur eine einzige Auswahl möglich.

ABBILDUNG 2.16
SELECT-BUTTONS (mit Mehrfach-Auswahl)

Bei hellem Hintergrund ist eine Mehrfachauswahl möglich. Dafür muss beim Klick auf die Buttons die ⇧-Taste gedrückt werden. Leicht zu merken, da es z.B. bei einer mehrfachen Auswahl von 3D-Objekten genauso funktioniert.

ABBILDUNG 2.17

SELECT-MENÜ und ADD-BUTTON

Das *Select-Menü* ist den *Select-Buttons* ähnlich. Es ist eine Auswahl aus mehreren vorgegebenen Optionen möglich.

ABBILDUNG 2.18

SELECT-MENÜ geöffnet

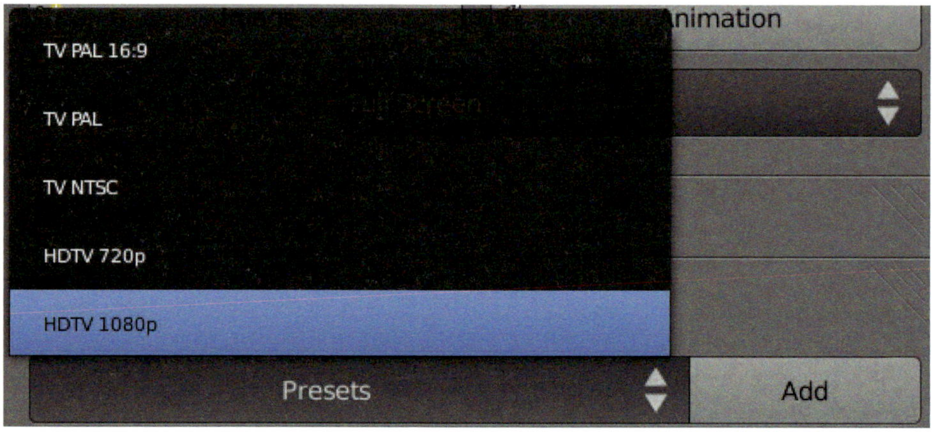

Bei Klick öffnet sich eine Liste mit den verfügbaren Optionen. Oft kann zusätzlich über einen *Add-Button* eine weitere Option der Liste hinzugefügt werden.

ABBILDUNG 2.19

Erweiterte Form eines SELECT-MENÜS

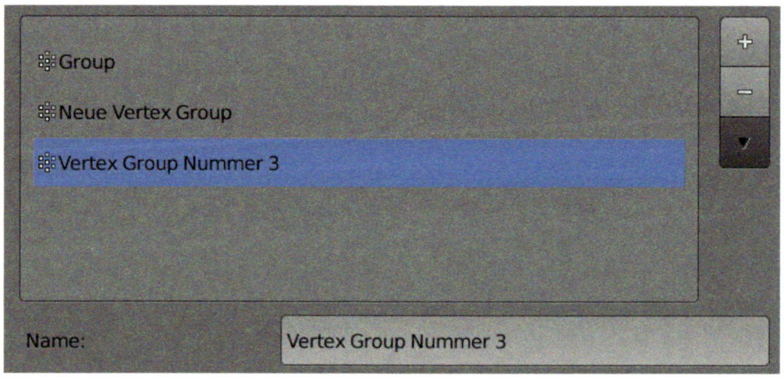

Es gibt noch erweiterte *Select-Men*ü-Variationen. Das Prinzip ist meist ähnlich: Es gibt eine Liste mit Einträgen, einen *Plus-Button* zum Hinzufügen und einen *Minus-Button* zum Entfernen von Einträgen. Manchmal gibt es zusätzlich einen *Button* mit weiteren Optionen für den gewählten Eintrag.

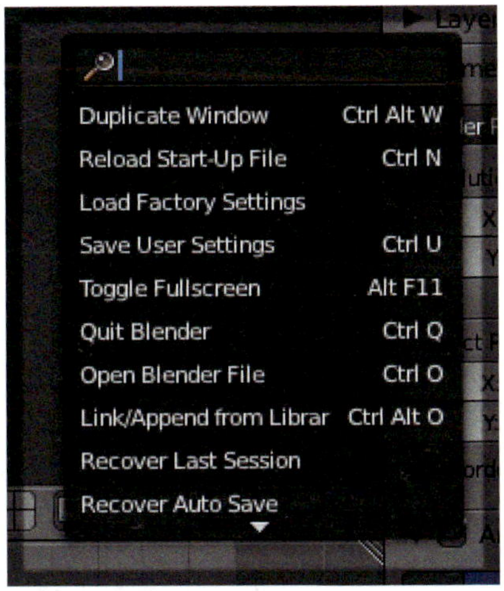

ABBILDUNG 2.20
Das SPACEBAR-MENÜ

Spacebar-Menü

Manchmal benötigen wir eine bestimmte Funktion und wissen nicht, wo sie zu finden ist. Das *Spacebar-Menü* kann hier helfen. Drücken wir `Leertaste`, erscheint ein Dialog mit einem Eingabefeld. Hier können wir Blender-Funktionen suchen und starten.

ABBILDUNG 2.21
Das Plus deckt weitere Elemente auf.

Der runde Plus-Button

Der runde *Plus-Button* befindet sich zum einen im *Header* von fast allen *Editoren* direkt neben dem *Editor Type-Button*. Damit kann das *Header-Menü* aufgeklappt werden.

ABBILDUNG 2.22
Zugeklapptes HEADER-MENÜ

Ein *Minus-Button* klappt das Menü wieder zu und wird dann zum *Plus-Button*.

ABBILDUNG 2.23
Aufgeklapptes HEADER-MENÜ

Ist so ein *Plus-Button* in den oberen Ecken bestimmter *Editoren* zu finden, so verbirgt sich dahinter ein aufklappbarer Dialog.

Abbildung 2.24

Der runde Plus-Button deckt weitere Elemente auf.

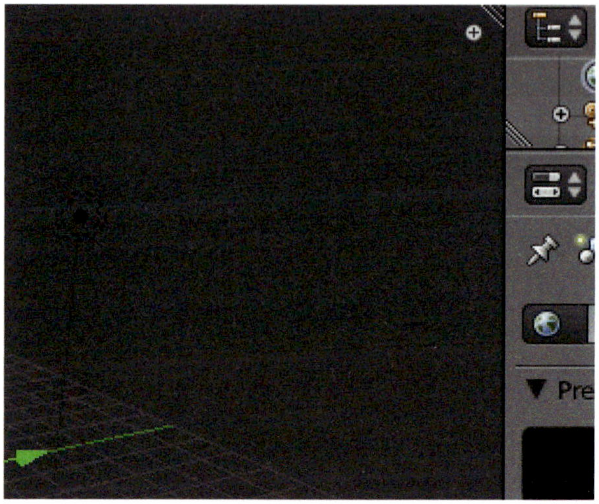

Ist der Dialog einmal aufgeklappt, lässt er sich am inneren Rand größer und kleiner ziehen. Zieht man den Dialog komplett zusammen, ist er wieder eingeklappt, und der runde *Plus-Button* erscheint wieder.

Abbildung 2.25

Aufgedecktes Element

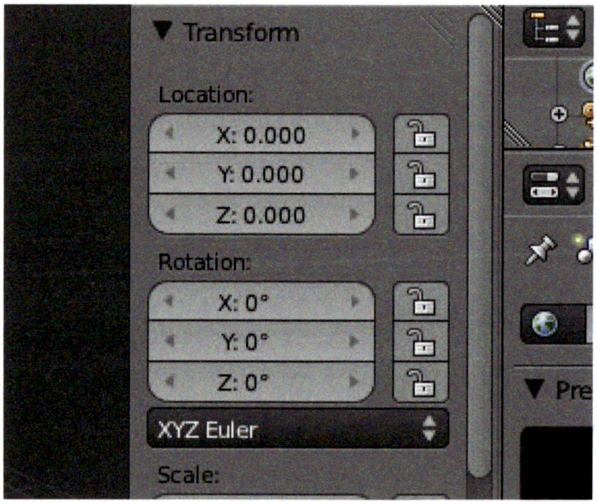

2.2.2 Die Blender-Editoren

Für die Erfüllung der vielen Aufgaben gibt es in Blender verschiedene *Editoren* (Bearbeitungsfenster). Ein *Editor*-Fenster kann jederzeit über das *Editor Type Select-Menü* von einem Type in einen anderen umgeschaltet werden.

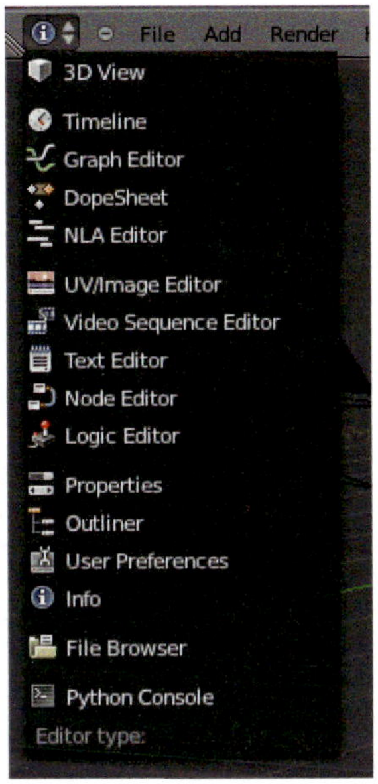

ABBILDUNG 2.26

Auswahl des EDITOR TYPES

Wir können außerdem mit den Tasten ⇧+F1 bis ⇧+F12 verschiedene Editoren erreichen. Dabei ist z.B. ⇧+F5 die *3D View*.

3D View

Dies ist der wohl wichtigste *Editor* in Blender; zumindest für alle, die das Programm größtenteils zum Generieren von 3D-Grafik benutzen möchten. Hier werden 3D-Modelle erstellt und zu einer Szene arrangiert.

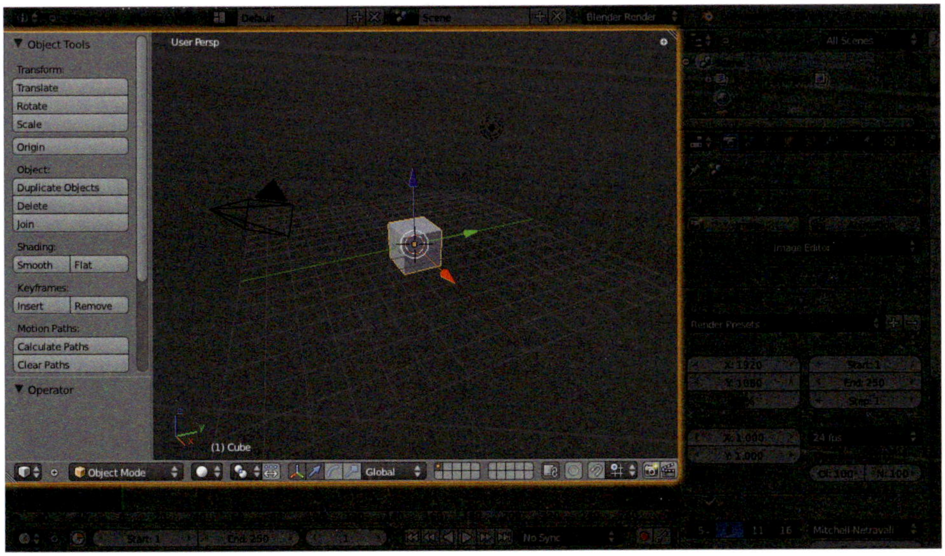

ABBILDUNG 2.27

Die 3D VIEW *befindet sich in der Default-Ansicht großzügig in der Mitte.*

Starten wir Blender zum ersten Mal, ist die *3D View* bereits zu sehen. Sie nimmt den meisten Platz des Programmfensters ein. Standardmäßig sind bereits drei Objekte in der Szene vorhanden:

- Ein Cube/Würfel: 3D-Modell eines Würfels
- Eine Lamp/Lampe: Ein rundes Symbol symbolisiert die Position der Lichtquelle
- Eine Camera/Kamera: Dargestellt durch ein sehr einfaches Kameramodell

Abbildung 2.28

Die 3D View

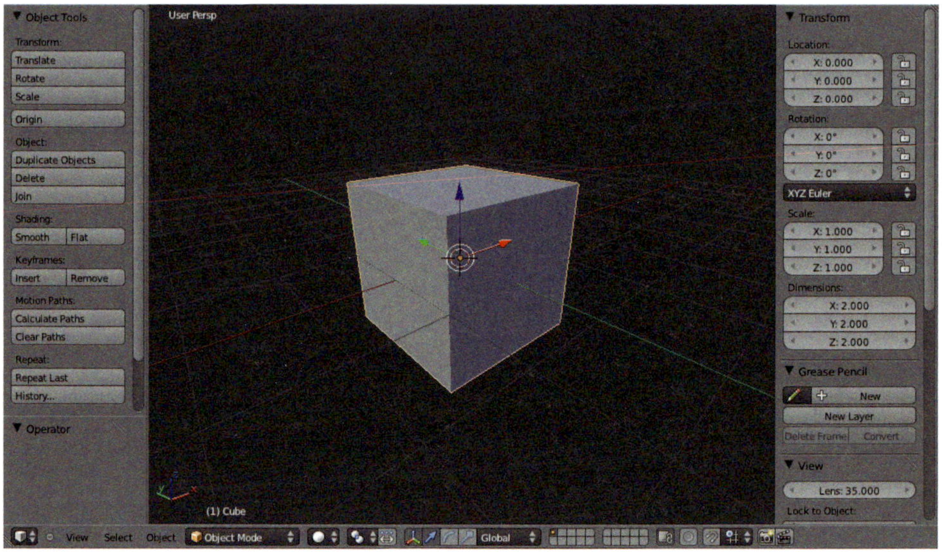

New 2.5 Feature

Außerdem neu in der *3D View* in Blender Version 2.5 ist das *Tool Shelf*. Dieses können wir durch die Taste [T] aktivieren. Hier finden wir einige Buttons mit wichtigen Befehlen passend zum Kontext. Je nach *Object Type* und *Mode* werden hier andere Funktionen und Tools angeboten.

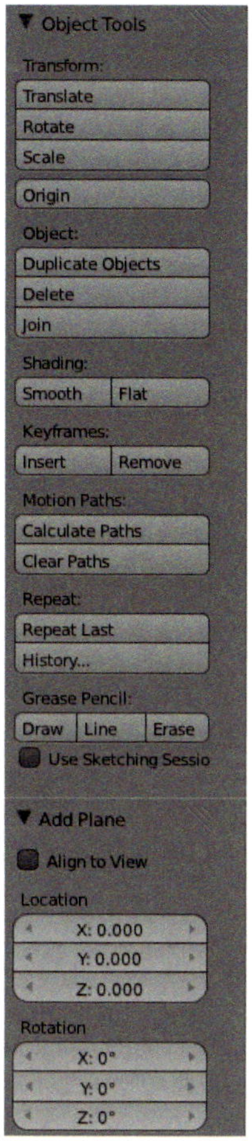

ABBILDUNG 2.29

TOOL SHELF

Am unteren Ende des *Tool Shelf* finden wir die zuletzt ausgeführte Operation. Dort können wir nachträglich die Parameter dieser Operation ändern. Jede neue Operation wird diese Parameter jedoch überschreiben. Die letzten Parameter können wir auch mit F6 als Overlay-Dialog direkt am Mauszeiger aufrufen.

3D View Properties

Die meisten Editoren haben noch einen weiteren Dialog. Dieser ist ähnlich des *Tool Shelf* mit erweiterten spezifischen Einstellungen zum Editor und zum gewählten Objekt. Dieser Dialog heißt *Properties* und befindet sich meist auf der rechten Seite, ist aber zunächst geschlossen.

Mit N, über *Properties* im *View-Menü* oder durch Klicken auf das *Plus-Icon* in der rechten oberen Ecke der *3D View* können die *3D View Properties* aufgeklappt werden. Darin befinden sich einige *Panels*.

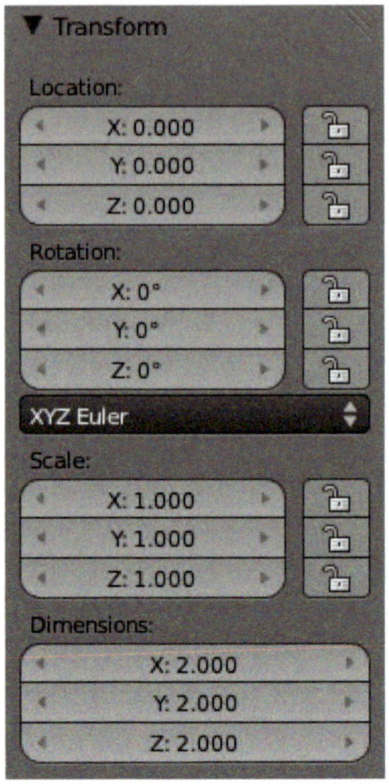

ABBILDUNG 2.30

Das Transform Panel

Im *Transform Panel* finden wir Eingabefelder für *Location*, *Rotation* und *Scale*. Wir können hier unsere Objekte verschieben, drehen und ihre Größe ändern. Zusätzlich können wir einzelne Achsen pro Transformation sperren. Bei Bedarf kann hier auch der *Rotation Mode* geändert werden.

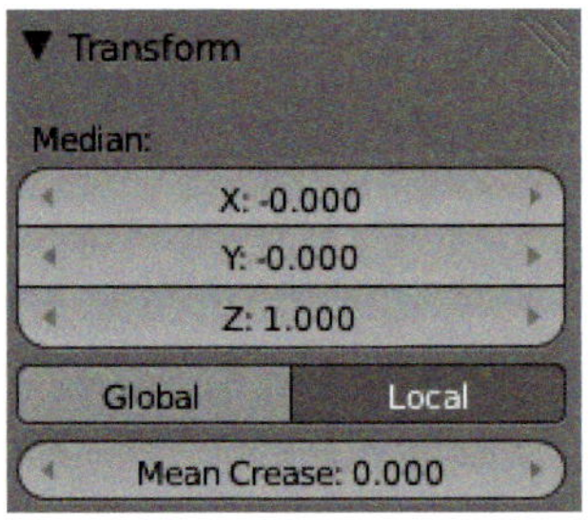

ABBILDUNG 2.31

Das Transform Panel im Edit Mode

Im *Edit Mode* bietet das *Transform Panel* andere Felder an. Die Position des gewählten *Vertex* kann hier entweder anhand des *Global*-Koordinatensystems der Szene oder nach dem *Local*-Koordinatensystem des Objektes verschoben werden. Bei mehr als einem Vertex wird dabei der *Median* (Mittelpunkt) angezeigt und verschoben.

Weiterhin kann hier (oder mit [⇧]+[E]) der *Mean Crease* eingegeben werden. Benutzen wir einen *Subdivision Surface*- oder *Multiresolution Surface*-Modifizierer mit *Catmull Clark*-Subdivision-Algorithmus (siehe das *Modifizierer*-Kapitel), können wir hiermit die Kanten schärfer stellen.

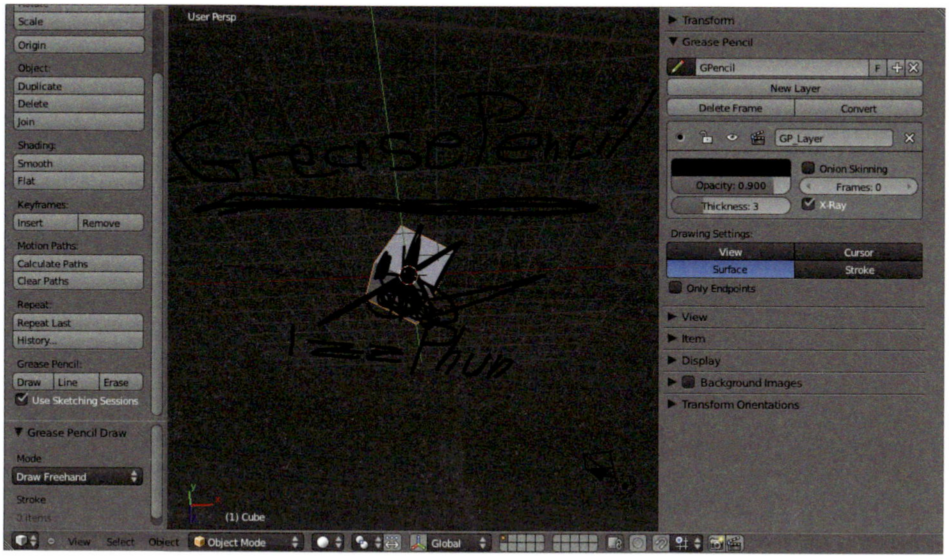

Abbildung 2.32

Der Grease Pencil in Aktion

Eine nette Funktion zum Dokumentieren der Szene ist der *Grease Pencil*. Damit können wir nützliche Notizen und Skizzen direkt in die 3D-Szene malen.

Die Einstellungen dazu befinden sich im *Grease Pencil Panel* in den *3D View Properties*. Hier können wir neue Layer (Ebenen) erstellen, die sich einzeln konfigurieren und entfernen lassen. Die *Drawing Settings* bestimmen, an welcher Stelle und mit welcher Ausrichtung gemalt wird. *View* z.B. malt entsprechend der Ausrichtung der Ansicht, während *Surface* auf der sichtbaren Objektoberfläche malt.

Aktiviert wird der *Grease Pencil* über den *Draw-Button* im *Tool Shelf* oder mit [D] und gleichzeitigem Klick der linken Maustaste. Mit [D] und gleichzeitigem Klick der rechten Maustaste oder mit dem *Erase-Button* können wir das Gemalte wieder wegradieren.

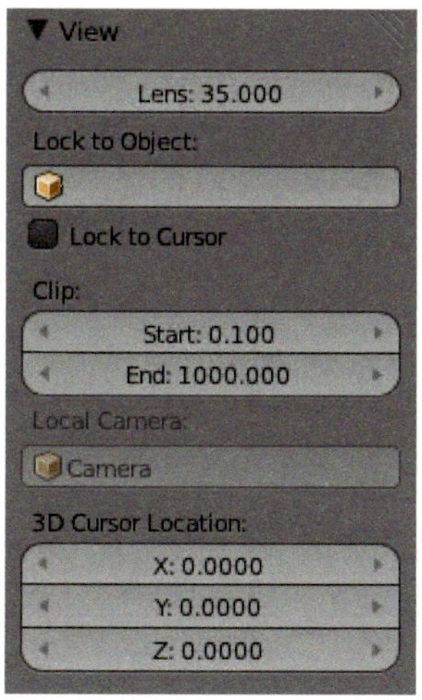

Abbildung 2.33

Das View Panel

Im *View Panel* können die Ansichten konfiguriert werden. *Lens* bestimmt die Brennweite. Mit *Lock to Object* können wir das Objekt wählen, um das sich die Ansicht mit der mittleren Maustaste drehen lässt. Mit *Start* und *End* unter *Clip* legen wir die Größe des Bereiches fest, in dem die Objekte angezeigt werden. Alles davor und dahinter wird abgeschnitten. Des Weiteren können hier die *Local Camera* und die *3D Cursor Location* (Position) bestimmt werden.

Die Einstellungen hier gelten für alle Ansichten bis auf die Camera View [0].

ABBILDUNG 2.34

Das ITEM PANEL

Im *Item Panel* kann der Name des aktiven Objektes bearbeitet werden.

ABBILDUNG 2.35

Das DISPLAY PANEL

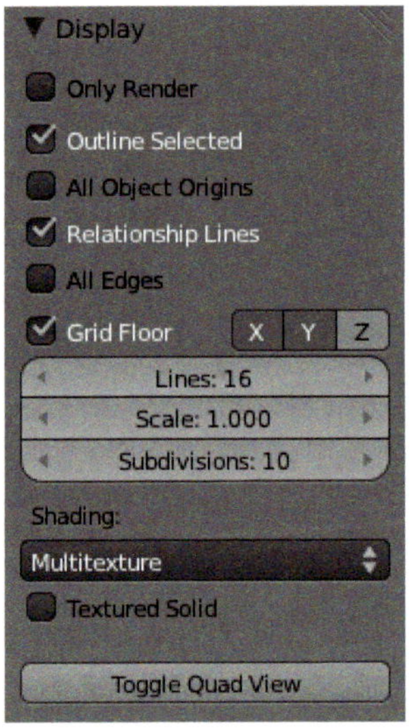

Die Einstellung im *Display Panel* beeinflussen die 3D-Darstellung. *Only Render* blendet alles aus, das bei einer Bildberechnung mit [F12] auch nicht angezeigt werden würde. *Outline Selected* hebt die aktuelle Auswahl durch farbige Linien hervor, und *All Object Origins* zeigt auch die Zentren der Objekte an, die nicht ausgewählt sind. Ist *Relationship Lines* aktiviert, sehen wir anhand der gestrichelten Linien die Verbindungen zwischen Objekten durch *Parenting* und *Constraints*.

Das *Grid* (Koordinatengitter) können wir mit *Grid Floor* ein- bzw. ausblenden. *Lines* bestimmt, mit wie vielen Linien es angezeigt werden soll. In *Front*, *Top* und *Right Ortho* wird dieser Wert jedoch ignoriert. *Scale* bestimmt den Abstand zwischen den einzelnen Linien. *Subdivisions* gibt an, wie viele Unterteilungen es zwischen den Linien geben soll. Mit dem *X*-, *Y*- und *Z-Button* können wir bestimmen, ob die Achsen als Hilfslinien angezeigt werden sollen.

Unter *Shading* können wir die Ansichten mit *Textured Viewport Shading* mit *GLSL* anzeigen lassen. Die Darstellung von *Specular* und *Normal Textures* im Viewport wird dadurch verbessert. Außerdem wird *Buffer Shadow* einer *Spot Lamp* angezeigt. *Textured Solid* bewirkt, dass auch im *Solid Viewport Shading* Texturen angezeigt werden.

Mit *Toggle Quad View* können wir die vier Ansichten *Top*, *Right*, *Front* und *Camera* auf einmal anzeigen lassen. Ist diese Option aktiviert, erscheinen hier weitere Optionen dazu.

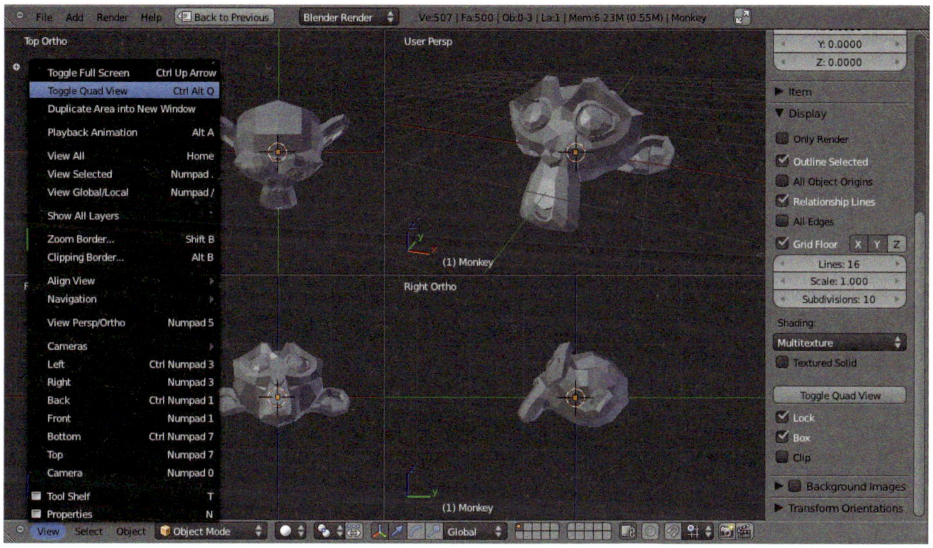

ABBILDUNG 2.36

3D View in Quad View

Lock verhindert ein Drehen und Wechseln der Ansichten Top, Front und Right. *Box* sorgt dafür, dass beim Verschieben der Ansichten die Achsen synchron bleiben. Und *Clip* zeigt tatsächlich nur die Objektteile an, die auch in den anderen Ansichten zu sehen sind. Die Objekte wirken dadurch zerschnitten. Diese Funktion kann bei komplexen Objekten helfen, unwichtige Teile auszublenden.

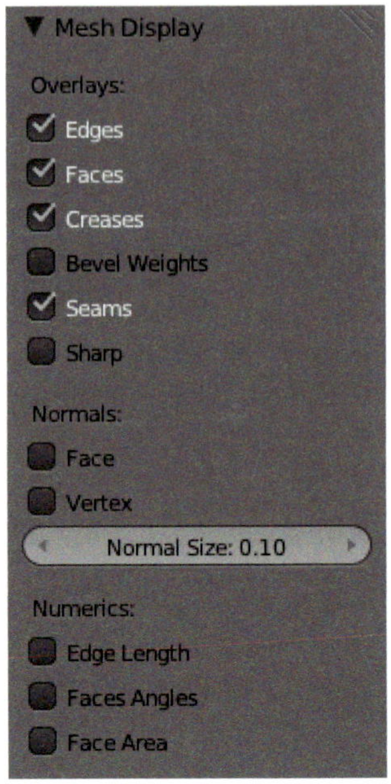

ABBILDUNG 2.37
Das MESH DISPLAY PANEL

Ein zusätzliches *Panel* wird im *Edit Mode* angezeigt. Dieses *Panel* ist je nach Objekttyp unterschiedlich. Bei Mesh-Objekten z.B. heißt es *Mesh Display Panel.* Unter *Overlays* können wir einzelne Elemente von der Anzeige ausschließen. Außerdem können wir die *Normals* für *Face* oder *Vertex* anzeigen lassen. Die Normalen stellen uns dar, in welche Richtung eine Fläche zeigt. *Normal Size* bestimmt die Größe der angezeigten *Normals.* Mit *Numerics* haben wir die Möglichkeit, die *Edge Lenth* (Kantenlänge), Face Angles (Flächenwinkel) und Face Area (Flächengröße) einzusehen.

ABBILDUNG 2.38
Zwei Ansichten mit zwei unterschiedlichen BACKGROUND IMAGES

Wollen wir ein Objekt modellieren, sind Bildvorlagen sehr nützlich. Oft sind diese Bildvorlagen Skizzen. Ist das Modell jedoch in Reichweite einer Fotokamera, sollte diese Chance genutzt werden. Ein Bild von vorne und eins von der Seite reichen meist aus. Mehr Bilder können jedoch nicht schaden.

Im *Background Images Panel* können wir diese Bilder dann mit *Add Image* als Hintergrundbild hinzufügen. Der Pfeil vor *Not Set* öffnet einen weiteren Dialog mit Feldern, in dem wir Bilddateien öffnen und verwalten können. Hier können wir auch definieren, in welcher Ansicht das Bild gezeigt werden soll. Die Deckkraft des Hintergrundbildes setzen wir mit *Opacity*. Die *Size* (Größe) und die *X*- und *Y*-Position des Bildes können dann an die von uns erstellte Geometrie angepasst werden.

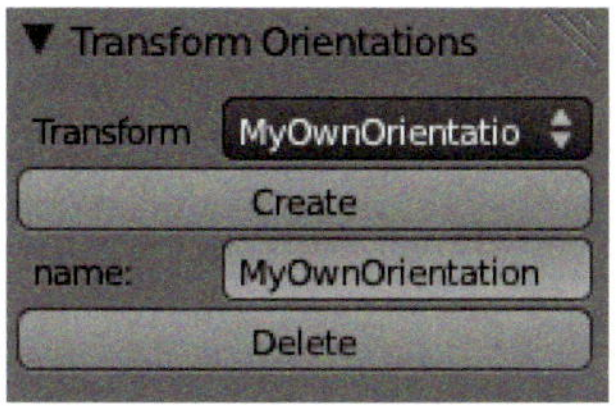

ABBILDUNG 2.39

Das TRANSFORM ORIENTATIONS PANEL

Im *Transform Orientations Panel* können wir das benutzte Koordinatensystem für Transformationen wählen. Zusätzlich kann hier aufgrund des aktuell gewählten Objektes eine eigene Orientierung erstellt werden. Zuvor erstellte *Orientations* können hier verwaltet werden.

Ansicht umstellen

Um die Blickrichtung auf das Objekt zu verändern, können wir die Zahlentasten auf dem Ziffernblock benutzen. Die [1] wechselt dabei in die *Front View* (Ansicht von vorne). Die [7] wechselt zur *Top View* (Ansicht von oben). Und die [3] zeigt die *Left View* (Ansicht von links) an.

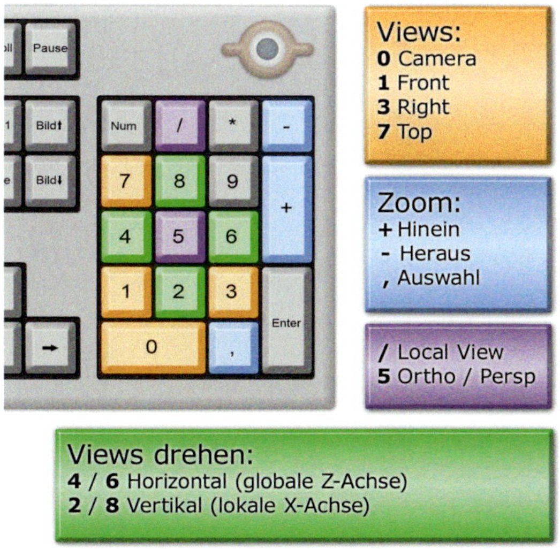

ABBILDUNG 2.40

Tastaturbelegung vom Ziffernblock für die 3D VIEW

Die [0] zeigt die *Camera View* (Ansicht durch die Kamera) an. Mit [Strg][0] schalten wir das aktive Objekt in die aktive Kamera um. Dabei ist es egal, ob es sich bei dem aktiven Objekt um ein Objekt von Typ Kamera handelt. Ein Quader oder eine Lampe z.B. können somit als Kamera agieren.

Perspektive verändern

Die Taste [5] auf dem Ziffernblock schaltet die Ansicht zwischen *Persp*- und *Ortho*-Darstellung um.

Abbildung 2.41

Persp-Darstellung

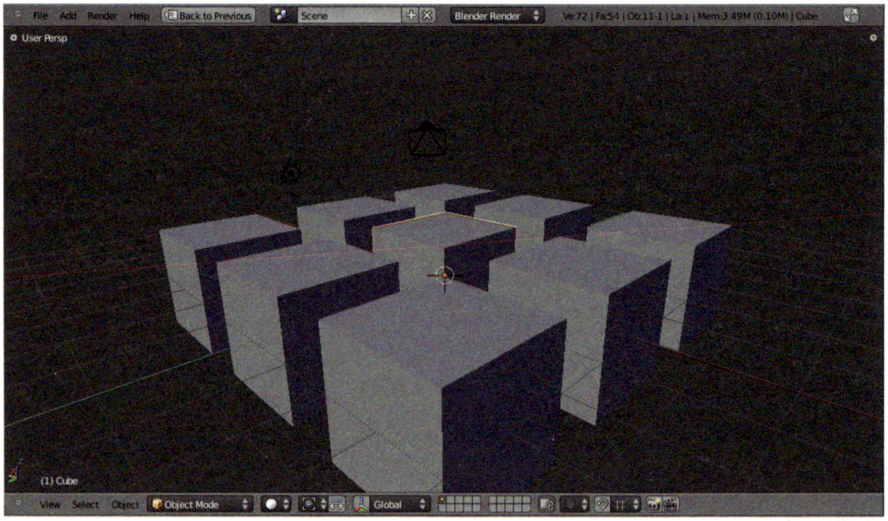

Persp stellt die 3D-Ansicht mit perspektivischer Verzerrung dar. Dadurch erscheinen nähere Objekte größer und weiter entfernte Objekte kleiner. Diese Darstellung ist realistischer und hilft bei der Einschätzung der räumlichen Tiefe. Für maßgenaues Konstruieren ist sie wegen der Größenunterschiede bei Entfernung jedoch nicht zu empfehlen.

Abbildung 2.42

Ortho-Darstellung

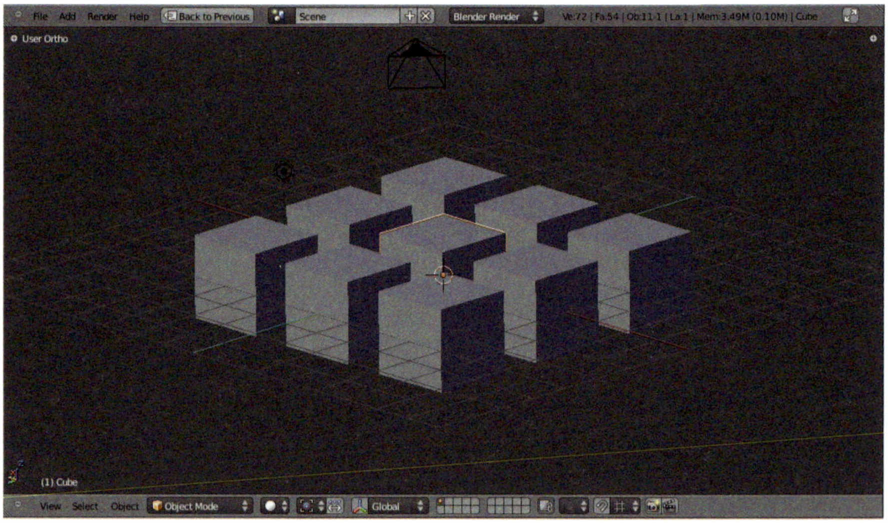

Die *Ortho*-Darstellung ist zum genauen Positionieren und Konstruieren von Objekten hervorragend geeignet. Sowohl die Abstände als auch die Ausmaße lassen sich besser abschätzen.

Öffnen wir mit [N] die View Properties, können wir dort im View Panel unter anderem den *Lens*-Parameter verändern. Dieser beeinflusst die Stärke der perspektivischen Verzerrung.

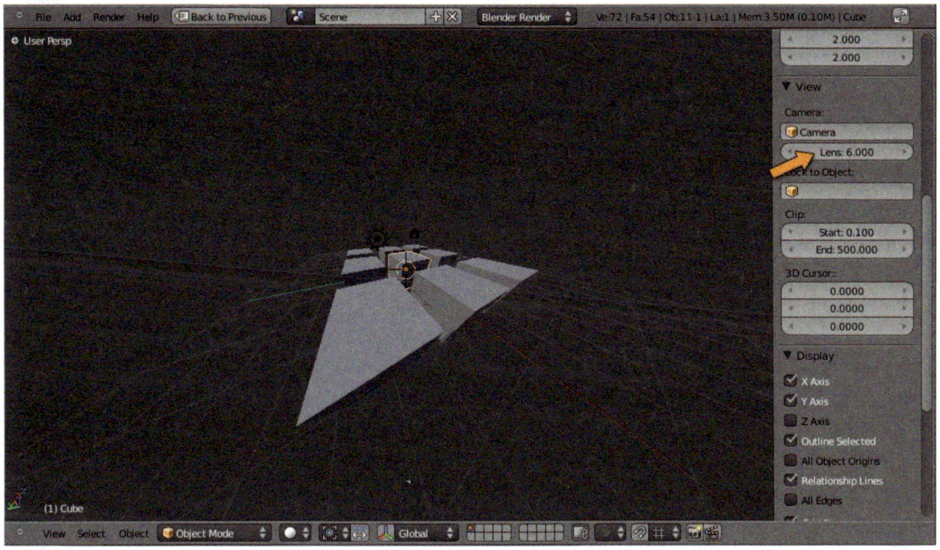

ABBILDUNG 2.43

LENS-Parameter

Der *Lens*-Parameter hat jedoch nur auf die *Persp*-Darstellung eine Wirkung. *Ortho* bleibt von dieser Einstellung total unberührt.

Ansicht verändern

Auf dem Ziffernblock gibt es noch weitere Funktionen. Die Tasten [4] und [6] drehen die Ansicht in der horizontalen Achse. Die Tasten [2] und [8] drehen die Ansicht in der vertikalen Achse. Drücken wir dabei die [Strg]-Taste, können wir die Ansicht nach links, rechts, oben und unten verschieben. Mit [-] und [+] können wir die Ansicht heraus- und heranzoomen. Um an die aktuelle Auswahl zu zoomen, können wir [,] auf dem Ziffernblock drücken.

Die Ansicht kann auch mit der mittleren Maustaste gedreht, mit dem Mausrad oder mit [Strg] und der mittleren Maustaste gezoomt und mit [⇧] und der mittleren Maustaste verschoben werden.

Haben wir die Ansicht so verändert, dass es uns für die Berechnung eines Bildes richtig erscheint, können wir die Position und Rotation der Kamera an die aktuelle Ansicht anpassen. Dies geschieht über das VIEW-MENÜ unter ALIGN VIEW mit der Funktion ALIGN ACTIVE CAMERA TO VIEW oder einfach mit [Strg]+[Alt]+[0] auf dem Ziffernblock.

Objekte isolieren

Wollen wir unsere Arbeit auf ein oder mehrere Objekte beschränken, so können wir die aktuelle Auswahl in der *Local View* isolieren. Mit [/] auf dem Ziffernblock können wir die *Local View* ein- und auch wieder ausschalten. Haben wir in der *Local View* ein paar Objekte zu viel, können wir die dort ausgewählten Objekte mit [M] wieder daraus entfernen.

3D-Cursor

Es gibt noch ein besonderes UI-Element, das in der *3D View* immer präsent ist. Der 3D-Cursor ist Anhaltspunkt im 3D-Raum. Neue Objekte werden immer am Ort des *3D-Cursors* erstellt. Weiterhin können Rotationen und Skalierungen ihn als *Pivot Point* (Drehpunkt) benutzen. Die Transformation nutzt diesen dann als Ursprung. Dazu muss jedoch der *Pivot Point* im *3D View Header* auf *3D Cursor* umgestellt werden.

ABBILDUNG 2.44

Der 3D-CURSOR

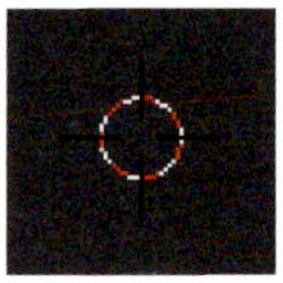

Wir können den *3D-Cursor* einfach mit der Maustaste setzen, die nicht Objekte auswählt. Wenn die Auswahl also auf die linke Maustaste gestellt ist (meine Empfehlung), so geschieht das Setzen des *3D-Cursors* mit der rechten. Mit [⇧]+[C] kann seine Position wieder auf die Koordinaten 0,0,0 zurückgestellt werden. Er befindet sich dann in der Mitte der Blender-Szene.

3D Manipulator Widget

Objekte können in Blender durch die Tasten [G], [R] und [S] verschoben, gedreht und skaliert werden. Eine weitere Möglichkeit ist das Benutzen des *3D Manipulator Widget*. Dieses Hilfsmittel befindet sich, wenn es aktiviert ist, direkt am Drehpunkt der aktuellen Auswahl.

ABBILDUNG 2.45

3D MANIPULATOR in TRANSLATE, ROTATE, SCALE und ALL MANIPULATOR MODE

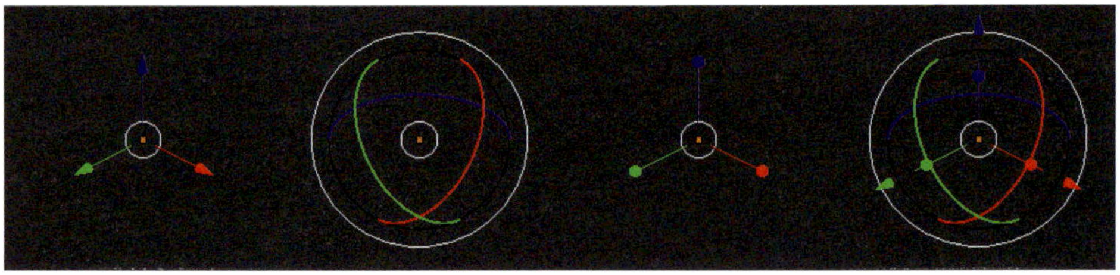

Das Widget bietet für jede Achse ein *Handle* (Anfasser). Durch einfaches Drag & Drop (Klicken und Ziehen) eines Handles können wir die gewählte Transformation durchführen.

Drücken wir dabei die [⇧]-Taste, wird die Transformation entlang aller Achsen außer der Achse des geklickten *Handles* vorgenommen. Würden wir also das Handle der Z-Achse klicken und ziehen, dabei jedoch die [⇧]-Taste halten, würde die Bewegung nur entlang der X- und Y-Achse stattfinden.

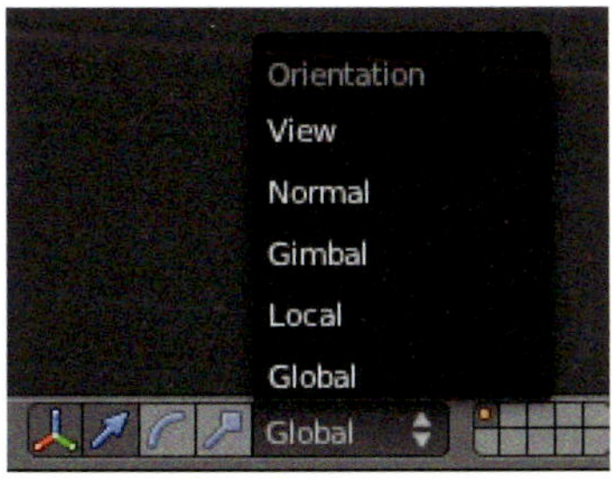

ABBILDUNG 2.46

3D Manipulator-Einstellungen im 3D View Header

Über die Einstellungen im *3D View Header* können wir das Widget aktivieren oder deaktivieren. Außerdem können wir es auf *Translate*, *Rotate* und *Scale Manipulator Mode* umschalten. Mehrfachauswahl des Modus ist durch Halten der [⇧]-Taste möglich. Das Widget enthält dann alle *Handles* der verfügbaren Transformationen.

Weiterhin können wir die *Orientation* (Ausrichtung) des Widgets verändern. *Global* ist die allgemeine Ausrichtung der kompletten Szene. *Local* ist die Ausrichtung des aktiven Objektes nach Transformationen. *Gimbal* hilft beim Feststellen des sogenannten Gimbal Lock. *Normal* ist die Ausrichtung einer Fläche nach außen. Diese Ausrichtung ist vor allem im *Edit Mode* interessant, in dem die Geometrie bearbeitet wird. *View* ist die Ausrichtung anhand der aktuellen Ansicht. Drehen wir die Ansicht, folgt die Ausrichtung des Widgets.

ABBILDUNG 2.47

Die Modes der 3D View

Die *3D View* hat verschiedene Modi für verschiedene Zwecke:

Object Mode

Der *Object Mode* dient vor allem dem Positionieren von Objekten. Speziell für das Auswählen und Transformieren von Objekten ist diese Ansicht vorgesehen.

Edit Mode [⇆]

Im *Edit Mode* können wir die Geometrie der Objekte bearbeiten. Für Objekte vom Typ *Lamp*, *Camera*, *Empty* und bei anderen Objekten ohne Geometrie ist dieser Modus nicht verfügbar.

Sculpt Mode

Im *Sculpt Mode* kann die Geometrie von *Mesh*-Objekten ähnlich wie ein Klumpen Knete mit pinselähnlichen Werkzeugen bearbeitet werden.

Pose Mode

Der *Pose Mode* ist nur für *Armature*-Objekte (Bones-/Knochen-Objekte – vorrangig für Character-Animation verwendet) verfügbar.

Vertex Paint

Mit Pinsel-Werkzeugen können im *Vertex Paint Mode* den einzelnen Vertices (Eckpunkte eines *Mesh*-Objektes) Farbwerte zugewiesen werden. Diese können im *Material-Editor* oder im *Compositor* optional zum Färben des Objektes genutzt werden.

Texture Paint

Im *Texture Paint Mode* können Pixelgrafiken auf die Objekt-Oberflächen gemalt werden. Die Werkzeuge sind so ähnlich wie die Vertex Paint-Werkzeuge.

Weight Paint
[Strg]+[⭾]

Um bestimmte Operationen und Modifikationen auf gewünschte Teile des Objektes zu beschränken, können wir *Vertex Groups* angeben. Die *Vertex Group* bestimmt, welcher Vertex (Eckpunkt des Meshes) in welcher Stärke beeinflusst wird. Im *Weight Paint Mode* können wir diese Stärke auf das Mesh malen. Dies funktioniert ähnlich wie im *Vertex Paint Mode*.

Für das Wechseln zu den Modes können wir entweder das *Mode-Menü* im Header benutzen oder eines der Tastenkürzel. Oft müssen wir in den *Edit Mode* und zum *Object Mode* zurück wechseln. Dafür benutzen wir die [⭾]-Taste.

Die wichtigsten Keyboard-Shortcuts:

[⭾]: Edit Mode/Object Mode

[C]: Circle Select

[B]: Border Select

[⇧]+[B]: Border Zoom

[G], [R], [S]: Grab, Rotate, Scale

[F12]: Render Image

[Strg]+[F12]: Render-Animation

[Leertaste]: Suchen und Ausführen von Blender-Funktionen

Timeline

Das *Timeline*-Fenster wird selten im Vollbild verwendet. Als kleiner Balken, z.B. unter der 3D-View, ist es jedoch für das Animieren sehr nützlich.

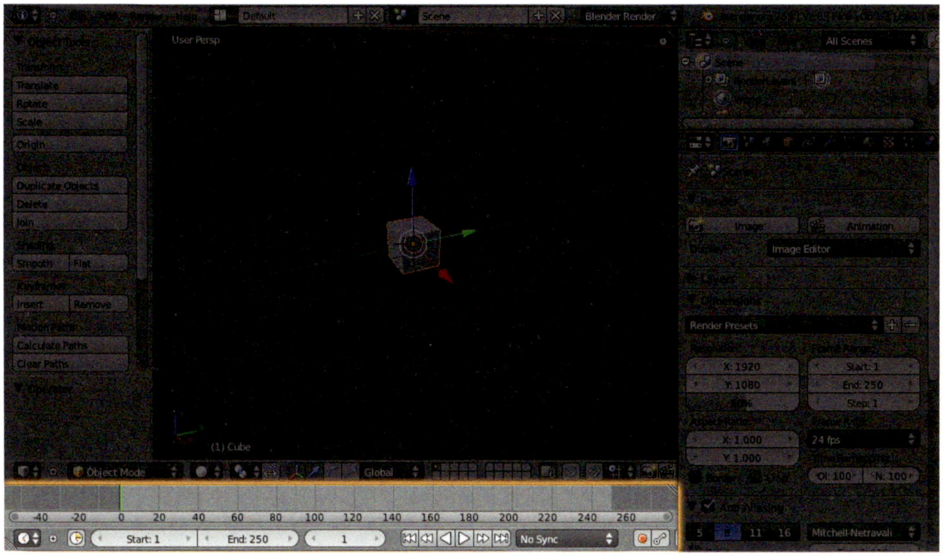

ABBILDUNG 2.48

In der Default-Ansicht befindet sich die TIMELINE *unter der 3D* VIEW.

Mit der rechten Maustaste können wir das aktuelle Frame bestimmen und durch Ziehen der Maus sogar über mehrere Frames navigieren (z.B. um Animationen zu testen).

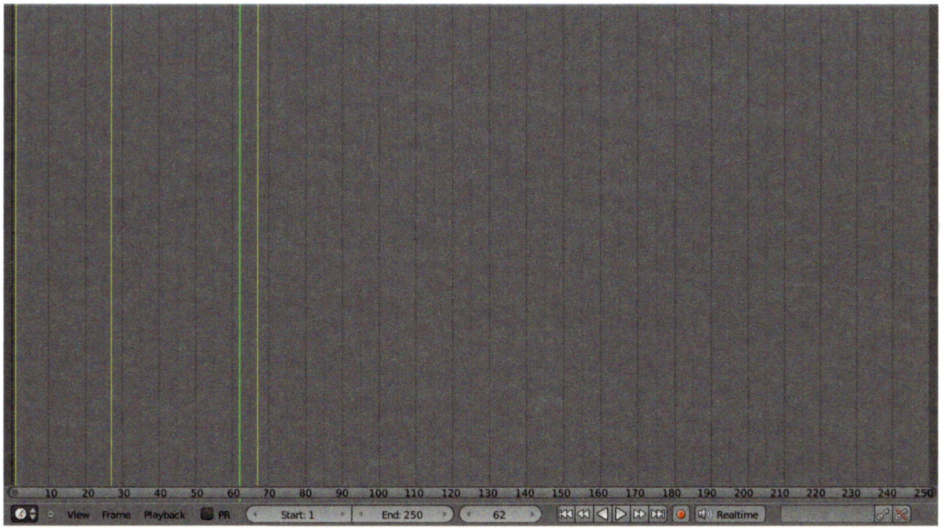

ABBILDUNG 2.49

Die TIMELINE

Im Header des *Timeline*-Fensters finden wir die *Playback Controls*. Hier können wir auch über das *Frame-Menü* Markierungen hinzufügen. In diesem Menü können auch über *Set Start Frame* und *Set End Frame* oder mit den Tasten [S] und [E] der aktuelle Frame zum Start bzw. End-Frame unserer Animation bestimmt werden. Dies beeinflusst die Länge der gesamten Animationsdauer.

Im *Playback-Menü* können wir bestimmen, was sich beim Abspielen der Animation dynamisch verändern soll. Möchten wir z.B., während die Animation läuft, die Veränderungen der animierten Parameter des Materials im Materialeditor sehen, so müssen wir im *Playback-Menü* die Option *Property Editors* aktivieren.

Graph-Editor

Im *Graph-Editor* werden die Bewegungen animierter Objekte als Kurven dargestellt. Die schwarzen Knotenpunkte zwischen den Kurven sind Keyframes. Ein Keyframe definiert einen momentanen Wert eines Parameters zu einem bestimmten Zeitpunkt. Dies kann z.B. die Position eines Objektes auf der X-Achse des 3D-Raumes sein (also wie weit ein Objekt nach links oder rechts verschoben wurde). Die Kurven stellen die Veränderung des jeweiligen Wertes zwischen den Keyframes dar.

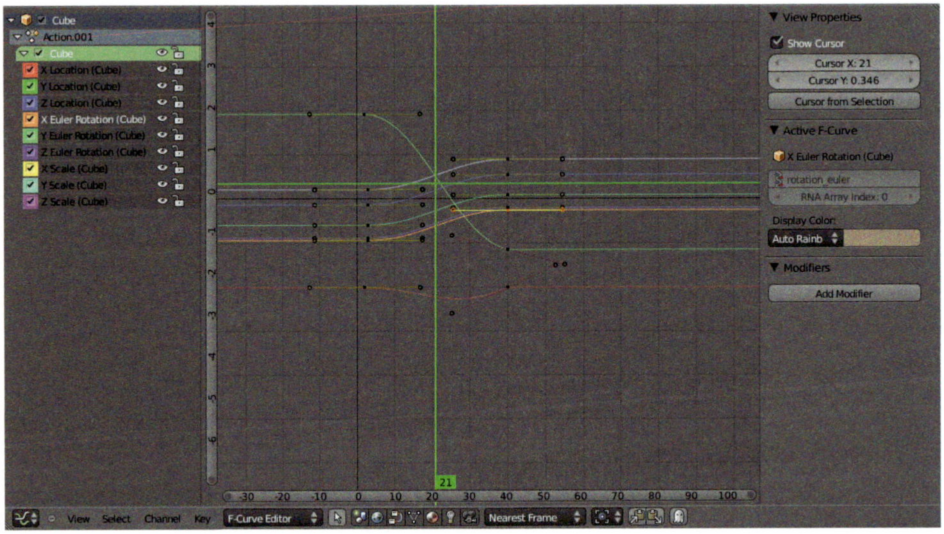

ABBILDUNG 2.50

Der GRAPH-EDITOR

Die Kurvendarstellung vom Graph-Editor ermöglicht uns einen besseren Überblick über komplexe Bewegungsabläufe. Zudem können wir hier einfach Keyframes hinzufügen, verändern oder sogar entfernen. Ebenso kann die Form der Kurven angepasst werden. Dies beeinflusst die Beschleunigung einer Animation.

Dope Sheet

Das Dope Sheet bietet vor allem bei komplexen Animationen eine bessere Übersicht als der Graph-Editor. Somit kann das Timing von verschiedenen Objekten aufeinander abgepasst werden.

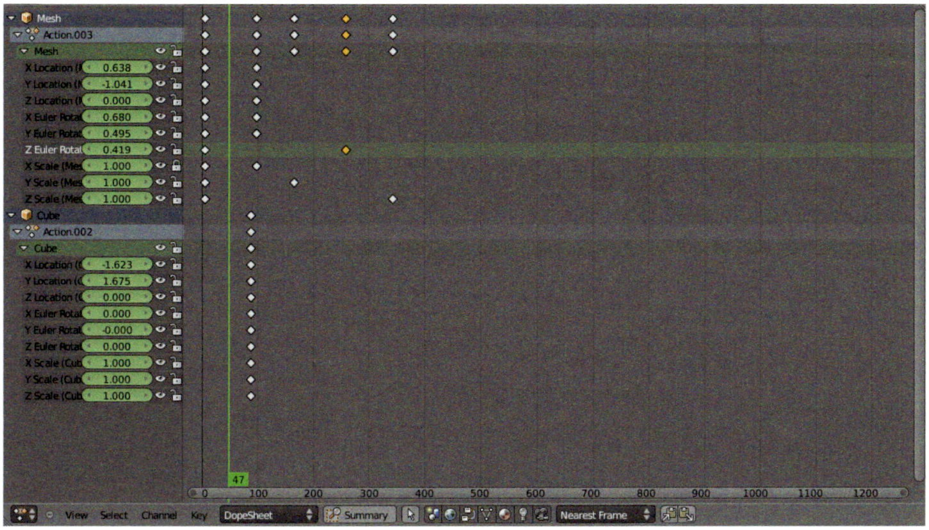

ABBILDUNG 2.51

Das DOPE SHEET

Im Dope Sheet können auch Actions bearbeitet werden.

NLA(Non Linear Animation)-Editor

Um die Abfolge von komplexeren Animationen besser kontrollieren zu können, gibt es in Blender den *NLA-Editor*. Hier können Bewegungsabläufe zu Blöcken zusammengefasst werden. Diese Blöcke heißen in Blender *Actions*.

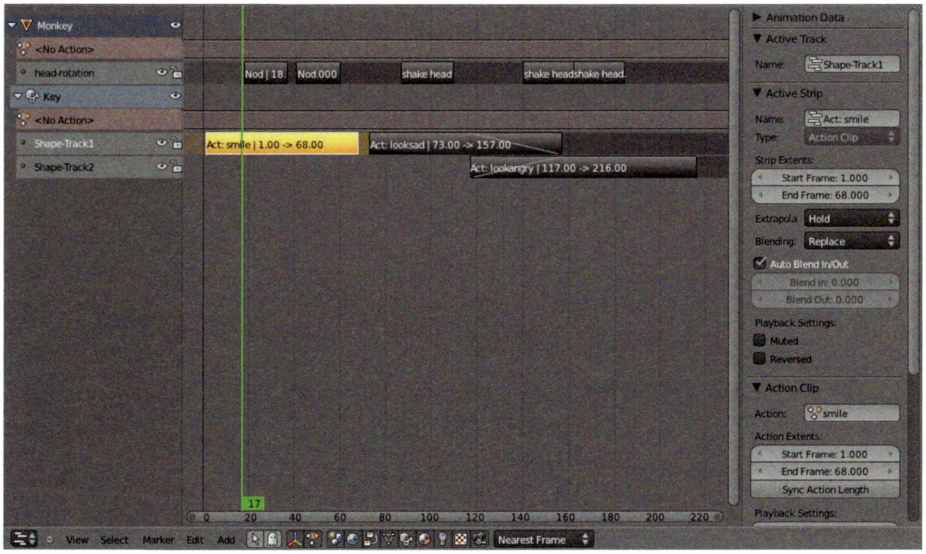

ABBILDUNG 2.52

Das Fenster des NLA-EDITORS

UV/Image-Editor

Dieses Fenster ist Blenders Bildeditor. Hier können Bilder betrachtet, bearbeitet und analysiert werden. Lassen wir von Blender ein Bild berechnen, wird es in einem *Image-Editor* angezeigt. Wollen wir ein Bild auf einem 3D-Objekt platzieren, nutzen wir dazu diesen Editor als *UV-Editor*.

ABBILDUNG 2.53

Der UV/IMAGE-EDITOR

Zusätzlich zur Bildbetrachtung können wir hier auch Funktionen zur Bildbearbeitung finden. Aktivieren wir im *Image-Menü* vom *UV/Image-Editor Header* dieses Editors *Image Painting*, erscheint eine Reihe von Tools im Properties-Dialog an der Seite. Diesen Properties-Dialog können wir mit [N] ein- oder ausblenden lassen.

Video Sequence-Editor

Wie bereits erwähnt, kann Blender auch zum Schneiden von Videosequenzen genutzt werden. Im *Video Sequence-Editor* können über das *Add*-Menü Videos, Bilder, Sounds, Effekte oder auch 3D-Szenen zum *Sequencer* hinzugefügt werden.

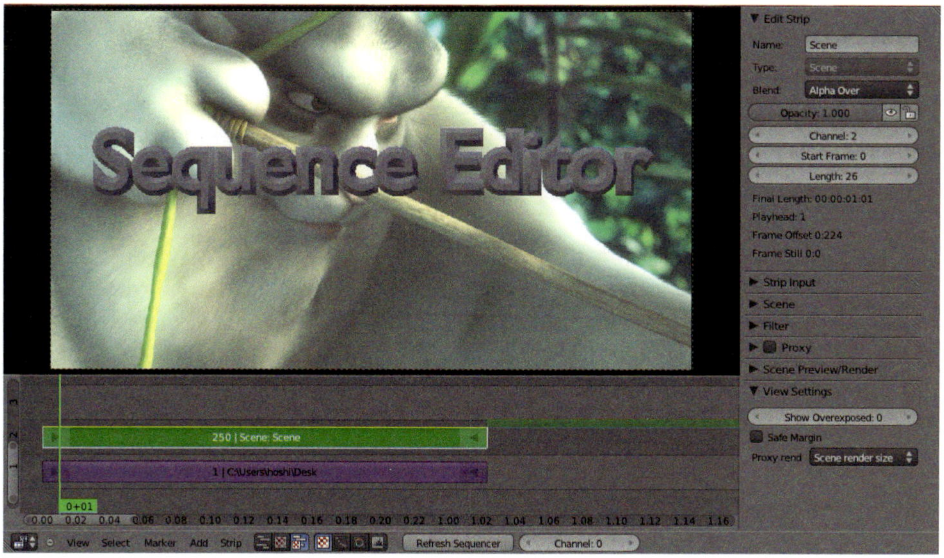

Abbildung 2.54

Der Video Sequence-Editor

Hier können z.B. existierende Videosequenzen zu einem längeren Video zusammengefügt, überblendet, mit Effekten versehen, mit Sounds versehen oder maskierte Clips mit einem Hintergrund kombiniert werden.

Text-Editor

Blender verfügt über einen eigenen *Text-Editor*. Hier können wir z.B. Python-Skripte verfassen und bearbeiten. Der Code kann dabei sogar mit aktiviertem *Syntax Highlight* passend eingefärbt werden.

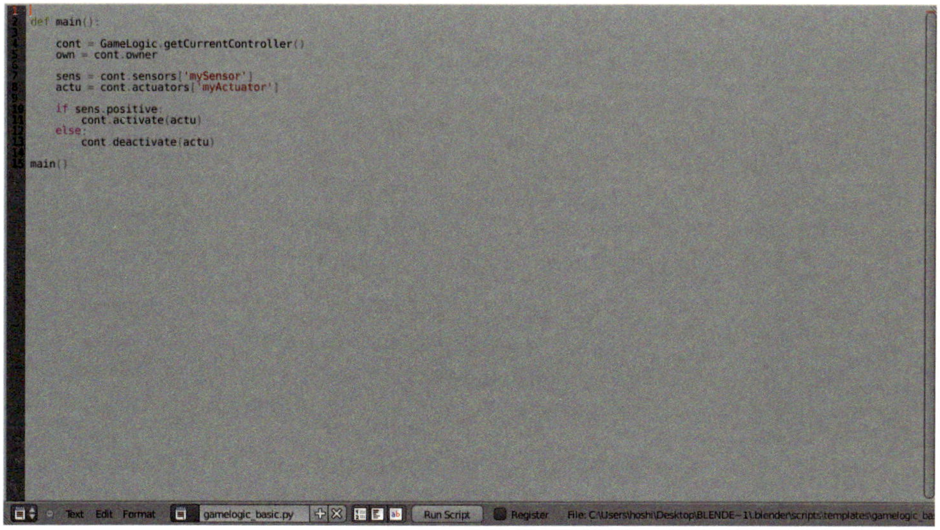

Abbildung 2.55

Der Text-Editor

Der *Text-Editor* ist aber nicht nur für das Verfassen von Skripten interessant. Wir können darin auch einfach unsere Blender-Szenen dokumentieren. Auch für die Erstellung von Text-Objekten gibt es hier einige nützliche Funktionen. Über die Funktion *Text To 3D Object* im *Edit*-Menü kann aus einem Text 3D-Geometrie generiert werden.

Node-Editor

Im *Node-Editor* können wir komplexe Materialien, Texturen und Bildkompositionen mithilfe von *Nodes* (Knoten) und deren Verbindungen erstellen. Dafür stehen uns viele *Nodes* mit verschiedenen Funktionen zur Verfügung.

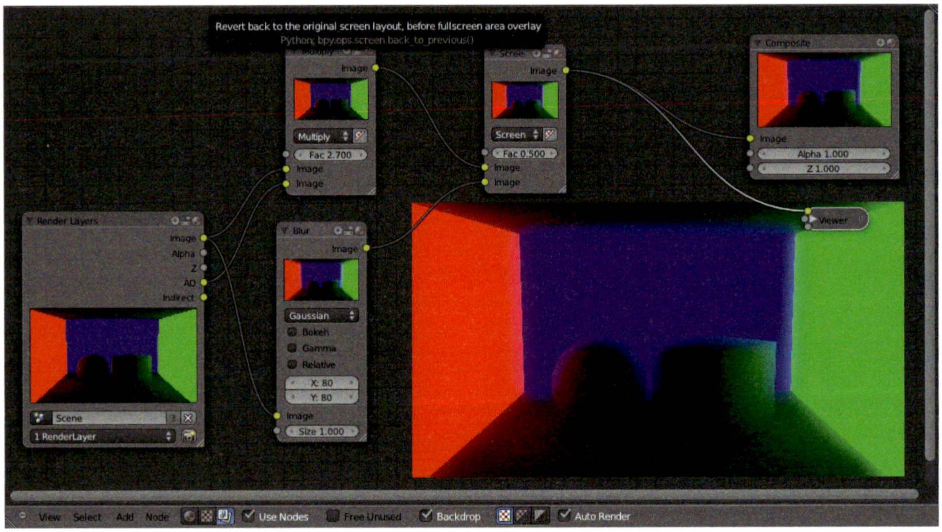

ABBILDUNG 2.56

Der NODE-EDITOR mit COMPOSITING NODES und BACKDROP

Im *Node Editor Header* finden wir die wichtigsten Funktionen.

Neue *Nodes* können über das *Add-Menü* oder [⇧]+[A] hinzugefügt werden. Sie sind in Gruppen unterteilt. So ist immer relativ klar, zu welchem Zweck sie gedacht sind.

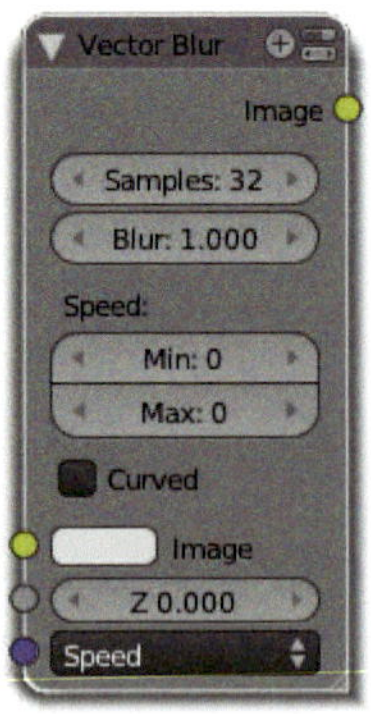

ABBILDUNG 2.57

Einzelnes Node mit Ein- und Ausgängen

Die drei Buttons mit den Icons rechts neben dem *Header-Menü* wechseln den Kontext. Verfügbar sind *Material Nodes, Texture Nodes* und *Compositing Nodes.*

Use Nodes aktiviert die *Nodes* für den gewählten Kontext. Mit *Backdrop* können wir den Inhalt des *Viewer Node* als Hintergrund im Editor anzeigen lassen. Ist diese Option aktiviert, erscheinen weitere Icons, um auch *Z-Buffer* oder *Alpha* als *Backdrop* anzeigen zu lassen. Haben wir *Auto Render* eingeschaltet, wird Blender bei jeder Änderung die Szene neu rendern.

Die *Nodes* werden miteinander verbunden. Auf der linken Seite sind die Eingänge und auf der rechten Seite die Ausgänge. Ein Ausgang kann immer nur mit einem Eingang oder umgekehrt verbunden werden. Am Ende der Node-Kette sollte ein *Composite Node* oder ein anderes *Node* der Gruppe *Output* stehen. Über dieses *Node* können wir in Blender wieder darauf zurückgreifen.

Verbindungen sollten nur in eine Richtung gehen. Schlaufen sollten vermieden werden. Haben wir dennoch über mehrere Nodes einen Kreislauf erstellt, so werden diese Verbindungen ungültig (rot eingefärbt).

Logic-Editor

Im *Logic-Editor* können wir den Objekten Eigenschaften für die Echtzeit-Umgebung von Blender, der BGE (*Blender Game Engine*), vergeben.

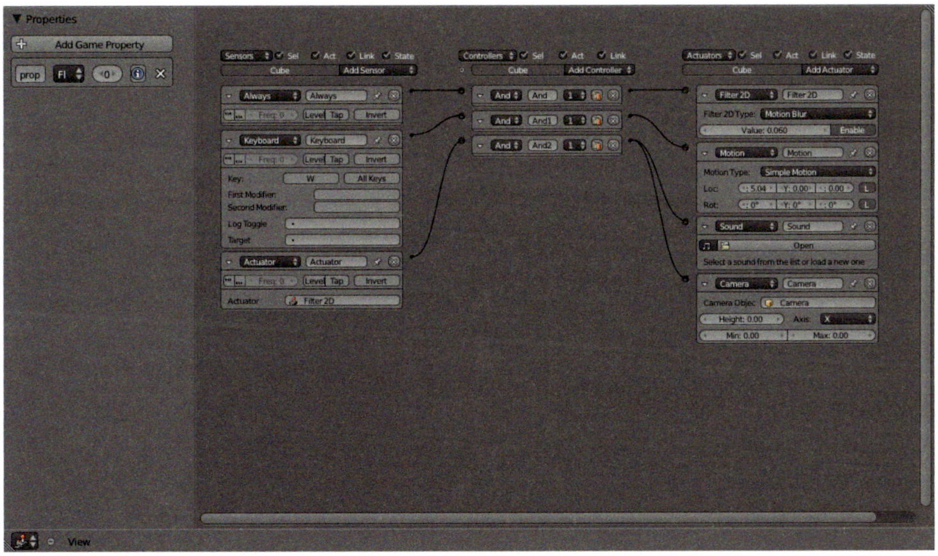

ABBILDUNG 2.58

Der LOGIC-EDITOR

Durch diese Logic-"Schaltungen" kann die Funktionalität von kompletten Spielen festgelegt werden. Wer hiermit gut umgehen kann, braucht nicht eine Zeile Programmiercode zu schreiben.

Properties

In diesem Fenster werden die Eigenschaften der Szenen und deren Inhalte bearbeitet. Über eine Buttonleiste mit aussagekräftigen Icons kann der Kontext gewählt werden. Unter dieser Leiste ist der Pfad zum betroffenen *Datablock* gezeigt. Wir wissen dadurch, welche Properties (Eigenschaften) wir bearbeiten.

ABBILDUNG 2.59
PROPERTIES-EDITOR-Icons mit DATABLOCK-Pfad

Klicken wir auf die Anstecknadel, aktivieren wir *Fixed Context*. Damit können wir die aktuelle Auswahl für den *Properties-Editor* festhalten. Alle Icons, die für den gewählten Kontext irrelevant sind, werden ausgeblendet. Egal welches Objekt wir danach auswählen, es werden weiterhin die gleichen Properties angezeigt.

ABBILDUNG 2.60
PROPERTIES-EDITOR-Icons mit FIXED CONTEXT

Genauere Beschreibungen zu den einzelnen Properties folgen.

Outliner

Der *Outliner* ist eine interaktive Übersicht. Hier können z.B. alle Objekte der aktuellen Szene in einem Baumdiagramm angezeigt werden. Dabei werden auch Objekthierarchien dargestellt.

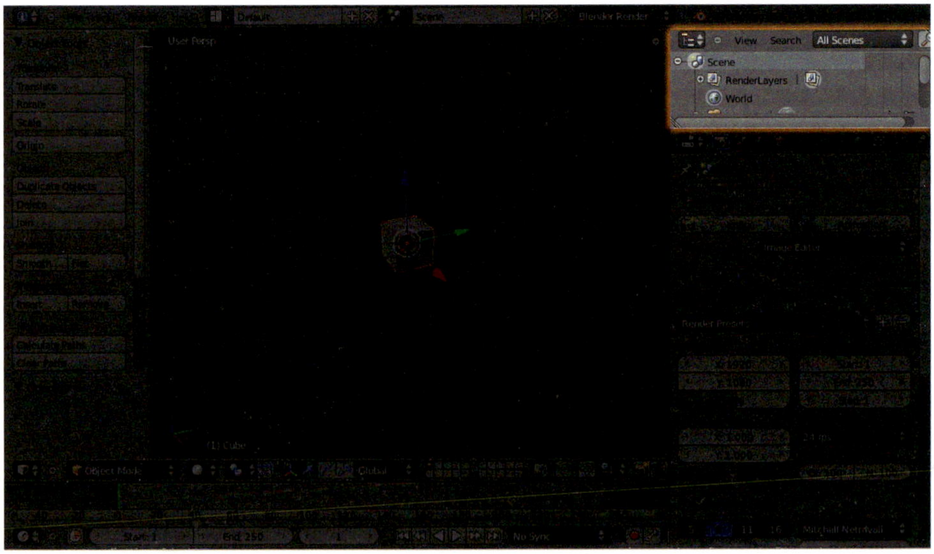

ABBILDUNG 2.61
Die Position des OUTLINERS im DEFAULT LAYOUT

Mit einem einzigen Mausklick kann hier z.B. die Sichtbarkeit in der 3D-Ansicht und/oder im Rendervorgang ein- oder ausgeschaltet werden.

ABBILDUNG 2.62

Der *OUTLINER*

Auch können wir hier Objekte von einer Auswahl ausschließen. Ein ungewünschtes Selektieren vom falschen Objekt ist dann nicht mehr möglich.

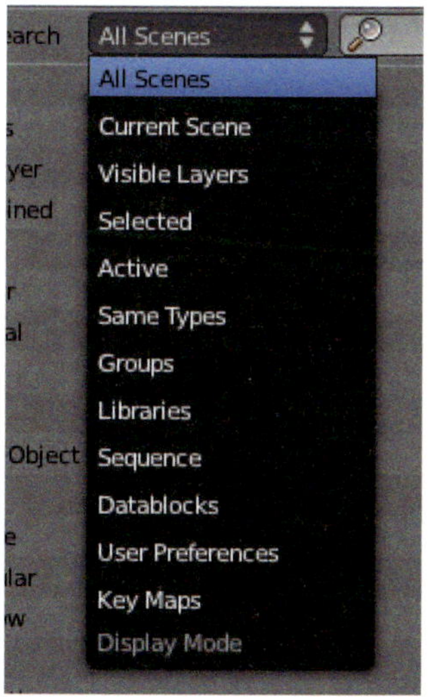

ABBILDUNG 2.63

Die verschiedenen View Modes vom *OUTLINER*

Um die Übersicht über komplexe Szenen zu behalten, können wir auf die folgenden View Modes vom *Outliner* zurückgreifen:

All Scenes *All Scenes* (alle Szenen) zeigt eine hierarchische Übersicht aller Objekte sämtlicher vorhandenen Szenen an. In dieser Ansicht können wir einfach den Inhalt mehrerer Szenen vergleichen. Zusätzlich zu den Objekten sehen wir hier die *Render Layers* (Bildebenen des errechneten Bildes) und die *World* (Welt).

Current Scene Vor allem bei sehr komplexen Szenen ist es von Vorteil, nicht alle Szenen anzeigen zu lassen. Mit *Current Scene* (aktuelle Szene) werden nur die Objekte, *Render Layers* und die *World* der Szene angezeigt, in der wir uns momentan befinden.

Visible Layers Wir können die im Outliner angezeigten Objekte auch auf die *Visible Layers* (sichtbaren Ebenen) beschränken. In dieser Ansicht werden Objekte auf unsichtbaren Ebenen, die *World* und die *Render Layers* nicht angezeigt.

Selected Sollen nur ausgewählte Objekte im *Outliner* angezeigt werden, können wir *Selected* wählen. Ist kein Objekt ausgewählt, wird stattdessen das zuletzt aktive Objekt angezeigt.

Active Statt aller ausgewählten Objekte wird nur noch das zuletzt gewählte und somit *Active* (aktive) Objekt angezeigt.

Same Types Um alle Objekte vom selben Typ anzeigen zu lassen, können wir den View Mode auf *Same Types* stellen. Dafür muss ein Objekt vom gewünschten Typ aktiv sein.

Groups Beliebige Objekte können z.B. mit [Strg]+[G] zu einer Gruppe zusammengefasst werden. Gruppen werden im Gegensatz zu Parent-Children-Relationen nicht in den anderen View Modes vom *Outliner* angezeigt. Gruppierte Objekte werden auch nicht automatisch gemeinsam ausgewählt oder verschoben. Sie können jedoch über *Groups* gemeinsam im *Outliner* angezeigt werden.

> Haben wir Objekte einer GROUP ausgewählt, können wir über GROUPED/GROUP im SELECT-MENÜ der 3D VIEW oder [⇧] [G] die nicht selektierten Objekte der Gruppe zur Auswahl hinzufügen.

Libraries Die Ansicht *Libraries* (Bibliotheken) gibt uns Infos zu Daten, die von externen Blender-Dateien geladen wurden.

Sequence Daten, die im Video-Sequence-Editor benutzt werden, können in der *Sequence*-Ansicht aufgelistet und auf überprüft werden.

Datablocks Unter *Datablocks* werden nahezu sämtliche Werte, die in Blender vergeben werden können, aufgelistet. Wir können hier sogar die meisten Werte ändern. Mit einigen Systemwerten sollte man jedoch vorsichtig umgehen, um sich nicht die Szene zu zerstören. Diese Ansicht sollte nur benutzen, wer weiß, was er tut.

User Preferences Wem der *User Preferences-Editor* über [Strg]+[Alt]+[U] nicht kompakt genug ist, kann zum Ändern der Blender-Einstellungen auch den *Outliner* in der *User Preferences*-Ansicht benutzen.

So wie der INPUT-Tab in den BLENDER USER PREFERENCES über [Strg]+[Alt]+[U], lässt die KEY MAPS-Ansicht vom OUTLINER uns die verwendeten Tastenkombinationen ändern oder einfach schnell einzeln aktivieren oder deaktivieren.

User Preferences

Hier werden die Einstellungen für Blender festgelegt. Genauere Beschreibungen folgen.

Info

Bei diesem Editor ist nur der *Header* mit Funktionalität versehen. Neben Informationen zur Szene und zur aktuellen Auswahl finden wir hier auch einige nützliche Funktionen und Menüs.

Das *File*-Menü enthält wichtige Dateioperationen wie z.B. Öffnen und Speichern der Szene oder Beenden des Programmes. Im *Add*-Menü können schnell Objekte zur aktuellen Szene hinzugefügt werden. Das *Render*-Menü hält die wichtigsten Funktionen zum Starten von Bildberechnungen bereit. Und im *Help*-Menü befinden sich Links zu den offiziellen Hilfeseiten von Blender.

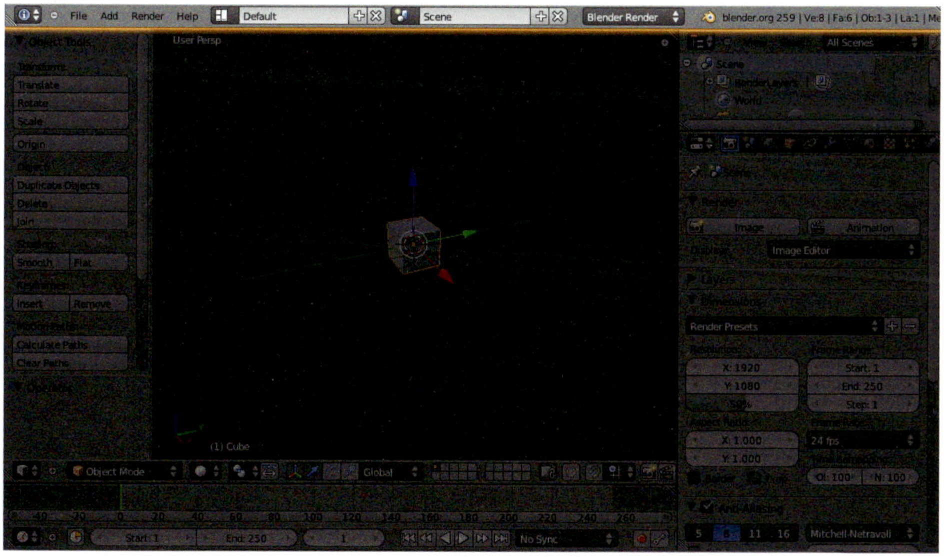

ABBILDUNG 2.64

Der INFO EDITOR HEADER befindet sich in der Default-Ansicht als Hauptmenü ganz oben.

Des Weiteren können hier zusammengestellte Layouts in *Screens* gespeichert werden. Auf diese kann über das *Screen*-Pull-down- neben dem *Help*-Menü zurückgegriffen werden. Blender hat selbst nach dem ersten Öffnen schon einige vorgefertigte Layouts dabei.

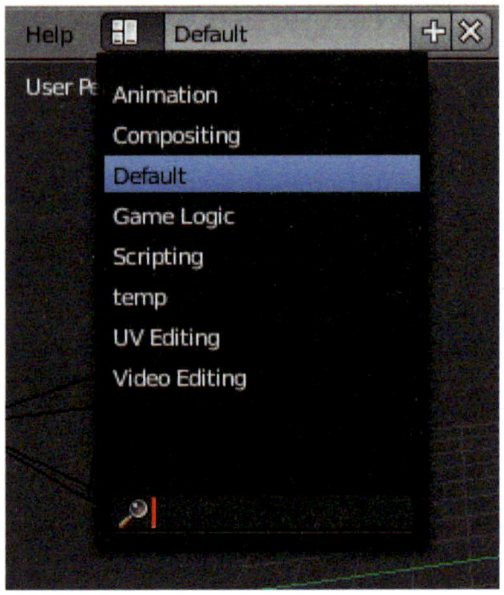

Abbildung 2.65
Auswahl voreingestellter Screens

Zusätzlich zu diesem Menü kann über die Tastenkürzel Strg+← und Strg+→ zwischen den Screens hin und her gewechselt werden.

Neben dem *Screen*–Pull-down können wir über das *Scene*-Pull-down neue Szenen erstellen oder von einer Szene zu einer anderen wechseln.

Mit dem Pull-down-Menü nach dem *Scene*-Pull-down können wir die zu benutzende *Render-Engine* auswählen. Im Normalfall wird die integrierte Render-Engine *Blender Render* benutzt.

File Browser

Dieser *Editor* wird bei Dateioperationen wie Öffnen oder Speichern automatisch angezeigt. Meist wird er über eine Funktion aus dem *File-Menü* im *Info Editor Header* aufgerufen.

Neben den Navigationsicons im *File Browser Header* haben wir die Möglichkeit, mit *Create New Directory* einen neuen Ordner zu erzeugen. Mit den Icons danach können wir die Anzeige der Dateien zwischen Liste, Details und Thumbnails (Vorschaubilder) umschalten. Es folgen die Sortierfunktionen und die *Show Hidden*-Option zum Anzeigen versteckter Dateien. Mit den letzten Icons können wir die Anzeige auf bestimmte Dateitypen beschränken. Mehrfachwahl ist dabei möglich.

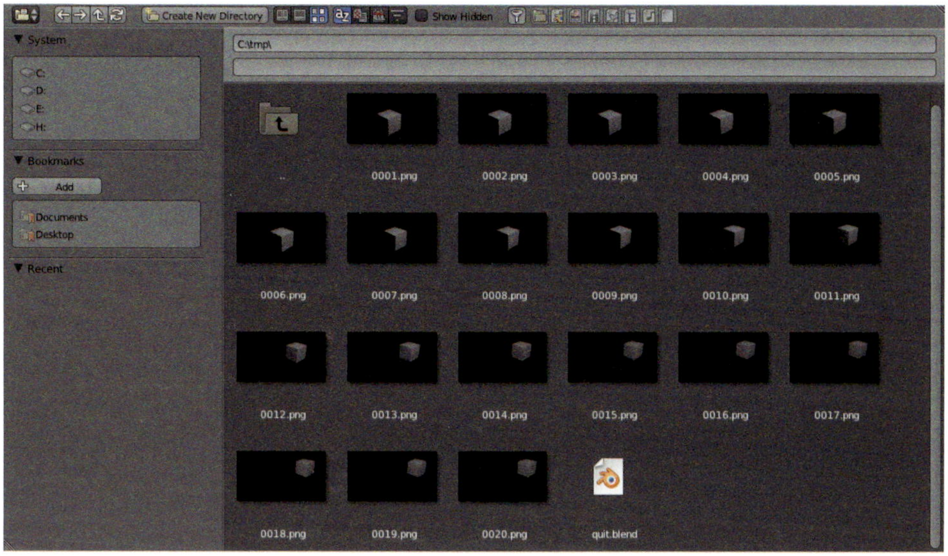

Abbildung 2.66

Der File Browser

Häufig benutzte Ordner können mit *Add* im *Bookmark Panel* für einen schnelleren Zugriff gespeichert werden. Die zuletzt benutzten Ordner werden im *Recent Panel* angezeigt.

Beim Laden einer Blender-Szene haben wir im linken Properties-Dialog auch das *Open Blender File Panel* mit zusätzlichen Optionen. Deaktivieren wir *Load UI*, werden die vor dem Öffnen aktuellen Einstellungen und UI Layouts beibehalten. Ansonsten werden die Einstellungen und Layouts der geladenen Szene verwendet. *Trusted Source* kann bei unsicheren Dateien deaktiviert werden, um das Ausführen unsicherer Skripte zu verhindern.

Python Console

Die *Python Console* ist besonders für Entwickler von Skripten und Add-Ons von Bedeutung. Hier können wir Python-Befehle „on the fly“ eingeben.

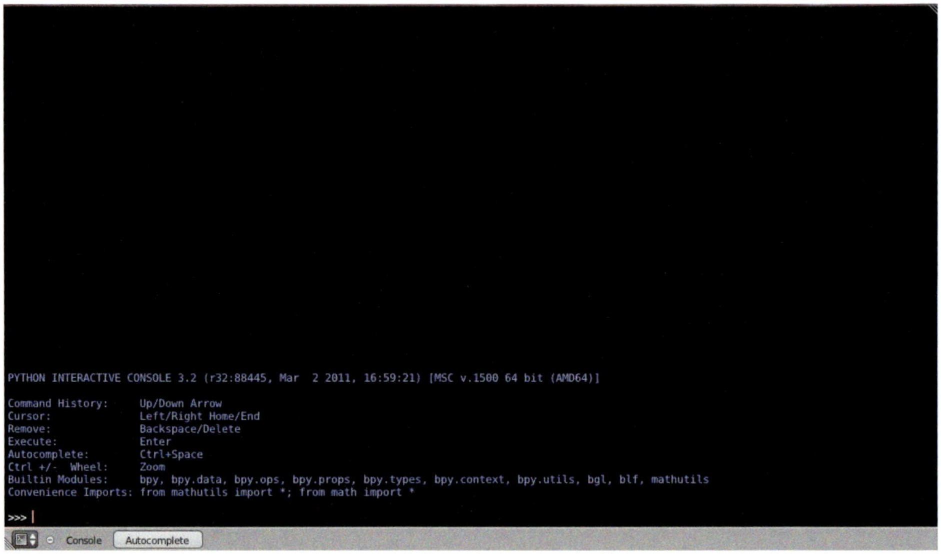

Abbildung 2.67
Die Console

2.2.3 Properties

Der *Properties-Editor* beinhaltet mehrere verschiedene Fenster in sich. Ebenso wie die *Timeline* wird dieses Fenster selten im Vollbildmodus gebraucht.

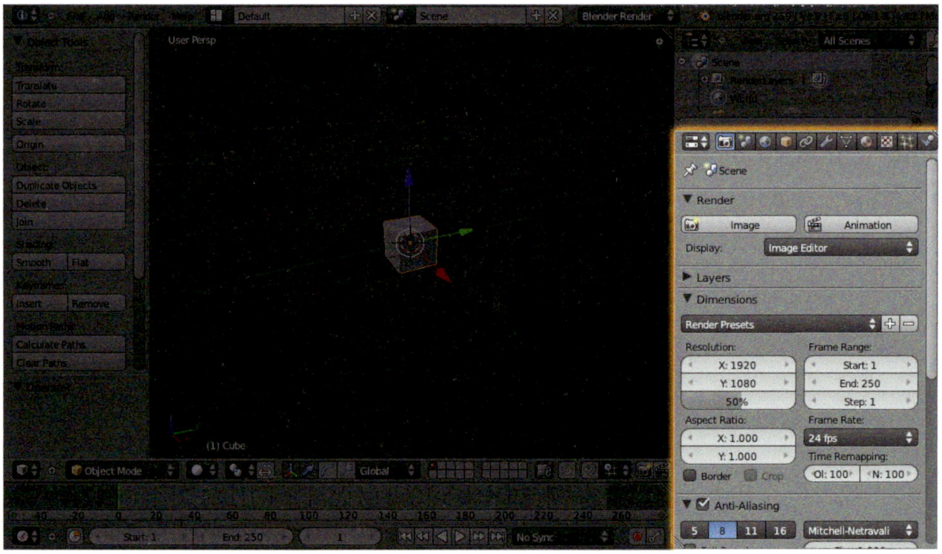

Abbildung 2.68
Das Properties-Fenster befindet sich in der Default-Ansicht unten rechts.

Die im Header angezeigten Buttons, mit denen wir zwischen den Properties wechseln können, variieren je nachdem, welche Art von Objekt selektiert ist.

Render

Die Einstellungen für Bilder oder Videos, die Blender berechnen soll, können hier vorgenommen werden. Über die Buttons *Image* und *Animation* kann das Berechnen eines Bildes bzw. einer Animation gestartet werden.

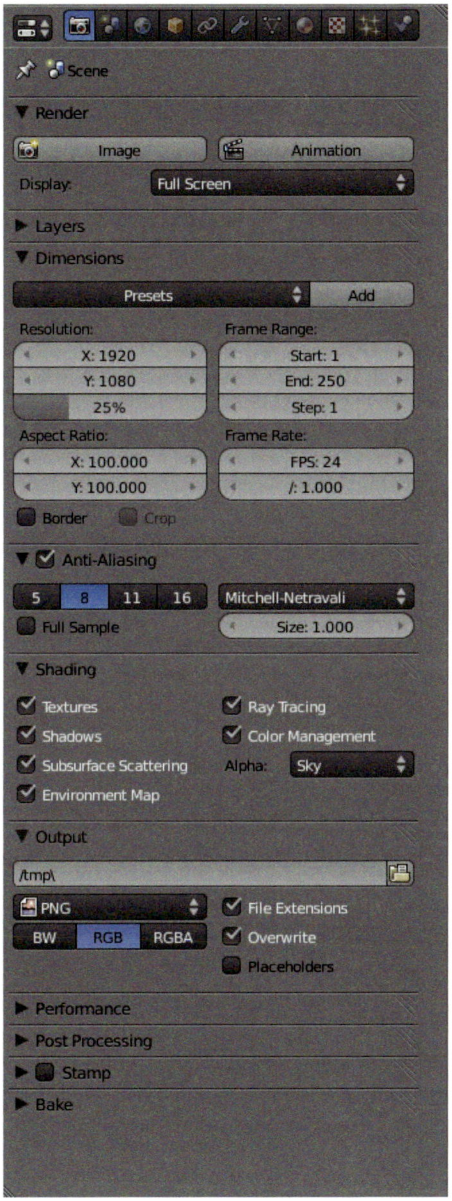

ABBILDUNG 2.69
Die Render Properties

Die hier vorgenommenen Einstellungen können weiterhin als *Presets* (Voreinstellungen) gespeichert werden, um diese später wieder abrufen zu können.

Scene

Zu den *Scene Properties* gehören z.B. die Einstellung der zu benutzenden Maßeinheiten. Mit *Metric* können die ansonsten benutzten *Blender Units* in Metern angezeigt werden.

ABBILDUNG 2.70

Die SCENE PROPERTIES

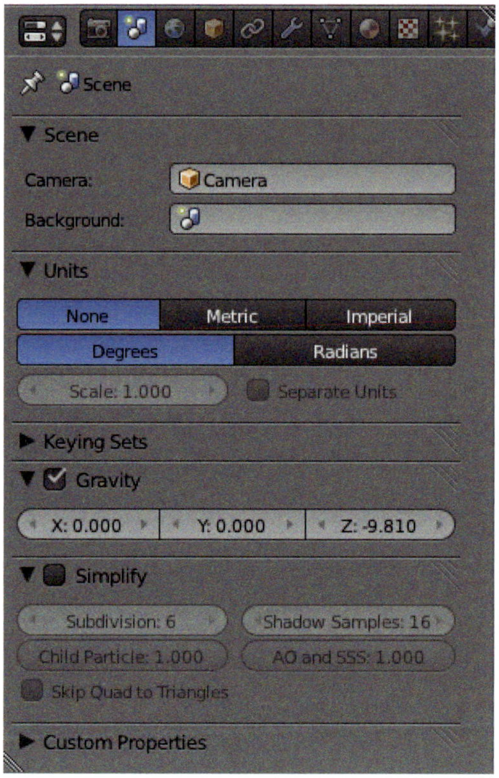

Des Weiteren kann hier die aktive Kamera gewählt und eine vorhandene *Scene* in die aktive integriert werden (als *Background*). Unter *Gravity* kann die allgemein in der Szene geltende Schwerkraft definiert werden. Diese ist standardmäßig –9.810 in der *Z-Achse*, also genau wie die auf der Erde herrschende Schwerkraft.

World

In den *World Properties* können wir die optischen Eigenschaften der Umgebung festlegen; so z.B. die Hintergrundfarbe und die Art, wie der Himmel dargestellt werden soll.

ABBILDUNG 2.71
Die World Properties

Außerdem finden wir hier aber auch die Einstellungen zur globalen Beleuchtung. Mit *Ambient Occlusion*, *Environment Lighting* und *Indirect Lighting* haben wir drei verschiedene Möglichkeiten, um auf globale Weise das Licht und den Schatten beeinflussen zu können. Details dazu folgen im Kapitel über Beleuchtung.

Über das *Mist Panel* können wir zu unserer Szene einen Nebel hinzufügen. Dies kann z.B. die Tiefenwirkung eines Bildes verbessern. Im *Stars Panel* fügen wir Sterne zur Szene hinzu. Es ist allerdings im Gespräch, diese Funktion abzuschaffen, da Sterne auch über ein Partikelsystem problemlos umzusetzen sind.

Object

Die wichtigsten Parameter zu einem Objekt können in den *Object Properties* eingesehen und verändert werden.

Der erste Parameter ist der Name des Objektes. Dieser sollte nach dem Erstellen gleich in einen aussagekräftigeren verändert werden. Durch einen Haufen unbenannter Objekte können wir die Übersicht in einer komplexen Szene sehr schnell verlieren. Zusätzlich zu dem Objektnamen haben auch die Daten des Objektes, z.B. die Geometrie eines Mesh-Objektes, einen eigenen Namen. Diesen können wir in den *Object Data Properties* ändern.

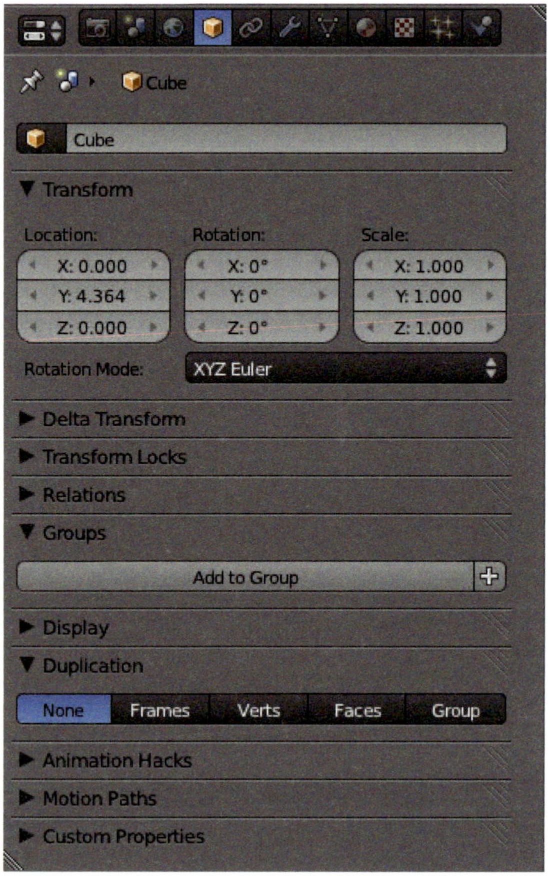

ABBILDUNG 2.72
Die OBJECT PROPERTIES

Im *Transform Panel* können wir die Position, die Rotation und die Größe des Objektes durch Eingabe des gewünschten Wertes pro Achse eingeben. Wobei uns das *Delta Transform Panel* weitere Felder zur Eingabe der relativen Transformation zur Verfügung stellt. Im *Transform Locks Panel* können wir beliebige Achsen für jede der drei Transformationen einzeln sperren.

Über das *Relations Panel* können wir unserer Auswahl mit *Parent* ein übergeordnetes Objekt geben. Dort können wir auch bestimmen, auf welchen *Layers* (Ebenen) das Objekt auftauchen soll. Außerdem kann hier mit *Pass Index* dem Objekt eine Nummer gegeben werden, mit der wir im Compositing dieses Objekt isolieren können.

Im *Groups Panel* können wir die Gruppenzugehörigkeit unseres Objektes verwalten. Das *Display Panel* gibt uns die Möglichkeit, die Ansichtsoptionen für jedes Objekt einzeln anzupassen. Über das *Duplication Panel* können wir unsere Objekte auf unterschiedliche Art und Weise duplizieren. *Frames* erstellt für jedes Einzelbild einer Animation ein Duplikat. *Verts* bzw. *Faces* erstellt Duplikate eines jeden Unterobjektes für jeden Vertex bzw. jedes Face des aktiven Objektes.

Auch in den Object Properties finden wir das *Animation Hacks Panel* und das Motion *Paths Panel*. Dort gibt es für Animatoren ein paar Hilfsmittel und Tricks.

Object Constraints

Mit *Object Constraints* können wir dem aktiven Objekt ganz einfach Regeln und Beziehungen zu anderen Objekten zuweisen. So kann z.B. ein Objekt einem anderen folgen, oder die Beweglichkeit eines Objektes wird eingeschränkt. Kombinationen von verschiedenen Constraints sind verfügbar. Das kann besonders beim Koordinieren von Animationen eine große Hilfe sein.

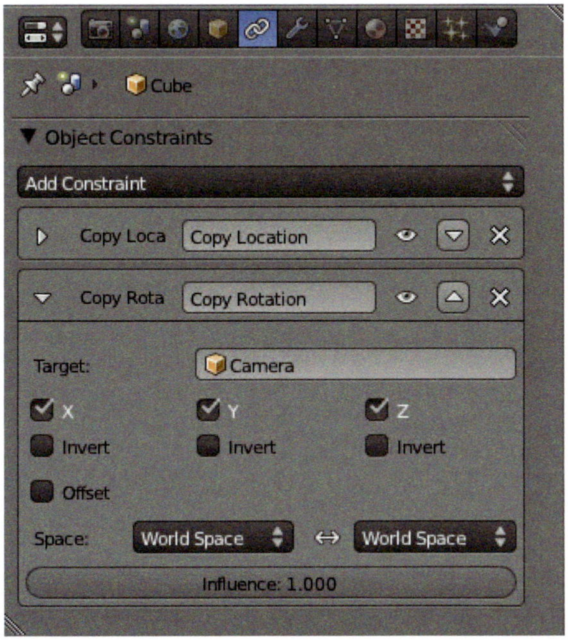

ABBILDUNG 2.73

Die Object Constraints Properties

Wir schauen uns die *Constraints* später noch einmal genauer an.

Modifier

Modifier ermöglichen uns, Objekte auf verschiedenste Weise zu modifizieren, ohne dabei die ursprüngliche Geometrie des Objektes zu verlieren. Änderungen oder das komplette Zurücksetzen zum Ursprungsobjekt sind somit jederzeit ohne Verluste möglich.

ABBILDUNG 2.74

Die MODIFIER PROPERTIES mit zwei Modifizierern

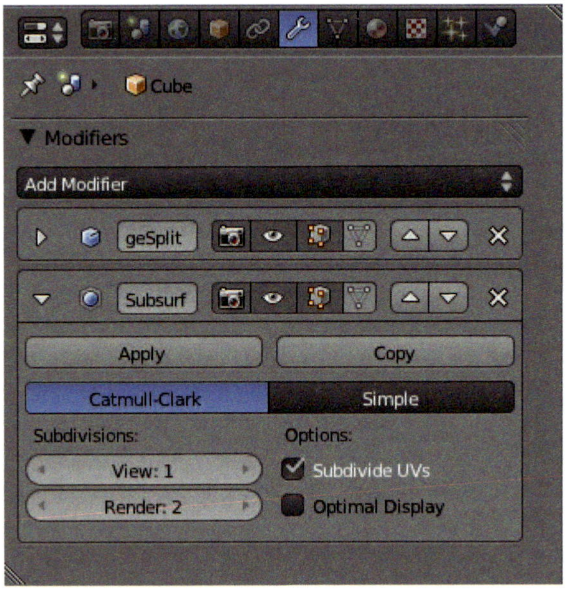

Wir schauen uns die Modifier später noch einmal genauer an.

Object Data

Die *Object Data Properties* sind abhängig vom Typ des ausgewählten Objektes. Mesh-Objekte z.B. benötigen andere Einstellungen als Kamera- oder Lampen-Objekte. Nur zur Übersicht schauen wir uns diese für die verfügbaren Object Types an. Die Panels sind zugeklappt, da wir die Details im passenden Kapitel noch genauer unter die Lupe nehmen.

ABBILDUNG 2.75

Die OBJECT DATA PROPERTIES für Mesh-Objekte

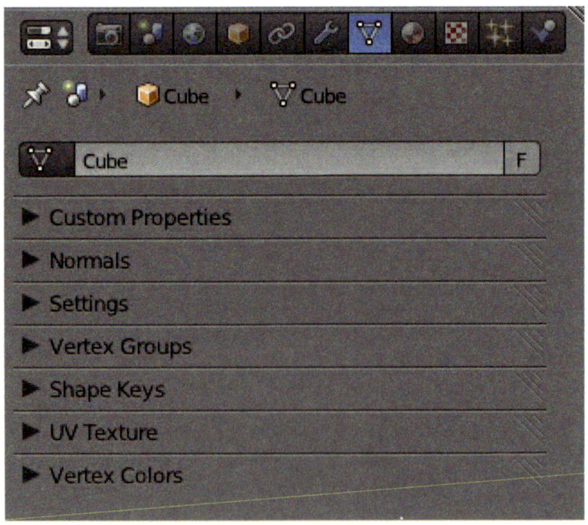

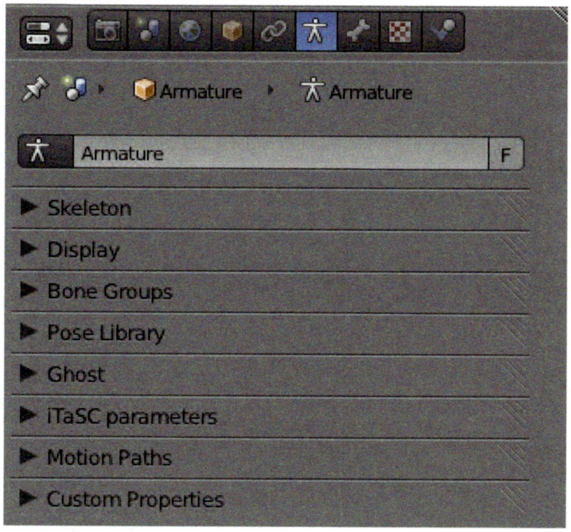

ABBILDUNG 2.76

Die OBJECT DATA PROPERTIES für Armature-Objekte

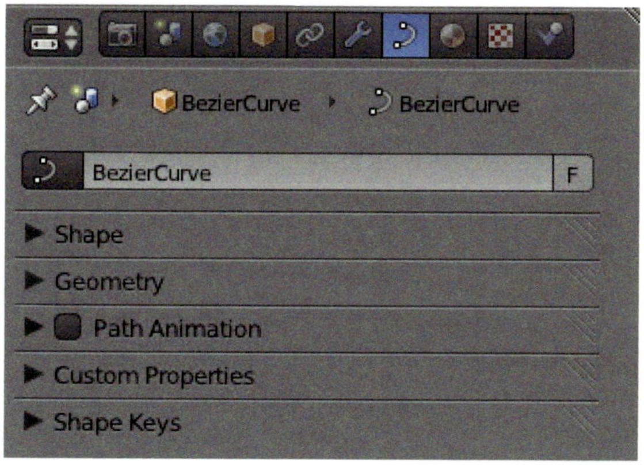

ABBILDUNG 2.77

Die OBJECT DATA PROPERTIES für Curve-Objekte

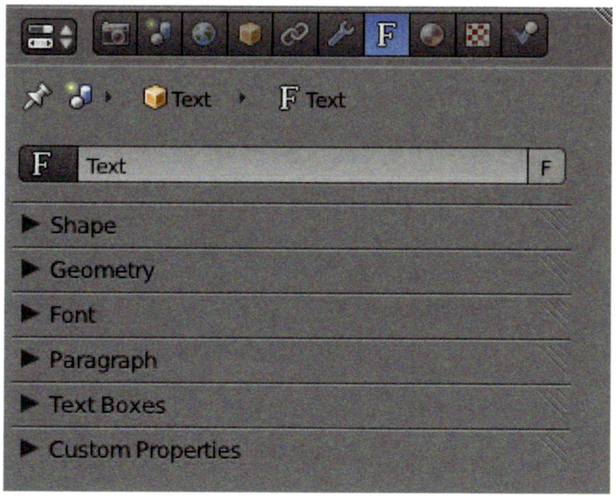

ABBILDUNG 2.78

Die OBJECT DATA PROPERTIES für Text-Objekte

ABBILDUNG 2.79

Die OBJECT DATA PROPERTIES für Surface-Objekte

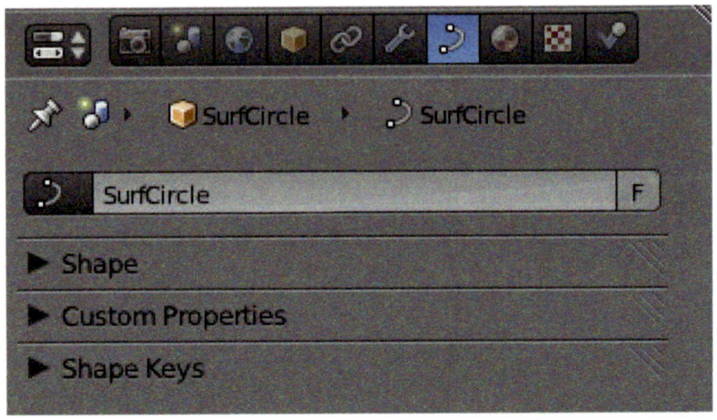

ABBILDUNG 2.80

Die OBJECT DATA PROPERTIES für Metaball-Objekte

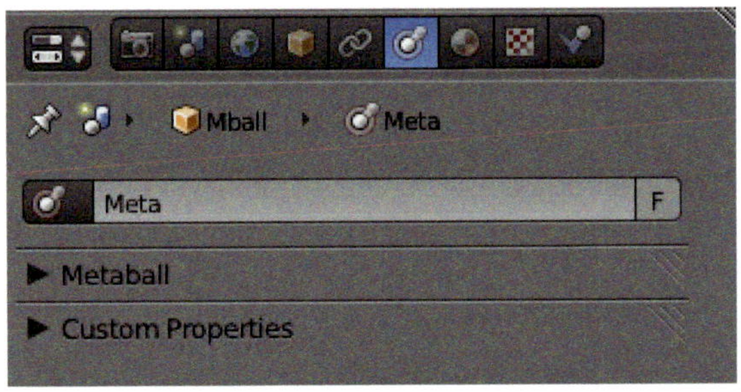

ABBILDUNG 2.81

Die OBJECT DATA PROPERTIES für Empty-Objekte

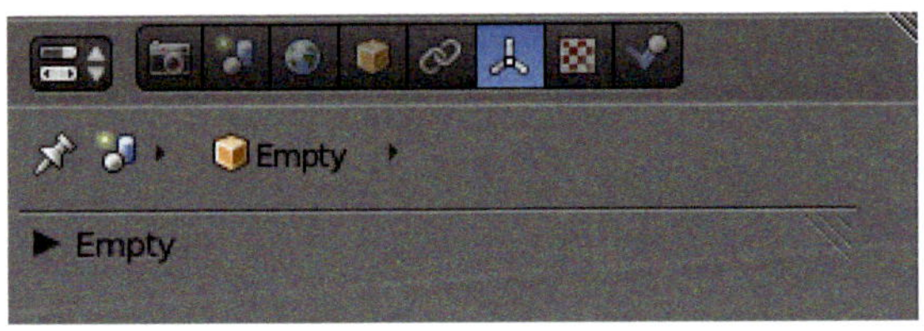

ABBILDUNG 2.82

Die OBJECT DATA PROPERTIES für Lattice-Objekte

ABBILDUNG 2.83

Die OBJECT DATA PROPERTIES für Lamp-Objekte

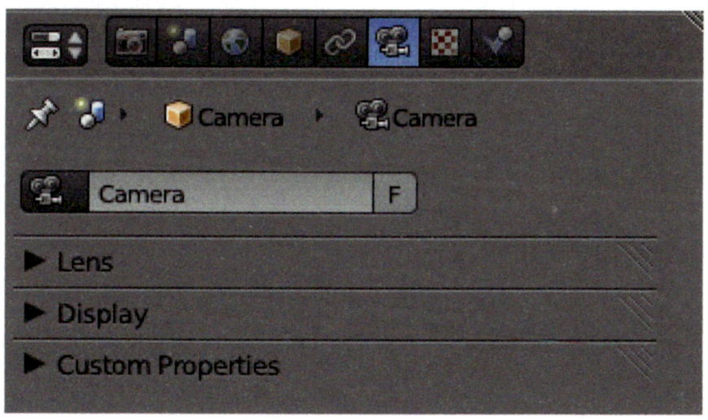

ABBILDUNG 2.84

Die OBJECT DATA PROPERTIES für Camera-Objekte

Material

Das Aussehen eines Objektes ist zum großen Teil vom Material abhängig. Im Material-Editor können Materialien erstellt und die Eigenschaften angepasst werden.

ABBILDUNG 2.85

Die MATERIAL PROPERTIES

In einem späteren Kapitel schauen wir uns diese Properties noch genauer an.

Texture

In den *Texture Properties* können wir unser *Material*, die *World* (Welt) oder unsere *Brushes* (Pinsel) mit *Textures* versehen. *Textures* sind sowohl 2D- als auch 3D-Bildinformationen. Sie können von Blender berechnet oder, auch in Form von Bilddateien (z.B. JPEG), in Blender importiert werden.

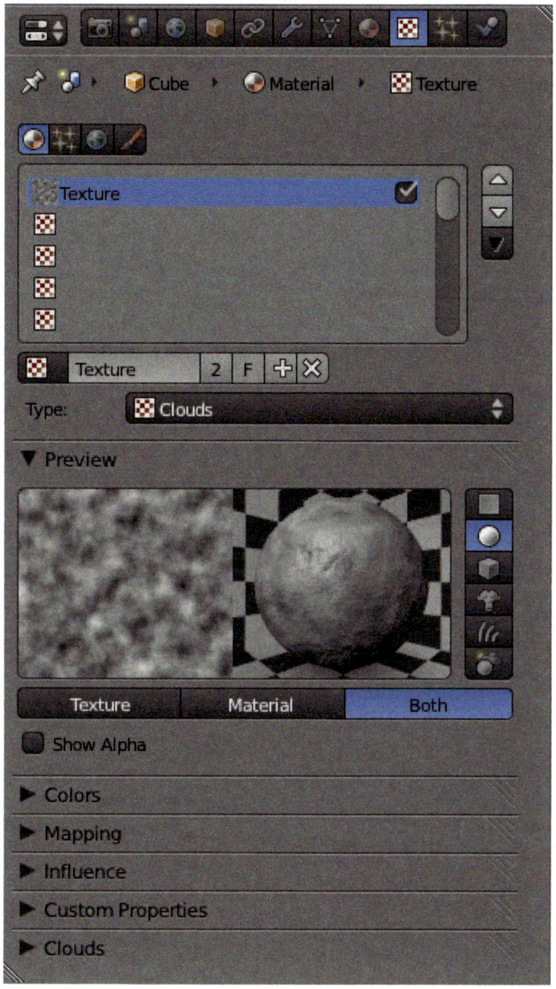

ABBILDUNG 2.86

Die TEXTURE PROPERTIES mit berechneter Cloud (Wolken) Texture

Auch hier schauen wir uns diese Properties später noch einmal genauer an.

Particles

Wollen wir eine Partikel-Simulation erzeugen, müssen wir sie in den *Particles Properties* erzeugen und konfigurieren.

ABBILDUNG 2.87

Die PARTICLES PROPERTIES

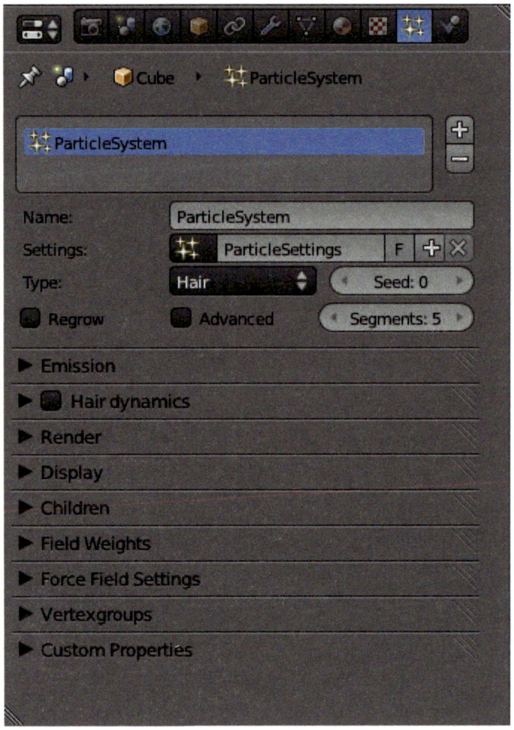

Partikel geben uns die Möglichkeit, eine große Menge ähnlicher Objekte zu erzeugen, die anhand von Parametern und physikalischen Kräften gelenkt werden können.

Des Weiteren finden wir hier auch die Fell- und Haarsimulation. Dazu müssen wir lediglich den *Type* von *Emitter* auf *Hair* umschalten.

Physics

In den *Physics Properties* können wir Physik-Simulationen zu unserem Objekt hinzufügen und die dazugehörigen Parameter bearbeiten.

ABBILDUNG 2.88

Die PHYSICS PROPERTIES

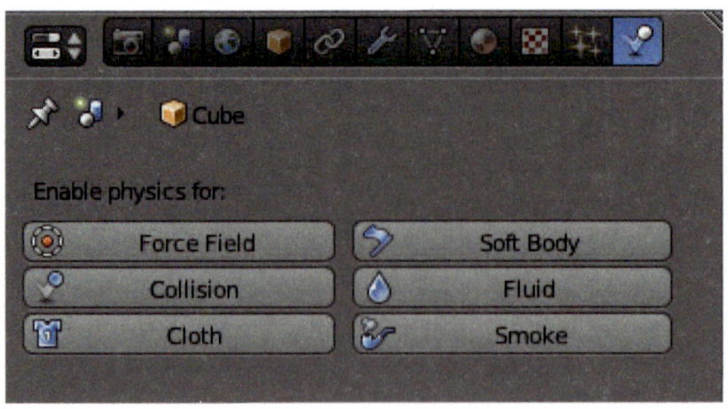

Im Kapitel über Animationen werfen wir auch einen Blick in diese Properties.

2.2.4 Die User Preferences

Die Voreinstellungen des Programms können wir in den *User Preferences* ändern. Dafür kann man ein beliebiges Fenster in den *User Preferences-Editor* umschalten.

Noch einfacher ist es jedoch, im File-Menü die Funktion *User Preferences* zu benutzen oder einfach Strg+Alt+U zu drücken. Ein neues Fenster mit einem *User Preferences-Editor* öffnet sich. In diesem Editor haben wir über mehrere Buttons die Auswahl zwischen mehreren Kategorien.

> Die Preferences werden wie die gesamte Szene in der aktuellen .blend-Datei gespeichert. Sollen die Einstellungen beim nächsten Start aktiv bleiben, muss die aktuelle Datei mit Strg+U als Default gespeichert werden. Dann sind allerdings auch die kompletten Szenen-Daten beim nächsten Start verfügbar. Dies ist eine gewöhnungsbedürftige Besonderheit von Blender, die den Vorteil hat, dass man mit seiner Szene auch die kompletten Einstellungen weitergeben kann. Daher sollte man die Einstellungen nur in der unveränderten Default-Datei (also direkt nach Neustart des Programms oder Erstellen einer neuen Datei mit Strg+N) anpassen und diese danach mit Strg+U aktualisieren.

Nicht alle Einstellungen sind von Anfang an für uns von Bedeutung. Die hier nicht beschriebenen Einstellungen können in der offiziellen Blender-Dokumentation nachgelesen werden:

`http://wiki.blender.org/index.php`

Interface

In den *Interface Preferences* finden wir Einstellungen, die das Aussehen und Verhalten des Blender GUI beeinflussen. Die Voreinstellungen sind aber eigentlich ideal.

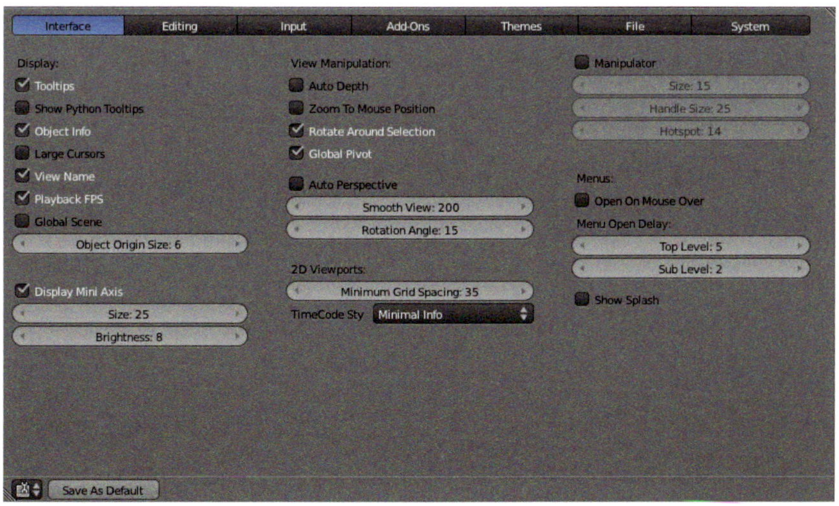

ABBILDUNG 2.89

Die INTERFACE Preferences

Drehen wir eine Ansicht der *3D View* mit aktivierter *Rotate Around Selection*-Option, rotieren sie um die aktuelle Auswahl. Ist die Option deaktiviert, rotiert die Ansicht um einen unsichtbaren Punkt, der in keinem Zusammenhang zur Auswahl steht. Das kann bei Bearbeitung eines Objektes sehr unpraktisch sein. Daher empfehle ich, diese Option zu aktivieren.

Deaktivieren wir die Option *Show Splash*, wird nicht bei jedem Start das Startbild mit der Versionsnummer angezeigt. Wer kein Interesse an Python-Skript hat, kann unbesorgt *Show Python Tooltips* unter dem Punkt *Display* deaktivieren. Die Python-Infos werden dann im *Tooltip* nicht mehr angezeigt.

Editing

Die *Editing Preferences* bieten Einstellungen, die das Manipulieren von Objekten betreffen. Das meiste sollte gerade am Anfang lieber nicht verändert werden.

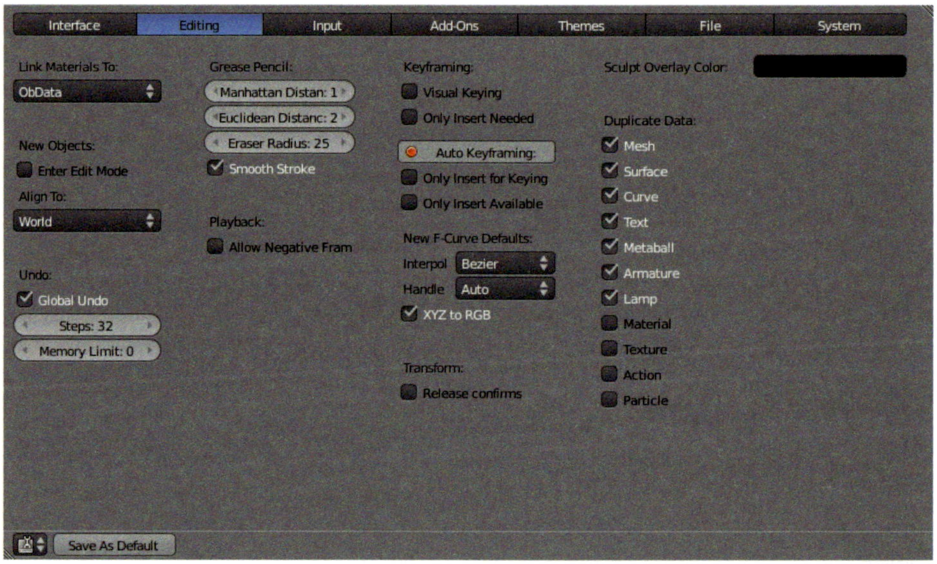

ABBILDUNG 2.90
Die EDITING Preferences

Unter *Link Materials To* können wir entscheiden, ob die Materials mit *ObData* (z.B. der Geometrie eines Meshes) oder dem *Object* (unabhängig vom Inhalt des Objektes) verknüpft sein sollen. Im Normalfall sollte diese Option auf *ObData* gestellt bleiben.

Die *New Objects*-Option *Enter Edit Mode* lässt Blender automatisch in den *Edit Mode* wechseln, nachdem ein Objekt erstellt wurde. *Align To* gibt an, ob das neue Objekt nach der *World* (Welt) oder der aktuellen *View* (Ansicht) ausgerichtet werden soll.

Die Option *Allow Negative Frames* unter *Playback* erlaubt das Setzen der Zeitleiste auf Frames, die vor Frame 0 sind.

Sollte das System wegen zu viel Speicherverbrauchs ins Wanken geraten, kann jedoch hier das *Undo* eingeschränkt werden. Eine Verringerung der *Steps* oder das Setzen eines *Memory Limits* hilft dann weiter.

Die Optionen unter *Duplicate Data* sollten nur von Usern mit ausreichend Programmkenntnissen benutzt werden. Wie Blender mit den Objektdaten verfährt und welche Werte mitkopiert werden, sollte meines Erachtens nicht individuell variieren. Das kann besonders am Anfang zu Fehlern und großer Verwirrung führen.

Input

Unter den *Input Preferences* finden wir die Einstellungen zu den Eingabegeräten; also die Einstellungen zur Maussteuerung und zu den Tastaturbefehlen.

Hier lässt sich die Bedienung von Blender verstellen. In *Presets* können komplette Bedienschemata abgespeichert und wieder abgerufen werden. Nützlich ist das z.B., falls mehrere Personen mit unterschiedlichen Bediengewohnheiten am gleichen Computer mit Blender arbeiten.

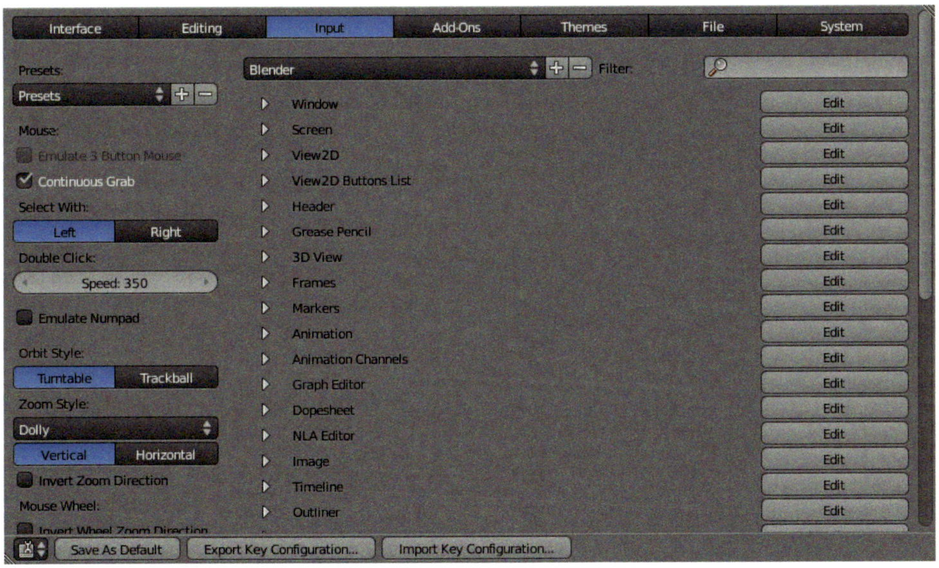

ABBILDUNG 2.91

Die INPUT Preferences

Besonders am Anfang sollte man jedoch hier nicht allzu viel verändern, da sonst viele Anleitungen und Hilfestellungen ungültig werden. Die Steuerung ist dann nicht mehr wie beschrieben. Nur wer dann noch die originale Steuerung kennt, kann dann verstehen, was dort gemeint ist. Für die Beispiele in diesem Buch werden allerdings auch einige Änderungen an den Einstellungen vorgenommen, die vom Standard abweichen.

Nun folgen einige Einstellungen, die ich für jeden Leser dieses Buches und für jeden anderen Blender-Benutzer empfehle:

Continuous Grab sollte aktiviert sein.

Durch *Continuous Grab* kann der Mauszeiger bei Transformationen das Blender-Fenster nicht verlassen. Verschieben wir ein Objekt also über eine weite Strecke, für die wir sonst mehrmals den Mauszeiger bis zur Fenstergrenze verschieben mussten, so ist das mit dieser Funktion in einem Zug zu bewerkstelligen.

Select With sollte Left sein.

Blender hat als Standardeinstellung für *Select with* die Einstellung *Right* (rechte Maustaste) festgelegt. Da jedoch in allen gängigen Betriebssystemen – und somit auch in den meisten dafür geschriebenen Programmen – die Auswahl von Objekten mit der linken Maustaste geschieht, sollte auch in Blender an dieser Stelle *Left* ausgewählt werden. Ansonsten würden wir bei jedem Programmwechsel erneut durcheinandergeraten.

Orbit Style sollte Turntable sein.

Durch Verändern der Option *Orbit Style* von *Trackball* zu *Turntable* verhindern wir, dass beim Drehen der Ansicht (mit der mittleren Maustaste) die Z-Achse sich mitdreht. Sie wird dann immer genau nach oben zeigen. Das hilft gerade am Anfang, die Übersicht über die 3D-Szene zu behalten.

Add-Ons

Die neue Verwaltung der Blender *Add-Ons* über die *Add-On Preferences* erleichtert den Umgang mit diesen Erweiterungen enorm.

Abbildung 2.92

Die Add-Ons Preferences

Die Add-Ons sind in Kategorien unterteilt, und deren Wirkung kann somit leichter zugeordnet werden. Über die Suchfunktion ist auch bei vielen installierten Add-Ons das Gewünschte schnell zu finden. Zu jedem Add-On erhalten wir hier eine kurze Beschreibung, Infos und Links und die Möglichkeit zum De-/Aktivieren.

Themes

Wer sich überhaupt nicht mit den Farben des Blender GUI anfreunden kann, hat in den *Theme Preferences* die Möglichkeit sich auszutoben. Mit vielen Farbfeldern können nahezu alle Eigenschaften angepasst werden.

ABBILDUNG 2.93

Die THEMES *Preferences*

Im Unterpunkt *User Interface* können auch die Farbverläufe der Buttons geändert werden. Wir können sogar eine Datei angeben, die die kompletten Icons des Programms ersetzen kann.

File

Hier können die Standardpfade abgeändert werden. Es schadet aber auch nicht, sie einfach unverändert zu lassen. Ein eigener *Image-Editor* und ein alternativer *Animation Player* können angegeben werden.

ABBILDUNG 2.94

Die FILE *Preferences*

Ist die Option *Relative Paths* unter *Save & Load* aktiviert, werden Dateipfade relativ zur Blender-Datei gespeichert. Die Dateien sollten dann allerdings auch in einem Unterordner des Projektes gespeichert sein.

Das macht vor allem Sinn, wenn das Projekt weitergegeben oder verschoben wird. Sind die Pfade nicht relativ, sondern absolut, funktionieren sie auf einem anderen Rechner höchstwahrscheinlich nicht mehr.

Durch die Option *Compress File* kann die Dateigröße der Blender-Dateien verkleinert werden. Dadurch verlängert sich allerdings auch die Ladezeit einer solchen Datei.

Auto Save

Die *Auto Save*-Funktion ist besonders wichtig für den, der gerne mal das Speichern vergisst. Im Falle eines Absturzes ist somit nicht die komplette Arbeit verloren. Je nachdem, wie viele *Save Versions* wir eingestellt haben, speichert Blender nummerierte Versionen ab. Das Intervall in Minuten bis zur nächsten automatischen Speicherung können wir unter *Timer (mins)* angeben.

System

Wer Audio-Dateien in Blender benutzen möchte, sollte hier die Sound-Einstellungen an seine Anforderungen anpassen.

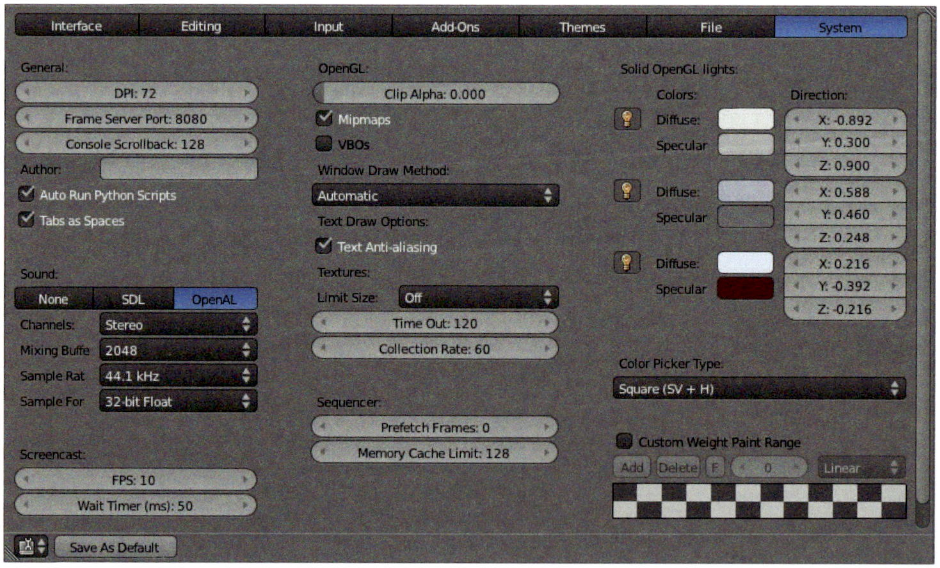

ABBILDUNG 2.95

Die SYSTEM Preferences

Die *OpenGL*-Einstellungen in diesem Fenster sollten nur verändert werden, falls die Anzeige im Viewport zu langsam oder fehlerhaft erscheint.

Die *Solid OpenGL Lights* werden in der *3D View* im *Solid Viewport Shading*-Modus verwendet. Hier können die Richtung und die Licht- und Glanzlicht-Farben dieser Lampen angepasst werden.

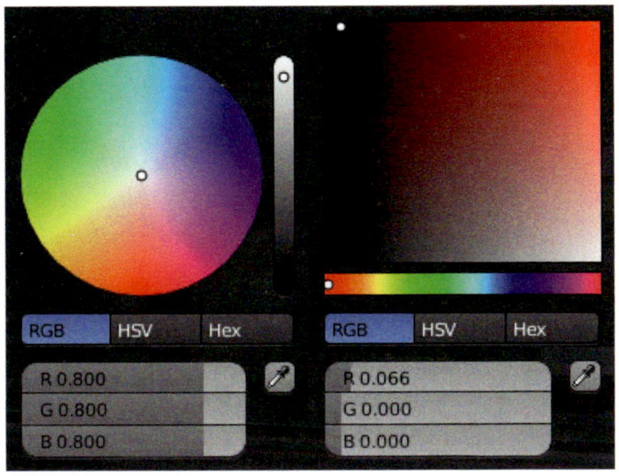

ABBILDUNG 2.96

Color Picker CIRCLE und SQUARE (SV + H) im Vergleich

Langjährige Photoshop-Benutzer können durch Auswahl von *Square (SV + H)* statt *Circle* den *Color Picker Type* ändern. Dadurch ähnelt der Blender-Farbwähler der normalen Photoshop-Farbauswahl.

Sogar der Farbwähler lässt sich anpassen.

Kapitel 3
Vier Schritte zum ersten Bild

Für einen schnellen Einstieg in Blender gehen wir zunächst einmal die vier nötigen Schritte zu einem eigenen 3D-Bild durch. Wir werden eine komplett leere Szene mit zwei angepassten Objekten, zwei Lampen und einer Kamera füllen. Danach wollen wir davon ein Bild berechnen lassen.

Die Schritte sind:

1. Objekte vorbereiten
2. Materialien einstellen
3. Szene beleuchten
4. Bild rendern (berechnen lassen)

Save User Settings
Strg + U

Diese Schritte werden uns bei der Erstellung von 3D-Szenarien immer wieder begegnen. Sie sind fester Bestandteil der 3D-Grafik. Wir können uns jedoch eine eigene Standardszene definieren und mit Strg + U speichern. Diese erscheint dann bei jedem Start von Blender. Wir müssen also nicht jedes Mal bei null anfangen.

Falls im Verlauf der Übung versehentlich etwas Ungewünschtes passiert sein sollte, so können wir dies jederzeit mit Strg + Z wie in den meisten anderen Programmen rückgängig machen.

Beginnen wir nun mit der Praxis. Zunächst starten wir Blender. Wir sollten nun Blenders Standardszene vor uns sehen. In dieser Szene sind ein Cube (Würfel), eine Lamp (Lampe) und eine Camera (Kamera) enthalten (Siehe Abb. 3.1). Diese Objekte wollen wir für diese Übung entfernen.

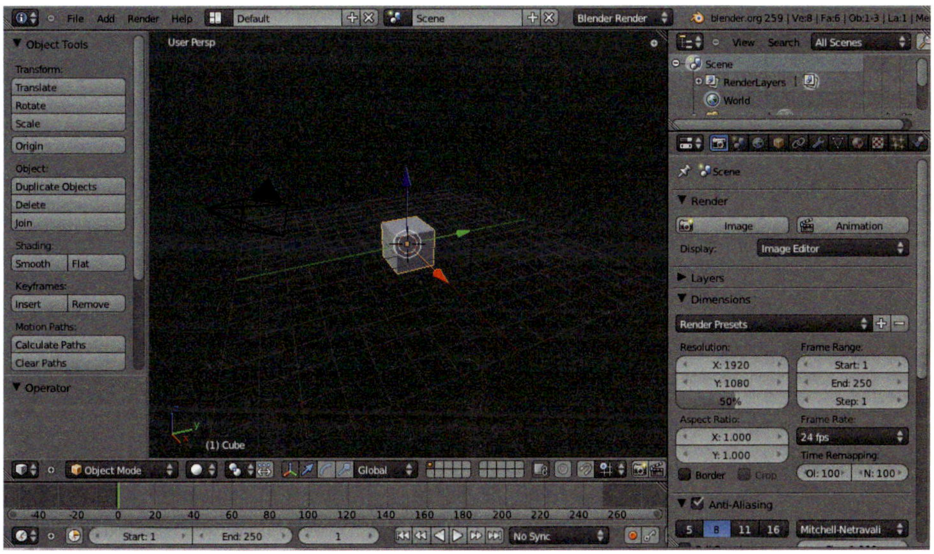

ABBILDUNG 3.1
Blenders Standardszene

Select All A

Um alle vorhandenen Objekte aus der Szene zu löschen, drücken wir die Taste A, bis alle Objekte ausgewählt sind. Ein ausgewähltes Objekt erkennen wir an einem farbigen Rahmen. In der Standardeinstellung ist die Farbe eines ausgewählten Rahmens Orange.

ABBILDUNG 3.2

Alle Objekte sind ausgewählt.

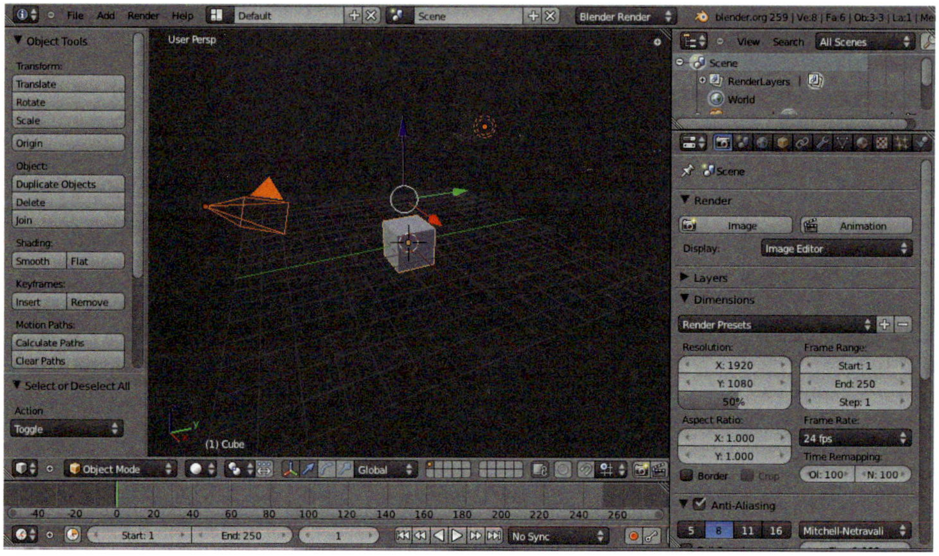

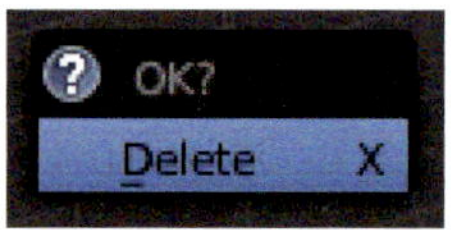

Sind alle Objekte markiert, drücken wir [X] oder [Entf]. Diese Tasten löschen (nach einem Bestätigungsdialog) die ausgewählten Elemente. Nach einem Klick auf *Delete* im Dialogfeld mit der Aufschrift *OK?* sollte die Szene leer sein. Übrig bleiben nur das Grid, ein Raster, das zur besseren Orientierung im 3D-Raum beiträgt, und der *3D-Cursor*, ein rot-weiß gestreifter Kreis mit schwarzen Linien.

ABBILDUNG 3.3

Leere Szene nach Löschvorgang

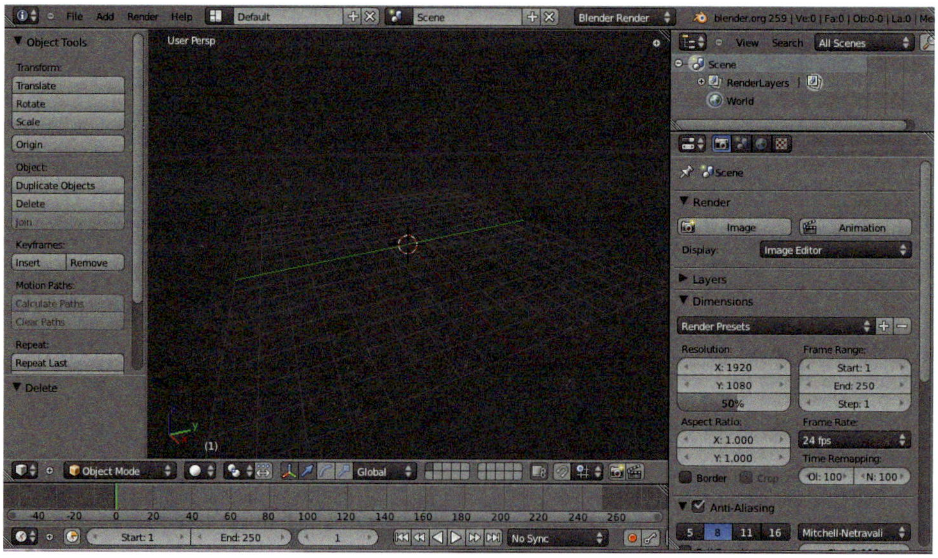

Center Cursor and View All [⇧]+[C]

Der 3D-Cursor ist der Ursprung aller neu erstellten Objekte. Er kann uns beim Rotieren (Drehen) und Skalieren (Größe ändern) unserer Objekte behilflich sein. Sollte der Cursor nicht in der Mitte des Rasters liegen, so können wir ihn mit [⇧]+[C] ins Zentrum des 3D-Raumes zurücksetzen.

3.1 Objekte vorbereiten

3D-Objekte bilden die Grundlage für 3D-Grafiken und -Animationen. Mit ihnen wird die künstliche Welt gefüllt. In Blender bestimmen wir, die Benutzer, wie ein Objekt aussieht: Wir bestimmen die Form, die Farbe, die Größe, den Detailgrad, die Drehung und die Position in unserem Raum.

Hier wird bereits die abgeänderte Steuerung verwendet, die im vorherigen Kapitel bei den INPUT USER PREFERENCES angesprochen wurde.

3.1.1 Erstellen

Ein Objekt zu erstellen ist ziemlich einfach. Uns stehen z.B. einige Grundkörper zur Verfügung. Um ein Objekt zu unserer Szene hinzuzufügen, drücken wir zunächst [⇧]+[A]. Das *Add-Menü* erscheint. In diesem Menü finden wir alle Objekte, die uns in Blender zur Auswahl stehen.

Add [⇧]+[A]

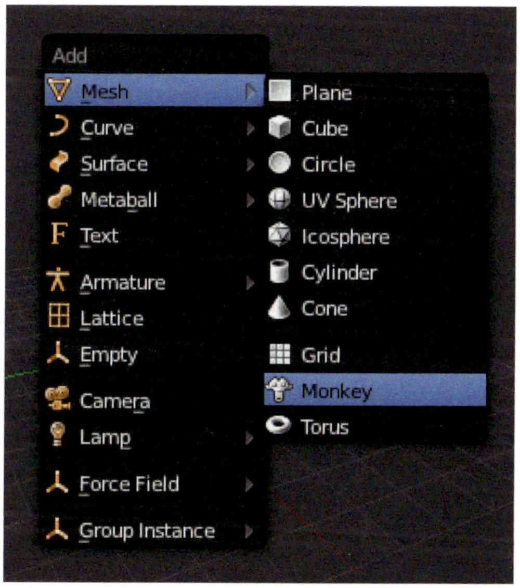

ABBILDUNG 3.4

Das ADD-MENÜ

Wählen wir nun den Menüpunkt *Meshes*, stehen uns einige Grundkörper zur Auswahl. Hier wählen wir *Monkey* aus. In unserer Szene wurde nun an der Position des *3D-Cursors* unser gewähltes 3D-Objekt erstellt.

ABBILDUNG 3.5

Ein Monkey-Objekt wurde an der Position des 3D-CURSORS erstellt.

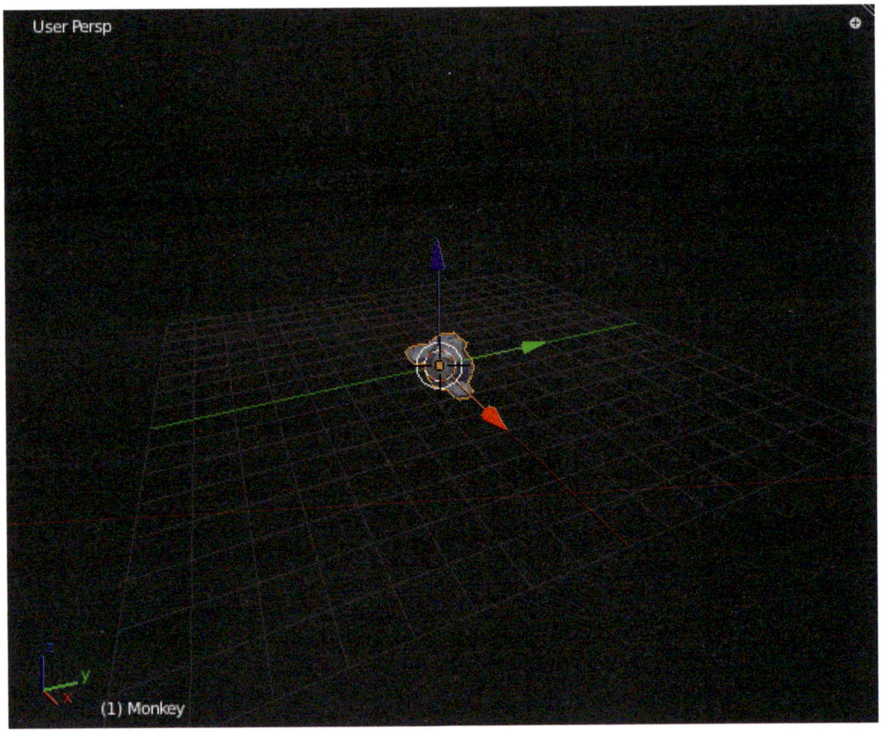

Eine Szene mit vielen Objekten kann schnell unübersichtlich werden. Gut gewählte Namen können helfen, die gesuchten Objekte schneller zu finden. Wollen wir den Namen des Objektes ändern, wechseln wir in die *Object Properties* und schreiben den gewünschten Namen in das Eingabefeld ganz oben.

ABBILDUNG 3.6

OBJECT PROPERTIES

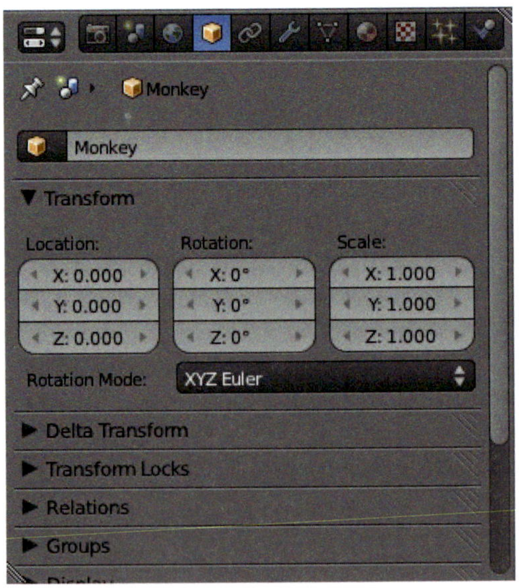

Wollen wir nun unseren Affenkopf aus verschiedenen Richtungen anschauen, können wir das mit folgenden Tasten auf dem Ziffernblock tun:

- [1] Front (Ansicht von vorne)
- [7] Top (Ansicht von oben)
- [3] Right (Ansicht von rechts)

Umschalten und Navigieren der 3D-Ansicht

Drücken wir zusätzlich zur Nummerntaste vom Ziffernblock die [Strg]-Taste, so können wir in die jeweils entgegengesetzte Richtung schauen. Mit [5] können wir zwischen perspektivischer oder orthografischer Ansicht wechseln. Durch die [+]- und [-]-Tasten des Ziffernblocks oder mit dem Mausrad kann hinein- und hinausgezoomt werden. Die mittlere Maustaste oder die Tasten [4] und [6] bzw. [2] und [8] rotieren die Ansicht. Die Taste [,] auf dem Ziffernblock zentriert das aktuell ausgewählte Objekt und zoomt es nahe heran. Die Taste [Pos1] zoomt aus der Szene heraus und zentriert alle darin enthaltenen Objekte. Dies gibt uns eine gute Übersicht über die Szene.

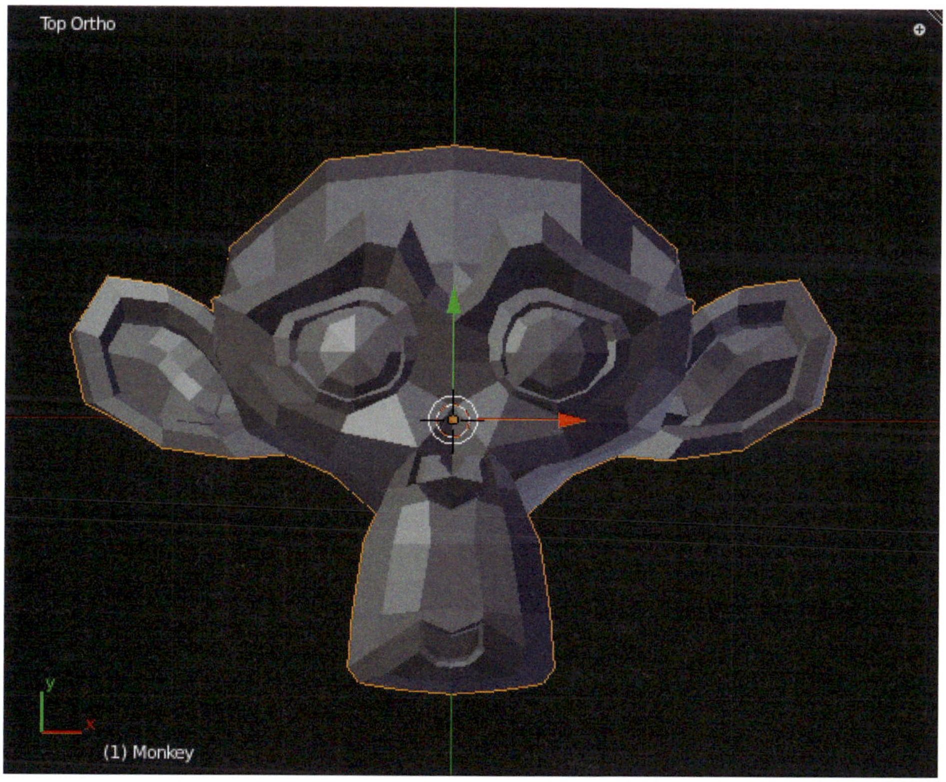

ABBILDUNG 3.7

TOP ORTHO-Ansicht

Wer keinen Ziffernblock auf seiner Tastatur hat (wie z.B. bei Notebook-Tastaturen), kann man in den USER PREFERENCES im Tab SYSTEM die Option EMULATE NUMPAD aktivieren. Dies ist eine Notlösung, die es ermöglicht, alternativ die Zahlentasten über den Buchstabentasten zum Navigieren der 3D VIEW zu verwenden.

Nachdem wir mit [7] auf dem Nummernpad in die *Top*-Ansicht gewechselt haben, setzen wir den *3D-Cursor* mit der rechten Maustaste an eine andere Stelle. So erstellen wir das zweite Objekt nicht am selben Platz wie das erste. Ist der *3D-Cursor* an der gewünschten Stelle, können wir wie gehabt mit [⇧]+[A] das *Add-Menü* öffnen. Unter *Meshes* wählen wir nun ein Objekt unserer Wahl aus, z.B. *Cube* (einen Quader). Auch diesem Quader sollten wir direkt einen guten Namen geben. Nur so können wir Objekte bei komplexeren Szenen einfacher unterscheiden.

Ansicht mit Maus navigieren

Wir können anstelle der Ziffern-Tasten auf dem Nummernpad einfach die Maus mit gedrückter mittlerer Maustaste bewegen. Damit rotierten wir die Ansicht. Mit [⇧] und mittlerer Maustaste wird die Ansicht verschoben (Pan). Die Taste [Strg] in Verbindung mit der mittleren Maustaste lässt uns die Ansicht hinein- und hinauszoomen. Alternativ lässt sich dafür auch das Mausrad verwenden.

3.1.2 Objekte transformieren

Um ein Objekt nach dem Erstellen im 3D-Raum zu platzieren, müssen wir es verschieben. Dazu sollten wir zunächst mit der Taste [7] auf dem Ziffernblock in die Top-Ansicht wechseln. Ist das gewünschte Objekt nicht zu sehen, so sollten wir uns durch [Pos1] eine übersichtlichere Darstellung der Szene verschaffen. So fällt die Auswahl des Objektes leichter. Haben wir das gewünschte Objekt mit der linken Maustaste ausgewählt, können wir mit dem Verschieben beginnen.

ABBILDUNG 3.8

MONKEY und CUBE in Top Persp

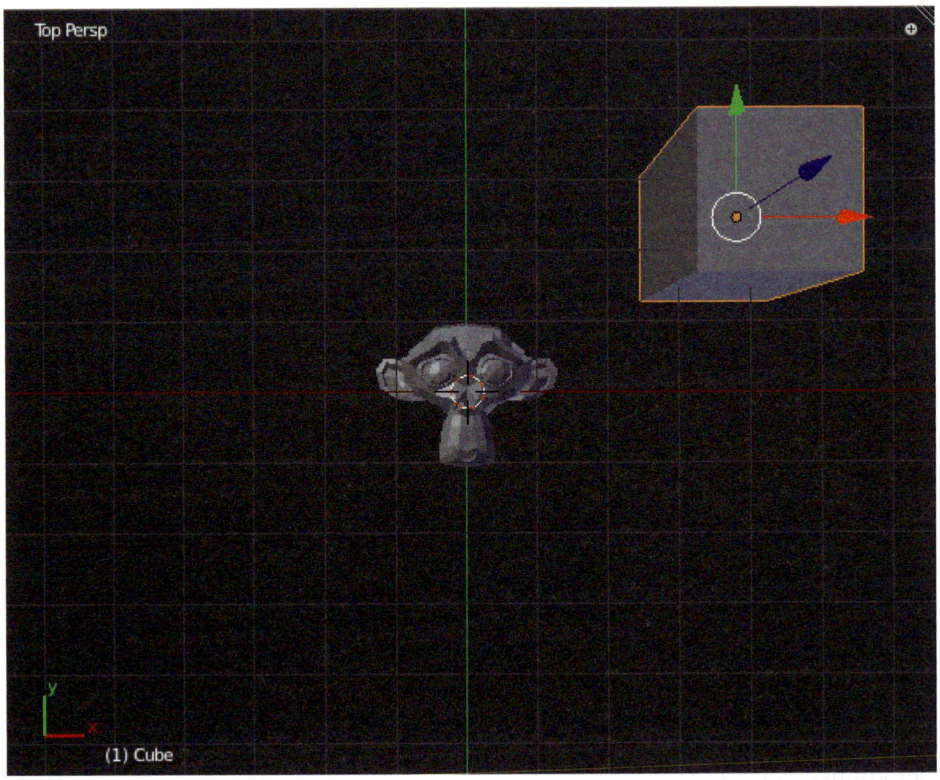

Objekte mit Grab verschieben

Durch die Taste [G] gelangen wir in den *Grab Mode* (Verschiebungsmodus). Wir können das Objekt nun abhängig von der Ansicht, in der wir uns befinden, verschieben. Eine Eingabe von Werten ist auch möglich. Dazu müssen wir im *Grab Mode* einfach mit den Zahlentasten über den Buchstabentasten einen Wert für die erste Achse eintippen. Im Header der 3D-Ansicht können wir die Werte für jede Achse jederzeit überprüfen. Mit [Tab] wechselt der Cursor, und wir können einen Wert für die nächste Achse eingeben.

Transformationen auf Achsen beschränken

Drücken wir im *Grab Mode* die Taste [X], [Y] oder [Z], können wir die Verschiebung auf die gleichnamige globale Achse beschränken. Das Objekt lässt sich also nur noch in eine einzige Richtung verschieben. Wollen wir das Objekt in alle Richtungen außer einer bestimmten bewegen, so müssen wir im *Grab Mode* zusätzlich zur Achsentaste [⇧] drücken. Drücken wir also im *Grab Mode* [⇧]+[X], so können wir unser Objekt sowohl in der Y- als auch in der Z-Achse verschieben.

Transformationen abbrechen oder bestätigen

Mit [Esc] oder der rechten Maustaste können Transformationen abgebrochen werden. Mit [↵] oder der linken Maustaste wird die Transformation bestätigt. Das Objekt ist danach verschoben. Wir sollten das Objekt in diesem Beispiel jedoch nicht allzu weit vom Ursprung entfernen, damit wir es auch wiederfinden.

Drehen und Skalieren mit Rotate und Scale

Genauso wie das Verschieben funktioniert auch das Rotieren [R] und Skalieren [S]. Die Wirkung der Achsen kann auch hier auf die gleiche Art und Weise beschränkt werden. Anders als beim Verschieben ist beim Drehen und Skalieren die Wahl des Mittelpunktes von großer Bedeutung. Wie genau man den Mittelpunkt einer Rotation oder Skalierung bestimmt, werden wir später noch lernen.

Nach dem Hinzufügen und Positionieren des Objektes fängt meist die eigentliche Arbeit erst an: das Modellieren (Modeling). Aus den Grundkörpern werden die eigentlichen Objekte modelliert. Dieser Arbeitsschritt kann je nach gewünschtem Detailgrad sehr viel Zeit beanspruchen. In dieser Einleitung überspringen wir diesen Schritt und geben uns mit dem bereits fertigen Affenkopf zufrieden.

3.2 Materialien einstellen

Es ist vollbracht. Wir haben ein Objekt erstellt und positioniert. Es hat sogar bereits ein Material, das Blender-Standardmaterial. Dieses ist allerdings nicht sonderlich spektakulär. Es ist grau. Wir sollten uns lieber ein eigenes Material erstellen. Dies ermöglicht es uns nämlich, die Eigenschaften des Materials zu bestimmen.

3.2.1 Material vergeben

Dazu wählen wir zunächst unser Monkey-Objekt aus. Danach wechseln wir in die *Material Properties* im *Properties-Editor*. Darin können wir anhand vieler Parameter bestimmen, wie das Material unseres Objektes aussehen soll.

ABBILDUNG 3.9
Der MATERIAL-Button öffnet die MATERIAL PROPERTIES.

Hier können wir unserem selektierten Objekt durch einen Klick auf den *New*-Button ein neues Material vergeben. Haben wir dieses neue Material erstellt, erscheinen in den *Material Properties* die Eigenschaften des Materials. Zunächst sollten wir dem Material über das soeben erschienene Eingabefeld einen geeigneten Namen geben.

ABBILDUNG 3.10

Erstellt ein neues Material

Um die Farbe zu ändern, klicken wir in das Farbfeld im *Diffuse Panel*. Ein Farbwähler erscheint. Eine Änderung der Farbe beeinflusst sofort die 3D-Objekte, denen dieses Material zugewiesen ist. Wir nehmen hier mal ein sattes Rot. Das Ergebnis sollte auch direkt in der 3D-Ansicht und in der Material-Vorschau zu sehen sein. Ändern wir die Farbe im *Specular Panel*, ändert sich die Farbe des Glanzlichtes. Hier können wir auch die Stärke, die Größe und die Art der Berechnung des Glanzlichtes bestimmen. Wir klicken jedoch zunächst nur auf den Farbwähler und wählen ein sattes Gelb.

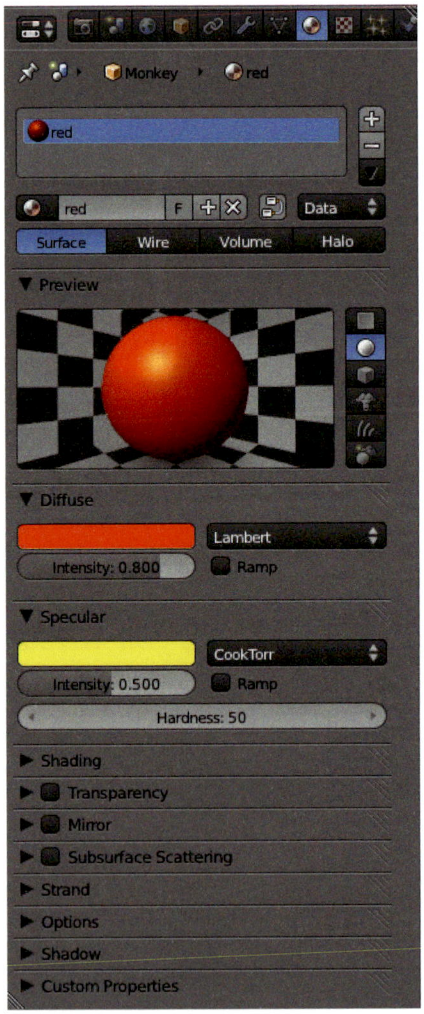

ABBILDUNG 3.11

Die MATERIAL PROPERTIES mit roter DIFFUSE- und gelber SPECULAR-Farbe

Wir haben nun die Farbe und das Glanzlicht verändert. Zunächst beschränken wir uns auf diese zwei Eigenschaften des Materials und fahren mit der Auswahl einer Oberflächenstruktur fort.

3.2.2 Textur aufbringen

Über den *Properties-Editor* wechseln wir zu den *Texture Properties*. Hier können wir der ansonsten gleichmäßig erscheinenden Oberfläche unserer Objekte Strukturen hinzufügen.

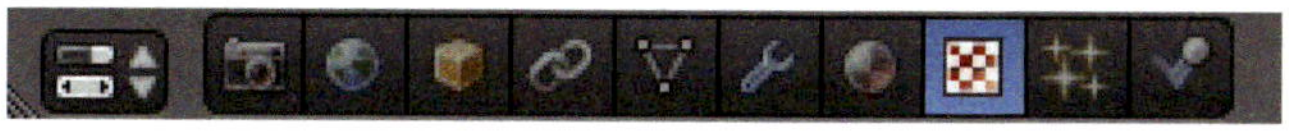

Abbildung 3.12

Der Texture-Button öffnet die Texture Properties.

Mit einem Klick auf den *New*-Button erstellen wir eine neue Textur für das selektierte Material. Dieser können wir im daraufhin erscheinenden Textfeld auch einen Namen geben. Im Type-Menü können wir die Art der Struktur bestimmen. Hier wählen wir einfach *Clouds* aus. Eine Wolkenstruktur erscheint im Vorschaufenster. Diese Struktur wird mathematisch generiert. Sie lässt sich durch Veränderung von Parametern variieren.

Abbildung 3.13

New Button erstellt eine neue Textur.

Die Texturvorschau können wir auch durch den Button Material auf eine Vorschau des Materials umschalten. Wir können außerdem durch den Button Both beide Vorschauen nebeneinander anzeigen lassen. Diese Ansicht finde ich persönlich am nützlichsten. Klicken wir rechts neben der Vorschau auf das Affenkopf-Symbol, können wir uns das Material direkt an dem Affenkopf-Modell, das wir auch in unserer Szene benutzen, anschauen.

ABBILDUNG 3.14

Die TEXTURE PROPERTIES mit Cloud Texture

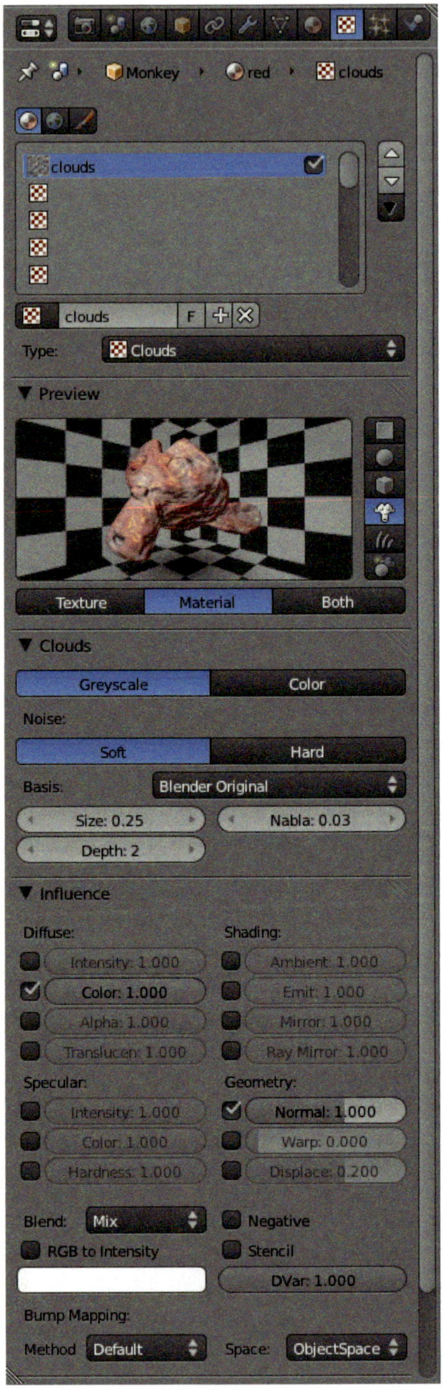

Im *Influence Panel* können wir die Farbe der Wolkenstruktur ändern. Dazu klicken wir auf das Farbfeld unter der Rubrik *Blend* und ändern die eingestellte Farbe auf

Weiß. Außerdem aktivieren wir unter der Rubrik *Geometry* das Häkchen der Auswahlbox vor dem *Normal*-Eingabefeld. Dies bewirkt, dass die Oberfläche unseres Objektes weniger flach wirkt. Doch dazu später mehr.

3.3 Szene beleuchten

Noch ist unsere Szene unbeleuchtet. Zeit, ein wenig Licht ins Dunkel zu bringen. Wie in der wirklichen Welt benötigen wir in der künstlichen 3D-Welt Lichtquellen. Diese können wir ebenso einfach hinzufügen wie z.B. unseren Affenkopf im ersten Schritt.

Als Erstes wechseln wir hierzu wieder mit [7] auf dem Nummernpad in die Top-Ansicht. Hier können wir den *3D-Cursor* wieder an eine geeignete Stelle setzen. Der Cursor sollte nun auf der gleichen flachen Ebene wie der Affenkopf und der Cube sein. Um ihn etwas davon abzuheben, wechseln wir mit Nummernpad [1] und Nummernpad [5] in die *Front Ortho*-Ansicht. Hier setzen wir den *3D-Cursor* einfach ein Stück höher.

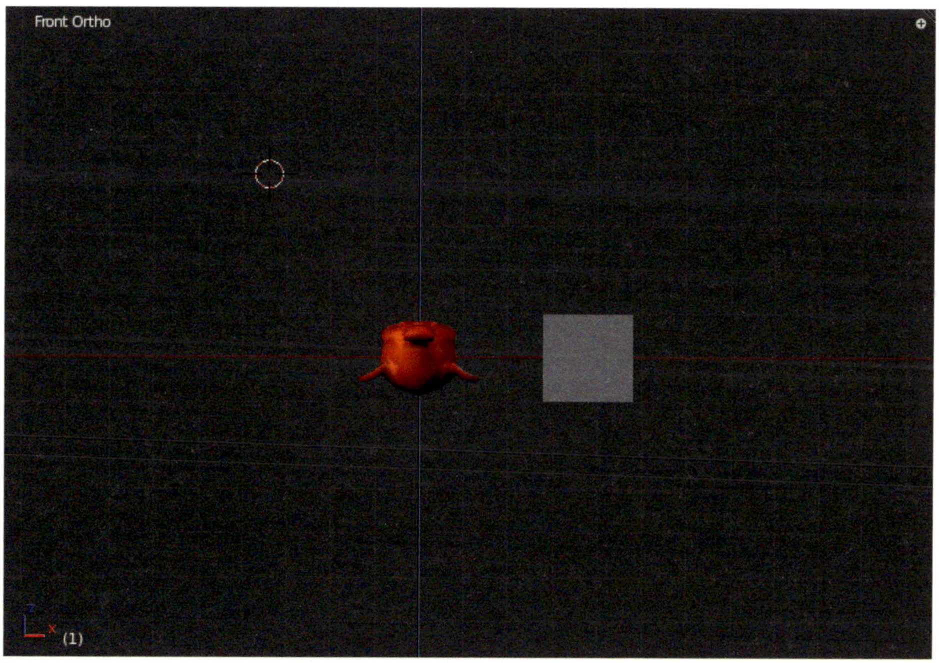

ABBILDUNG 3.15

Der 3D-CURSOR an eine geeignete Position gesetzt

Drehen wir die Ansicht (z.B. mit der mittleren Maustaste) ein wenig, so können wir die Position im 3D-Raum besser abschätzen. Sitzt der Cursor am gewünschten Platz, fügen wir ein Licht hinzu. Mit [⇧]+[A] erscheint wieder das *Add-Menü*. Nun fügen wir jedoch kein Mesh, sondern eine Lamp (Lampe) hinzu.

ABBILDUNG 3.16
Lamp-Objekt hinzufügen

Wir haben nun eine Lampe hinzugefügt. Diese ist vom Standardtyp Point (Punktlicht). Wollen wir den Typ oder eine andere Eigenschaft des Lamp-Objektes ändern, so müssen wir zu den *Object Data Properties* im *Properties-Editor* wechseln.

ABBILDUNG 3.17
Die Object Data Properties

Hier können wir sowohl den Lichttyp als auch z.B. die Lichtfarbe ändern. Mit dem Farbwähler über dem Energy-Regler wählen wir zum Testen ein sattes Hellgrün. Der Energy-Regler bestimmt die Stärke des Lichtes. Wir lassen ihn erst einmal auf 1.0 stehen.

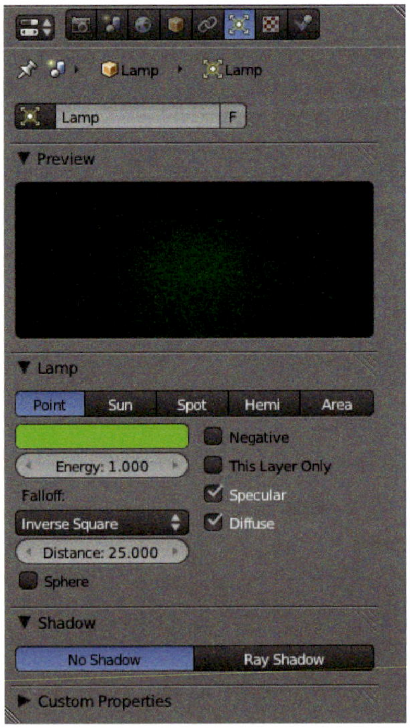

ABBILDUNG 3.18
Object Data Properties für Lampe mit grüner Lichtfarbe

Um ein zweites Licht zu erstellen, können wir wie bisher vorgehen. Wir könnten aber z.B. auch einfach das vorhandene Licht duplizieren. Dabei bleiben uns bereits geänderte Einstellungen erhalten. Hierzu wechseln wir am besten wieder in die *Top Persp* [7]. Mit der linken Maustaste markieren wir (falls es das nicht mehr ist) das Lamp-Objekt.

Mit *Duplicate Objects* [⇧]+[D] wird das Objekt dupliziert. Wir sind auch automatisch im *Grab Mode* [G]. Das nun entstandene Licht schieben wir auf die gegenüberliegende Seite vom Affenkopf. Auf diese Weise ist er von beiden Seiten beleuchtet. Für einen interessanten Effekt verändern wir die Farbe dieses Lichtes auf ein sattes Magenta.

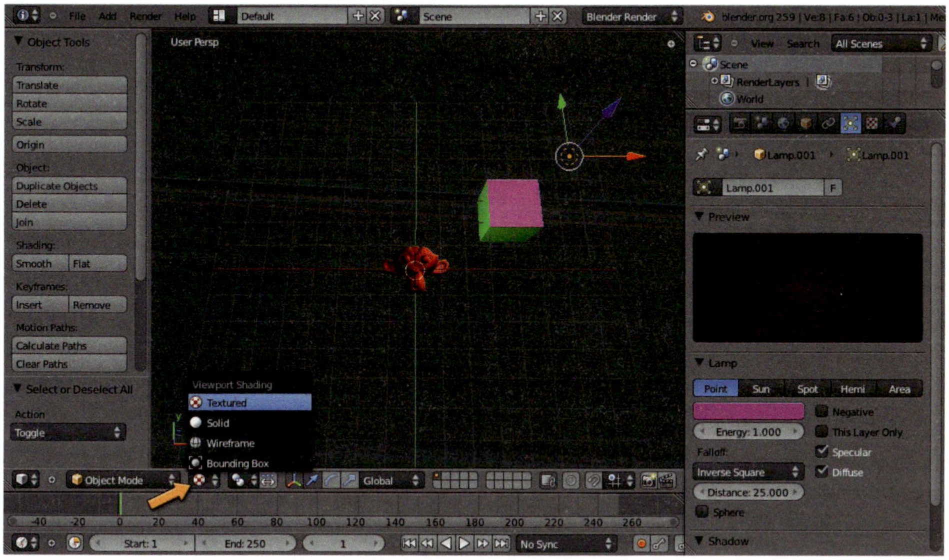

ABBILDUNG 3.19
Szene mit Lamp-Objekt

Im *Header* der *3D View* können wir das *Viewport Shading* auf *Textured* umschalten. Dadurch wird die Beleuchtung der Szene in der Vorschau angezeigt. Ohne diese Option können wir die Ausleuchtung einer Szene nicht beurteilen.

Die anderen Parameter und Lichttypen schauen wir uns in einem späteren Kapitel an. Die Wahl des Lichttyps kann bei der endgültigen Wirkung unseres berechneten Bildes eine bedeutende Rolle spielen.

3.4 Bild berechnen (Rendern)

Nachdem wir eine Szene aufgebaut haben, wollen wir diese auch in einem Bild speichern. Um ein Bild von einer 3D-Szene speichern zu können, muss diese zunächst berechnet (gerendert) werden. Dafür benötigen wir eine virtuelle Kamera. Diese Kamera können wir im 3D-Raum positionieren, bis sie so auf unsere Szene schaut, wie es uns gefällt.

Dazu platzieren wir den *3D-Cursor* genau über den Affenkopf. Dies tun wir am besten in der *Left Persp* [3]. Um festzustellen, ob das Objekt auch wirklich an der korrekten Position sitzt, wechseln wir wieder in die *Top Persp* [7]. Sitzt der *3D-Cursor* hier nicht genau über dem Affenkopf, klicken wir ihn mit der rechten Maustaste dorthin.

ABBILDUNG 3.20

3D-CURSOR über dem Affenkopf positioniert

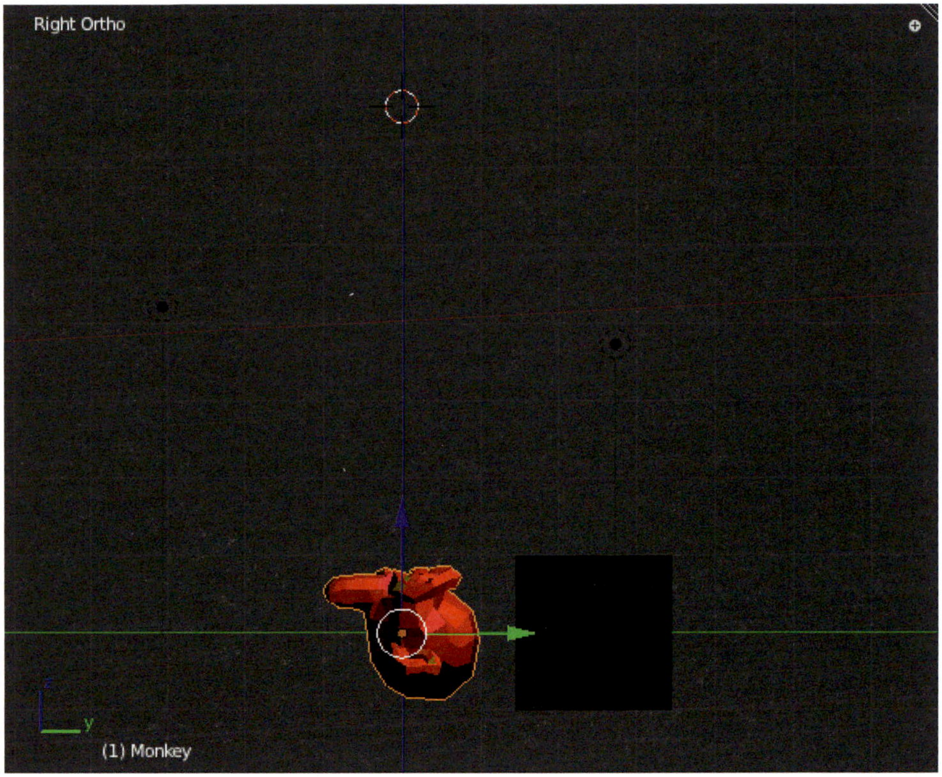

Auf die gleiche Weise wie das Objekt des Affenkopfes und das Lichtobjekt fügen wir nun in der *Top Persp* [7] ein Kamera-Objekt hinzu. Wir drücken wieder [⇧]+[A] für das *Add-Menü*. Dort wählen wir Camera. Das stark abstrahierte Modell einer Kamera erscheint in Drahtgitter-Grafik an der Stelle des *3D-Cursors*.

ABBILDUNG 3.21
Camera-Objekt hinzufügen

Mit [0] auf dem Nummernpad können wir auf *Camera* (Kamera-Ansicht) wechseln. Wir blicken nun durch die Kamera hindurch. Der äußerste Rahmen ist das Kamera-Objekt. Diesen Rahmen können wir auswählen.

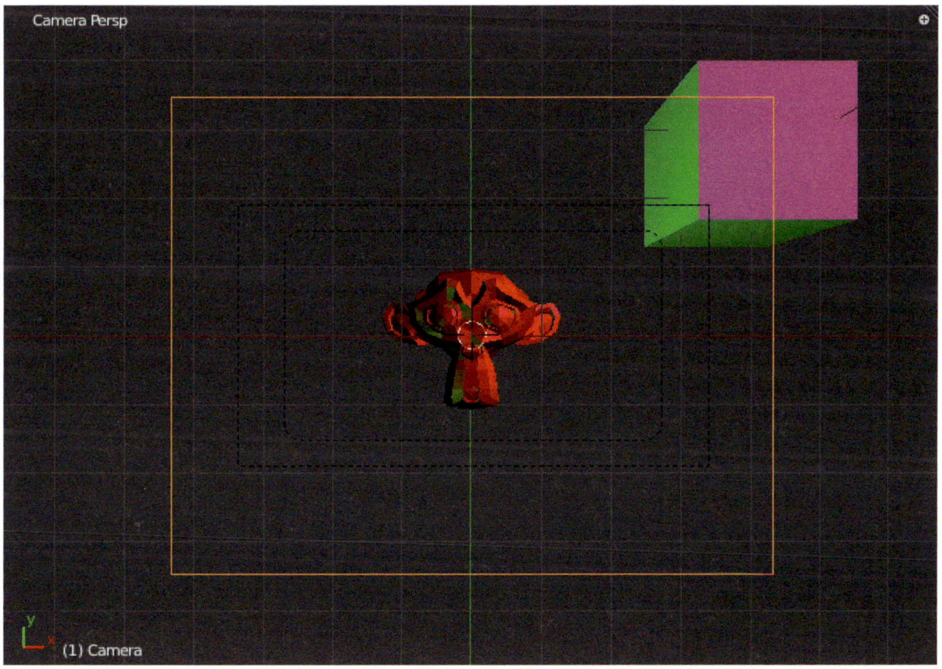

ABBILDUNG 3.22
Sicht durch Kamera, nachdem [0] auf dem Nummernpad gedrückt wurde

Mit [G] können wir dann das Objekt wie gehabt verschieben. Mit [R] können wir die Kamera rotieren. Drücken wir [R] zweimal, gelangen wir in den *Trackball Mode*. Damit lässt sich die Kamera ein wenig sinnvoller rotieren. Allerdings lässt sich in diesem Modus die Rotation nicht auf Achsen beschränken. Der *Trackball Mode* funktioniert übrigens auch bei der Rotation aller anderen Objekte.

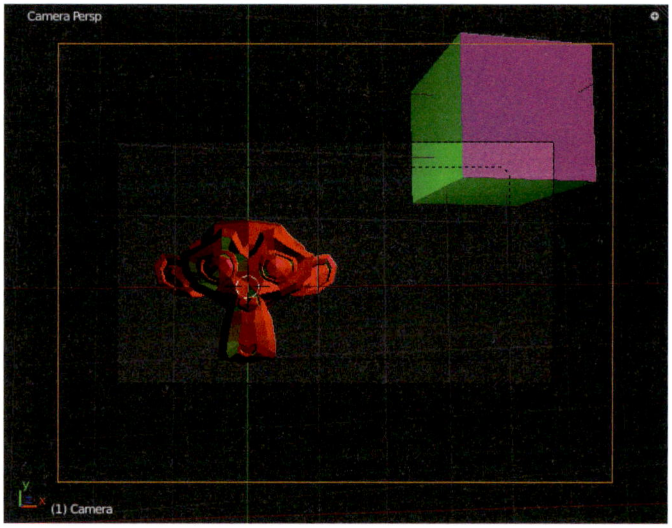

Abbildung 3.23

Trackball Mode mit Passepartout aktiviert

Wie bei einer echten Kamera hat die virtuelle Kamera eine Brennweite und einen Fokus. Diese und noch einiges mehr können wir in den *Properties* der *Camera* einstellen.

Abbildung 3.24

Der Camera-Button öffnet die Camera Properties.

Die Option *Passepartout* z.B. dunkelt den Bereich ab, der später im Rendering verloren geht. Da uns dies die Grenzen des Bildes besser veranschaulicht, sollten wir diese Option nun aktivieren.

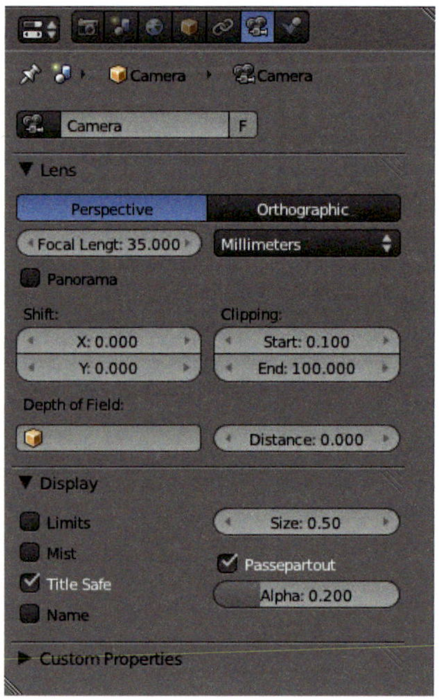

Abbildung 3.25

Die Camera Properties

Ist die Kamera nun so ausgerichtet wie gewünscht (Affenkopf und Cube sind ausreichend im Blickfeld), können wir von unserer Szene endlich ein Bild berechnen lassen. Dazu wechseln wir zunächst in die *Render Properties*.

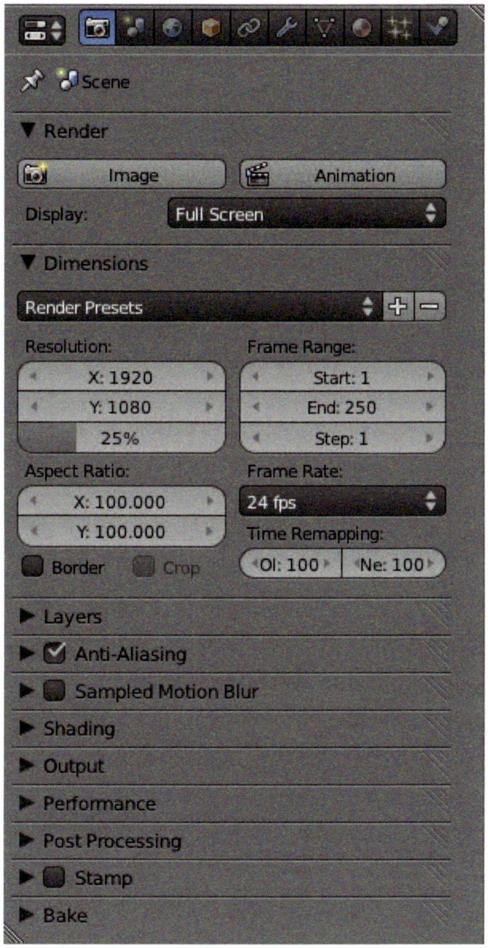

ABBILDUNG 3.26

Die RENDER PROPERTIES

Hier haben wir Zugriff auf die Einstellungen für das Rendering. Auflösung, Bildformat, Farbkanal-Anzahl, Anti-Aliasing und vieles mehr ist hier zu finden. Wir lassen dies zunächst jedoch unangetastet. Wir wollen hier momentan nur den Rendervorgang starten. Hierzu klicken wir auf den Button *Image* im *Render Panel*. Das Bild wird nun berechnet.

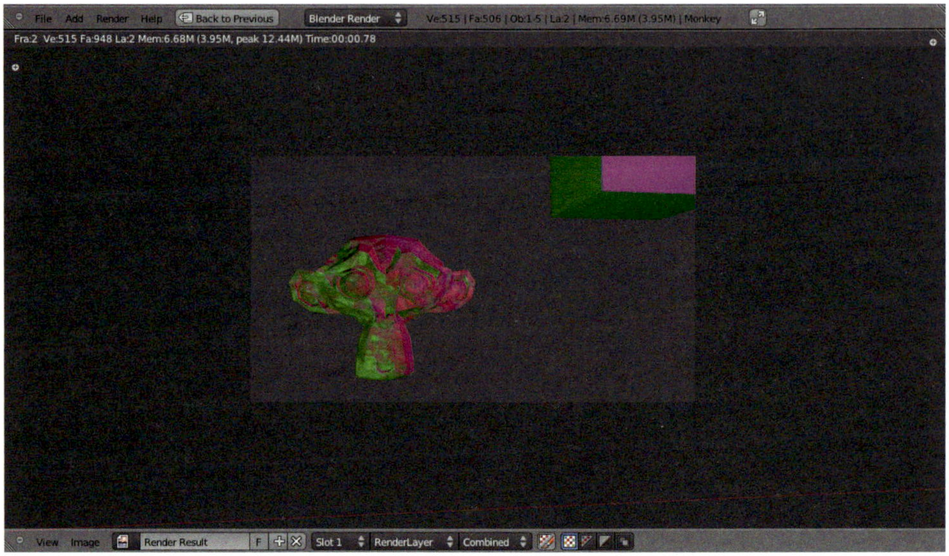

ABBILDUNG 3.27
UV/IMAGE-EDITOR mit fertigem Bild

Wir sehen unser berechnetes Bild im *UV/Image-Editor* von Blender. Mit dem Mausrad können wir hinein- und hinauszoomen. Mit der mittleren Maustaste schieben wir das Bild hin und her. Der Affenkopf ist ziemlich kantig. Wir sehen jede einzelne Ecke des 3D-Objektes. Dies können wir ganz einfach beheben.

> Anstatt zu den RENDER PROPERTIES zu wechseln und den IMAGE-Button zu drücken, können wir auch die Taste [F12] drücken, um den Rendervorgang zu starten. Mit [Strg]+[F12] starten wir die Berechnung von Animationen.

Mit [Esc] verlassen wir den *UV/Image-Editor* und gelangen in unsere normale Ansicht zurück. Dort wählen wir unser Affenkopf-Objekt aus. In dem *Tool Shelf* (links von der 3D View) klicken wir unter *Shading* den Button *Smooth*. Dies glättet die Darstellung unseres 3D-Modells. Das *Tool Shelf* kann mit [T] ein- und ausgeschaltet werden.

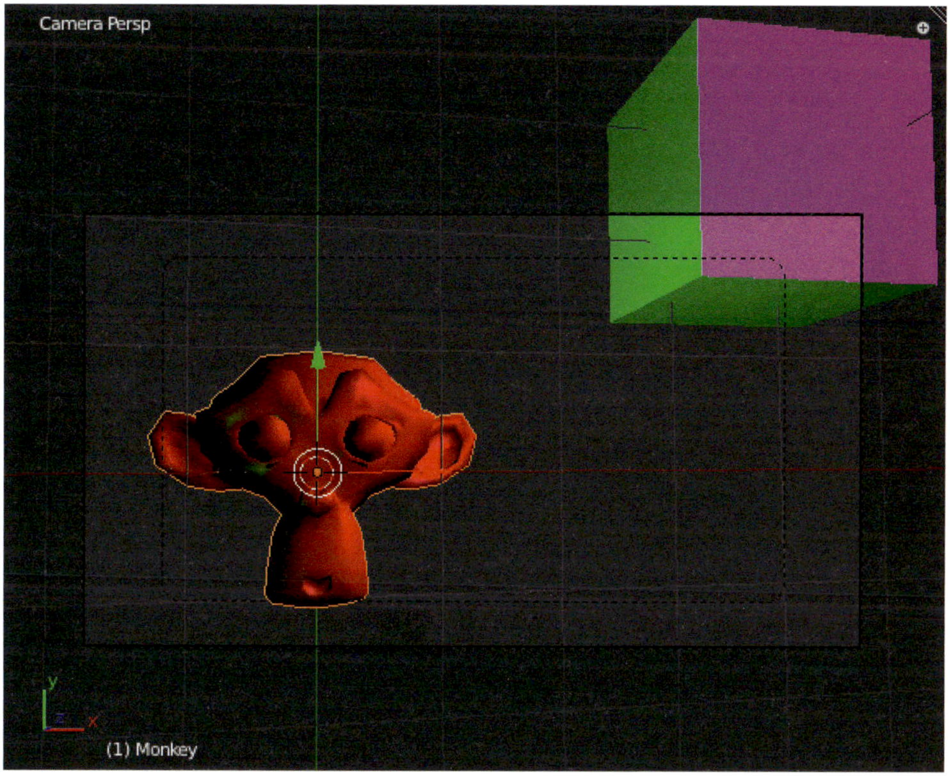

ABBILDUNG 3.28

SMOOTH-Button im TOOL SHELF glättet das Objekt.

Mit dem *Image*-Button oder F12 lassen wir das Bild erneut berechnen. Der Affenkopf ist auch im Rendering geglättet.

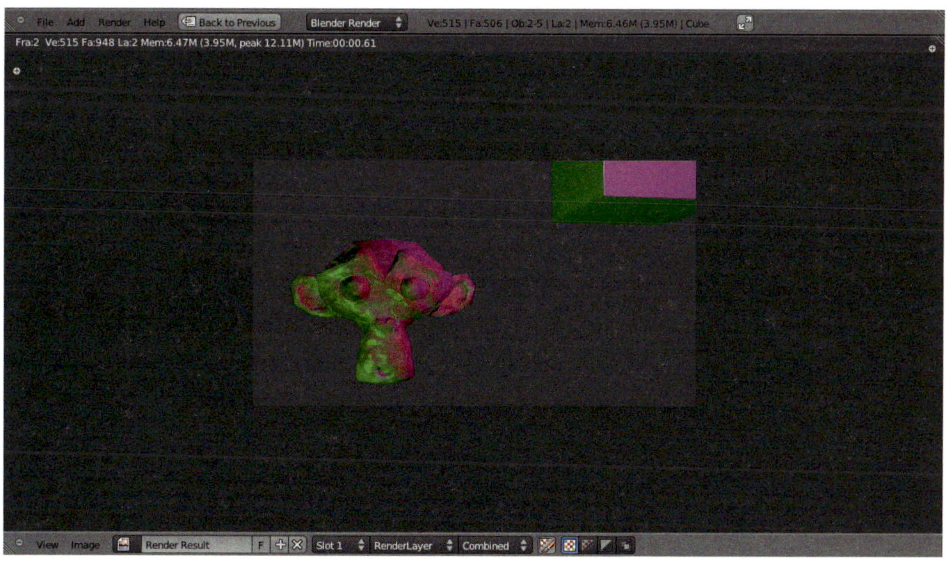

ABBILDUNG 3.29

UV/IMAGE-EDITOR mit nun weichem Affenkopf

Gefällt uns unser berechnetes Bild, wollen wir es natürlich behalten. Über den *UV/Image Editor Header* können wir das Ergebnis vom Rendervorgang als Bilddatei abspeichern.

ABBILDUNG 3.30

Option SAVE AS IMAGE zum Speichern eines berechneten Bildes

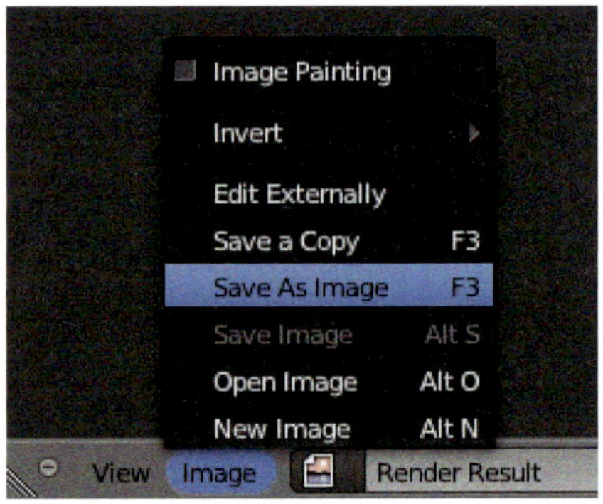

Im *Image-Menü* ist es die Option *Save As Image*, die den *File Browser* öffnet. Der Dialog kann aber auch einfach mit F3 geöffnet werden, solange sich die Maus über dem *UV/Image-Editor* befindet.

Neben dem *Save As Image*-Button ist ein Textfeld. Darin steht der Pfad zum Ordner, in dem die Datei gespeichert wird. Dieser kann manuell eingetippt werden. Meist ist es jedoch einfacher, über die Laufwerke oder die *Bookmarks* (Favoriten) an der Seite und das Dateifenster zu navigieren.

ABBILDUNG 3.31

Der FILE BROWSER zum Speichern von Bildern.

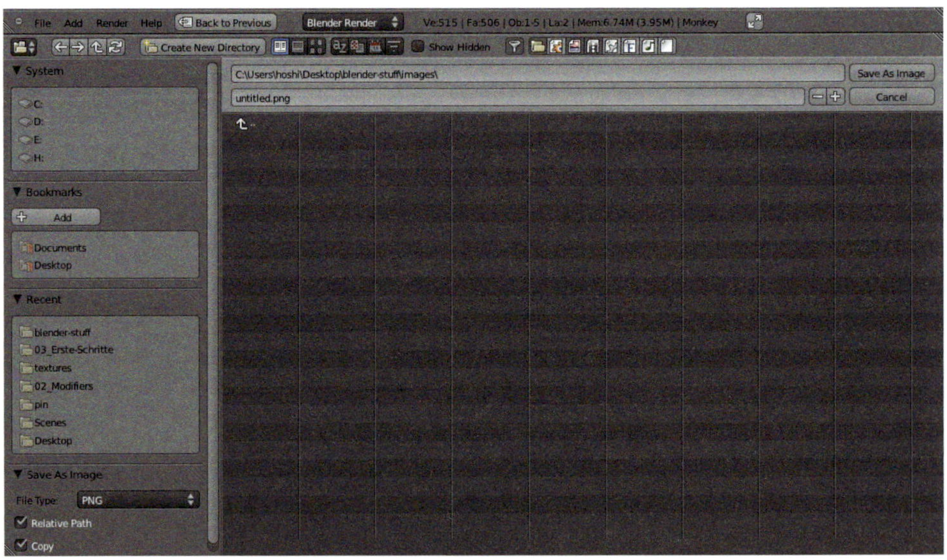

In das Textfeld unter der Pfadangabe wird der Dateiname angegeben. Die -/+-Buttons daneben zählen eine Versionsnummer ab/auf, falls wir mehrere Versionen einer Datei speichern möchten. Der *Cancel*-Button (Abbrechen) bricht das Speichern ab. Da wir unser Bild jedoch speichern wollen, klicken wir in den Bookmarks auf *Desktop* und geben z.B. den Dateinamen Bild01 ein. Ein Klick auf *Save As* speichert das Bild im PNG-Format auf unserem Desktop.

Möchten wir an der Szene etwas ändern, müssen wir zur 3D-Ansicht zurückkehren. Dazu können wir mit [Esc] den *UV/Image-Editor* wieder verlassen.

Fertig! Wir haben ein Bild von einem Affenkopf und einem Quader. Sehr beeindruckend. Lasst uns weitermachen, damit wir schnell etwas Interessanteres erstellen können.

Kapitel 4
Objekte

Eine leere Szene ist nicht besonders interessant. Wir sollten unsere Szene mit Objekten füllen. Blender bietet eine Reihe von Objekt-Typen und damit eine Menge Möglichkeiten, 3D-Modelle zu generieren. Wichtig ist zu wissen, welche Objekte uns zur Verfügung stehen und was wir damit anfangen können. Es gibt in Blender meist mehrere Wege, um die gewünschten Ergebnisse zu erzielen.

In Blender wird unterschieden zwischen Objects, den eigentlichen Objekten, und Object Data, dem Inhalt eines Objektes. Im Object werden z.B. Informationen wie die Position, Rotation und Größe des Objekts gespeichert. Im Object Data wird z.B. die Geometrie eines Mesh Objects oder der Text eines Text Objects gespeichert.

4.1 Object Mode

Um unsere Objekte in der Szene erstellen, verwalten, positionieren und modifizieren zu können, gibt es in der *3D View* den *Object Mode*. Wir müssen uns zunächst mit den gegebenen Funktionen befassen.

4.1.1 Objekte erstellen

Objekte der Szene hinzuzufügen ist sehr einfach. Im *Header* vom *Info-Editor* finden wir das *Add-Menü*. Hier können wir eines der verfügbaren Objekte auswählen. Wir können das Menü aber auch über das Tastenkürzel [⇧]+[A] erreichen. Dazu muss sich der Maus-Cursor über dem 3D View-Editor befinden.

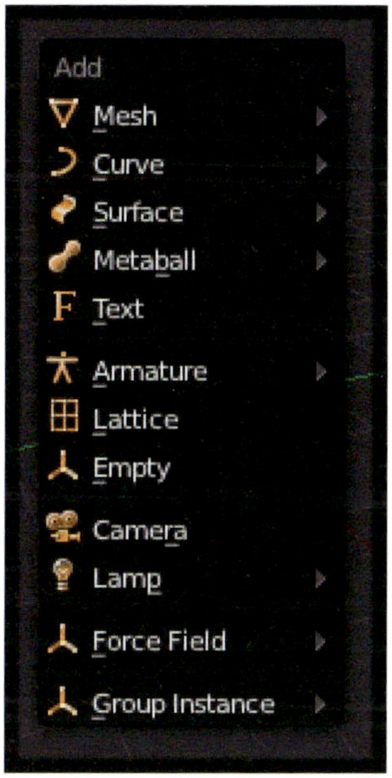

ABBILDUNG 4.1
Das ADD-MENÜ

Ein neues Objekt wird an der Position des *3D-Cursors* erstellt. Weitere Einstellungen zu dem erstellten Objekt können wir im unteren Bereich des *Tool Shelf* bearbeiten oder im Dialog, den wir mit der Taste [F6] erreichen.

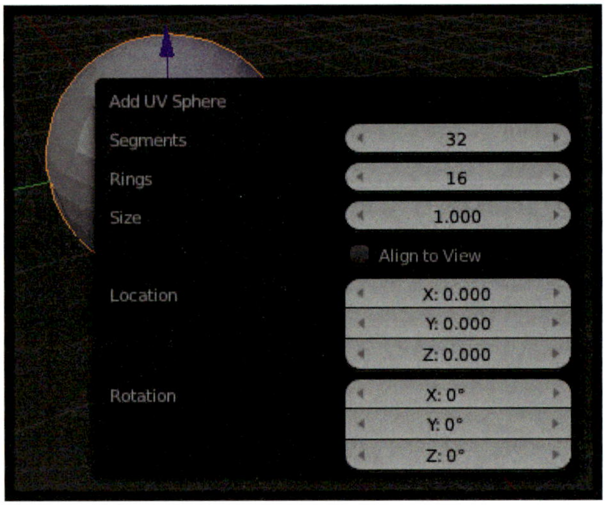

ABBILDUNG 4.2
Die Objekt-Parameter

4.1.2 Objekte auswählen

Objekte, die bearbeitet werden sollen, müssen vorher ausgewählt werden. Um die gewünschten Objekte auszuwählen, gibt es viele verschiedene Möglichkeiten.

Mit Maus und Tastatur

[⇧] *Mehrere Objekte selektieren*

Zum einen können wir Objekte natürlich durch Anklicken auswählen. Dabei wird die Maustaste unter dem Punkt *Select With* im *Input Tab* der *User Preferences* definiert (es sollte dort *Left* gewählt werden). Drücken wir dabei [⇧], können wir mehrere Objekte hintereinander anklicken, um all diese auszuwählen.

[A] *Alle Objekte selektieren*

Des Weiteren können wir mit Select All [A] alle Objekte aus- und auch wieder abwählen. Haben wir alle Objekte selektiert, können wir mit gehaltener [⇧]-Taste auf diese klicken. Ein so angeklicktes Objekt wird aktiv. Klicken wir das aktive Objekt bei gehaltener [⇧]-Taste noch einmal, so wird dieses Objekt von der Auswahl ausgeschlossen.

[B] *Border Select Mode*

Mit [B] wird der Border Select Mode gestartet. Darin kann mit der Maustaste ein Rahmen um Objekte gezogen werden. Die Objekte, die sich innerhalb des Rahmens befinden, sind danach ausgewählt. Wird ein weiterer Rahmen aufgezogen, können zusätzliche Objekte ausgewählt werden. Um Objekte aus der Auswahl auszuschließen, muss der Rahmen einfach mit der mittleren Maustaste aufgezogen werden.

[C] *Circle Select Mode*

Um eine Auswahl mit einem pinselähnlichen Tool zu malen, können wir mit [C] in den Circle Select Mode wechseln. Ein Kreis wird angezeigt. Die Größe des Kreises kann mit dem Mausrad verändert werden. Bei gedrückter Maustaste können wir den Kreis über Objekte ziehen, um diese auszuwählen. Wollen wir Objekte deselektieren, benutzen wir auch hier zum Ziehen die mittlere Maustaste.

Select-Menü

Das *Select-Menü* im *Header* vom *3D View Editor* bietet neben den bereits erwähnten Methoden noch weitere Möglichkeiten, Objekte auszuwählen.

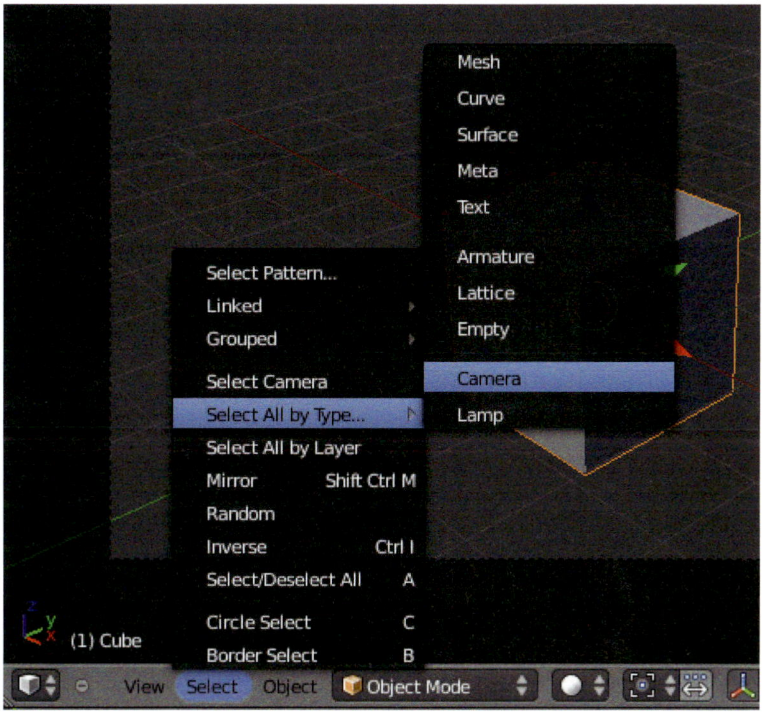

ABBILDUNG 4.3
SELECT-MENÜ im 3D VIEW HEADER

Select Pattern...

Die Option *Select Pattern...* öffnet einen Dialog. Hier kann ähnlich einer Suchmaschine ein Suchstring eingegeben werden. Alle Objekte mit passendem Namen werden ausgewählt. Das Sternsymbol „*“ ist Platzhalter für beliebig viele Zeichen. Dies können sowohl gleiche als auch unterschiedliche Zeichen sein. Haben wir also z.B. ein Objekt namens „Cube“, so wird dieses sowohl durch „Cube“ ausgewählt als auch durch z.B. „Cu*“. Der String „Cu*“ würde dann natürlich auch Objekte auswählen, die z.B. „Cube03“, „CuteMesh“ oder „CuddleMuddle“ heißen.

Select Linked

Wie der Name bereits vermuten lässt, erweitern die Optionen im Untermenü *Linked* die Auswahl auf alle Objekte, die mit den momentan ausgewählten Objekten verbunden sind. Dabei kann zwischen mehreren Arten der Verlinkung ausgewählt werden. Zum Beispiel Objekte, die das gleiche Material benutzen, oder denen dasselbe ObData zugewiesen ist.

Select Grouped

Unter *Grouped* sind viele verschiedene Optionen zu finden. Wir können z.B. alle Objekte, die auf dem gleichen Layer sind, auswählen. Hier können wir z.B. auch alle *Children*-Objekte oder das *Parent*-Objekt selektieren (siehe Objektrelationen).

Select All by Type

Mit der Option *Select All by Type* lassen sich schnell alle Objekte eines beliebigen Typs auswählen. Die Option *Select All by Type Camera* selektiert z.B. alle Kamera-Objekte.

Select All by Layer

Die Option *Select All by Layer* erlaubt uns, mit wenigen Klicken sämtliche Objekte eines Layers auszuwählen. Eine gut organisierte Blender-Szene profitiert von dieser Option.

Objekte über den Outliner auswählen

Der *Outliner* zeigt Szenen in einer Baumstruktur an. Er verhält sich so ähnlich wie eine Ordneransicht in einem Datei-Browser.

ABBILDUNG 4.4

Cube im OUTLINER ausgewählt

Durch Klicken auf den Objektnamen wird dieses ausgewählt. Mit ⇧ können wir auch hier mehrere Objekte auswählen. Das zuletzt angeklickte Objekt ist dabei wieder das aktive. Das aktive Objekt erkennen wir an der Schriftfarbe. Ausgewählte Objekte erkennen wir am Kreis um das Icon vor dem Namen.

4.1.3 Duplizieren

Oft benötigen wir ein und dasselbe Objekt mehrere Male. Es dann mehrmals zu bauen wäre bei einfachen Objekten lästig und bei komplexen Objekten nahezu undenkbar. Daher gibt es in Blender die Möglichkeit, Objekte zu duplizieren.

Mit der Funktion *Duplicate Objects* ⇧+D aus den *Object-Menü* vom *3D View Editor Header* können wir eine Kopie der aktuell ausgewählten Objekte erstellen. Die Geometrie wird kopiert und kann danach für jede Kopie individuell verändert werden. Nach dem Duplizieren gelangen wir automatisch in den *Translate Mode*.

Auch in anderen 3D-Programmen gibt es verlinkte Objekte. Häufig werden diese jedoch als Instance bezeichnet.

Die Funktion *Duplicate Linked* Alt+D dupliziert ebenfalls die Objekte. Hierbei wird jedoch keine Kopie der Geometrie angelegt. Stattdessen verlinkt das Objekt auf dasselbe Object Data. Ändern wir die Geometrie von einer verlinkten Kopie, ändern sich alle anderen verlinkten mit. Möchten wir eine verlinkte Kopie unabhängig verändern, müssen wir mit *Make Duplicates Real* [Strg]+[⇧]+[A] eine echte Kopie mit neuem Object Data daraus machen.

4.1.4 Verschieben, rotieren und skalieren

Objekte transformieren mit [G] Grab (Verschieben), [R] Rotate (Rotieren) und [S] Scale (Skalieren)

Nach dem Erstellen eines Objektes werden wir häufig die Position, Größe oder Ausrichtung ändern wollen. Dafür sind die Transformationen da. Translation (Verschieben) wird mit [G] (Grab) gestartet, Rotation (Drehung) mit [R] und Scale (Skalierung) mit [S].

Mit den Tasten [X], [Y] und [Z] können Transformationen auf Achsen beschränkt werden. Noch einfacher geht dies jedoch durch die mittlere Maustaste. Halten wir diese beim Ziehen eines Objektes, wird die nächste zur Bewegung passende Achse gewählt. Haben wir die richtige Achse getroffen, lassen wir die mittlere Taste los. Wollen wir die Achse wieder ändern, klicken wir einfach kurz noch einmal die mittlere Maustaste.

Pivot Point

Rotation und Skalierung brauchen immer einen Mittelpunkt. Dieser Mittelpunkt heißt Pivot Point (Ankerpunkt). Über den *3D View Header* kann der Modus über das *Pivot Point-Menü* gewählt werden.

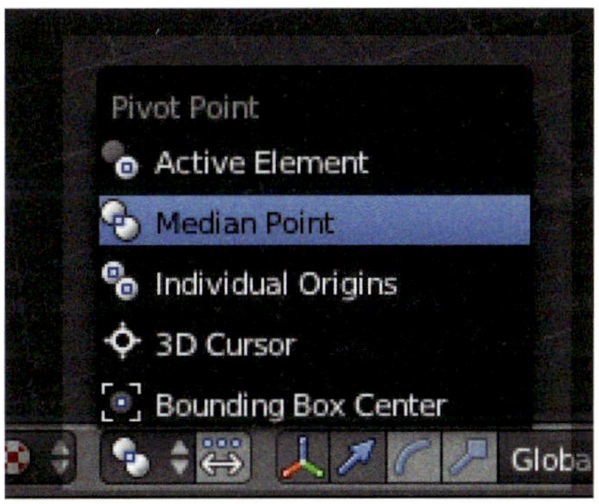

ABBILDUNG 4.5
Pivot Point-Menü im 3D View Header

Die Standardeinstellung ist *Median Point*. Ausgewählte Objekte werden um ihren gemeinsamen Mittelpunkt transformiert. Im Gegensatz dazu wird bei *Active Element* nur um den Mittelpunkt des aktiven Objektes transformiert. *Individual Origins* verwendet individuell den Mittelpunkt von jedem einzelnen selektierten Objekt. Ist *3D Cursor* gewählt, wird dessen Position als *Pivot Point* genutzt. Sehr nützlich, wenn man den Ankerpunkt selber definieren möchte.

Object Centers Only

Rechts neben dem *Pivot Point-Menü* befindet sich der *Object Centers Only-Button*. Ist dieser aktiviert, wird bei Rotation und Skalierung nur die Position der Objekte beeinflusst, nicht jedoch die Größe oder Ausrichtung der Geometrie.

Proportional Editing

Ein weiteres interessantes Feature von Blender ist *Proportional Editing* (verhältnismäßige Bearbeitung). Es kann im *3D View Header* aktiviert werden. Dort sind auch dessen Einstellungen zu finden.

ABBILDUNG 4.6
Proportional Editing

Ist es aktiviert, so wird nicht nur die aktuelle Auswahl transformiert, sondern auch alles, was sich in dem Einflussbereich befindet. Dieser Einflussbereich kann während aktiver Transformation mit dem Mausrad verkleinert bzw. vergrößert werden. Er wird als Kreis dargestellt.

Befinden wir uns zum Bearbeiten der Geometrie im *Edit Mode*, kann die Wirkung mit der Option *Connected* im *Proportional Editing-Menü* auf verbundene Elemente beschränkt werden.

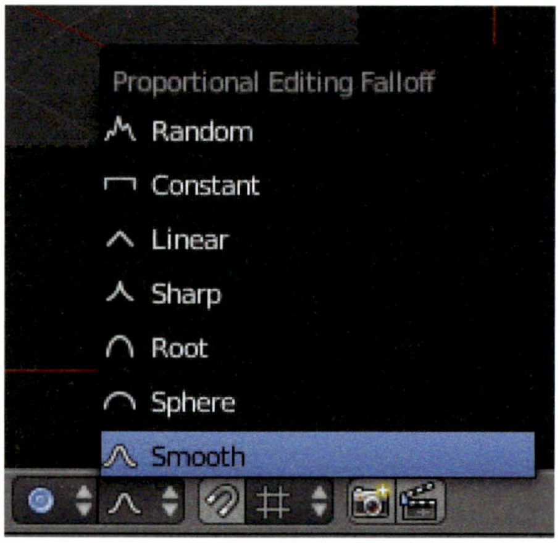

ABBILDUNG 4.7
Das Proportional Editing Falloff-Menü

In welcher Stärke und mit welcher Kurve der Einflussbereich wirkt, bestimmt der *Proportional Editing Falloff*. Während z.B. *Constant* mit einer harten Kante alles im Einflussbereich identisch transformiert, bietet *Smooth* eine weiche Abschwächung des Effektes. *Random* verschiebt währenddessen alles sehr unregelmäßig.

Snap

Die Snap(Einrasten)-Funktion lässt uns Objekte an anderen Objekten oder dem Raster der Szene ausrichten. Durch Klicken des Magnet-Icons im *3D View Header* aktivieren wir diese Funktion.

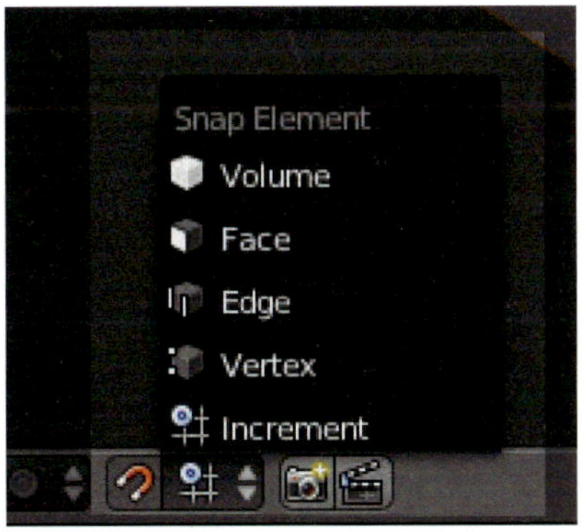

ABBILDUNG 4.8

Das Snap Element-Menü

Im *Snap Element-Menü* legen wir fest, ob das Einrasten auf *Volume*, *Face*, *Edge*, *Vertex* oder mit *Increment* in Schritten des Szenen-Rasters angewendet werden soll.

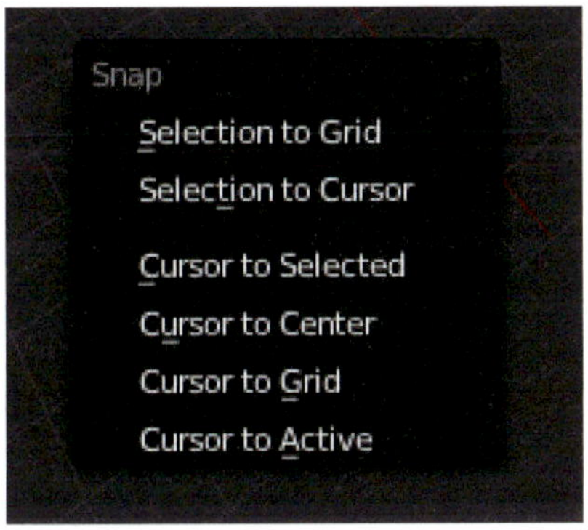

ABBILDUNG 4.9

Das Snap-Menü

Einige weitere nützliche Funktionen zum Thema Einrasten bietet das Snap-Menü. Es befindet sich im *Object-Menü* (*Object Mode*) bzw. im *Mesh-Menü* (*Edit Mode*) im *3D View Header* oder ist einfach erreichbar über `Strg`+`S`.

Selection To Grid richtet ausgewählte Objekte am Szenen-*Grid* (Raster) aus. *Selection To Cursor* richtet jedes ausgewählte Objekt einzeln am *3D-Cursor* aus. Die letzten Optionen des *Snap-Menüs* richten den *3D-Cursor* aus.

Align Objects

Eine weitere nützliche Funktion ist *Align Objects*, die wir im *Object-Menü* vom *3D View Header* unter dem Punkt *Transform* finden. Damit können wir selektierte Objekte gemeinsam ausrichten.

ABBILDUNG 4.10
Die Align-Parameter

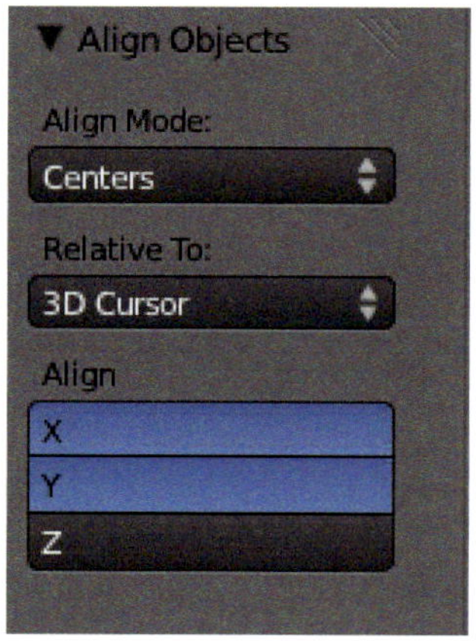

Nach dem Starten der Funktion finden wir die Einstellungen dazu unten in dem *Tool Shelf* oder über [F6]. Dabei können wir im *Align Mode* wählen, ob die Objekte anhand ihrer *Centers* ausgerichtet werden oder anhand der *Positive Sides* oder *Negative Sides*. Unter *Relative To* können wir wählen, an welchem Punkt die Objekte ausgerichtet werden sollen. Mit Align beschränken wir die Ausrichtung auf die ausgewählten Achsen.

4.1.5 Objekte organisieren

Ähnlich wie Ordnerstrukturen im Dateisystem können auch Objekte in Blender organisiert werden. Das bedeutet, ein Objekt kann beliebig viele Unterobjekte haben. Auch ein Unterobjekt kann Unterobjekte besitzen. Das Ergebnis ist eine Baumstruktur.

Parenting

In Blender erzeugen wir solche Strukturen durch das Auswählen der Unterobjekte und als Letztes das Oberobjekt. Das Oberobjekt ist nun das aktive Objekt. Mit [Strg]+[P] wird das aktive Objekt zum Parent (Elternteil).

Transformationen des Elternobjektes beeinflussen das Unterobjekt, aber nicht umgekehrt. Ein Beispiel für eine sinnvolle Baumstruktur einer Szene könnte so aussehen:

```
Raum
    Schrank
    Regal
        Buch1
        Buch2
        CD1
        CD2
    Tisch
        Stuhl1
        Stuhl2
        Kerze
        Schale
        Teller
```

LISTING 4.1

Beispielhierarchie einer organisierten Blender-Szene

Verschieben wir den Raum, folgt der komplette Inhalt. Verschieben wir den Tisch, folgen die Stühle und die auf dem Tisch positionierte Kerze, die Schale und der Teller.

Eine weitere Möglichkeit, Objekte miteinander zu verknüpfen, sind Gruppen. Objekte der gleichen Gruppe können mit der *Select Grouped*-Funktion *Group* oder über ⇧+G ausgewählt werden. Dies erleichtert die schnelle Auswahl von vielen Objekten, die gemeinsam behandelt werden sollen.

Daneben haben GROUPS allerdings noch weitere Nutzungsmöglichkeiten. So können z.B. die Objekte einer Gruppe abwechselnd als Partikel in einem PARTICLE-SYSTEM verwendet werden. Dies bietet ein abwechslungsreicheres Erscheinungsbild im Vergleich zu Partikeln, die auf einem einzigen Objekt basieren.

Zusätzlich können wir Objekte auf eine oder mehrere der 20 Layers (Ebenen) verteilen. Um selektierte Objekte auf die gewünschten Ebenen zu verteilen, drücken wir *(M)*. Der *Move To Layer*-Auswahldialog erscheint.

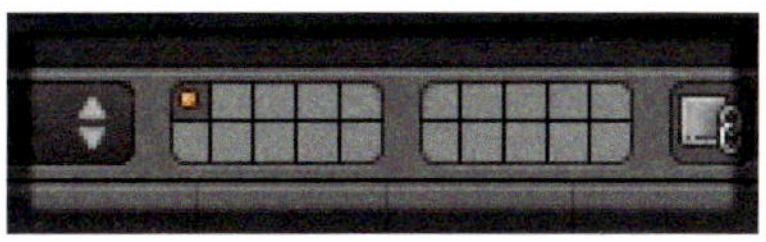

ABBILDUNG 4.11

LAYERS im 3D VIEW HEADER

Diese Ebenen können dann mit einem Mausklick aktiviert und deaktiviert werden. Drücken wir dabei ⇧, ist eine Mehrfachauswahl möglich. So lassen sich ganz einfach z.B. mehrere Gruppen von Objekten vom Rendervorgang ausschließen.

4.2 Object Types

Die verschiedenen Objekte in Blender sind sehr unterschiedlich. Daher gibt es in Blender viele unterschiedliche Möglichkeiten zur Bearbeitung. Wir schauen uns nun die Funktionen zur Bearbeitung der Geometrie der für den Einstieg wichtigsten Objekte einmal an.

4.2.1 Meshes

Die wohl am häufigsten in Blender genutzten Objekte sind Meshes (Netze). Diese werden durch Punkte im 3D-Raum und deren Verbindung untereinander beschrieben. Da Mesh-Objekte aus mehr als drei „Ecken" bestehen, werden sie auch als Polygon (Vieleck) bezeichnet. Die Elemente eines Mesh-Objekts sind Vertices (Eckpunkte), Edges (Kanten) und Faces (Flächen). Jeweils drei Vertices werden mit drei Edges verbunden. Diese Edges bilden die Ränder eines Tri (dreieckiges Face).

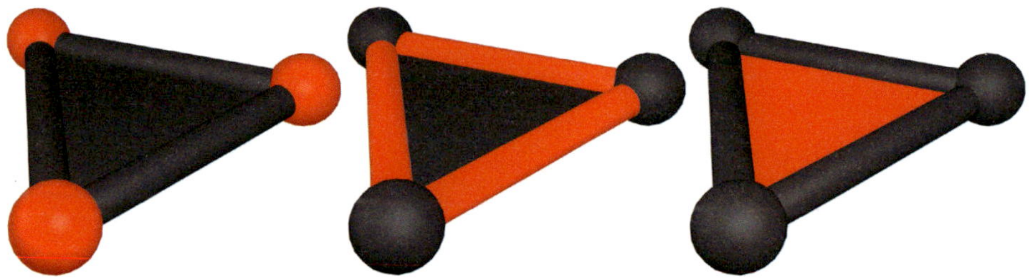

ABBILDUNG 4.12
Vertices, Edges und Face

Zwei Dreiecke bilden ein Quad (Viereck). Aus einer Vielzahl solcher Quads können alle möglichen Objekte erstellt werden.

Meshes hinzufügen

Eine kleine Auswahl dieser Objekte sind bereits in Blender vorhanden und können nach Belieben zur Szene hinzugefügt werden. Diese Grundobjekte werden als Primitive bezeichnet.

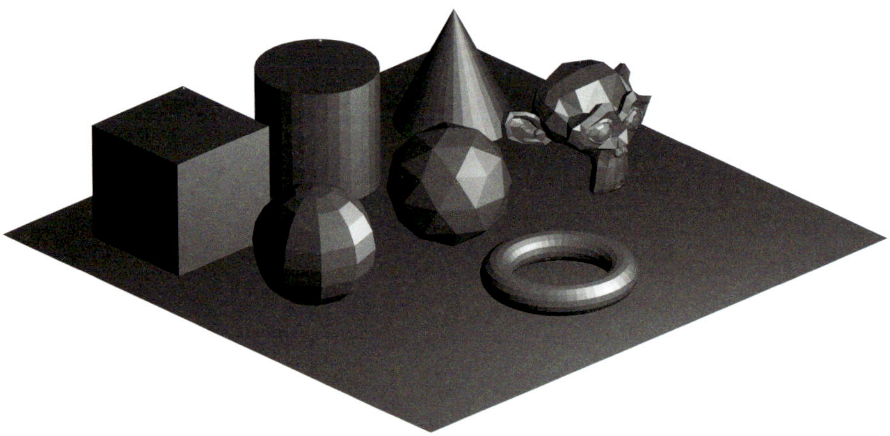

ABBILDUNG 4.13
Blenders Primitive Meshes

Direkt nach dem Hinzufügen eines Meshes über das *Add-Menü* mit [⇧]+[A] können wir die Parameter des neuen Objektes in dem *Tool Shelf* [T] ganz unten oder mit [F6] anpassen.

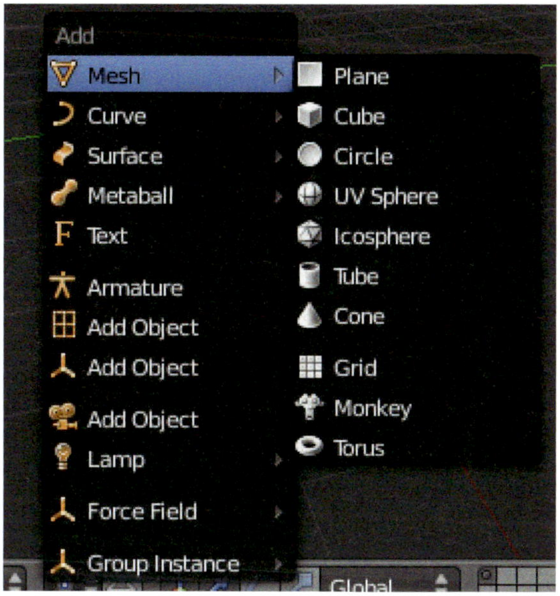

ABBILDUNG 4.14

Die Primitiven Meshes im ADD-MENÜ

Eine hohe Anzahl von Flächen hat nicht nur Vorteile. Die Anzeige und die Berechnung von Meshes mit vielen Flächen sind sehr aufwendig. In der 3D-Ansicht nimmt bei komplexen Objekten schnell die Performance ab. Das Rendern dauert länger. Auch ist die Bearbeitung von wenig Geometrie einfacher als von unübersichtlich vielen Vertices, Edges und Faces.

Mit diesen Parametern kann z.B. die Ausrichtung des Objektes, die Größe (bei Ringen z.B. auch verschiedene Radien) oder die Anzahl der Flächen angepasst werden. Je mehr Flächen ein Mesh hat, umso runder wirkt das Objekt. Verändern wir einen Parameter, ist das Ergebnis sofort in der 3D-Ansicht zu sehen.

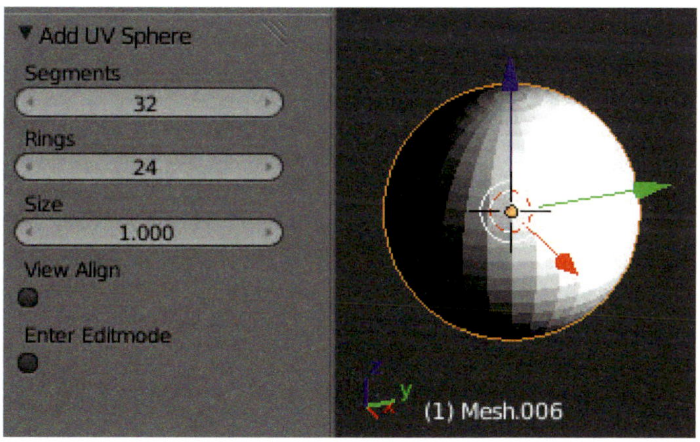

ABBILDUNG 4.15

Neues Sphere Mesh und Parameter

Sobald das Objekt verschoben, skaliert oder auf sonstige Weise verändert wird, können diese Grundparameter nicht mehr verändert werden. Sie werden durch die Parameter der letzten Aktion ersetzt.

Wollen wir die Geometrie eines Objektes verändern, müssen wir den *Mode* wechseln. Dies können wir im *Header* der *3D View* tun. Der wohl am meisten benutzte Mode ist der *Edit Mode* ↹.

Edit Mode

Hauptsächlich im *Edit Mode* geschieht das, was allgemein als Modeling bezeichnet wird. Hier können wir die Object Data-Elemente Vertices, Faces und Edges hinzufügen, löschen und modifizieren. Dies ähnelt dem Umgang mit ganzen Objekten im *Object Mode*. Im *Edit Mode* bearbeiten wir aber nur die Elemente eines einzigen Object Data.

Select Mode

Nur hier ist eine Auswahl der Geometrie möglich. Gewählte Geometrie wird orange dargestellt. Die weiß dargestellte Geometrie ist active.

ABBILDUNG 4.16

SELECT MODE im 3D VIEW HEADER

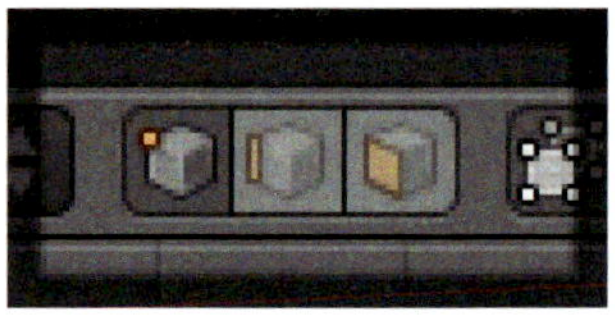

Nach dem Wechseln zum *Edit Mode* erscheinen im *Header* der *3D View* die *Select Mode*-Buttons. Hier wählen wir, ob die Vertices, Edges oder Faces bearbeitet werden sollen. Eine Mehrfachauswahl des *Select Mode* ist mit [⇧] möglich.

ABBILDUNG 4.17

Cube Mesh mit VERTEX, EDGE bzw. FACE SELECT MODE

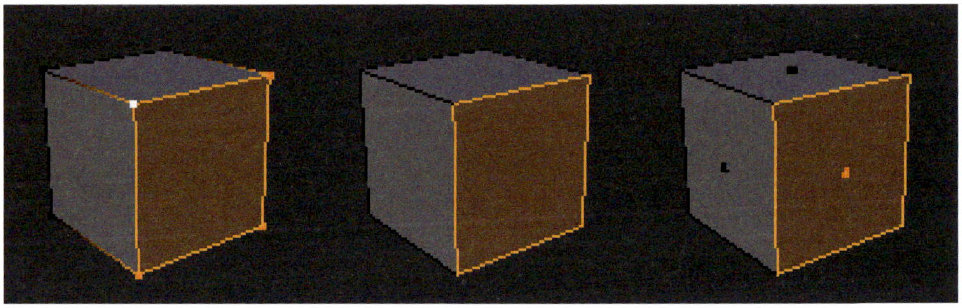

Je nach *Select Mode* können wir Elemente des gewählten Typs selektieren. Wie im *Object Mode* können wir mit [⇧] mehrere Elemente auswählen und mit [B] und [C] den *Border* und *Circle Select* benutzen.

Elementspezifische Menüs

Der Edit Mode bietet viele Funktionen, die uns dabei helfen, das Aussehen von Objekten zu bestimmen. Mit [Strg]+[V], [Strg]+[E] oder [Strg]+[F] können wir das *Vertices-*, *Edges-* oder *Faces-Menü* öffnen. Dort finden wir spezielle Funktionen für die einzelnen Elemente.

Abbildung 4.18

Das Vertices-Menü

Merge

Mit *Merge* öffnen wir das *Merge-Menü*. Dort finden wir einige Funktionen zum Zusammenführen mehrerer Vertices.

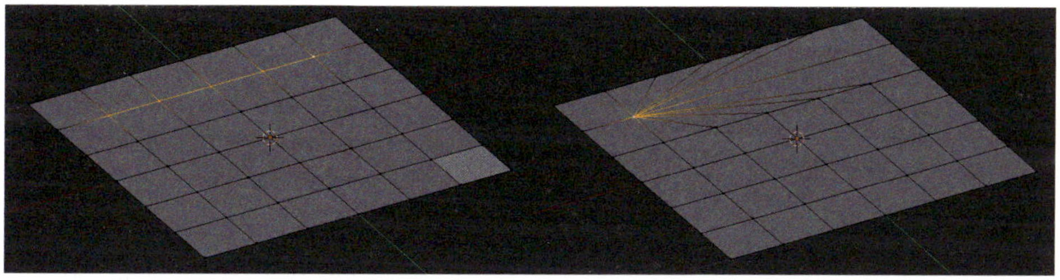

Abbildung 4.19

Merge At First

Mit *Merge At First* wird aus allen ausgewählten Vertices ein einziger. Dieser sitzt an der Stelle des zuerst ausgewählten Vertex.

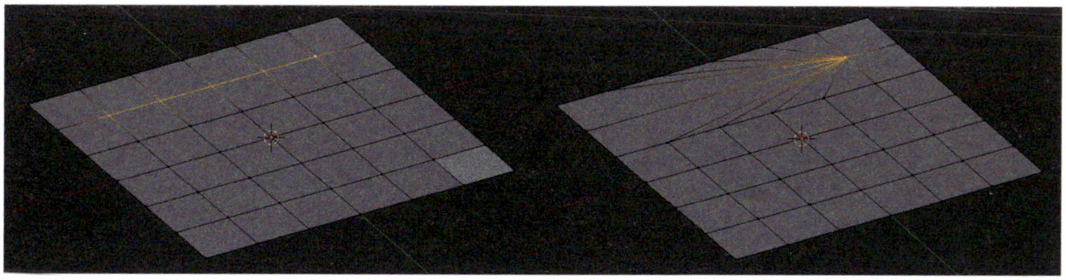

Abbildung 4.20

Merge At Last

Das Gleiche passiert bei *Merge At Last*. Nur sitzt hier der verbleibende Vertex an der Position des zuletzt ausgewählten Vertex.

ABBILDUNG 4.21
MERGE AT CENTER

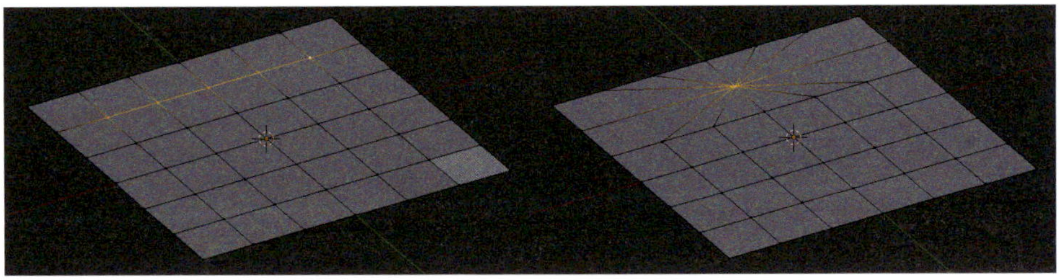

Sollen die gewählten Vertices zu einem einzigen zusammengeführt werden, der genau im Zentrum der Gewählten sitzt, benutzen wir *Merge At Center* oder *Collapse*.

ABBILDUNG 4.22
COLLAPSE

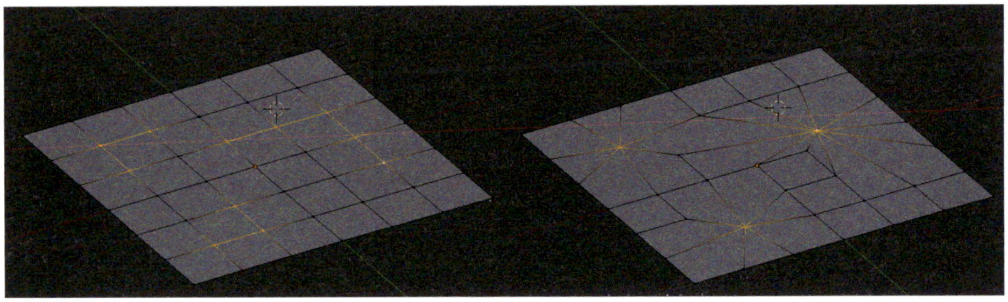

Der Unterschied zwischen den beiden Funktionen fällt bei mehreren verbundenen Vertex-Gruppen auf. Hier entsteht mit *Collapse* aus jeder der Inseln jeweils ein Vertex. Haben wir also drei Gruppen von verbundenen Vertices, bleiben davon nach *Collapse* drei Vertices über. Bei *Merge At Center* wird aus allen gewählten Vertices unabhängig von ihrer Verbindung immer nur ein einziger Vertex in der gemeinsamen Mitte entstehen.

ABBILDUNG 4.23
MERGE AT CURSOR

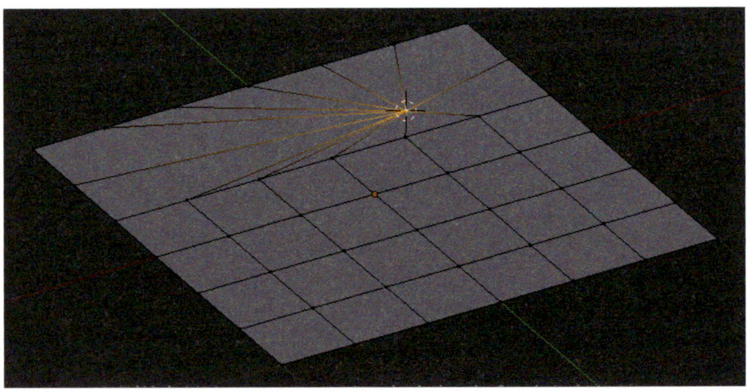

Mit *Merge At Cursor* können wir mithilfe des *3D-Cursors* den Ort bestimmen, an dem der verbleibende Vertex nach dem *Merge* positioniert werden soll.

Remove Doubles

Eine weitere Funktion zum Entfernen von Vertices ist *Remove Doubles*. Damit werden übereinanderliegende Vertices zusammengefügt. Der *Merge Threshold*-Parameter, den wir im *Tool Shelf* oder über F6 erreichen können, bestimmt den Abstand, ab dem Vertices zusammengefügt werden.

Wollen wir gezielt viele Vertices zusammenfügen, können wir im *Mesh-Menü* die Funktion *AutoMerge Editing* aktivieren. Schieben wir dann einen Vertex auf einen anderen, verschmelzen diese zu einem. Damit lassen sich auch Löcher im Mesh schließen. Dazu ziehen wir einfach die Vertices der einen Seite auf die Vertices der anderen Seite. Dies funktioniert besonders gut mit im *3D View Header* aktiviertem Vertex *Snap*.

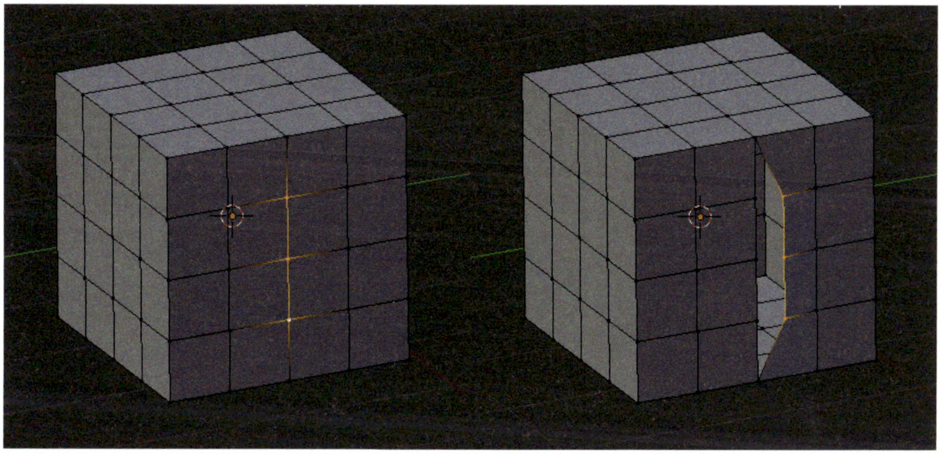

Abbildung 4.24

Rip auf drei verbundenen Vertices

Rip

Um ein Mesh an den selektierten Vertices auftrennen zu können, gibt es die *Rip* V-Funktion. Die betroffenen Vertices werden dabei dupliziert. Die Position des Maus-Cursors beim Start der Aktion bestimmt dabei die Richtung, in die die Öffnung aufgezogen wird.

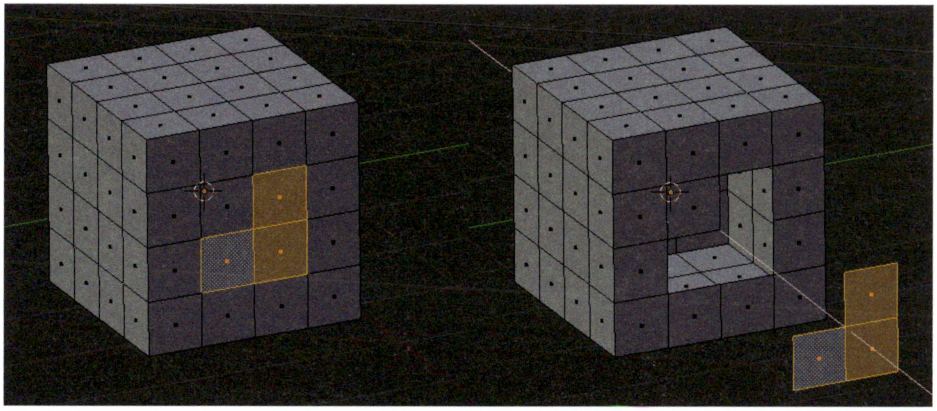

Abbildung 4.25

Split auf drei Faces

Split & Separate

Mit *Split* können wir selektierte Elemente aus einem Mesh heraustrennen. Es ist dann nicht mehr mit dem Rest verbunden. Auch mit *Separate* wird die Auswahl abgetrennt. Allerdings wird hier daraus ein eigenständiges Objekt erstellt. Umgekehrt können zwei unterschiedliche Mesh-Objekte im *Object Mode* mit der *Join*-Funktion im *Object-Menü* vom *3D View Header* zu einem Objekt zusammengeführt werden.

Abbildung 4.26

Smooth Vertex und Parameter

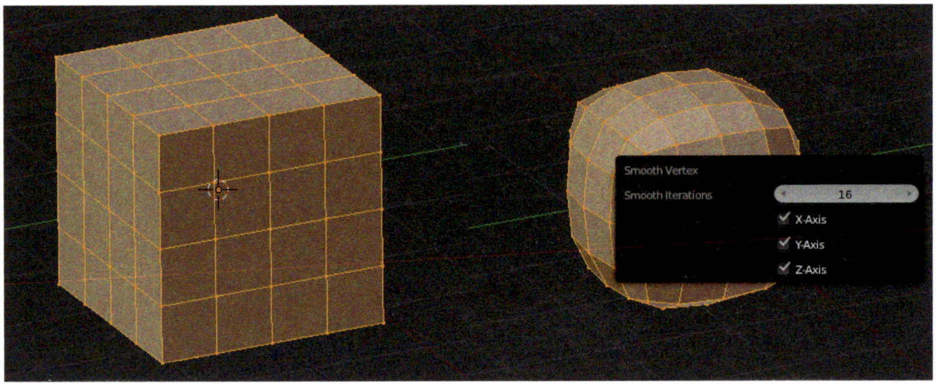

Smooth Vertex

Ist das Mesh zu hart oder sind einige Vertices zu unregelmäßig verteilt, kann *Smooth Vertex* eine große Hilfe sein. Der Effekt kann in den Parametern in dem *Tool Shelf* oder mit F6 nach Ausführen der Funktion noch angepasst und auf Achsen beschränkt werden. Mit *Smooth Iterations* verstärken wir die Glättung.

Vertex Sort & Randomize

Die interne Nummerierung der Vertices kann mit *Vertex Sort* und *Vertex Randomize* geändert werden.

Abbildung 4.27

Auswahl vor und nach Select Vertex Path

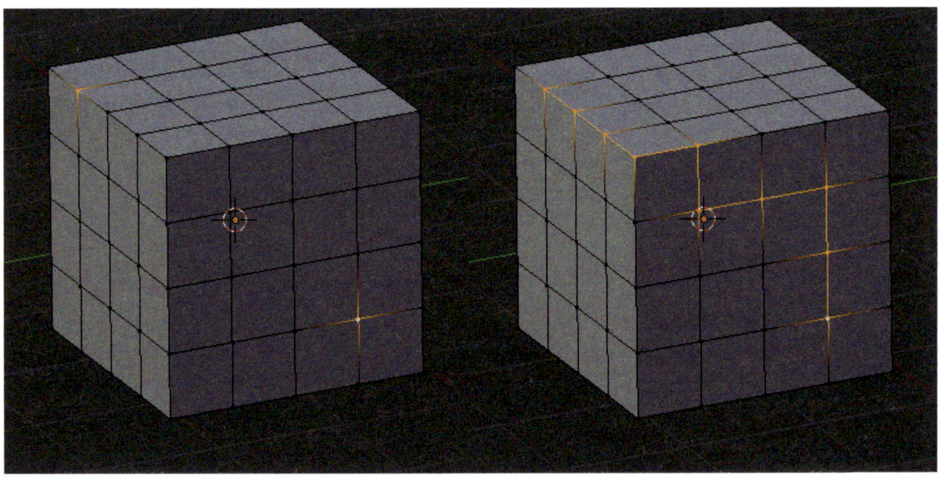

Select Vertex Path

Haben wir zwei Vertices ausgewählt, wird mit *Select Vertex Path* der kürzeste Weg zwischen ihnen gesucht und selektiert.

Im Edge Select Mode kann etwas Ähnliches durch Halten von [Strg] bei Klick auf verschiedene Edges erreicht werden.

Blend from Shape und *Shape Propagate* sind bei der Arbeit mit verschiedenen *Shape Keys* interessant.

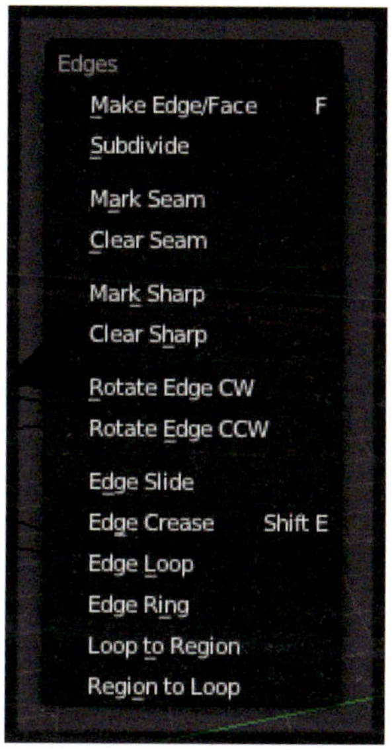

ABBILDUNG 4.28
Das Edges-Menü

Edges-Menü

ABBILDUNG 4.29
Neues Face aus zwei selektierten Edges

Make Edge/Face

Um eine neue Edge oder ein neues Face zu erstellen, können wir die *Make Edge/Face*-Funktion nutzen. Sind zwei unverbundene Vertices gewählt, wird damit zwischen ihnen eine neue Edge erstellt. Zwischen vier Vertices oder zwei Edges wird ein neues Face erstellt. Dies eignet sich auch zum Schließen von kleinen Löchern.

ABBILDUNG 4.30
SUBDIVIDE

Subdivide

Mit *Subdivide* wird eine Edge in der Mitte unterteilt. Ein neuer Vertex entsteht dort. Ist ein ganzes Face gewählt, wird dieses auch in der Mitte unterteilt.

ABBILDUNG 4.31
SUBDIVIDE mit SMOOTHNESS und FRACTAL

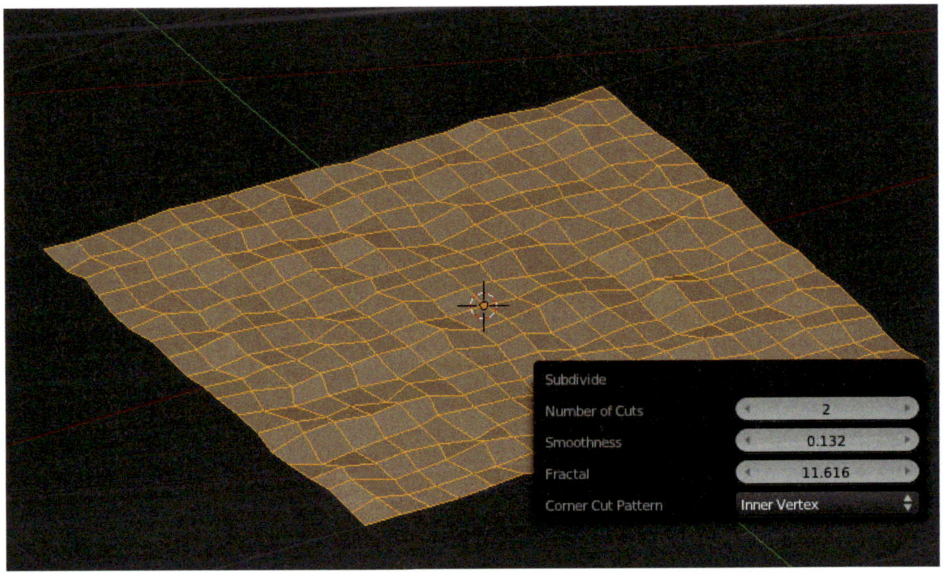

Im *Tool Shelf* oder mit F6 können wir die weiteren Parameter aufrufen. Dort finden wir neben dem Glättungseffekt *Smoothness* auch noch die Möglichkeit, einen *Fractal*-Wert anzugeben. Dieser verschiebt mit einem Rauschmuster die neu generierten Vertices. *Number of Cuts* ermöglicht, eine mehrfache Unterteilung zu erreichen.

ABBILDUNG 4.32

Edges auf Sharp bzw. Seam

Mark Seam & Clear Seam

Um auf unsere komplexeren Objekte Texturen legen zu können, müssen wir diese oft in einzelne Bereiche aufteilen. Seams sind die Nähte zwischen diesen einzelnen Teilen. Selektierte Edges werden mit *Mark Seam* als Seam markiert. *Clear Seam* entfernt diese Markierung wieder.

Sind wir mit der Aufteilung zufrieden, wählen wir im *Mesh-Menü* vom *3D View Header* unter *UV Unwrap* die Funktion *Unwrap*. Dadurch werden *UV Mapping*-Koordinaten erstellt. Auf die einzelnen Teile können wir im *UV/Image-Editor* zurückgreifen. Mehr dazu folgt im Texture-Kapitel.

Mark Sharp & Clear Sharp

Für ein weich schattiertes oder durch den *Subdivision Surface*-Modifizierer abgerundetes Mesh brauchen wir oft auch harte Kanten. Der *Edge Split*-Modifizierer kann aus Edges, die als Sharp markiert sind, diese harten Kanten erzeugen. Mit *Mark Sharp* werden selektierte Edges Sharp. *Clear Sharp* löscht diese Markierung.

ABBILDUNG 4.33

Edge vor und nach ROTATE EDGE CW

Rotate Edge CW/CCW

Um einen Edge Loop umzuleiten, müssen wir auch mal eine Edge drehen. Wollen wir eine Edge rotieren, können wir sie mit *Rotate Edge CW* im Uhrzeigersinn (Clockwise) drehen. *Rotate Edge CCW* dreht sie gegen den Uhrzeigersinn (Counterclockwise).

ABBILDUNG 4.34

EDGE SLIDE

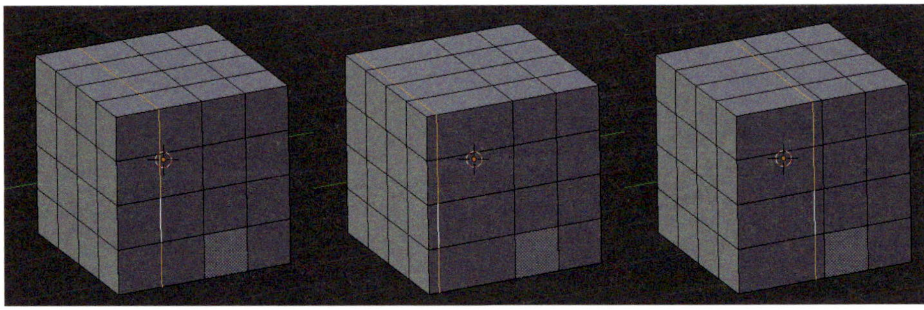

Edge Slide

Mit *Edge Slide* können wir die selektierten Edges entlang der Edges verschieben, die sie kreuzen. Dabei können wir auch durch die Eingabe eines Wertes von –1.0 bis 1.0 exakt die neue Position bestimmen.

Edge Crease

Edge Crease bestimmt die Härte einer Kante. Je höher dieser Wert für eine Edge ist, umso schärfer wird sie bei Verwendung eines *Subdivision Surface*-Modifizierers.

ABBILDUNG 4.35

Selektion vor und nach EDGE LOOP bzw. EDGE RING

Edge Loop & Edge Ring

Zwei sehr nützliche Funktionen sind *Edge Loop* und *Edge Ring*. Bei einer selektierten Edge wird durch *Edge Loop* die Auswahl auf den kompletten Loop erweitert. Durch Halten von `Alt` und Klicken auf eine Edge kann das gleiche Ziel erreicht werden. *Edge Ring* wählt nicht einen Loop, sondern einen Ring von parallelen Edges aus. Bei gehaltenen `Strg`- und `Alt`-Tasten kann einfach auf eine der parallelen Edges geklickt werden, um das gleiche Ergebnis zu erreichen.

ABBILDUNG 4.36

REGION TO LOOP und LOOP TO REGION

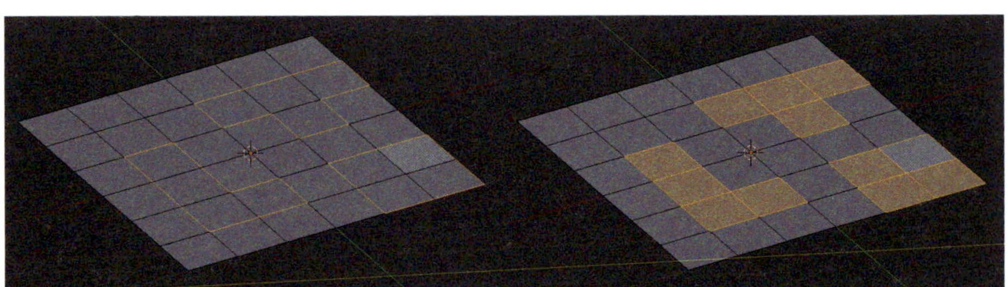

Loop to Region & Region to Loop

Mit *Loop to Region* und *Region to Loop* können wir aus einer Edge-Umrandung eine Face-Auswahl und umgekehrt erstellen.

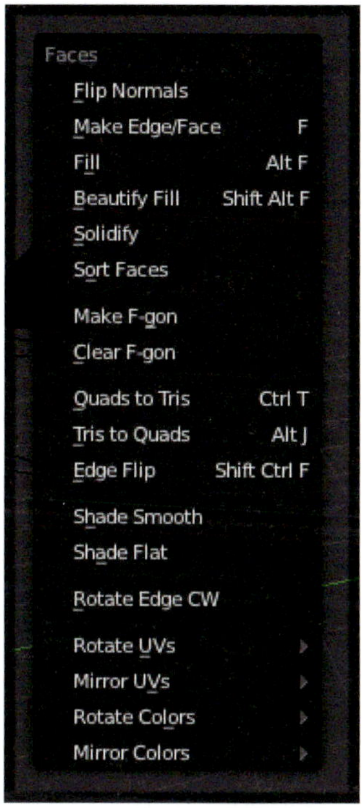

ABBILDUNG 4.37

Das FACES-MENÜ

Faces-Menü

Flip Normals

Ein Face hat zwei Seiten. Um Vorderseite und Rückseite zu bestimmen, gibt es die Normale. Die Normale ist ein Vektor, der die Ausrichtung der Fläche angibt. Die Richtung, in die die Normale zeigt, ist die Vorderseite. Mit *Flip Normals* können wir die selektierten Normalen umdrehen, sie schauen dann in die entgegengesetzte Richtung.

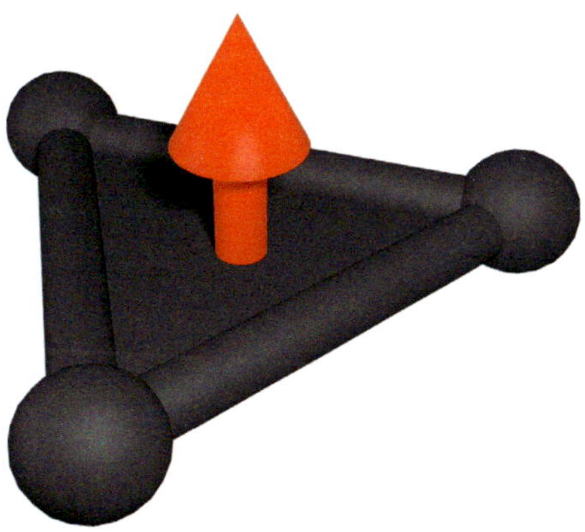

ABBILDUNG 4.38

Face mit Normal

Im *Mesh-Menü* unter dem Punkt *Normals* finden wir noch die Funktionen *Recalculate Outside* und *Recalculate Inside*. Je nachdem, welche Seite im berechneten Bild zu sehen ist, sollten wir eine der beiden Funktionen benutzen, wenn nach den Änderungen im *Edit Mode* die Beleuchtung des Objektes fehlerhaft scheint.

Abbildung 4.39
Mit Fill geschlossenes Loch

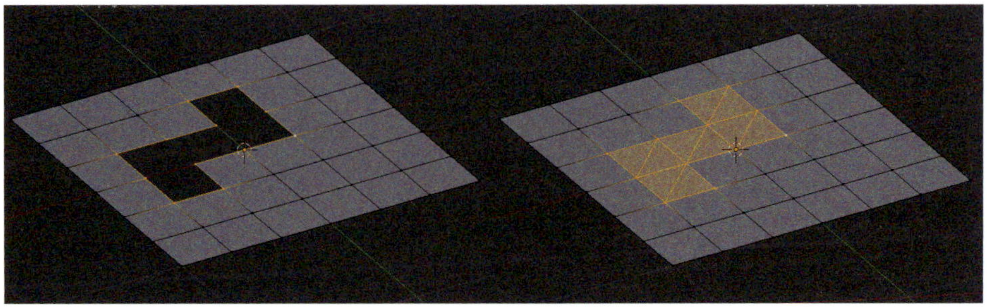

Fill & Beautify Fill

Im Gegensatz zu *Make Edge/Face* kann mit *Fill* mehr als nur ein Face gleichzeitig erstellt werden. Wählen wir zum Beispiel alle Vertices am Rand eines Loches im Mesh aus, können wir dieses mit *Fill* schließen. Sieht die Anordnung der neuen Faces nicht besonders hübsch aus, können wir sie mit *Beautify Fill* noch ein wenig verbessern.

Solidify

Mit *Solidify* kann der Auswahl eine Tiefe gegeben werden. Die *Thickness* kann in den Parametern in dem *Tool Shelf* oder über F6 definiert werden.

Sort Faces

Mit *Sort Faces* kann die interne Nummerierung der Faces angepasst werden.

Abbildung 4.40
Make F-Gon

Make F-Gon & Clear F-Gon

Mit *Make F-Gon* können wir mehrere Faces zu einem zusammenführen. Dies funktioniert allerdings nur, wenn alle Vertices der Auswahl den Rand berühren. Ein F-Gon ist dann durch einen einzigen Klick auswählbar. *Clear F-Gon* stellt die ursprünglichen Faces wieder her.

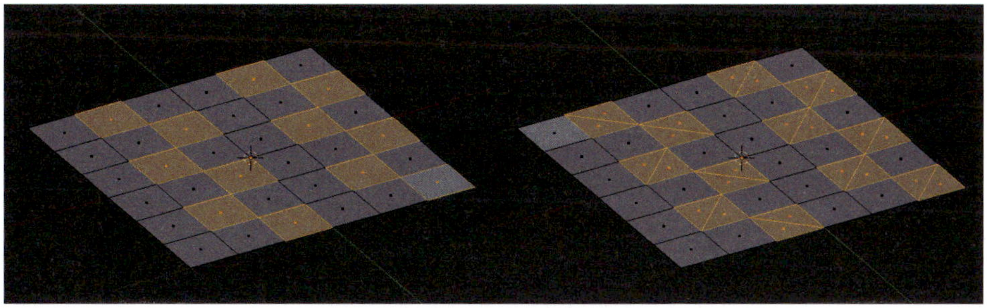

ABBILDUNG 4.41
Quads und Tris

Quads to Tris & Tris to Quads

Neben den F-Gons, Faces mit beliebig vielen Ecken, gibt es in Blender Quads und Tris. Quads sind Faces mit vier und Tris sind Faces mit drei Ecken. Aus verschiedenen Gründen sind Quads meist die bessere Entscheidung als Tris. Um aus Tris Quads zu erzeugen, können wir die *Tris to Quads*-Funktion benutzen. *Quads to Tris* wandelt Quads zu Tris um.

Edge Flip

Mit *Edge Flip* können wir die Edge zwischen zwei verbundenen Tris spiegeln. Dies ähnelt den *Rotate Edge*-Funktionen.

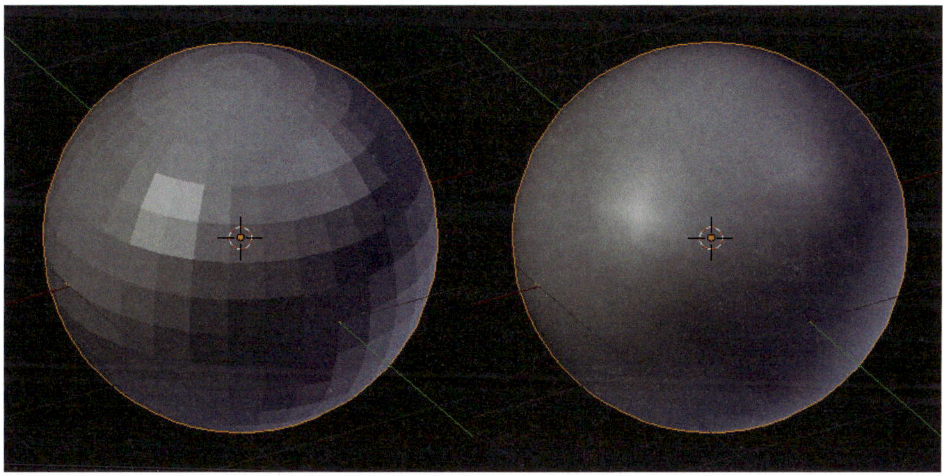

ABBILDUNG 4.42
SHADE FLAT und SHADE SMOOTH

Shade Smooth & Shade Flat

Mit *Shade Smooth* und *Shade Flat* können ausgewählte Faces auf weiche oder kantige Schattierung geschaltet werden.

ABBILDUNG 4.43
Das SPECIALS-MENÜ

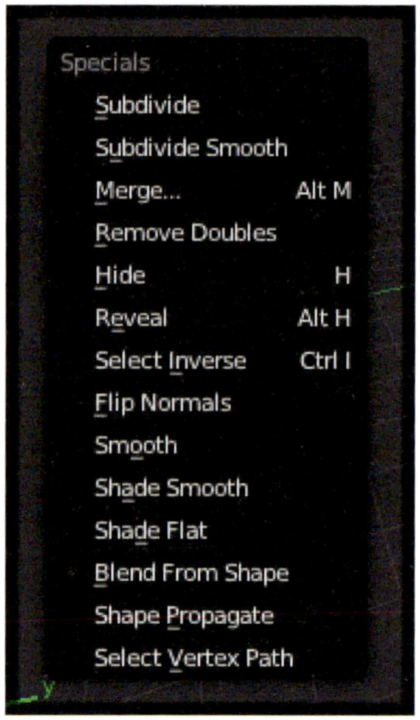

Specials

Ein Menü, in dem einige der vielen nützlichen Funktionen zusammengefasst werden, ist das *Specials-Menü* [W]. Neben den Tools aus den elementspezifischen Menüs finden wir hier außerdem mit *Hide* und *Reveal* Funktionen zum Verstecken und wieder Anzeigen von Geometrieteilen. *Select Inverse* dreht die aktuelle Auswahl um.

ABBILDUNG 4.44
Extrudieren mehrerer Faces

Extrude & Quick Extrude

Eines der wichtigsten Modeling-Werkzeuge für Meshes finden wir im *Mesh-Menü* vom *3D View Header*. Mit Extrude können selektierte Elemente aus vorhandenen Meshes herausgezogen werden. Dabei entstehen neue Vertices, Edges und auch Faces.

Schnell kann dadurch neue Geometrie erstellt werden, ohne die geschlossene Form des Meshes zu verlieren. Auch Extrusion nach innen ist möglich.

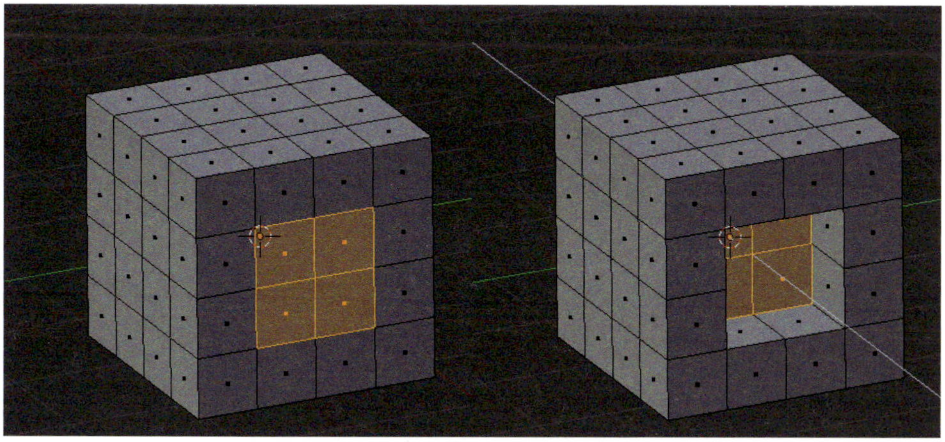

ABBILDUNG 4.45

Extrudieren nach innen

Auch wenn es nicht so aussieht: Am Anfang der meisten Objekte, und seien sie noch so komplex, steht meist ein einfacher Cube (Würfel). Der Cube ist das meist benutzte Grundobjekt für das daher sogenannte Box-Modeling.

Meist werden wir *Extrude* jedoch über das Tastenkürzel [E] aufrufen, weil es einfach viel schneller geht. Eine noch schnellere Methode, um mehrfach hintereinander die selektierten Elemente zu extrudieren, ist *Quick Extrude.* Dafür klicken wir einfach bei gehaltener [Strg]-Taste mit der rechten Maustaste an eine gewünschte Stelle.

Sculpt Mode

Ein weiterer Ansatz, um das Aussehen von Mesh-Objekten zu formen, ist das Sculpting. Dabei wird das Modell wie ein Klumpen Lehm mit Werkzeugen geformt. Die Bedienung ist dabei ähnlich wie in einem Malprogramm. Dabei entstehen meist sehr organische Formen.

ABBILDUNG 4.46

Die Werkzeuge des SCULPT MODE

Um ein zufriedenstellendes Ergebnis zu erhalten, sollten Mesh-Objekte für den *Sculpt Mode* sehr hochauflösend sein. Dadurch werden für das Arbeiten mit diesem Modus sehr viele Systemressourcen benötigt.

Im *Brush Panel* können wir das *Tool* wählen. Dabei gibt uns die Abbildung schon einen guten Hinweis auf die Funktionen des Werkzeuges. Weitere Einstellungen zum Tool wie z.B. Size und Strength finden wir auch in diesem Panel.

Der Sculpt Mode lässt sich in einem Buch nicht so gut veranschaulichen wie z.B. in einem Video-Training. Besser noch ist es, ihn einfach selber auszuprobieren und durch Herumspielen die verschiedenen Funktionen verstehen zu lernen.

Vertex Paint Mode

Im *Vertex Paint Mode* können wir den Vertices eines Mesh-Objektes Farbwerte geben. Dafür stehen uns einige Werkzeuge zur Verfügung.

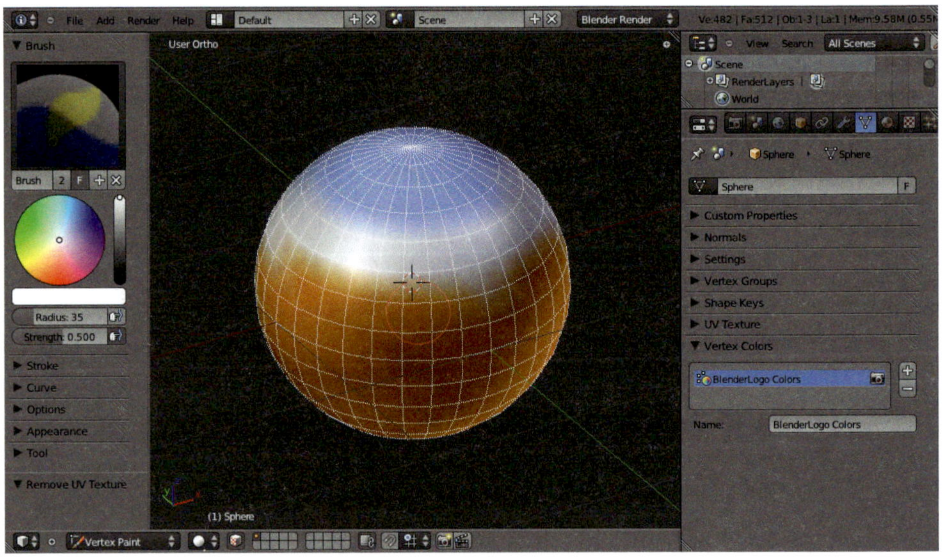

ABBILDUNG 4.47
Vertex Paint Mode

In den *Object Data Properties* können wir im *Vertex Colors Panel* mehrere Bemalungen speichern. Das Kamerasymbol bestimmt, welche Vertex Colors zum Rendern benutzt werden sollen.

Texture Paint Mode

Im *Texture Paint Mode* können wir Texturen direkt auf die Objektoberfläche auftragen. Dafür werden korrekte UV-Koordinaten und eine geeignete Bilddatei benötigt. Später hierzu mehr.

Weight Paint Mode

Durch Vertex Groups können wir Vertices einer oder mehreren Gruppen zuordnen. Dabei können sie durch Weight (Gewicht) eine unterschiedlich starke Gruppenzugehörigkeit erhalten. Dieses Weight können wir im *Weight Paint Mode* auf die Vertices malen. Dies funktioniert ähnlich wie das Auftragen der Vertex Colors im *Vertex Paint Mode.*

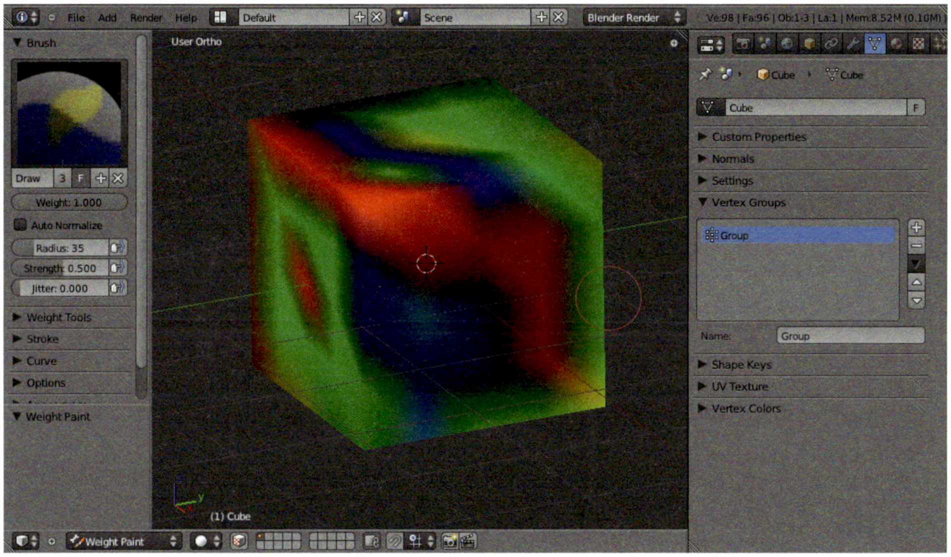

ABBILDUNG 4.48
Cube mit Vertex Group im WEIGHT PAINT MODE

Im *Vertex Groups Panel* der Object Data Properties können wir die erstellten Vertex Groups verwalten.

4.2.2 Curves

Curves sind Linien. Durch Angabe von Punkten wird die Form der Linie bestimmt. In Blender gibt es zwei Arten von Curves: Bezier Curves und NURBS Curves. Bei Bezier Curves führt die Linie genau durch die Punkte durch. Bei NURBS Curves wird die Linie den Punkten angenähert.

Bei Bezier Curves hat jeder Vertex zwei *Handles,* mit denen der Verlauf der Kurve gesteuert werden kann. Die *Handles* können unabhängig voneinander verändert werden und einen der folgenden *Types* haben: *Auto, Aligned, Free, Vector.* Um den Handle Type zu verändern, wählen wir die gewünschten Handles oder Vertices aus und drücken [V]. In dem daraufhin folgenden Menü sind die möglichen Typen aufgelistet.

Um den HANDLE TYPE auf AUTO zu schalten, muss der betroffene Vertex gewählt sein. Das Ändern der Handles allein hat keine sichtbare Auswirkung.

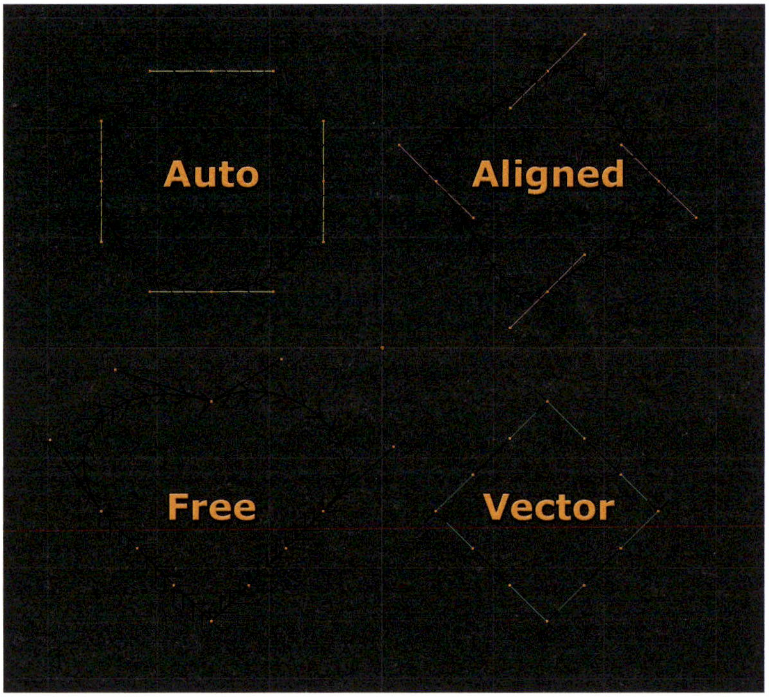

ABBILDUNG 4.49
Die vier verschiedenen Bezier HANDLE TYPES

Es gibt zwei unterschiedliche Modi für Curves: 2D Mode und 3D Mode; wobei die Punkte der Curves im 2D Mode nur flach in zwei Achsen gesetzt werden können. Geschlossene 2D-Pfade können als Formen benutzt werden. Im 3D Mode dürfen die Punkte beliebig im Raum platziert werden. Wir können Curves für verschiedene Anwendungen gebrauchen.

Animationspfade

Eine Curve kann auch als Animationspfad verwendet werden. Dabei wird ein beliebiges Objekt innerhalb einer gewählten Anzahl von Einzelbildern entlang einer Curve verschoben. Mehr dazu im Animations-Kapitel.

Extrudierte Formen

Eine Curve im 2D-Modus kann einfach extrudiert und mit einem Bevel versehen werden. Das Ergebnis eignet sich besonders für Logos.

Dazu nun ein einfaches Beispiel zum Mitmachen:

Wir wollen einen 3D-Smiley bauen. Dazu benötigen wir einen Kreis für den Umriss, zwei Kreise für die Augen und einen lachenden Mund.

Nach dem Öffnen von Blender sehen wir unsere Standardszene. Zunächst löschen wir nach Auswahl das Cube-Objekt (falls vorhanden) mit `Entf` oder `X`. Es sollten nun nur ein Licht und eine Kamera vorhanden sein. Nun fügen wir mit [⇧]+[A] über das *Add-Menü* unter Curve ein *NURBS Circle*-Objekt hinzu.

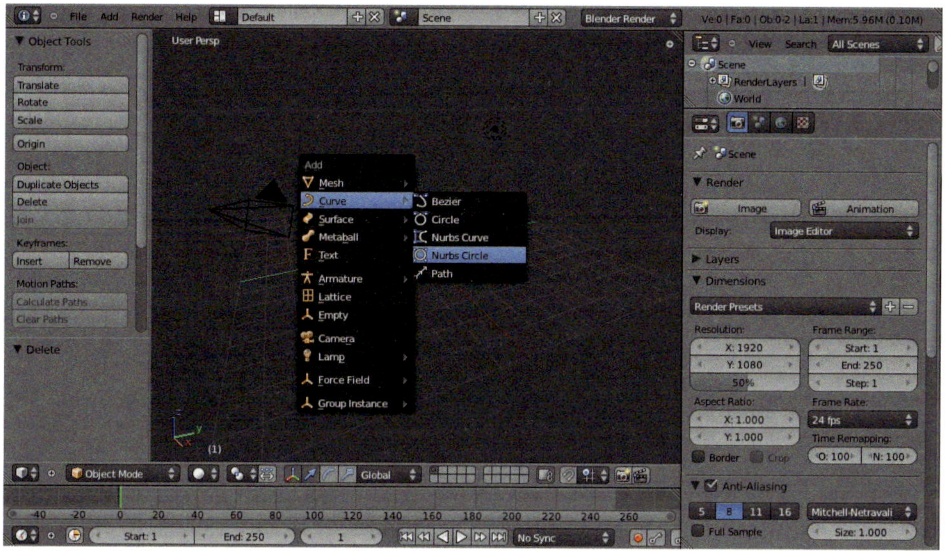

ABBILDUNG 4.50

Curve-Objekt NURBS CIRCLE in nahezu leere Szene einfügen

Um Objekte leichter bearbeiten zu können, ist es sinnvoll, alle anderen Objekte aus der Ansicht zu ignorieren. Dafür eignet sich besonders die *Local View*. Bis auf die selektierten Objekte werden alle anderen Objekte ausgeblendet. Außerdem wird die Ansicht auf die verbleibenden Objekte angepasst.

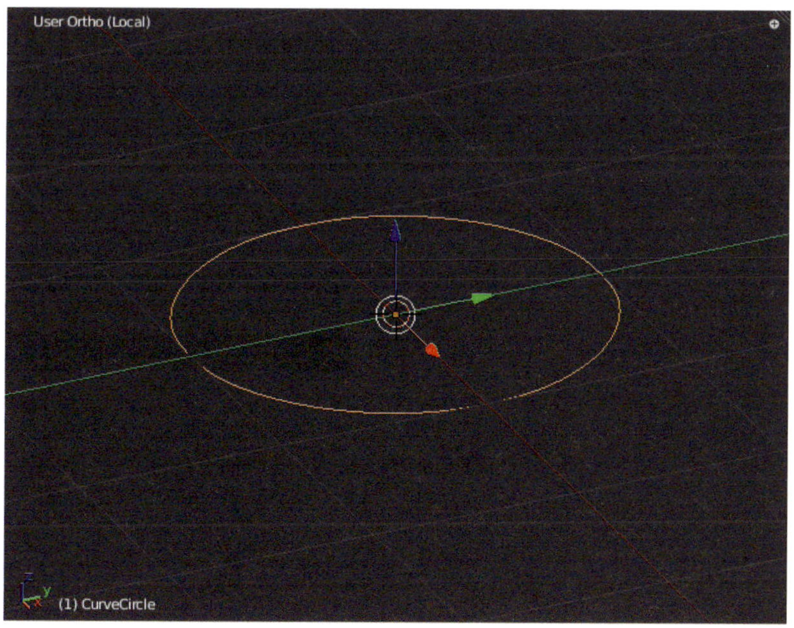

ABBILDUNG 4.51

NURBS CIRCLE in LOCAL VIEW

Durch die Taste [/] über dem Ziffernblock kann die *Local View* aktiviert und nach erneutem Drücken wieder verlassen werden.

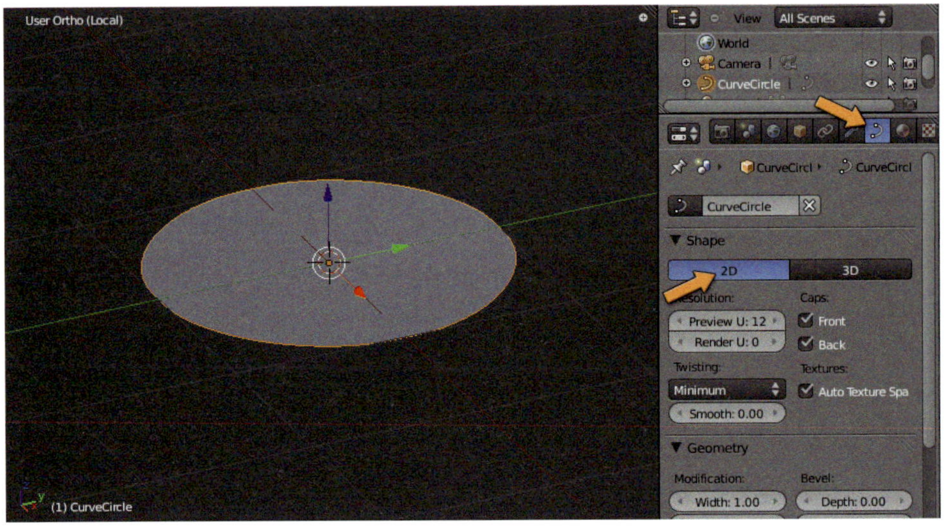

Abbildung 4.52

Solide Darstellung dank Shape 2D-Modus

Wollen wir eine Form erstellen und diese später extrudieren (mit Tiefe versehen), müssen wir unsere Curve zunächst auf *Shape 2D* umschalten. Dies geschieht im *Properties Editor* unter *Object Data*. Unsere Curve wird dadurch gefüllt dargestellt.

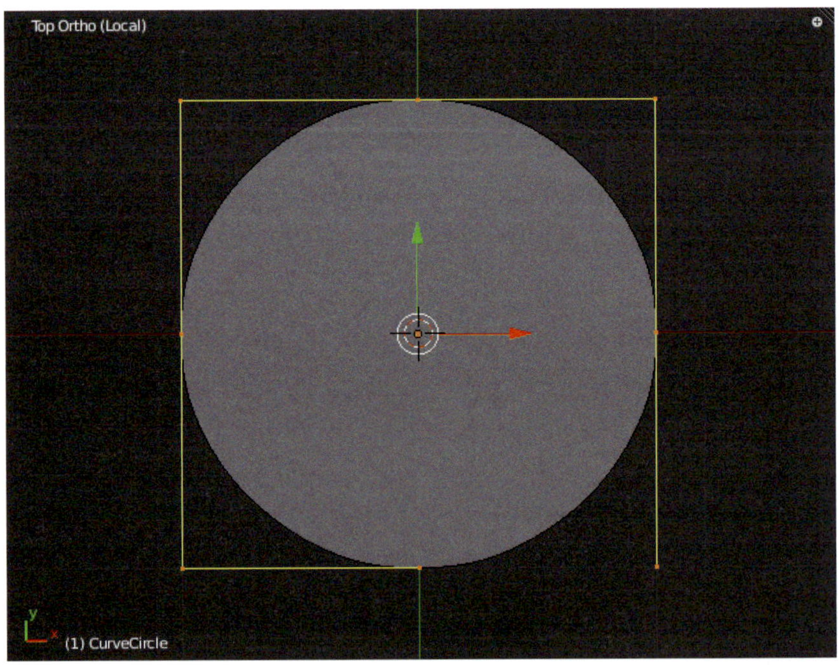

Abbildung 4.53

Circle in Top View nach Wechsel in den Edit Mode

Um unsere Form besser bearbeiten zu können, wechseln wir zunächst mit [7] auf dem Ziffernblock in die *Top View*. Mit [5] auf dem Ziffernblock entfernen wir die perspektivische Verzerrung aus der Ansicht. Die Bezeichnung der View verändert sich von *Top Persp* auf *Top Ortho*. Zum Bearbeiten der Form wechseln wir nun mit [⇆] in den *Edit Mode*.

Im *Edit Mode* sehen wir, wie der Circle durch acht Vertices definiert wird. Wir sehen auch, dass die letzte Verbindung (unten rechts) nicht eingezeichnet ist. Diese wird automatisch von Blender ergänzt, sobald ein Objekt mit [C] auf Cyclic (geschlossen) geschaltet wurde. Ein Circle-Objekt ist von vornherein geschlossen da es ja sonst kein Circle (Kreis) wäre.

Erscheint eine Curve mit gewähltem SHAPE 2D-MODUS nur als Linie statt als Fläche, muss die Curve zunächst im EDIT MODE ausgewählt und mit [C] auf Cyclic (zyklische, geschlossene Curve) gestellt werden.

Fügen wir nun ein Auge ein. Über das *Add-Menü* [⇧]+[A] fügen wir im *Edit Mode* einen weiteren *NURBS Circle* hinzu. Sich überschneidende 2D Curves werden in Blender voneinander abgezogen. Da die neue Curve die gleiche Form wie die vorhandene hat, findet eine Überschneidung statt. Deshalb sehen wir zunächst keine Füllung mehr.

Wir wollen nun die neue Curve mit [S] auf genau 0.3 skalieren. Dazu sollten wir beim Skalieren [Strg] gedrückt halten. Dies erleichtert das genaue Treffen von runden Werten.

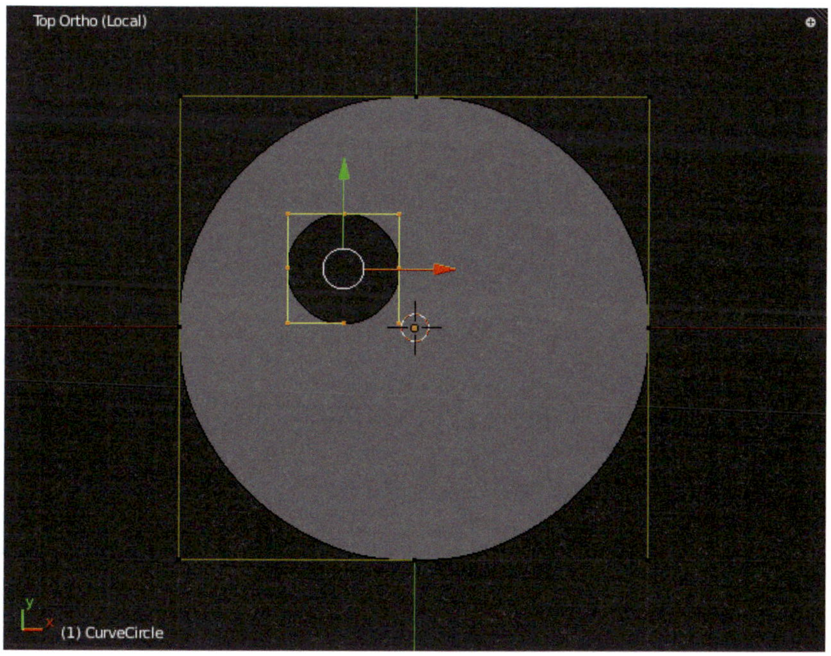

ABBILDUNG 4.54

Sich überschneidende Curves im SHAPE 2D-MODUS werden voneinander abgezogen.

Mit [G] verschieben wir nun den Kreis ungefähr –0.3 auf der *X-Achse* und ca. –0.4 auf der *Y-Achse*. Sind die Schritte bei gedrückter [Strg]-Taste zu groß, können wir zusätzlich die [⇧]-Taste drücken. Die Schritte werden dann noch etwas genauer.

Die Curves müssen alle auf einer Ebene sein. Sollte eine Curve aus Versehen in der Z-Achse verschoben sein, so können wir die Werte über die Transform Properties [N] anpassen. In unserem Fall sind alle Curves auf *Z Position* 0.0 gesetzt.

> Während einer Transformation werden im Header des 3D-Editors die aktuellen X-, Y- und Z-Werte angezeigt. Wird die Aktion auf Achsen beschränkt, sind dementsprechend weniger Werte zu sehen.

ABBILDUNG 4.55

Ein Duplikat vom Circle nur auf X-ACHSE verschoben

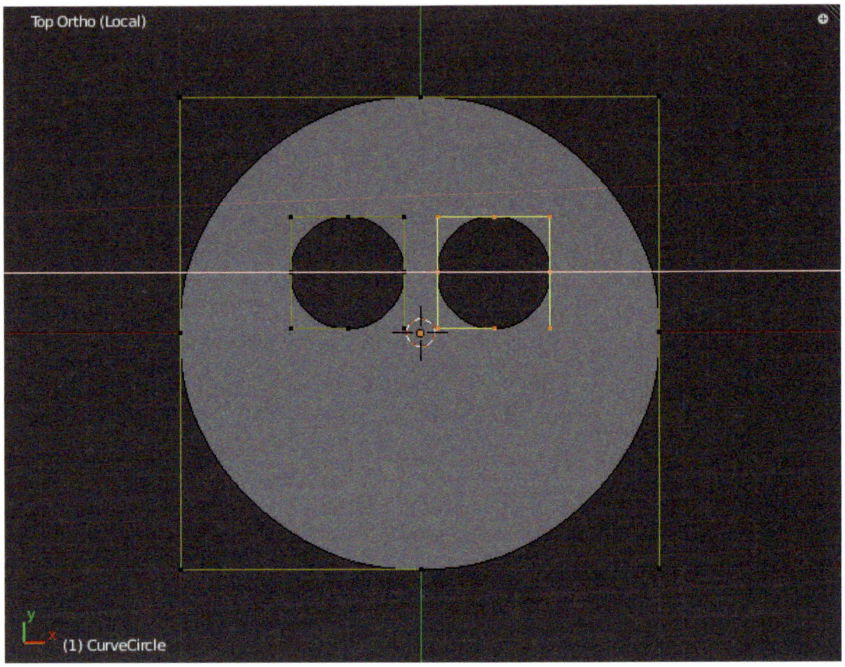

Um ein zweites Auge zu erhalten, können wir das erste einfach mit [⇧]+[D] duplizieren. Dabei ist es wichtig, dass das erste Auge vollständig selektiert ist. Um eine Curve vollständig zu selektieren, markieren wir zunächst einen einzigen Vertex der gewünschten Curve und drücken danach die Taste [L] für *Select Linked* (verbundene Vertices auswählen).

Wir sind nach dem Duplizieren automatisch im *Grab-Modus*. Hier ist es sinnvoll, die Achsen der Transformation mit [X] oder der mittleren Maustaste während des Ziehens zu beschränken. Auch hier kann wieder [Strg]+[⇧] helfen, die richtige Position präziser zu treffen.

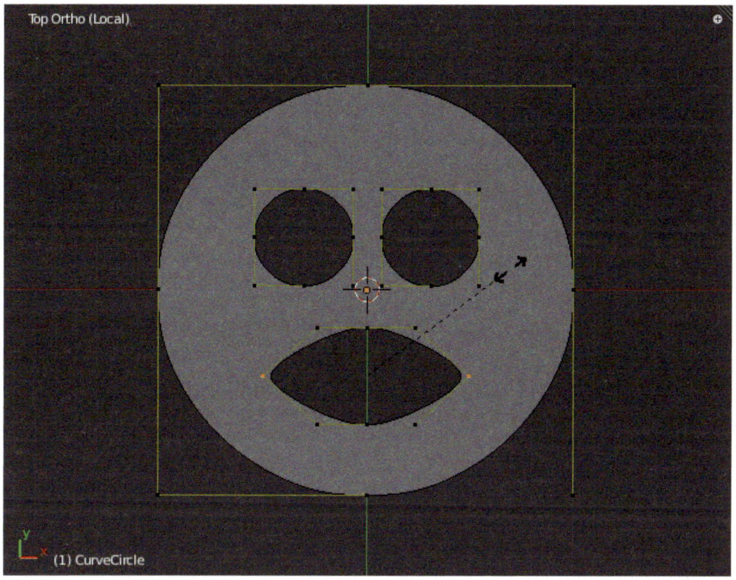

ABBILDUNG 4.56

Die äußersten Vertices eines weiteren Circle-Duplikates werden skaliert.

Für den Mund erstellen oder duplizieren wir einen weiteren *NURBS Circle* und platzieren ihn am gewünschten Platz. Um die Mundwinkel weiter auseinander zu bekommen, markieren wir als Erstes den linken mittleren Vertex, danach mit gehaltener [⇧]-Taste den rechten mittleren Vertex. Mit [S] skalieren wir diese auseinander.

Direkt nach dem Skalieren können wir die beiden ausgewählten Vertices mit [G] in Richtung der Augen schieben. Dabei sollte wieder die Transformation auf eine Achse beschränkt werden. In diesem Fall wäre das die *Y-Achse* [Y]. Der Smiley sollte nun lachen.

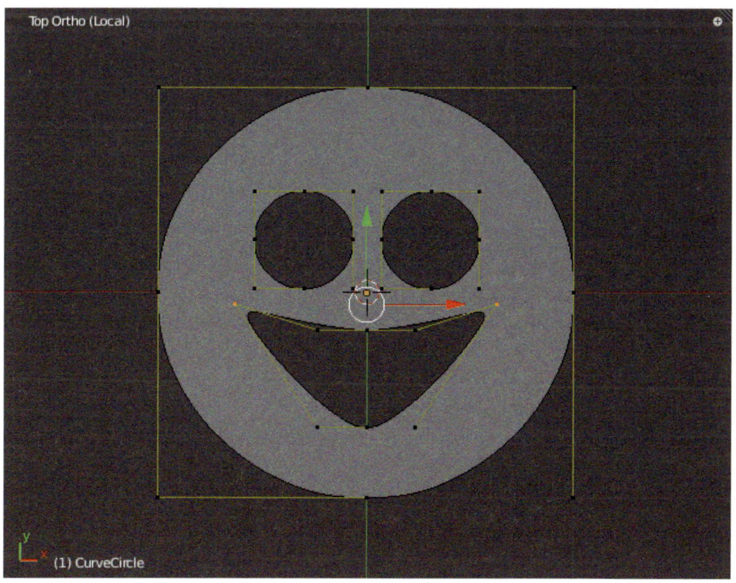

ABBILDUNG 4.57

Die äußersten Vertices sind nach der Skalierung in der Y-ACHSE verschoben.

Die Form des Smileys ist fertig. Es ist Zeit, den *Edit Mode* mit [Tab] zu verlassen. Nun geben wir dem Smiley Tiefe. Um eine Sicht zu erhalten, die uns die Tiefe besser abschätzen lässt, sollten wir unsere Kamera mit der mittleren Maustaste oder [4] bzw. [6] und [2] bzw. [8] auf dem Ziffernblock rotieren.

ABBILDUNG 4.58

Unser Smiley mit EXTRUDE auf 0.10 und gedrehter Kamera

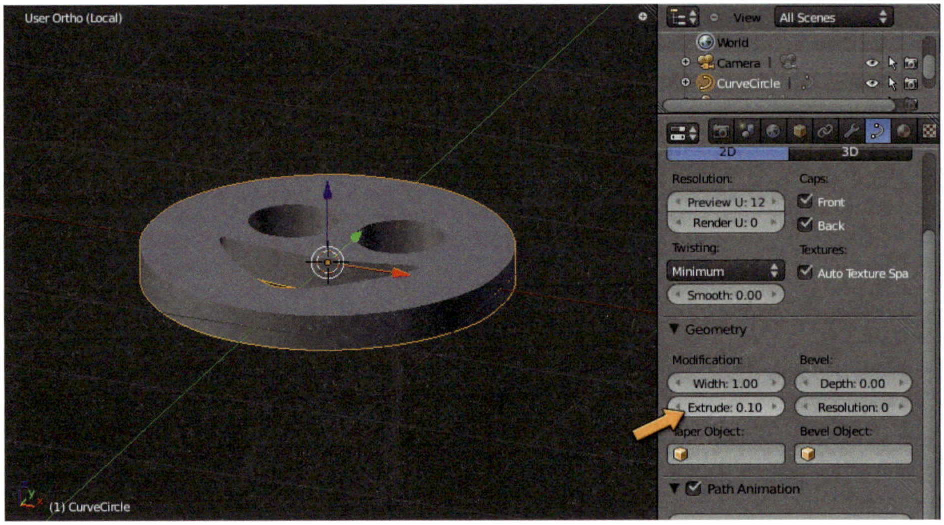

Im Properties-Editor im *Geometry Panel* finden wir unter *Modification* einen Slider für den *Extrude*-Wert. Wir wählen hier den Wert 0.10 aus. Damit haben wir unserem Smiley Tiefe gegeben.

ABBILDUNG 4.59

Unser extrudierter Smiley mit BEVEL DEPTH auf 0.10

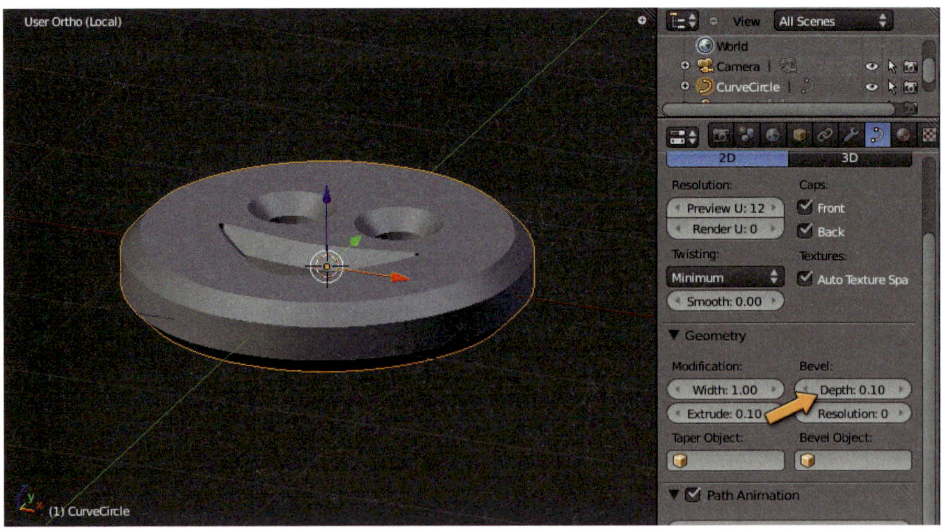

Um die Kanten abzurunden, geben wir noch unter *Bevel* dem Slider *Depth* einen Wert größer als 0.0 ein. In diesem Beispiel ergab der Wert 0.10 ein zufriedenstellendes Ergebnis.

Wie rund der Bevel ist, können wir über den Slider *Resolution* angeben. Ein Wert von 3 lässt die Kante bereits wesentlich runder wirken als zuvor.

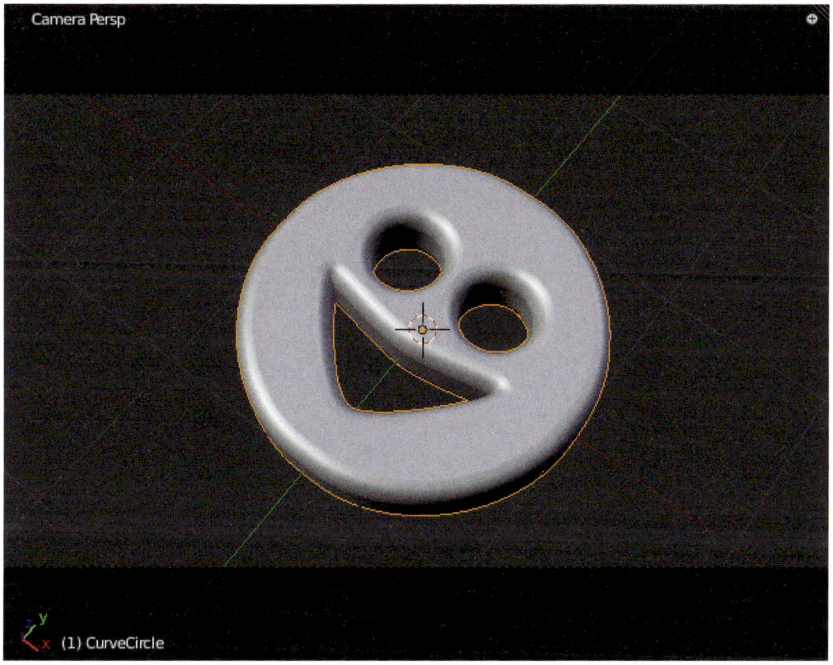

ABBILDUNG 4.60

Unser Smiley in CAMERA PERSP mit BEVEL RESOLUTION auf 3 und WIDTH auf 0.93

Um Störungen an den Ecken zu verringern, können wir noch den *Width*-Wert anpassen. Dieser Wert verändert die Dicke des Objektes. Ein Wert kleiner als 1.0 vermindert die Fläche. Löcher werden größer. Ein größerer Wert vergrößert die Fläche. Löcher werden dabei kleiner.

Sind wir mit dem Objekt zufrieden, sollten wir nicht vergessen, die *Local View* mit [/] wieder zu verlassen. Alle Objekte werden dann wieder eingeblendet, und das Objekt kann dann in der Szene platziert werden.

ABBILDUNG 4.61

Gezielt spitze Ecken erzeugen mit dem VERTEX W-Wert

Wir können bei NURBS Curves das Gewicht bestimmen, mit dem die einzelnen Vertices an der endgültigen Form „ziehen". Dies geschieht über den Wert *Vertex W* in den *Transform Properties*, die wir mit N im 3D-Editor erreichen. Der Wert geht von 0.01 bis 100. Dabei ergibt ein Vertex mit einem *W*-Wert von 100 eine spitze Ecke, wenn die angrenzenden Vertices einen geringen Wert haben. Haben jedoch alle Vertices einen hohen Wert, heben sich diese Gewichtungen wieder auf. Ein wenig Ausprobieren kann also nicht schaden, um diese Technik zu meistern.

Bevel-Kontur

Eine Curve kann die Kontur einer anderen Curve bestimmen. Dies kann sowohl eine Curve im 2D- als auch im 3D-Mode sein. Eine Curve im 2D-Mode eignet sich z.B. für Bilderrahmen.

2D Curve-Beispiel

Dazu ein einfaches Beispiel:

Wir wollen einen Bilderrahmen erstellen. Dabei soll die Form vom Rahmen aus einer Curve definiert werden. Eine weitere Curve definiert die Form der abgeschrägten Kante.

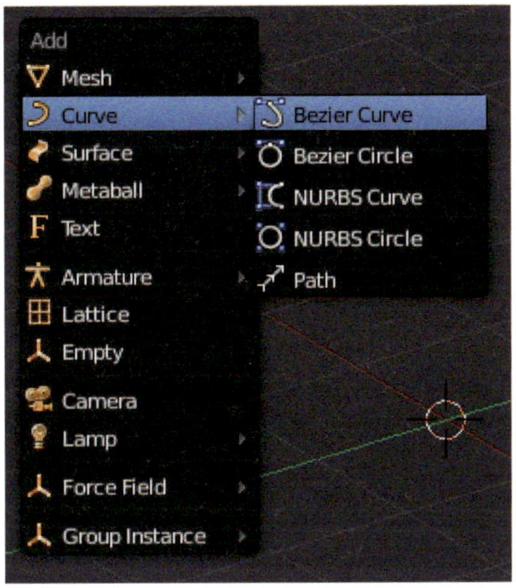

ABBILDUNG 4.62

Wir benutzen diesmal eine BEZIER CURVE.

Wir fangen wieder mit einer leeren Szene an. Falls also noch Geometrie vorhanden ist, entfernen wir diese einfach. Danach fügen wir der Szene mit [⇧]+[A] eine *Bezier Curve* hinzu. Danach wechseln wir mit [7] auf dem Nummernblock in die Top-Ansicht und mit [⇆] in den `Edit Mode`. Ist die Curve dabei nicht gut zu sehen, können wir mit [Pos1] alle Objekte in der Szene zentrieren. Um das aktuelle Objekt in der Ansicht zu zentrieren, drücken wir [,] auf dem Nummernblock.

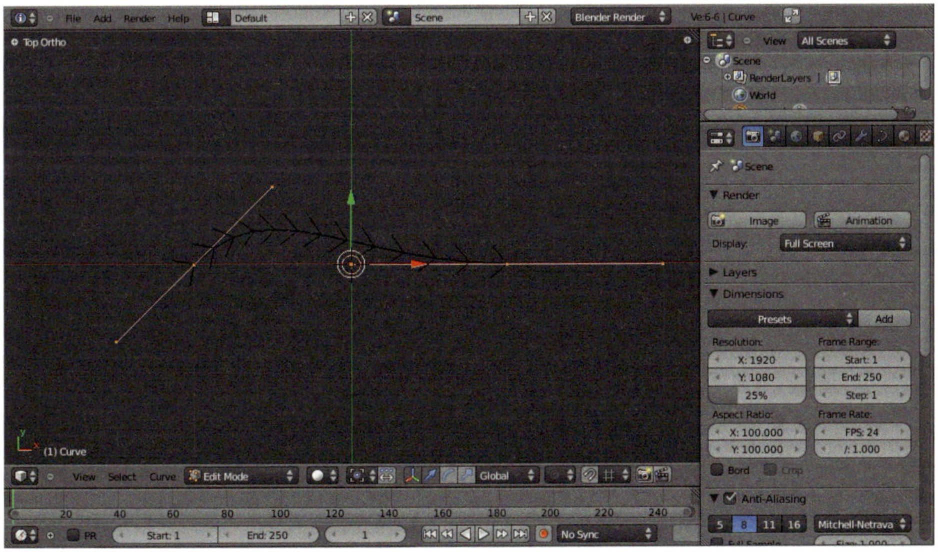

ABBILDUNG 4.63

Die Standard-BEZIER-KURVE im EDIT MODE

Im *Edit Mode* erkennen wir, wie die Form der Curve zustande kommt. Beide Vertices haben *Handles*. Das erste *Handle* ist ein wenig verdreht. Dies zeigt, wie wir mit Bezier Curves runde Formen erreichen. Bei einem einfachen Bilderrahmen wollen wir jedoch harte Kanten haben.

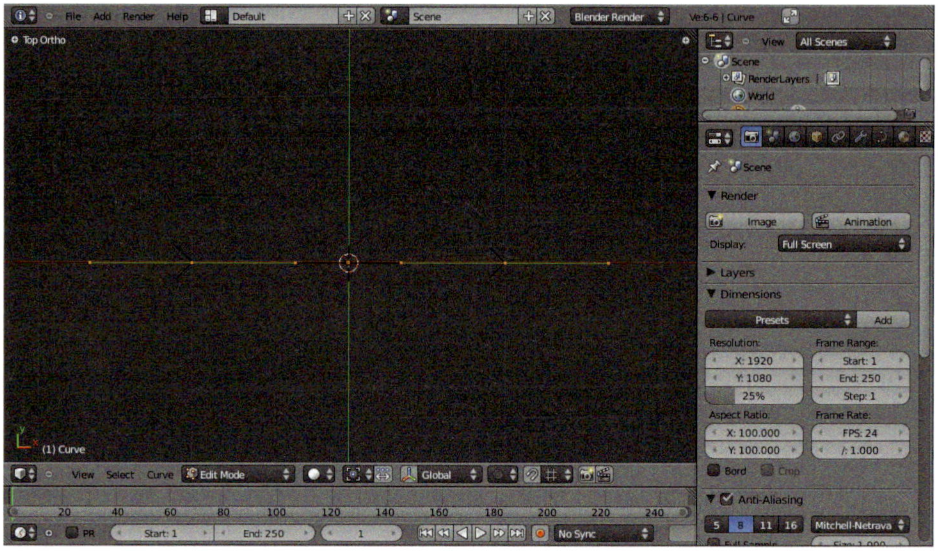

ABBILDUNG 4.64

Alle Vertices werden auf VECTOR *umgestellt.*

Um harte Kanten zu erreichen, wählen wir zunächst alle vorhandenen Vertices aus. Wir können im *Select-Menü* des *3D View Headers* den Punkt *Select/Deselect All* wählen oder einfach A drücken, bis alle Vertices ausgewählt sind. Danach stellen wir mit V alle gewählten Vertices auf *Vector* um. Der Bogen verschwindet.

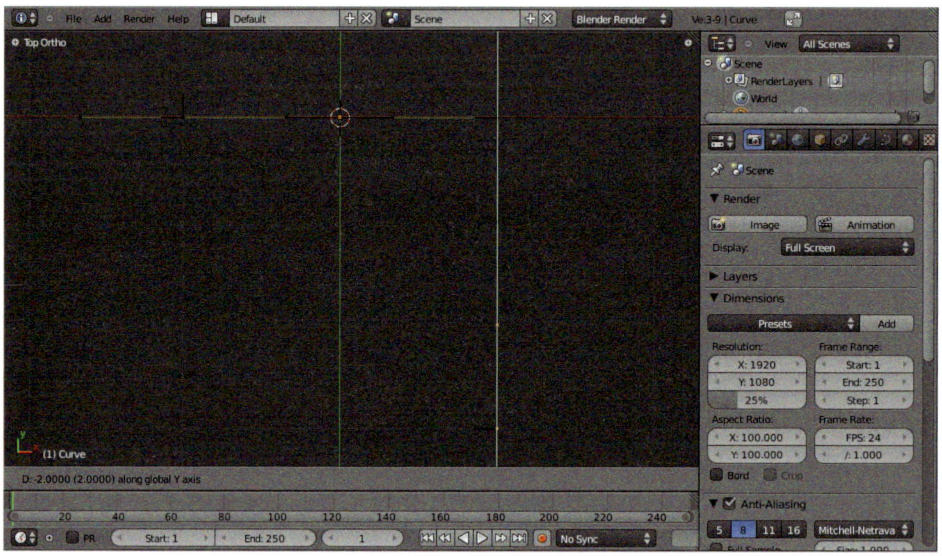

ABBILDUNG 4.65

Vertex rechts außen bei auf Y-ACHSE *limitierter Transformation extrudiert*

Nun wählen wir einen der beiden Vertices aus und drücken [E], um zu extrudieren. Eine verbundene Kopie der Auswahl wird erstellt, und wir sind automatisch im *Grab Mode*. Wir wollen den gleichen Abstand erreichen, den die ersten Vertices zueinander haben. Dazu müssen wir den neuen Vertex genau zwei Einheiten nach unten schieben. Für genaue Transformationen sollten wir [Strg] gedrückt halten, bevor wir diese mit einem Klick bestätigen.

Um einen rechten Winkel zu erhalten, beschränken wir außerdem die Transformation auf die *Y-Achse*. Dies erreichen wir durch Drücken der [Y]-Taste. Alternativ können wir auch die mittlere Maustaste drücken, dann mit der Maus in die gewünschte Richtung ziehen und anschließend die mittlere Maustaste loslassen. Auf diese Weise kann man die Transformation beschränken, ohne den Achsennamen wissen zu müssen.

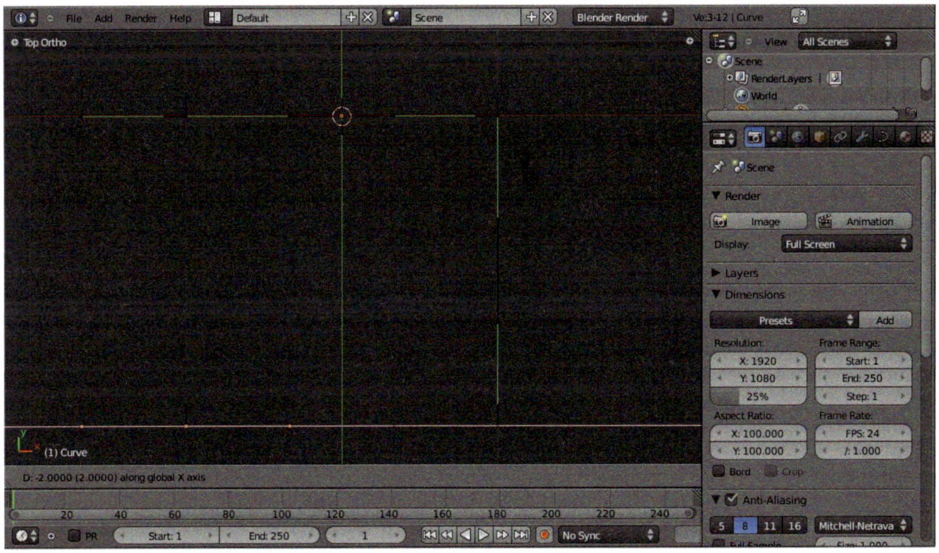

ABBILDUNG 4.66

Neuer Vertex bei auf X-ACHSE limitierter Transformation extrudiert

Bei noch angewähltem letzten Vertex wiederholen wir das Extrudieren, diesmal mit Beschränkung auf die *X-Achse*. Anstatt die Transformation mit der Maus durchzuführen, kann der gewünschte Wert auch per Tastatur eingetippt werden. Also in diesem Fall erst [X] und dann [-] und [2] und endlich [↵] drücken. Hierbei gibt [-] an, dass die Transformation in die negative Richtung (also hier nach links) der *X-Achse* erfolgen soll. Ohne die Minus-Taste würde der Vertex zwei Einheiten in die umgekehrte Richtung verschoben werden.

ABBILDUNG 4.67

Curve nach Umstellen auf CYCLIC U

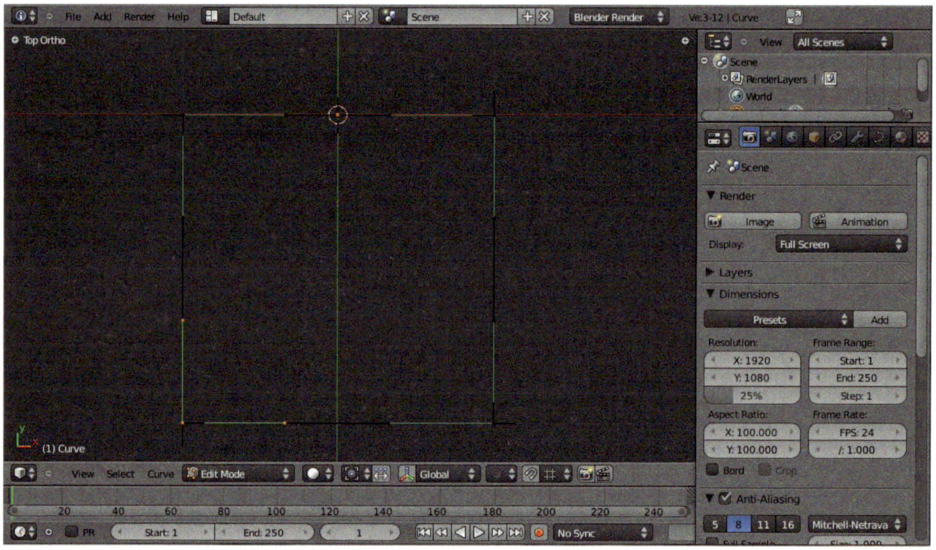

Um das Quadrat nun zu schließen, müssen wir keine weitere Extrusion vornehmen. Es genügt, einfach die Curve mit C auf Cyclic zu stellen. Fertig ist das Quadrat.

ABBILDUNG 4.68

Shape auf 2D-MODUS umgestellt

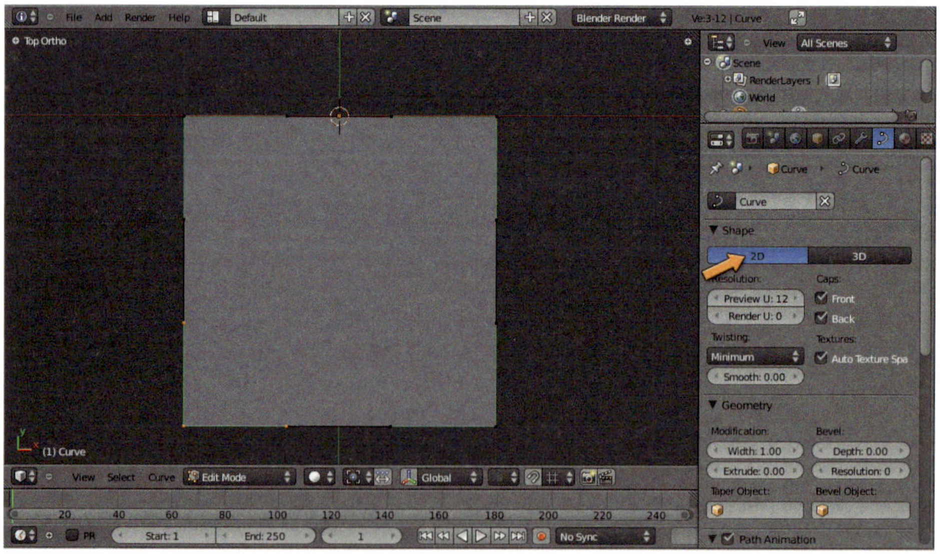

Um das Quadrat zu füllen, schalten wir die Curve in den *Shape 2D-Modus* um. Dies ist unsere Grundform für den Rahmen.

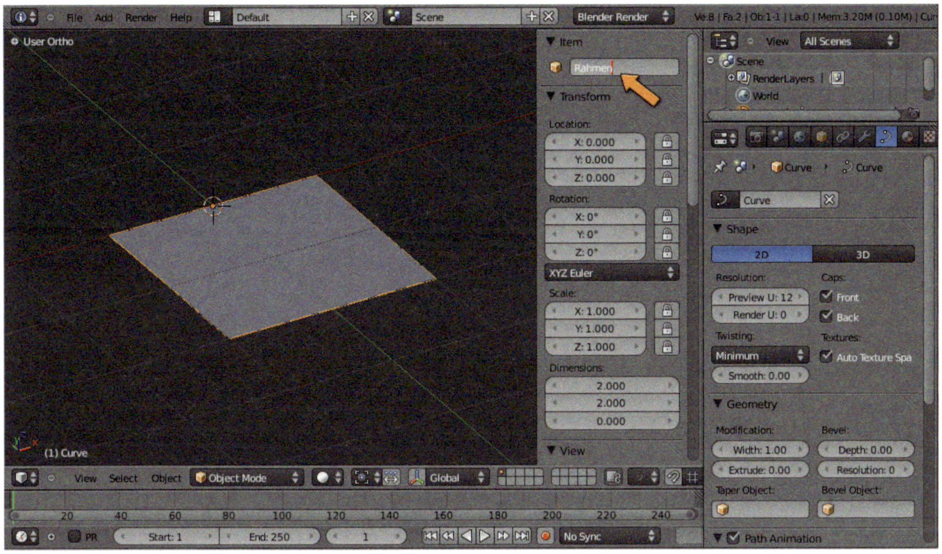

ABBILDUNG 4.69

In den ITEM PROPERTIES kann das Objekt benannt werden.

Nun können wir den *Edit Mode* mit [Tab] wieder verlassen. Zur besseren Übersicht sollten wir unser Objekt mit einem Namen versehen. Mit [N] gelangen wir an die *Item Properties,* in denen wir einen Objektnamen wie z.B. Rahmen vergeben können.

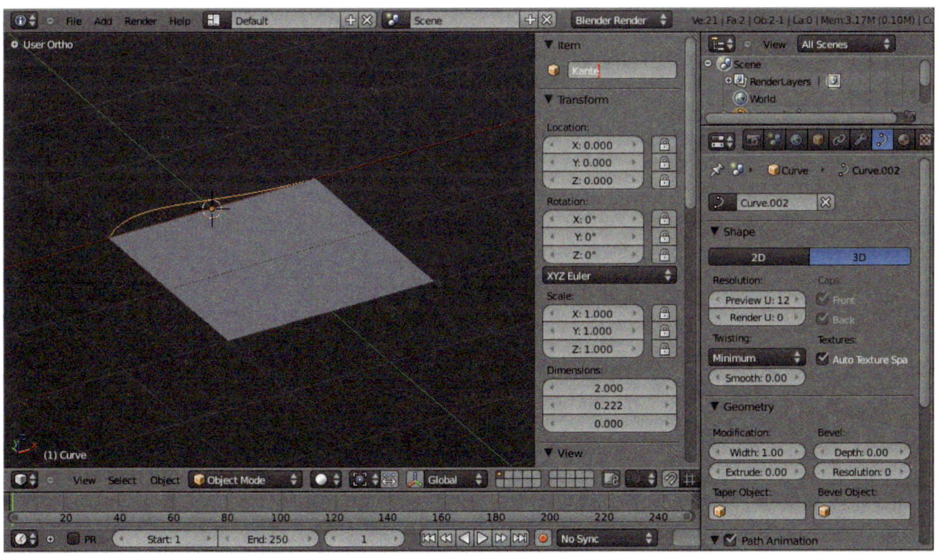

ABBILDUNG 4.70

Eine weitere BEZIER CURVE direkt mit neuem Namen versehen

Wir benötigen für die Form der Kante eine weitere Curve. Wir erstellen auch dafür mit [⇧]+[A] eine *Bezier Curve.* Dieser geben wir auch wieder einen aussagekräftigen Namen, z.B. Kante.

ABBILDUNG 4.71

Der ersten Curve die zweite als BEVEL-OBJEKT zuweisen

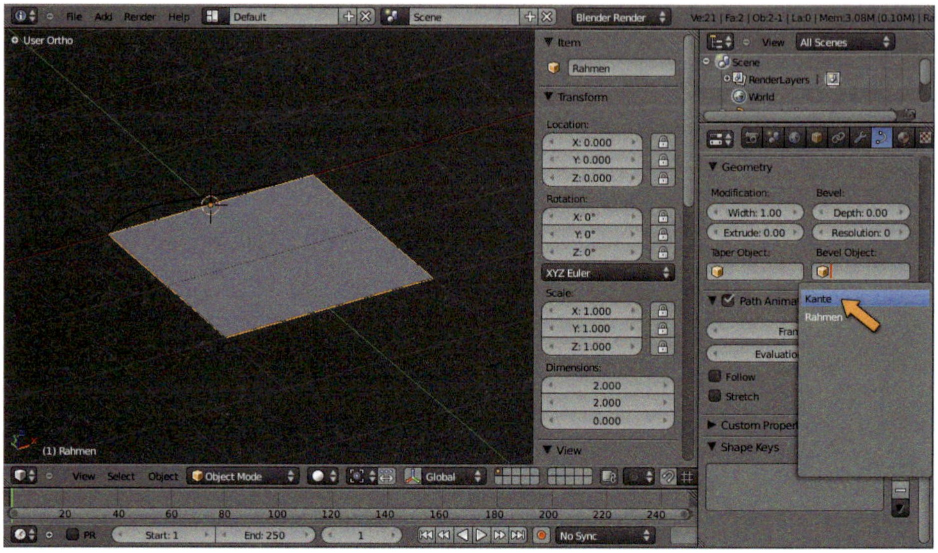

Nun wählen wir zunächst wieder das Rahmen-Objekt aus. In den *Curve Properties* können wir im *Geometry Panel* als *Bevel*-Objekt unser Kanten-Objekt auswählen. Sofort können wir das Ergebnis in der *3D View* sehen. Jedoch wird die Kanten-Curve nun verdeckt, und wir können sie ohne Weiteres nicht mehr sehen.

ABBILDUNG 4.72

Drahtgittermodus zum Auswählen verdeckter Objekte

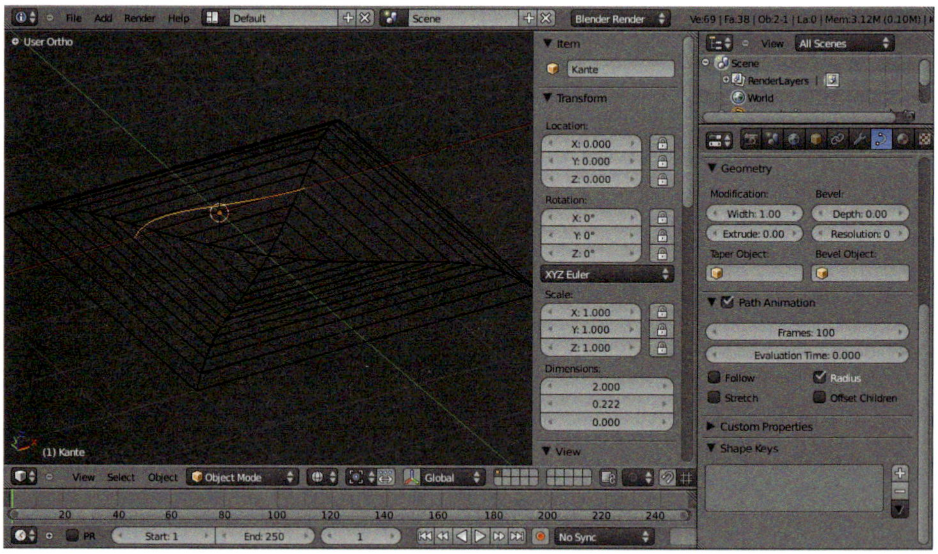

Wird ein Objekt verdeckt und wir wollen es trotzdem auswählen, können wir die Ansicht mit [Z] einfach auf Wireframe (Drahtgitter) umstellen. Ein Klick auf das gewünschte Objekt wählt es nun aus, obwohl es eigentlich im Hintergrund versteckt liegt.

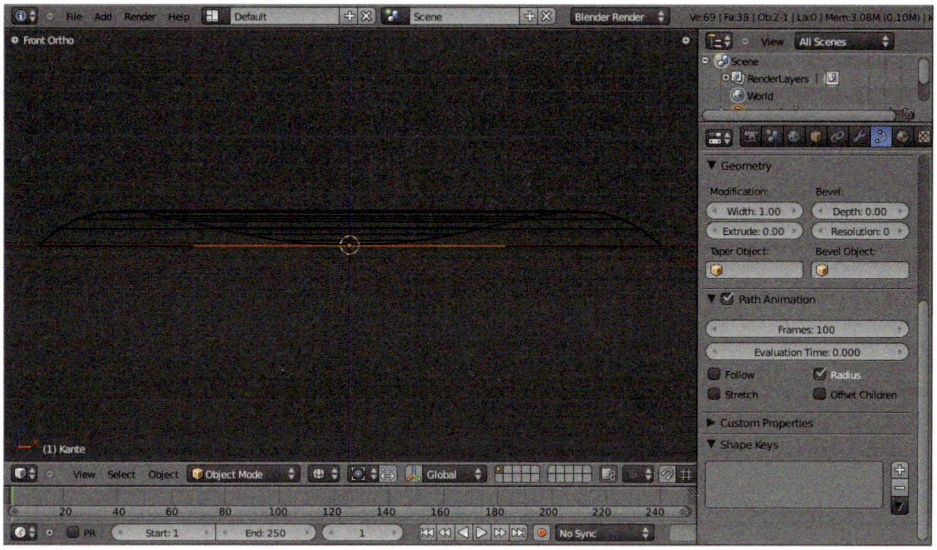

Abbildung 4.73

Front-Ansicht zur besseren Übersicht

Wechseln wir nun mit [1] auf dem Nummernpad in die Front-Ansicht. Wir sehen, dass die Kanten-Curve platt erscheint. Um die Kante besser mit der Curve einstellen zu können, wollen wir sie richtig positionieren und drehen.

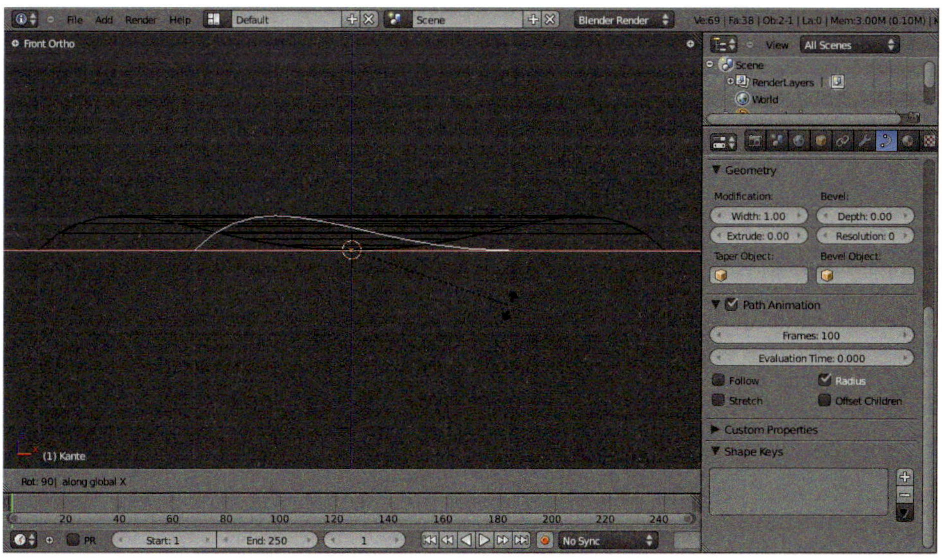

Abbildung 4.74

Rotation in der X-Achse um genau 90°

Mit [R] schalten wir in den *Rotation Mode* um. Mit [X] beschränken wir die Rotationsachse auf X, und dann tippen wir 90 ein und bestätigen mit [↵]. Die Drehung sollte nun stimmen. Nun müssen wir die Curve noch positionieren.

ABBILDUNG 4.75

Die zweite Curve in der X-ACHSE verschoben

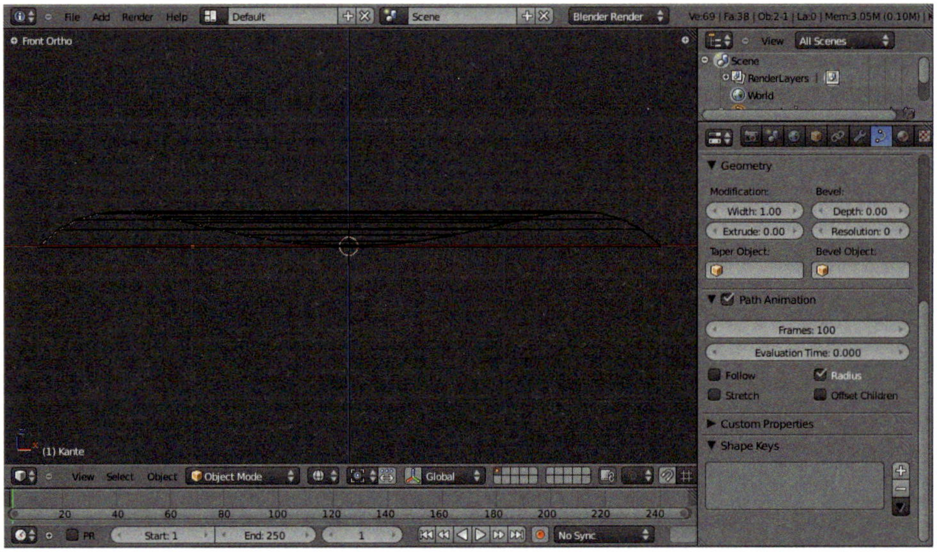

Durch [G] gelangen wir in den Grab Mode, und mit [X] beschränken wir wieder die Achse. Haben wir die Curve gut genug positioniert, bestätigen wir die Transformation mit [↵] oder einfach mit einem Mausklick.

ABBILDUNG 4.76

Die zweite Curve in der Y-ACHSE verschoben

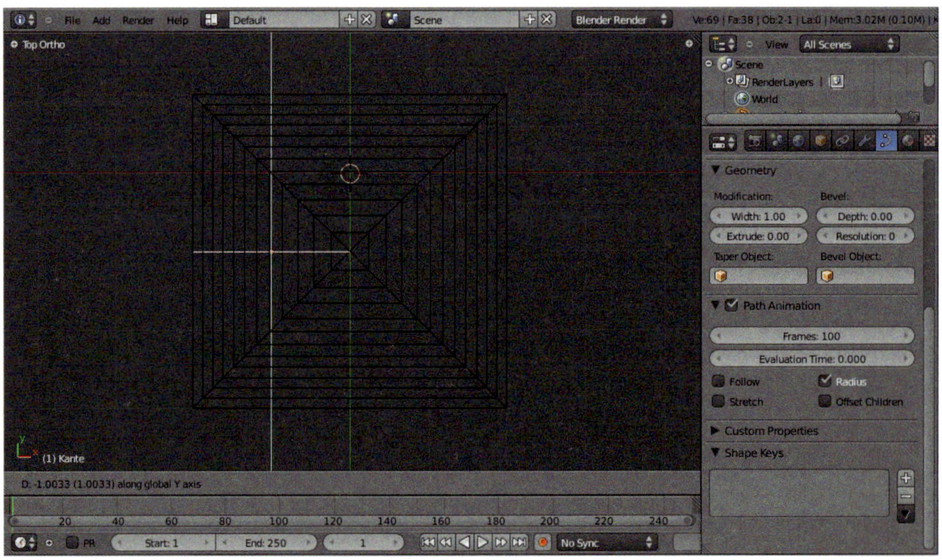

Wechseln wir nun mit [7] auf dem Nummernpad in die *Top View*, sehen wir, dass die Curve noch nicht in der Mitte sitzt. Also verschieben wir sie in dieser Ansicht noch einmal entlang der *Y-Achse*. Nun wechseln wir wieder mit [G] in den Grab Mode, mit [Y] beschränken wir die Achse und verschieben das Objekt. Sind wir mit der Position zufrieden, bestätigen wir die Transformation.

Wir können nun mit [8] und [2] auf dem Nummernpad oder der mittleren Maustaste unsere Ansicht beliebig drehen, um die Kante des Rahmens besser einschätzen zu können.

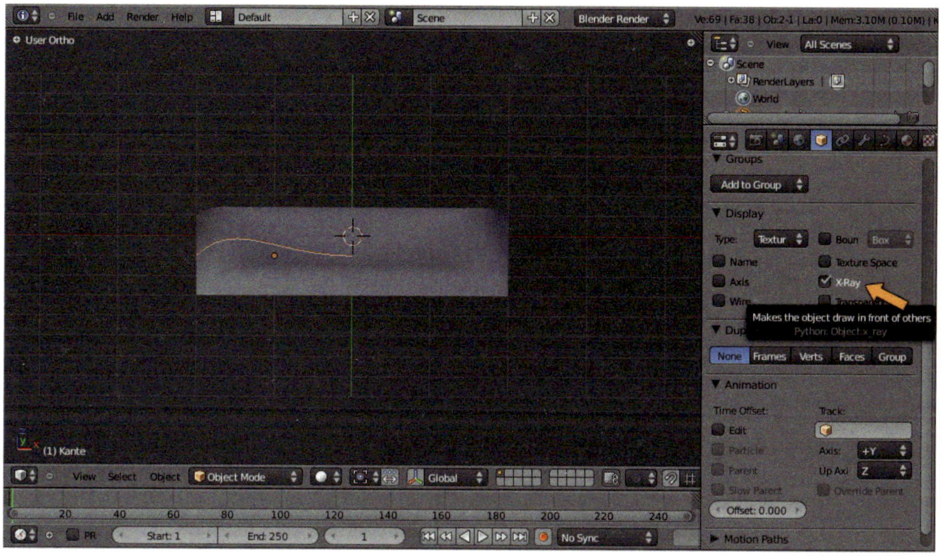

ABBILDUNG 4.77

DISPLAY X-RAY lässt die zweite Curve im Vordergrund erscheinen.

Wechseln wir mit [Z] von der Wireframe-Darstellung zur soliden Darstellung, so ist unsere Kanten-Curve wieder schwer zu erkennen und noch schwerer auszuwählen. Um dieses zu erleichtern, können wir die Curve durchscheinen lassen. Dazu müssen wir in den *Object Properties* im *Display*-Panel die Option *X-Ray* aktivieren.

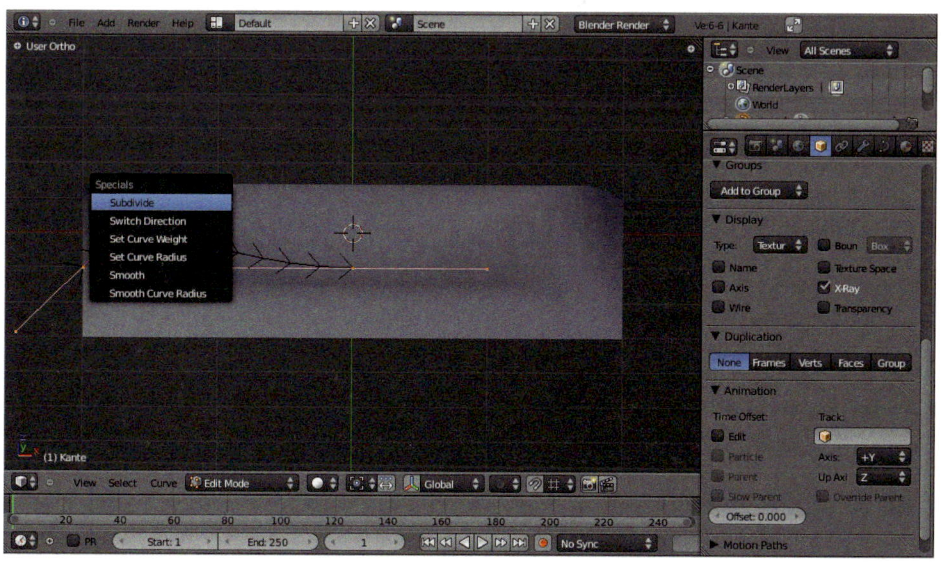

ABBILDUNG 4.78

SUBDIVIDE fügt in ein Segment zwischen zwei Vertices einen neuen Vertex ein.

Nun wollen wir die Form der Kante bearbeiten. Dazu wechseln wir mit [⇆] in den *Edit Mode*. Beide Vertices der Curve sind ausgewählt. Sollten sie nicht ausgewählt sein, können wir sie mit A alle deselektieren und mit einem weiteren Druck von A wieder selektieren. Um nun einen Vertex zwischen den zwei ausgewählten einzufügen, öffnen wir zunächst mit W das *Specials-Menü* und wählen darin den Eintrag *Subdivide* (unterteilen) aus. Ein neuer Vertex erscheint.

ABBILDUNG 4.79

Der neue Vertex ist selektiert, transformiert und auf VECTOR *geschaltet.*

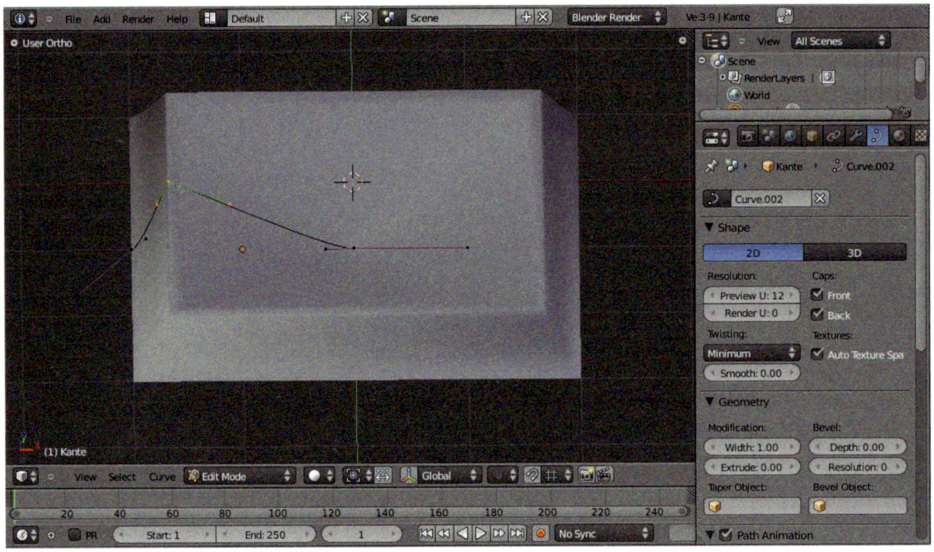

Um eine harte Kante zu erzeugen, selektieren wir den neuen Vertex und schalten seinen *Handle Type* mit V auf *Vector*. Danach verschieben wir ihn ein wenig entlang der *Z-Achse*.

ABBILDUNG 4.80

Der innerste Vertex ist transformiert und die HANDLES *sind auf Free geschaltet.*

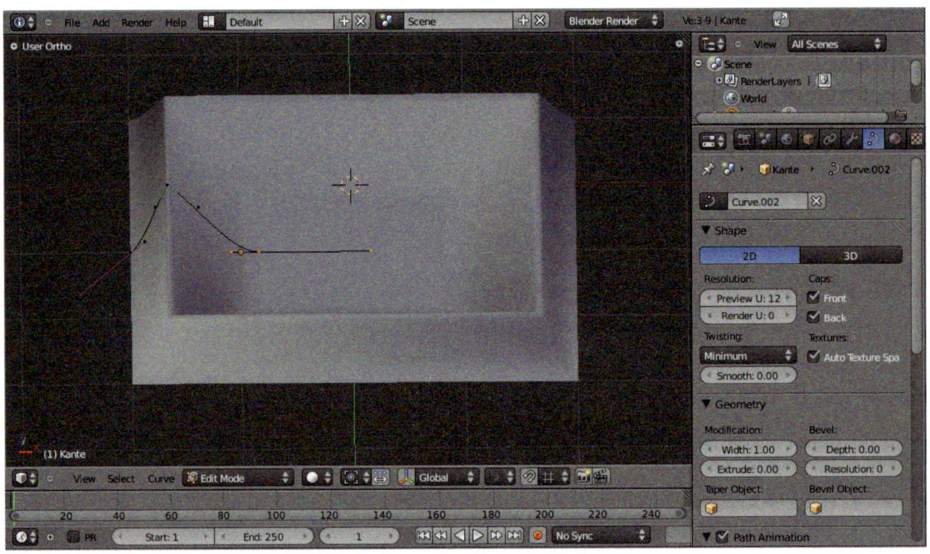

Die Kurvenform des innersten Vertex gefällt uns noch nicht. Wir wählen ihn aus und schalten seinen *Handle Type* mit V auf *Free*. Nun können wir den nach außen zeigenden Handle auswählen und unabhängig vom Handle gegenüber transformieren.

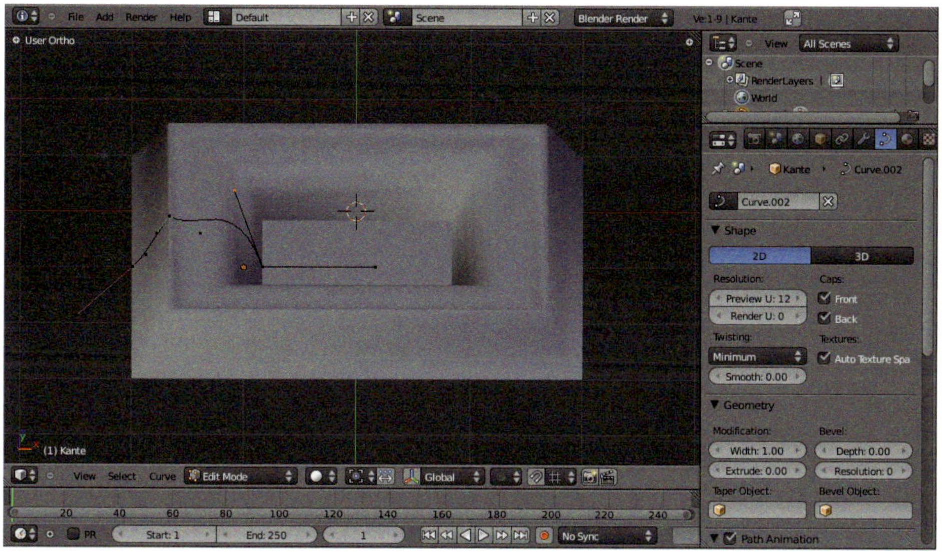

ABBILDUNG 4.81

Der erste Handle vom Vertex ist selektiert und in der Z-ACHSE verschoben.

Ebenso wie ein Vertex verschoben wird, können wir nun den Handle mit G verschieben und mit Z die Verschiebung auf die *Z-Achse* beschränken. Der Rahmen bekommt nun eine solidere Form. Die Curve kann nun noch beliebig angepasst werden und eine wesentlich komplexere Kante definieren. Für dieses Beispiel soll diese Form jedoch genügen.

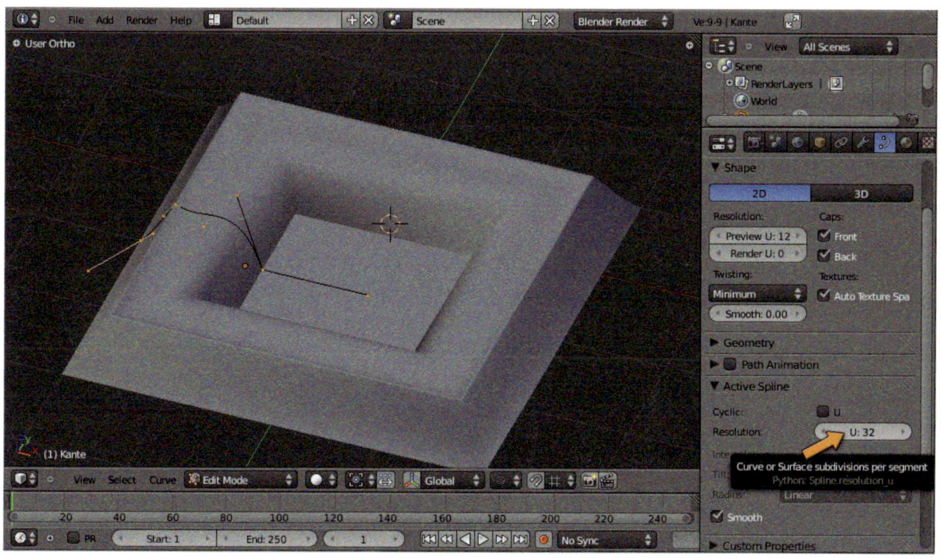

ABBILDUNG 4.82

Eine hohe RESOLUTION verbessert die Qualität der Kante.

Sollte die Kante nicht rund genug erscheinen, können wir die *Resolution* (Auflösung) in den *Object Data Properties* im *Active Spline Panel* erhöhen. Höhere Auflösungen kosten jedoch immer Performance in der *3D View* und Rechenzeit beim Rendern.

Abbildung 4.83

NURBS Circle und Bezier Curve für die Kante

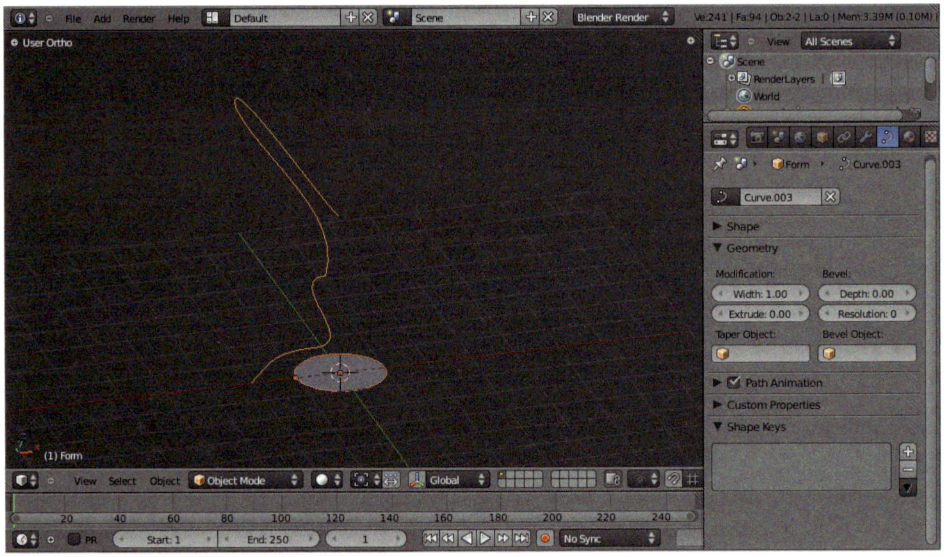

Es gibt noch einen weiteren Verwendungszweck für diese Technik: Rotationskörper. Dies sind runde Objekte wie z.B. Gläser oder Vasen. Dafür muss das Grundobjekt ein Circle sein. Das Kantenobjekt gibt die Form an.

Abbildung 4.84

Dem NURBS Circle wird die Kante als Bevel Object zugewiesen.

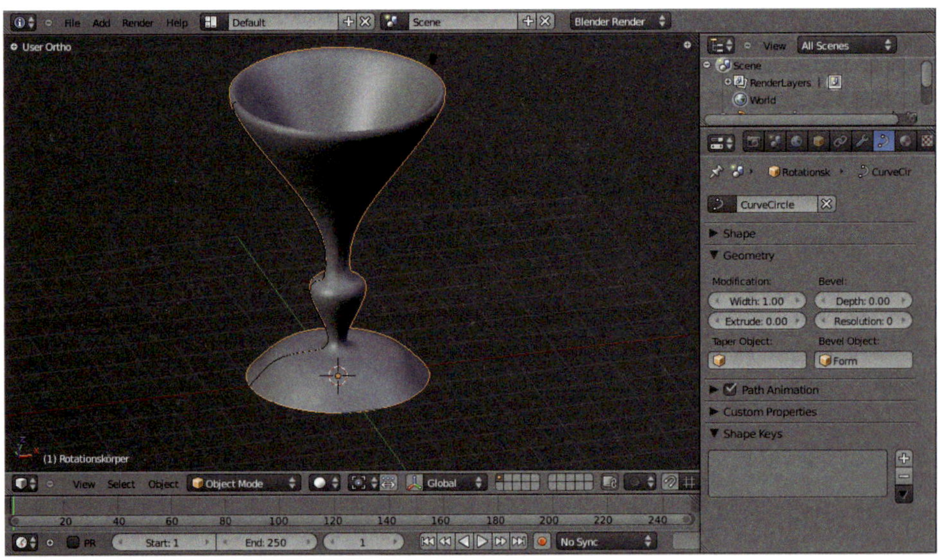

Die Form kann beliebig gebogen sein. Der Anfangs- und Endpunkt sollte jedoch genau auf dem Nullpunkt sein. Die Curve selber sollte dabei, um Fehler in der Darstellung zu vermeiden, den Nullpunkt niemals überschneiden.

Alt + C Convert

Sind wir mit der Form zufrieden und möchten das Objekt etwas flexibler weiterbearbeiten, können wir es über das *Object-Menü* der *3D View* oder mit Alt + C in ein Mesh konvertieren.

Eine Curve im 3D Mode ist geeignet für sogenannte Loft-Objekte. Loft-Objekte haben Ähnlichkeit mit Knete, die durch eine Form gepresst wurde.

3D Curve-Beispiel

Dazu ein einfaches Beispiel:

Wir erstellen uns eine beliebige Curve. Diese schalten wir in den *Object Data Properties* im *Shape Panel* auf *3D*. Eine weitere Curve dient als Bevel. Die Form dieser Curve definiert die Form unserer Haupt-Curve.

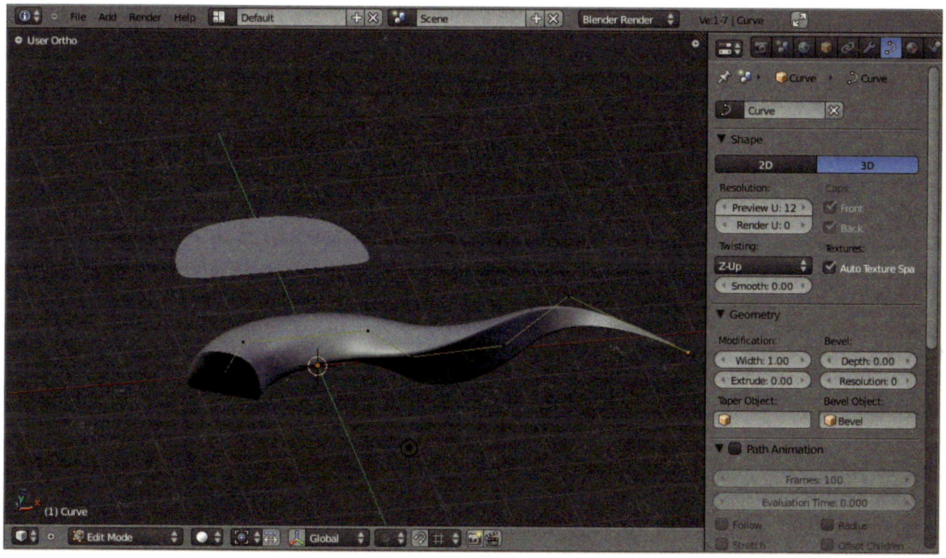

ABBILDUNG 4.85

Curve im 3D Mode mit Bevel-Kurve

Alt + S Ausdehnung partiell verändern

Um nun die Ausdehnung der Kurve partiell zu verändern, können wir beliebige Vertices auswählen und dessen Dicke mit Alt + S verändern.

Strg + T Tilt

Mit Strg + T können wir die Tilt-Funktion aktivieren. Damit kann die Kurve samt Bevel-Kontur für jeden vorhandenen Vertex rotiert werden.

Taper-Objekte

Haben wir wie eben gesehen eine Curve als *Bevel Object* einer Curve zugewiesen, können wir die Ausdehnung wie gesehen mit Alt + S für einzelne Vertices angeben. Eine weitere Möglichkeit ist, eine Curve als *Taper Object* anzugeben. Die Form dieser Curve bestimmt dann die Dicke unserer Haupt-Curve in Bezug auf deren Länge.

Abbildung 4.86

3D Curve mit einer Bevel und einer Taper Curve

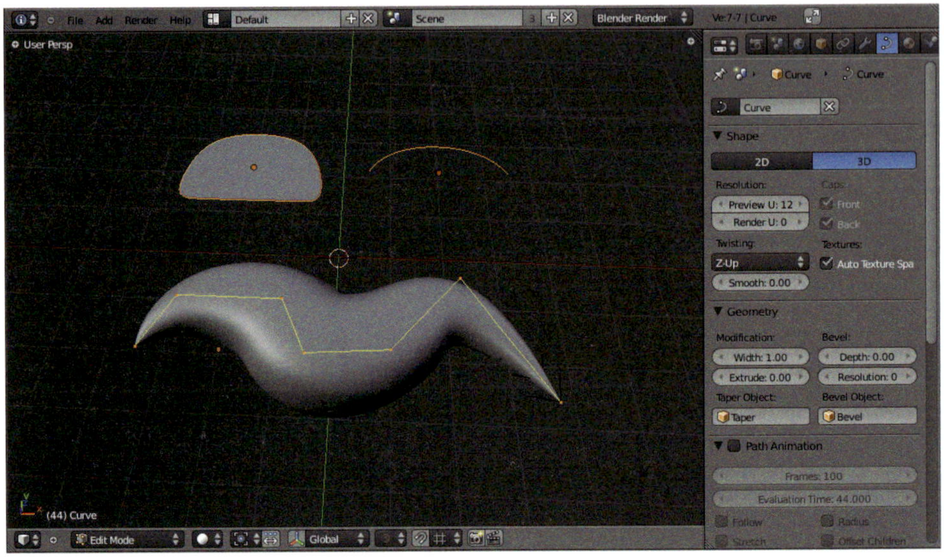

Haben wir ein Taper Object angegeben, sind Änderungen durch [Alt]+[S] nicht mehr sichtbar.

Zusätzlich zu den genannten gibt es noch weitere Verwendungszwecke für Curves. So kann z.B. der Verlauf von Partikeln bzw. Haaren durch Curves mit Kraftfeld beeinflusst werden.

Mesh-Verformung

Mesh-Objekte können durch einen *Curve Modifier* deformiert werden. Dabei kann ein Curve-Objekt angegeben werden, das die Verformung steuert. Mehr Infos dazu gibt es beim Kapitel über den *Curve Modifier*.

4.2.3 Surfaces

Surfaces sind wie ein Netz aus Curves. Dieses Netz bildet eine Fläche. Objekte, die aus Surfaces modelliert werden, sind sehr rund und sehr organisch. Surfaces in Blender haben auch aber viele Nachteile:

- Es ist nicht ganz einfach, harte Kanten zu erzeugen.
- Auftragen von Textures ist nur bedingt möglich.
- Modifier werden kaum unterstützt.
- Sculpting, Texture- und Vertex-Paint ist nur nach Umwandlung zum Mesh möglich.
- ...

Aufgrund der genannten Nachteile werden wir uns in diesem Buch mit Surfaces nicht auseinandersetzen.

4.2.4 Metaballs

Metaball-Objekte beeinflussen sich gegenseitig. Sie sind sehr rund und organisch und wirken ein wenig wie Wachs in einer Lava-Lampe. Nähern sich zwei Metaball-Objekte einander, beginnen sie zu verschmelzen.

Auch wenn diese Objekte Metaballs heißen, stellt uns Blender auch andere Grundformen zur Verfügung:

- Meta Ball
- Meta Tube (Zylinder)
- Meta Plane (Fläche)
- Meta Cube (Würfel)
- Meta Ellipsoid (Ellipse)

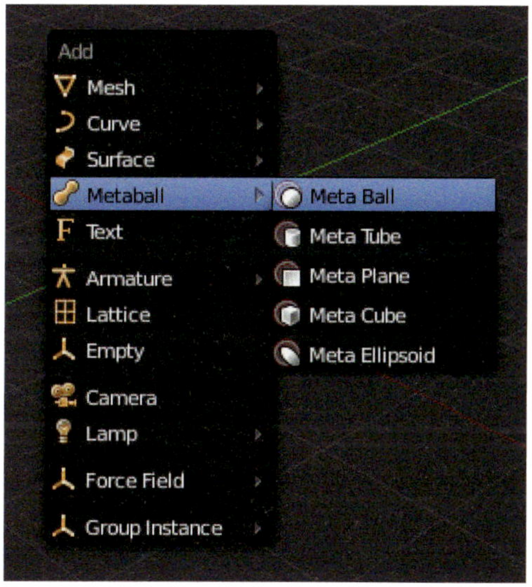

ABBILDUNG 4.87
ADD-Menü für META BALL-Objekt

In den *Object Data Properties* haben wir die Möglichkeit, die *Resolution* (Auflösung) der Metaball-Objekte für *View* und *Render* unabhängig voneinander einzustellen. Auf diese Weise können wir eine ausreichende Performance in der 3D-Ansicht erhalten.

ABBILDUNG 4.88

Vier Metaball-Objekte

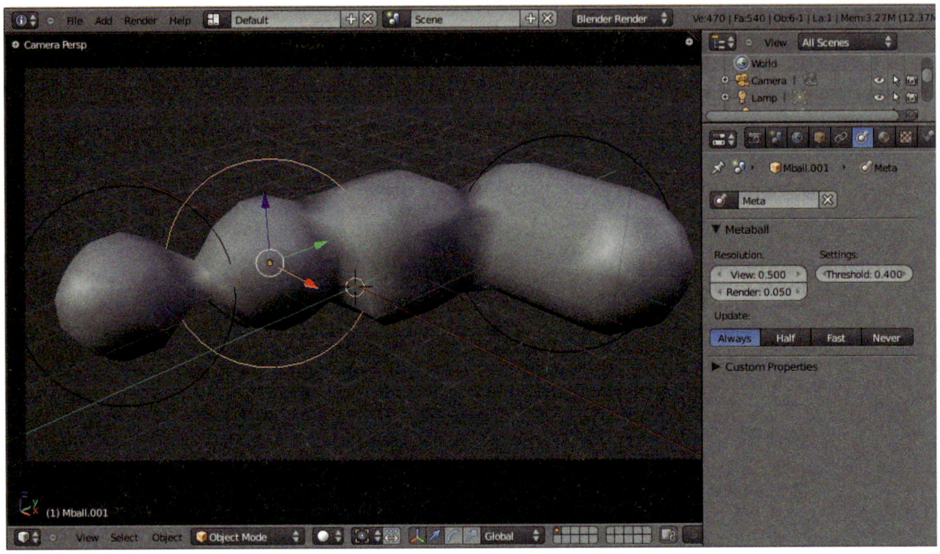

Edit Mode

Wechseln wir mit [Tab] in den *Edit Mode*, sehen wir, dass Meta-Objekte zwei Ringe besitzen: einen roten Ring für den *Radius* und einen grünen Ring für *Stiffness*. Während der Radius die Größe des Meta-Objektes bestimmt, regelt die Stiffness den Einflussbereich der Verschmelzung.

ABBILDUNG 4.89

Metaball-Objekt im EDIT MODE

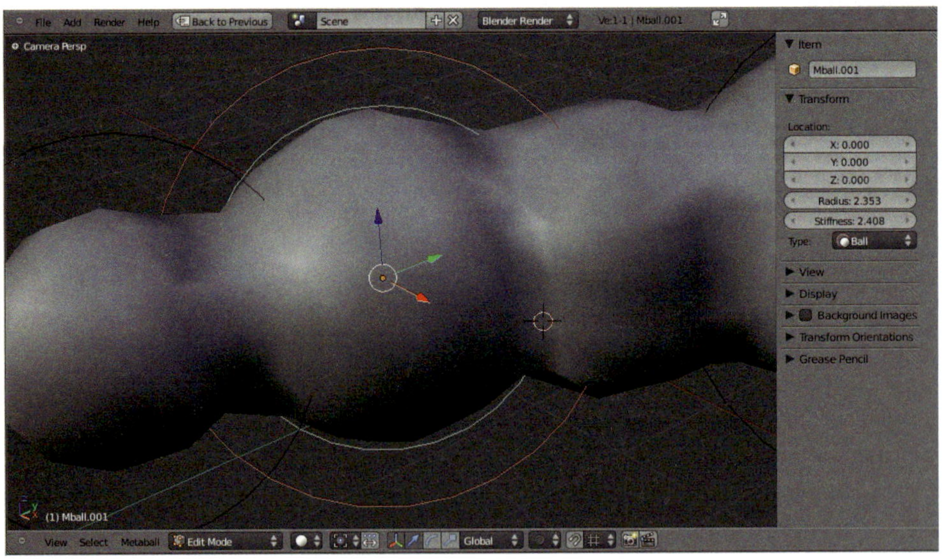

Anstatt diese Parameter über den *Edit Mode* zu verändern, können wir auch mit [N] die *Properties* der *3D View* öffnen und dort im *Transform Panel* den entsprechenden Wert ändern.

4.2.5 Text

Ein Text Object besteht aus Curves, die aus den Buchstaben einer Schriftartendatei generiert werden. Anstatt die einzelnen Curves im *Edit Mode* Vertex für Vertex zu bearbeiten, können wir beim Text Object im *Edit Mode* den Text bearbeiten wie in einem Text-Eingabefeld.

Sonderzeichen lassen sich einfach über die Funktion *Special Characters* im *Text-Menü* vom *3D View Header* einfügen.

ABBILDUNG 4.90
Text Object im EDIT MODE mit Cursor zum Schreiben

Dabei haben wir eine Menge Möglichkeiten, den Text zu formatieren. Im *Font Panel* können wir unsere eigenen TTF-, OTF- oder ähnliche Schriftarten-Dateien laden. Blender möchte für jede Auszeichnungsart eine eigene Datei. Diese können in die Felder *Regular* (Normal), *Bold* (Fett), *Italic* (Kursiv) und *Bold & Italic* geladen werden.

Size ändert die Schriftgröße, *Shear* schrägt den Text ab, ähnlich wie bei kursiver Auszeichnung. Auch negative Werte sind bei dabei möglich. Mit *Text on Curve* können wir unseren Text mithilfe eines *Curve Object* deformieren.

Im *Paragraph Panel* sind die üblichen Absatzformatierungen zu finden wie z.B. *Left* (linksbündig), *Center* (zentriert), *Right* (rechtsbündig), *Justify* (Blocksatz) und *Flush* (sin sehr strenger Blocksatz).

ABBILDUNG 4.91

Text Object mit EXTRUDE *und* BEVEL *in geringer* PREVIEW-*Auflösung*

Im *Geometry Panel* haben wir genau wie bei den *Curve*-Objekten mit *Offset*, *Extrude*, *Bevel Depth* und *Resolution* die Möglichkeit, unserem Text-Objekt Tiefe und Form zu verpassen.

Im *Shape Panel* können wir die Auflösung der Schrift verringern. Dabei können wir für *Preview* und *Render* unterschiedliche Werte angeben. Bei sehr viel Text kann es durchaus sinnvoll sein, *Render* einen höheren Wert, *Preview* jedoch einen sehr geringen zu geben. Die Voransicht in der *3D View* sollte dann flüssiger sein.

Über Blenders TEXT-EDITOR kann auf einfache Art und Weise eine große Menge von Text Objects erstellt werden.

Deaktivieren wir *Fill Front* und *Back*, bleibt nur die Umrandung der Schrift erhalten. Dies hat bei Benutzung eines Bevels einen interessanten Effekt.

ABBILDUNG 4.92

TEXT-EDITOR *mit* TEXT TO 3D OBJEKT-*Untermenü*

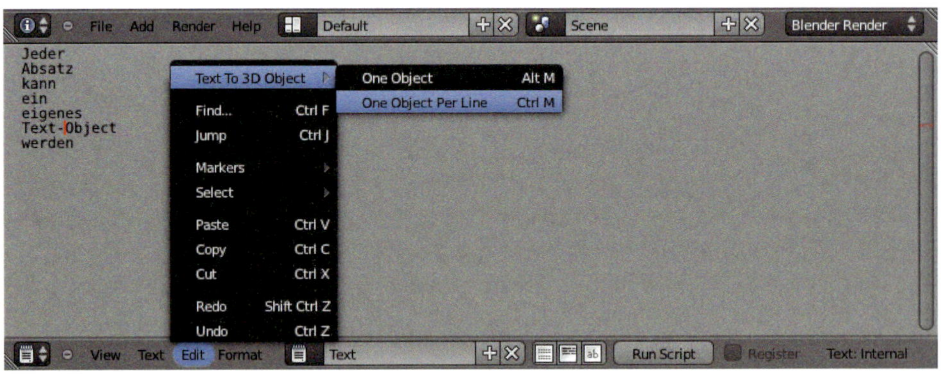

Die Funktion ONE OBJECT PER LINE im EDIT-MENÜ unter TEXT TO 3D OBJECT generiert aus jeder Zeile im Editor ein unabhängiges Objekt.

4.3 Modifier

Immer, wenn wir die Geometrie eines Objektes im *Edit Mode* verändern, ändern wir das Objekt dauerhaft. Die ursprüngliche Version geht dadurch verloren. Zu einer älteren Version der Geometrie lässt sich dann nur sehr schwer zurückkehren.

Mithilfe der Modifier (Veränderer) können wir Objekte non-destruktiv (also ohne das ursprüngliche Objekt zu zerstören) modifizieren. Die Parameter eines *Modifiers* können jederzeit verändert werden. Änderungen wirken sich sofort auf die Geometrie aus und sind auch direkt sichtbar.

Einen Modifier auf ein Objekt anzuwenden, ist ganz leicht. Mit *Add Modifier* fügen wir im *Properties*-Fenster in den *Modifier Properties* dem ausgewählten Objekt einen Modifier hinzu.

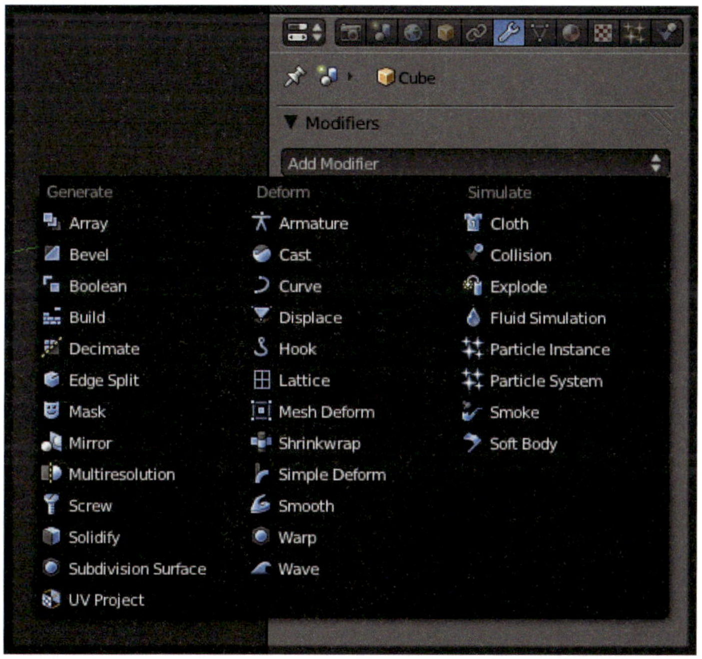

ABBILDUNG 4.93
Der ADD MODIFIER-Dialog

Beliebig viele *Modifier* können in Reihe hintereinander geschaltet werden. Dafür wird über die *Modifier Properties* dem ausgewählten Objekt über *Add Modifier* ein neuer Modifizierer hinzugefügt.

Modifier werden zur besseren Übersicht in Blender in drei Kategorien eingeteilt:

- Generate
- Deform
- Simulate

ABBILDUNG 4.94
Der Kopf eines Modifier-Dialoges

Im Kopf eines *Modifiers* kann ein Name vergeben werden. So wird bei komplexen Modifikator-Ketten die Übersichtlichkeit gesteigert. Mit den Pfeilen kann die Reihenfolge der *Modifiers* angepasst werden. Das Kreuz neben den Pfeilen löscht den *Modifier* wieder.

Mit den Knöpfen unter dem Namen kann man die Sichtbarkeit des *Modifiers* beschränken. Der erste Knopf kann den *Modifier* fürs Rendern de/aktivieren. Der zweite Knopf de/aktiviert den Modifizierer in der *3D-Ansicht*. Der dritte Knopf de/aktiviert den Modifizierer während des *Edit Modes*. Der letzte Knopf de/aktiviert den *editing cage* während des *Edit Modes*. Diese Funktion ist nur bei wenigen *Modifiers* verfügbar.

Über *Copy* wird der Modifizierer mit allen Werten dupliziert. Durch *Apply* wird der Modifizierer endgültig auf das Objekt angewendet. Die Geometrie wird dauerhaft verändert.

4.3.1 Generate

Modifizierer aus der Rubrik *Generate* verändern die Anzahl der Vertices, Edges und Faces eines Mesh-Objektes. Meist wird zusätzliche Geometrie generiert. Bei manchen Modifizierern wird jedoch Geometrie reduziert.

Array

Der *Array*-Modifier erstellt Duplikate des aktiven Objektes. Unter Angabe von je einem *Offset*-Wert pro Achse kann der Abstand zwischen den Kopien festgelegt werden.

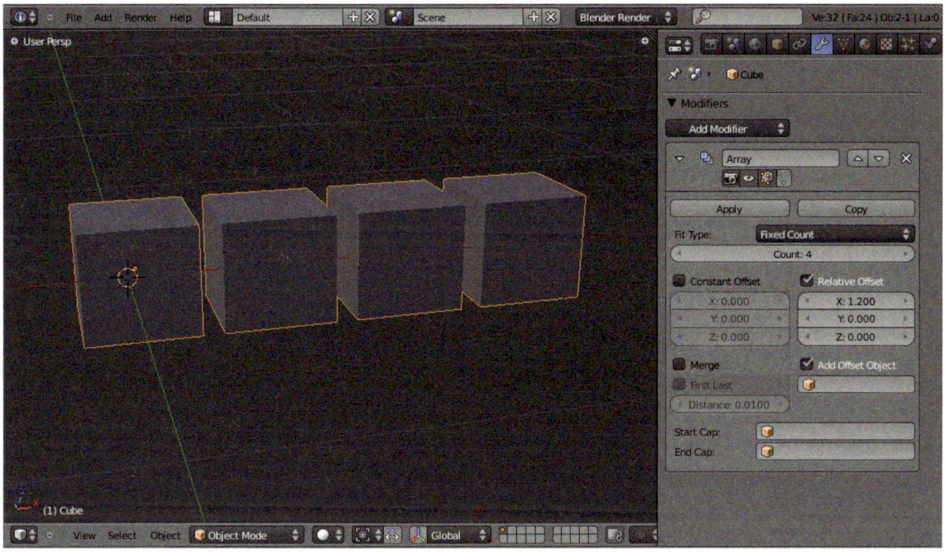

ABBILDUNG 4.95

Cube mit Array Modifier – Count auf 4 gesetzt

Im Feld *Count* geben wir die gewünschte Anzahl der Kopien ein. Anstatt einen festen Wert anzugeben, können wir jedoch auch einen dynamischen *Fit Type* wählen.

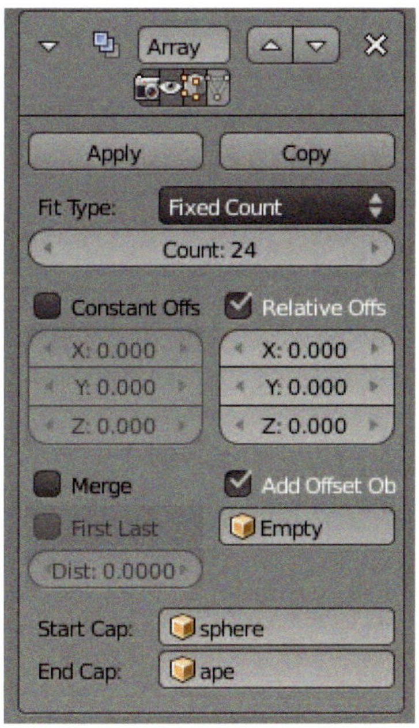

ABBILDUNG 4.96

Der Array Modifier-Dialog

Es gibt eine weitere Möglichkeit, einen Offset anzugeben. Wir nehmen dazu ein Objekt. Die Transformation dieses Objekts bestimmt die Position, die Rotation und auch die Skalierung der Kopien. Die Kopien werden dann jeweils um den Unterschied transformiert, den dieses Objekt zu unserem Cube hat. Es bietet sich für dieses Objekt ein Empty an.

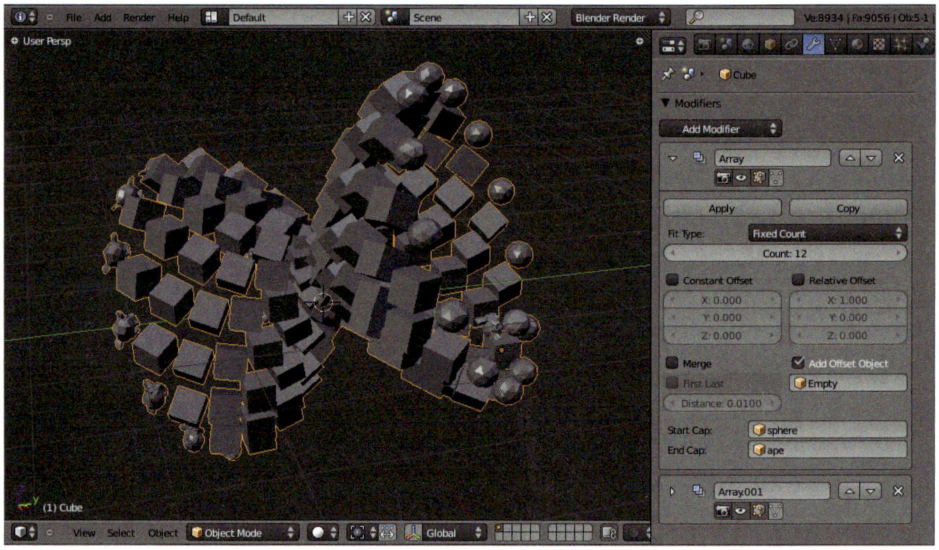

ABBILDUNG 4.97

Cube mit zwei ARRAY MODIFIERN *– Ausrichtung mit einem Empty-Objekt*

Ein Empty ist ein Objekt, das in der Bildberechnung ignoriert wird. Es eignet sich daher hervorragend als Hilfsobjekt. Wir können es über das ADD-MENÜ hinzufügen.

Kombinieren wir mehrere *Array Modifier* miteinander, so lassen sich sehr interessante Effekte erzielen; vor allem wenn wir den Offset mit einem *Empty*-Objekt bestimmen.

Wird das Empty-Objekt animiert, so ändert sich auch der Offset des *Array Modifiers*. Das Ergebnis sind interessante Animationen vieler identischer Objekte.

Mit *Start Cap* und *End Cap* lässt sich ein einleitendes und ein abschließendes Objekt bestimmen. Diese Objekte ersetzen nicht das eigentliche erste oder letzte Objekt, sondern werden davor bzw. dahinter erstellt.

Bevel

Der *Bevel Modifier* flacht harte Kanten ab. Der *Width*-Parameter gibt dabei die Breite der neu entstandenen Fläche an. Mit *Only Vertices* kann der Effekt auf die Eckpunkte beschränkt werden. Die Kanten bleiben dann unverändert.

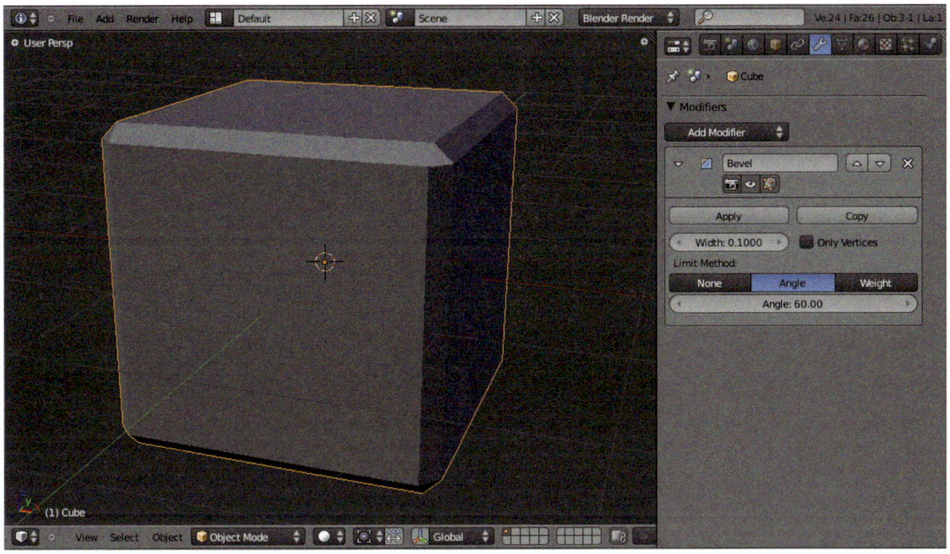

ABBILDUNG 4.98

Cube mit Bevel Modifier

Der Effekt kann durch Angabe eines Winkels unter der *Limit Method* im Feld *Angle* beschränkt werden. Somit werden nur Kanten mit einem größeren als dem angegebenen Winkel abgeflacht.

Ist die *Limit Method* auf *Weight* gestellt, können im *Edit Mode* Edges explizit mit einer *Bevel Weight* versehen werden. Dies geht über das Tastenkürzel Strg + ⇧ + E.

Boolean

Der *Boolean* Modifier kombiniert zwei vorhandene Objekte zu einem neuen Objekt.

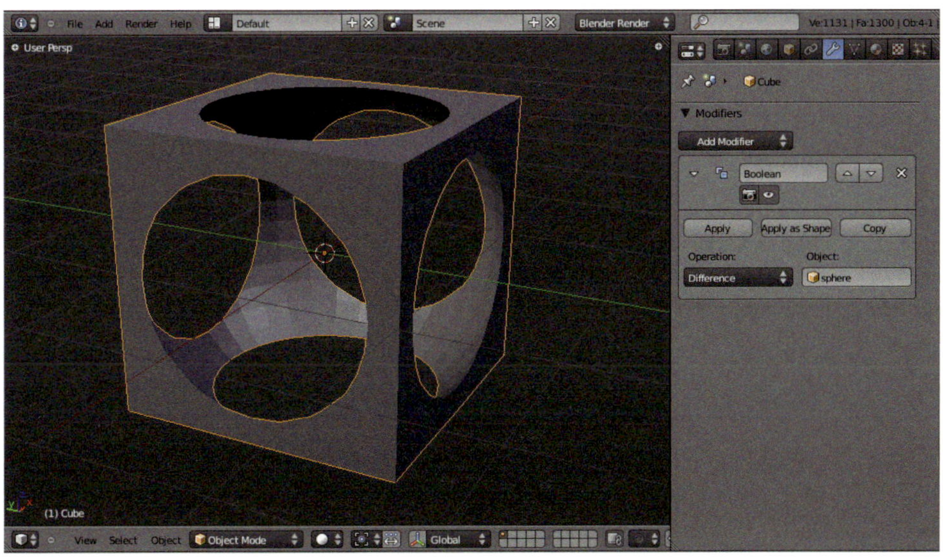

ABBILDUNG 4.99

Ein Cube mit Boolean Modifier und einer Sphere als zweitem Operanden

Als Parameter wird das zweite Objekt angegeben und dazu, auf welche Art die beiden Objekte miteinander kombiniert werden sollen. Es gibt dabei drei Möglichkeiten:

- Union
- Difference
- Intersect

ABBILDUNG 4.100

Im UNION-Modus werden beide Objekte addiert.

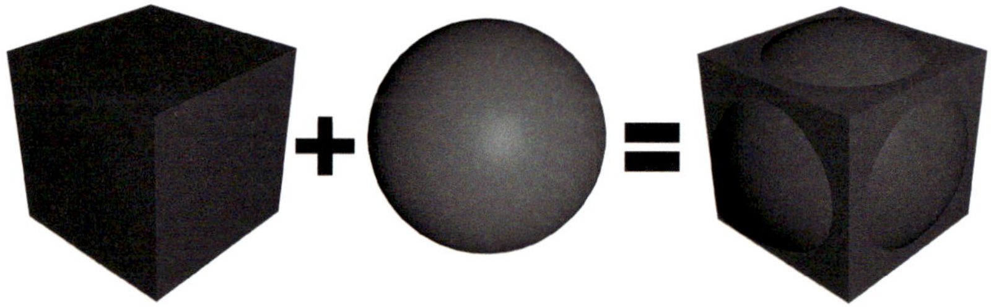

ABBILDUNG 4.101

Im DIFFERENCE-Modus wird das zweite Objekt vom ersten abgezogen.

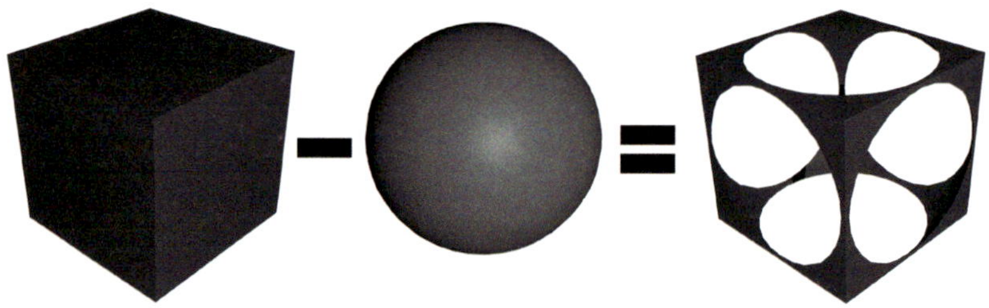

ABBILDUNG 4.102

Der INTERSECT-Modus lässt nur die sich überschneidenden Teile zurück.

Da das zweite Objekt auch nach der Kombination der Objekte sichtbar bleibt und die Position entscheidend für das Ergebnis des Boolean Modifiers ist, sollte das Objekt mit Strg+P dem ersten Objekt untergeordnet werden. Verschieben wir das erste Objekt, folgt nun das zweite automatisch.

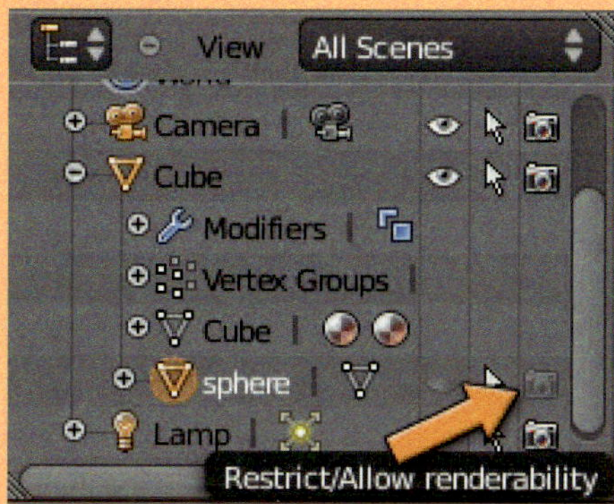

Abbildung 4.103

Sichtbarkeit in View und Renderer wurden für sphere im Outliner deaktiviert.

Danach sollte das Objekt z.B. mit H versteckt werden. Auf diese Weise ist das Ergebnis des Boolean Modifiers nicht durch das zweite Objekt verdeckt. Um das Objekt auch während des Renderings zu verstecken, sollte in einem Outliner-Fenster das Kamera-Icon hinter dem Namen des Objektes deaktiviert werden.

Build

Der *Build* Modifier baut die Flächen des Objektes innerhalb der angegebenen Zeit zusammen. *Start* gibt den ersten Frame der Animation an, *Length* die Dauer der Animation ab dem Start-Frame.

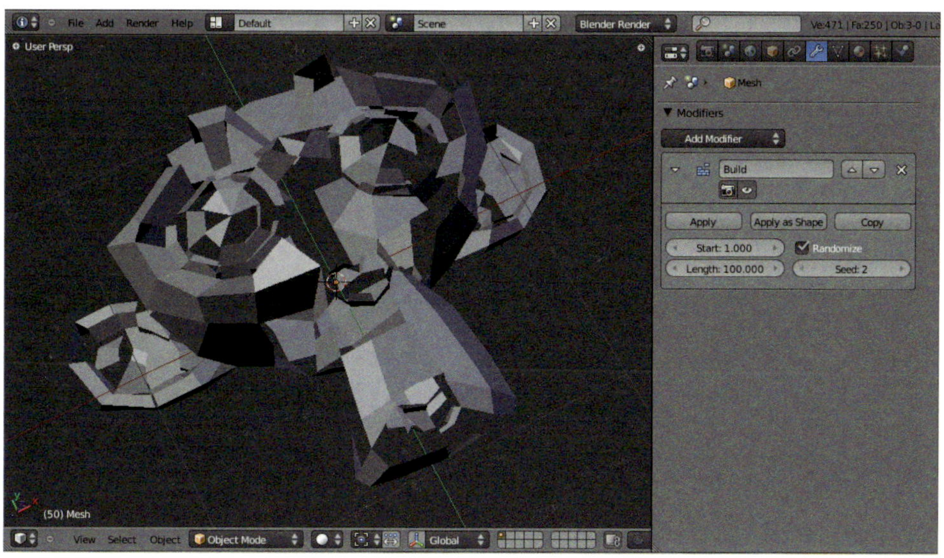

Abbildung 4.104

Monkey mit Build Modifier bei Frame 50 von 100

Mit der Option *Randomize* werden die Faces in zufälliger Reihenfolge aufgebaut. Durch einen anderen *Seed* können verschiedene zufällige Reihenfolgen ausgewählt werden.

Decimate

Um die Anzahl der Vertices von zu komplexen Objekten zu verringern, gibt es den *Decimate* Modifier. Die grobe Form des Objektes bleibt dabei so gut wie unverändert. Das ist z.B. nützlich für eine optimierte Darstellung in der 3D-View.

ABBILDUNG 4.105

Sphere mit Decimate Modifier mit RATIO auf 1.0 (links) und 0.1 (rechts)

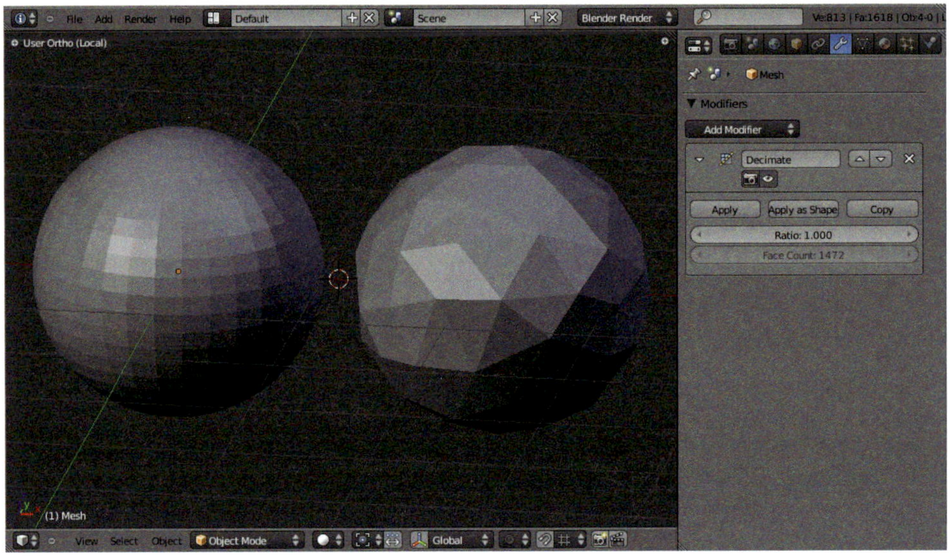

Der Parameter *Ratio* gibt dabei an, um wie viel die Vertices reduziert werden sollen. Bei einem Ratio von 1.0 findet keine Reduktion statt. Bei einem *Ratio* von 0.0 bleibt kein Vertex über. Ein *Ratio* von 0.5 reduziert die Vertices genau um die Hälfte.

Die Anzahl der Faces nach der Reduktion wird im Feld *Face Count* unter dem *Ratio* angezeigt.

Edge Split

Der *Edge Split* (Kante spalten) Modifier dupliziert Edges, um harte Kanten zu ermöglichen. Dabei kann zum einen ein Winkel angegeben werden, der das Auftrennen auf Edges mit mindestens dem angegebenen Winkel beschränkt. Zum anderen können im *Edit Mode* explizit Edges angegeben werden, die gespaltet werden sollen.

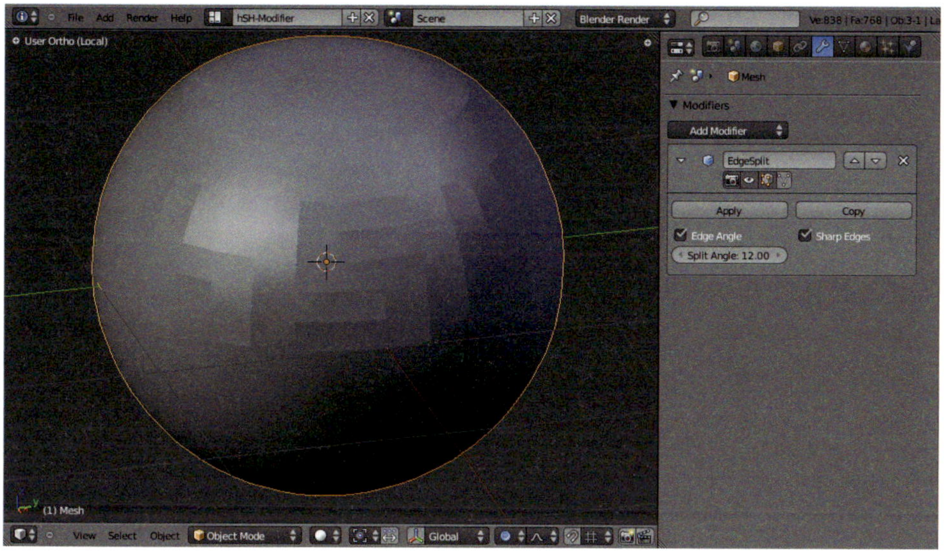

ABBILDUNG 4.106

Sphere mit abgeflachter Spitze und gespalteten Kanten

Wird eine Edge gespaltet, entstehen auch neue Vertices. Diese liegen dann genau auf den bereits vorhandenen. Durch dieses Auftrennen der Meshes können Beleuchtungsfehler z.B. bei Objekten, deren Shading komplett auf *Smooth* gesetzt wurde, korrigiert werden.

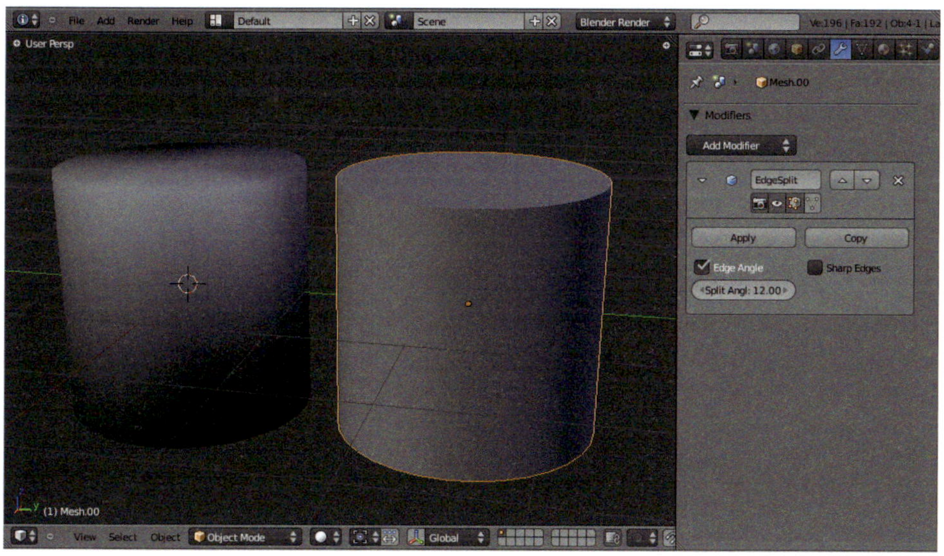

ABBILDUNG 4.107

Zylinder mit komplettem Smooth Shading – links ohne Edge Split, rechts mit Edge Split bei einem SPLIT ANGLE größer als 12

Der *Edge Split Modifier* ist besonders in Verbindung mit dem *Subdivision Surface Modifier* nützlich.

Mask

Anhand von Vertex Groups kann Geometrie versteckt werden. Obwohl vorhanden, wird sie dennoch im Viewport und/oder im Rendering nicht dargestellt.

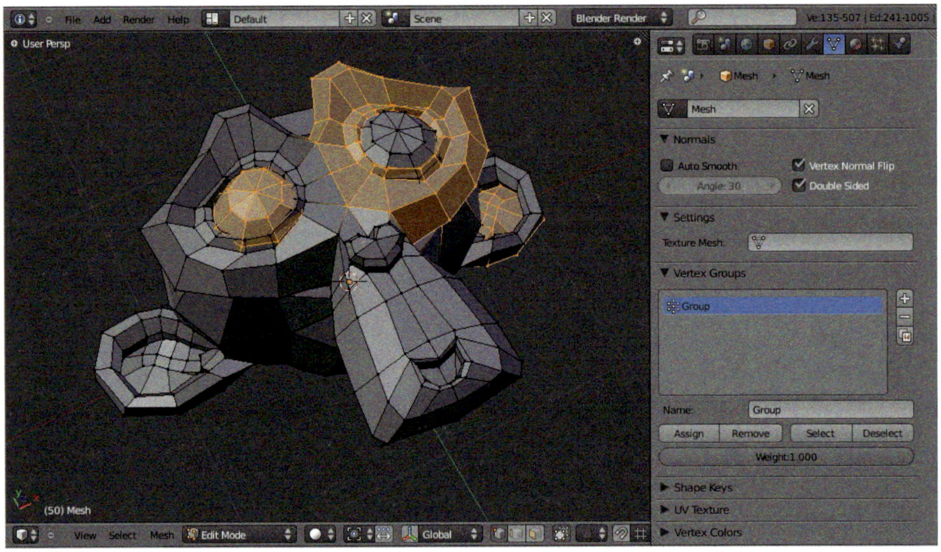

ABBILDUNG 4.108

Monkey mit ausgewählter Vertex Group

Wird unter *Vertex Group* eine Gruppe angegeben, werden nur in ihr vorhandene Vertices angezeigt. Die *Invert*-Option hingegen versteckt alle Vertices, die in der Vertex Group vorhanden sind.

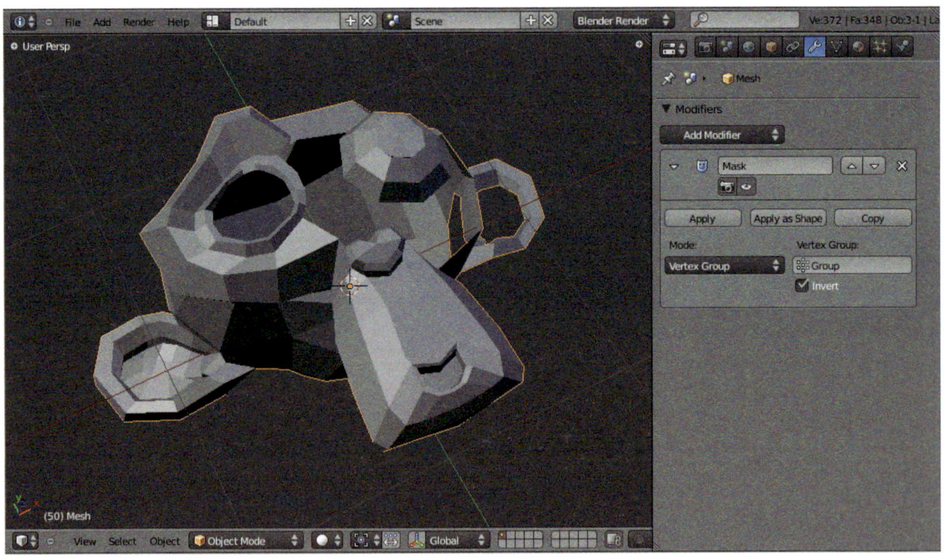

ABBILDUNG 4.109

Monkey mit invertierter Vertex Group als Maske

Der *Mode* kann auch auf *Armature* umgeschaltet werden. Dies versteckt alle Geometrie, die nicht von einer *Armature* beeinflusst wird. Sie ist besonders nützlich, um Fehler im Rig zu finden.

Mirror

Der Mirror-(Spiegel-)Modifizierer erstellt gespiegelte Duplikate von vorhandener Geometrie. Wir können bis zu drei Achsen mit einem Modifizierer dazu spiegeln.

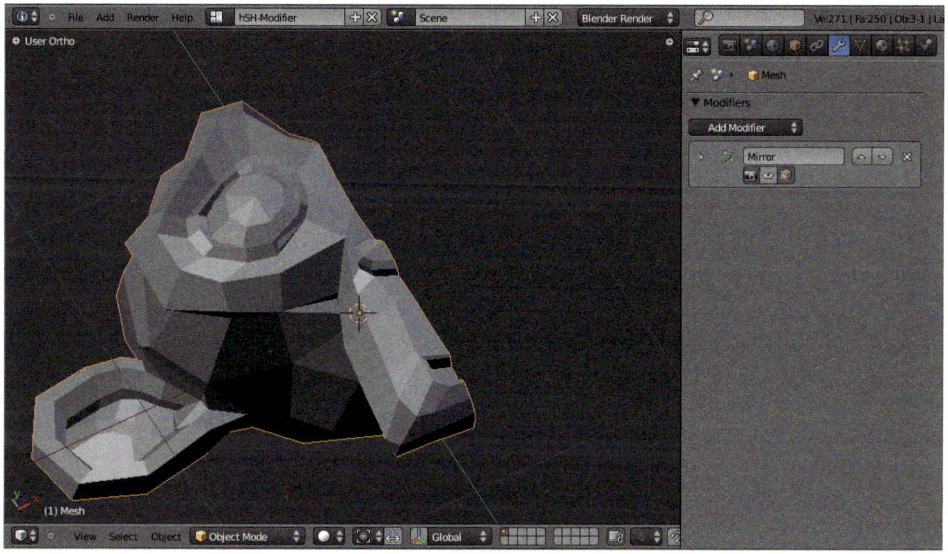

ABBILDUNG 4.110
Ein halbes Monkey-Objekt

Die gespiegelten Teile werden automatisch aktualisiert. Gespiegelte Geometrie ist mit der vorhandenen identisch. Editieren kann man sie jedoch nicht. Dadurch wird das Modeling von absolut symmetrischen Objekten einfacher. Um gespiegelte Geometrie editieren zu können, muss der Modifier mit *Apply* endgültig angewendet werden.

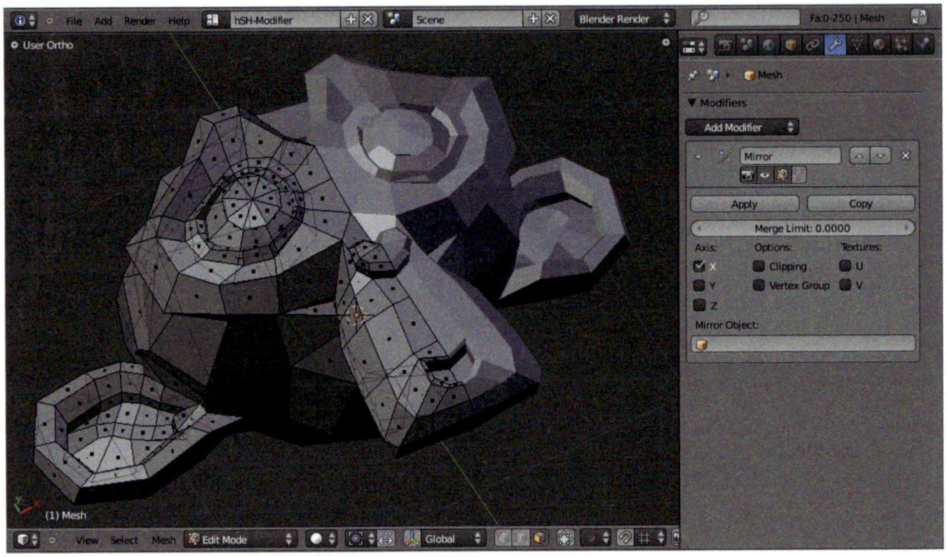

ABBILDUNG 4.111
Die gespiegelte zweite Hälfte ist nicht editierbar.

Durch die *Clipping*-Option werden Vertices, die sich in der Mitte treffen, zu einem einzigen Vertex zusammengefügt. Diese Option ist besonders wichtig, wenn am Ende ein geschlossenes Objekt herauskommen soll. Ohne diese Option bleibt am Ende eine harte Kante, die sich genau durch die Objektmitte zieht.

Die Option *Vertex Group* spiegelt vorhandene Vertex Groups mit. Über die *Textures*-Optionen *U* und *V* können die jeweiligen Texturkoordinaten mitgespiegelt werden.

Soll die gespiegelte Geometrie nicht anhand der Achsen X, Y und Z ausgerichtet werden, kann ein *Mirror-Objekt* angegeben werden. Dieses legt dann den Abstand und die Rotation der gespiegelten Geometrie fest.

Multiresolution

Der *Multiresolution* Modifier erhöht die Auflösung eines Meshes in mehreren Stufen, wobei die einzelnen Stufen im Nachhinein erreichbar und editierbar bleiben. Dieser Modifier wird besonders gerne in Verbindung mit *Sculpt Mode* benutzt.

Der *Subdivision Surface* Modifier ist diesem sehr ähnlich, nur viel einfacher. Der Zugriff auf einzelne Stufen ist beim Subdivision Modifier nicht möglich.

Screw

New Feature 2.5

Der *Screw*-(Schrauben-)Modifizierer bildet neue Geometrie, indem es die vorhandene um eine gewählte *Axis* (Achse) oder ein unter *AxisOb* angegebenes Objekt dreht. Das Ergebnis ist bei einem *Angle* von 360° ein kreisrundes Objekt. Mit einem kleineren *Angle*-Wert bleibt der Kreis unvollständig.

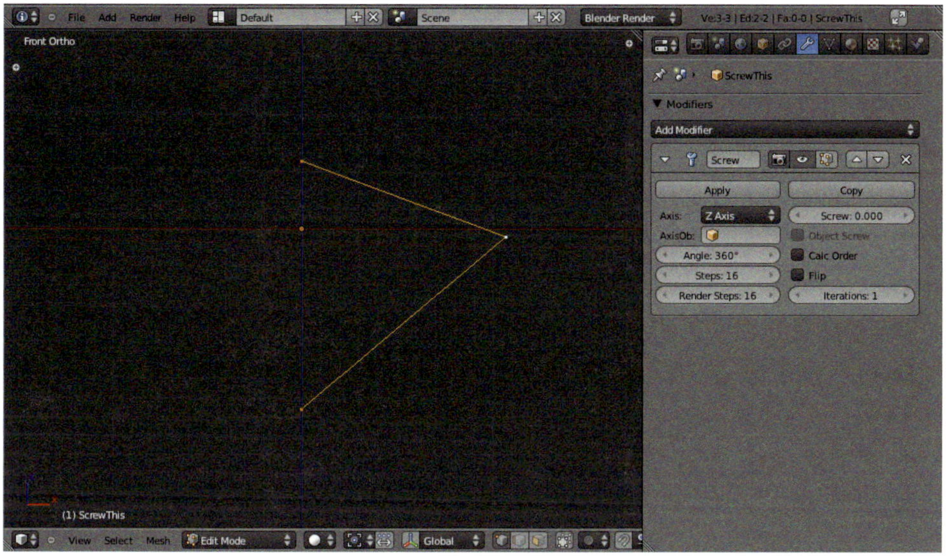

ABBILDUNG 4.112

Vertices und Edges ohne Faces

Mit diesem Modifizierer können sehr einfach Objekte wie Gläser, Vasen, Kreisel oder auch Kegel erstellt werden. Die Grundform sollte dabei eine halbe Silhouette des gewünschten Zielobjektes sein.

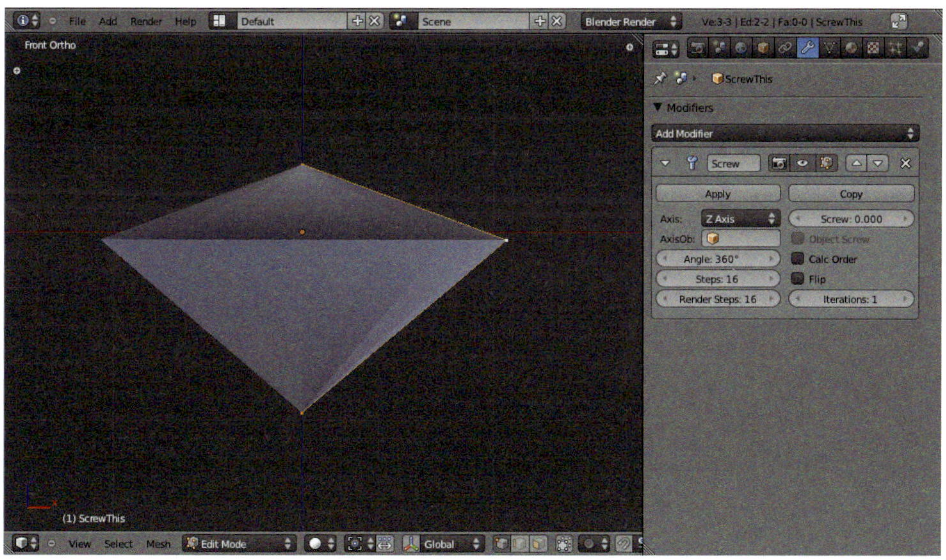

ABBILDUNG 4.113

SCREW Modifier ohne SCREW-Effekt

Geben wir einen *Screw*-Wert an, verschiebt sich dieser Effekt; bei positiven Zahlen nach oben, bei negativen Zahlen nach unten. Dabei entstehen schraubenartige Formen. *Iterations* bestimmt, wie oft sich diese Drehung wiederholen soll. Auf einfache Weise kann so ein Korkenzieher modelliert werden.

ABBILDUNG 4.114

SCREW Modifier mit SCREW-Effekt

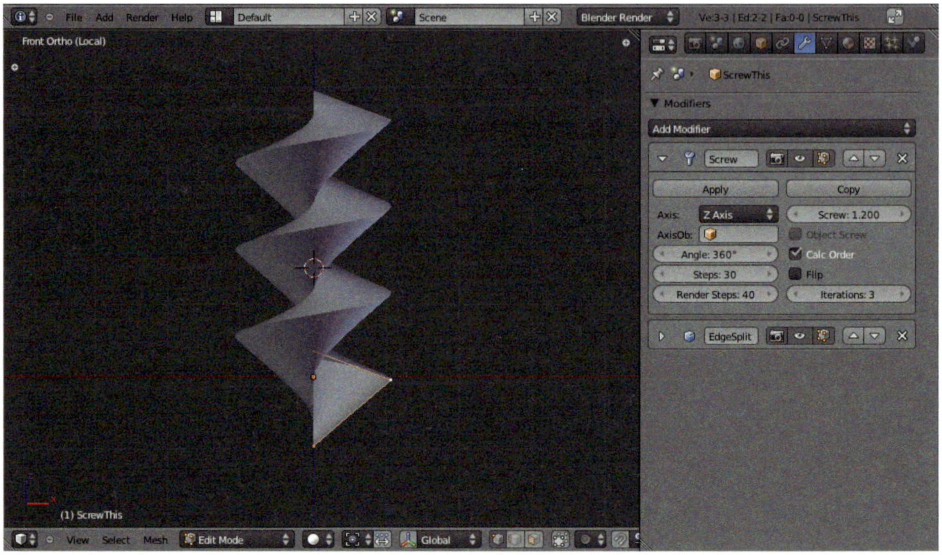

Der SCREW Modifier ist besonders in Verbindung mit Curve-Objekten nützlich. Die Eigenschaften von Curves ermöglichen wesentlich rundere Grundformen.

Solidify

New Feature 2.5

Der *Solidify* Modifier macht flache Faces solide. Dieser Modifizierer ist bei ungeschlossenen Objekten mit Löchern sinnvoll. Der *Thickness*-Parameter bestimmt dabei den Abstand zwischen den neuen und den alten Faces. Ein negativer Wert verschiebt dabei die neuen Faces nach innen, ein positiver Wert nach außen.

ABBILDUNG 4.115

Cube ohne Vorder- und Hinterseite – links ohne und rechts mit Solidify Modifier

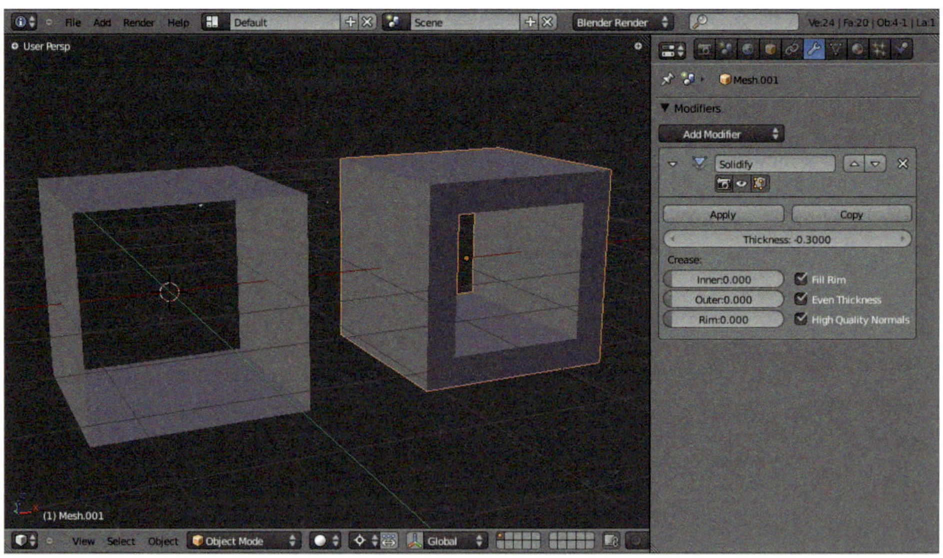

Fill Rim – Even Thickness – High Quality Normals

Die *Crease*-Parameter werden in Verbindung mit einem *Subdivision Surface Modifier* interessant. Die dort sonst abgerundeten Kanten können mit einem *Crease* härter eingestellt werden.

Subdivision Surface

Der *Subdivision Surface*-(Oberflächen-Unterteilung-)Modifizierer unterteilt, wie der Name schon sagt, die Surfaces (Oberflächen) eines Meshes in mehrere Teile.

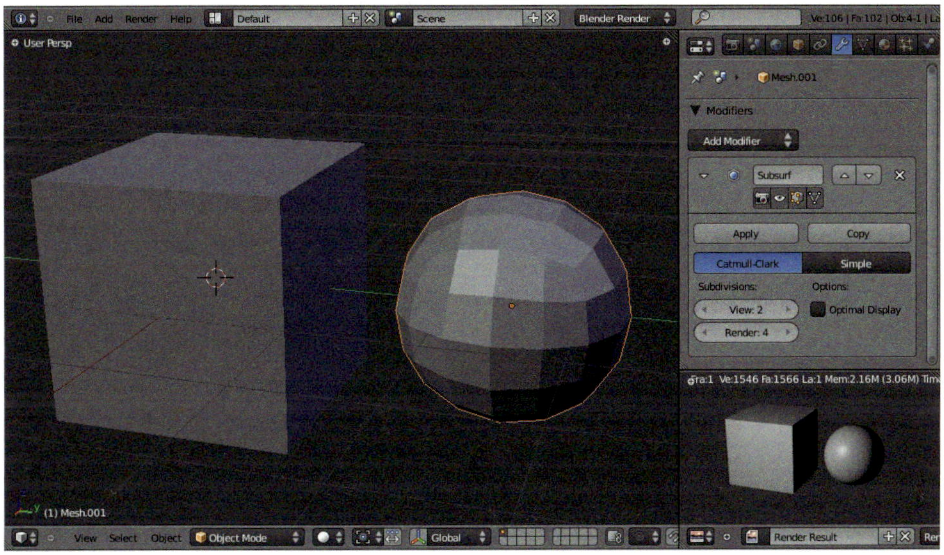

ABBILDUNG 4.116
Cube mit Subdivision Surface Modifier – links mit Subdivision Type SIMPLE*, rechts mit* CATMULL-CLARK

Der *Subdivision Type* bestimmt den Algorithmus, der zum Teilen der Faces benutzt werden soll.

Der Type *Catmull-Clark* ist besonders nützlich, um z.B. mit Box-Modeling organische Modelle zu erstellen.

Benutzen wir den *Simple* Type, bleibt trotz Erhöhung der Face-Anzahl die ursprüngliche Form des Meshes erhalten. Dies ist z.B. nützlich für den *Displacement* Modifier.

Unter *Subdivisions* können wir angeben, wie oft die vorhandenen Faces unterteilt werden sollen. Dabei können wir für *View* und für *Render* unterschiedliche Werte angeben. So können wir die Faces im 3D-View gering halten, während das Rendering mit einer wesentlich größeren Anzahl Faces stattfindet.

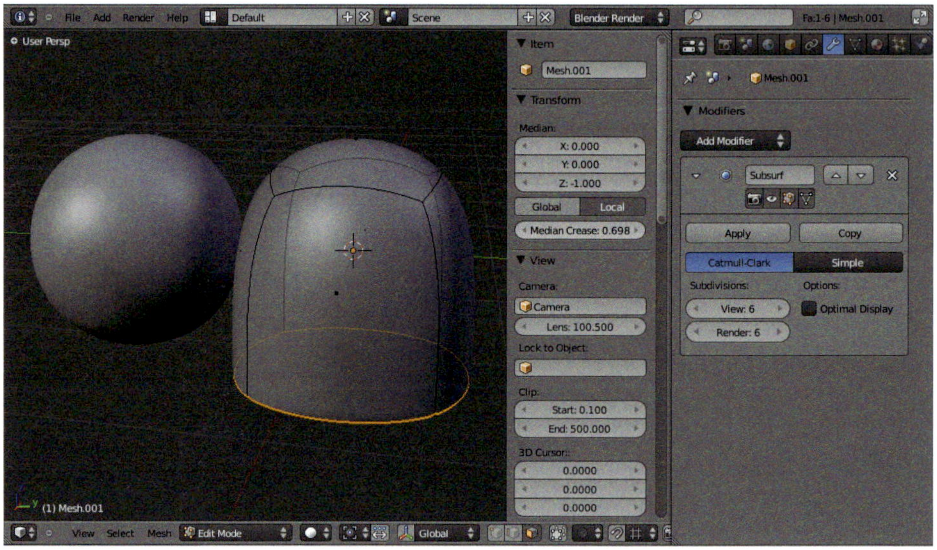

ABBILDUNG 4.117

Cube mit sechs Unterteilungen – links ohne und rechts mit CREASE

Der *Catmull-Clark* Type rundet alle Kanten ab. Soll eine Kante jedoch hart sein, haben wir verschiedene Möglichkeiten, solche zu definieren. Die wohl einfachste Möglichkeit ist, den *Crease*-Wert der Edges zu erhöhen. Im Properties Panel [N] der 3D-View finden wir unter den Transform-Parametern den *Crease*-Parameter. Haben wir mehrere Edges ausgewählt, heißt der Parameter *Median Crease*.

Für den SUBDIVISION SURFACE MODIFIER sollten nur Quads verwendet werden. Vor allem mit CATMULL-CLARK als SUBDIVISION TYPE ergeben sich bei Verwendung von Tris starke Störungen in der Geometrie.

Der Standardwert ist null. Ein höherer Wert zieht die Edges in ihre ursprüngliche Form zurück. Zur besseren Übersicht wird die Stärke des *Crease* durch den Farbton der Edge angedeutet. Haben alle Edges des Objektes einen *Crease* von 1.0, hat das Objekt seine ursprüngliche Form (wie ohne *Subdivision Surface Modifier*) zurück. Werte knapp unter 1.0 können somit bei nahezu unveränderter Form die Kanten des Meshes, ähnlich wie dem *Bevel* Modifier, abrunden.

UV Project

Ein ausgewähltes Objekt kann UV-Koordinaten auf das betroffene Objekt projizieren. So lassen sich z.B. Videoprojektoren oder Ähnliches simulieren.

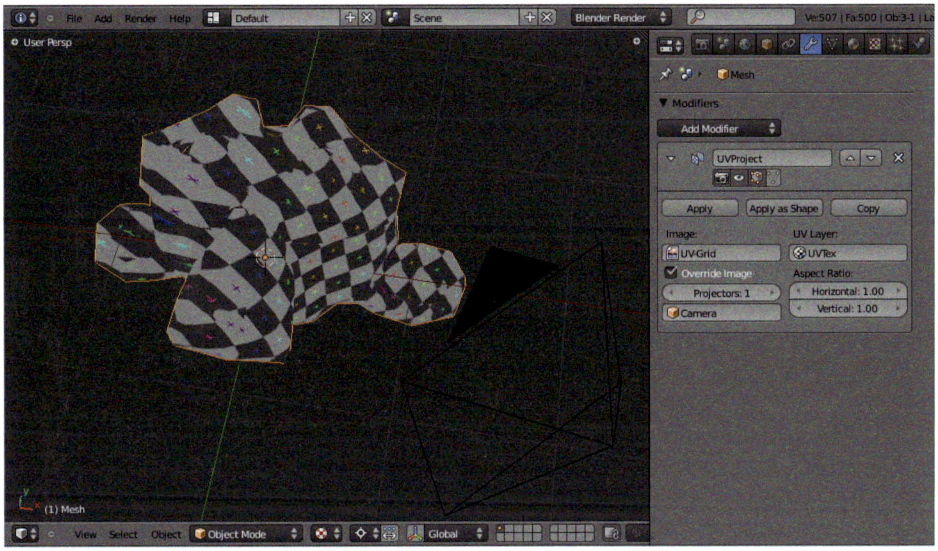

ABBILDUNG 4.118

Monkey mit Kamera als UV-Projektor mit UV Test Grid

Im *Image*-Feld können wir das Bild festlegen, das auf das Objekt projiziert werden soll. Dies muss ein bereits vorhandenes Bild sein. Ein neues Bild kann z.B. in den *Texture Properties* geladen werden. Dazu muss jedoch ein Material bestehen. Diesem Material kann dann eine Textur zugewiesen werden.

ABBILDUNG 4.119

Neues Bild im UV/IMAGE-EDITOR erstellen

Einen einfacheren Weg, ein Bild zu laden oder zu erstellen, finden wir über den *UV/ Image-Editor*. Unter dem Menüeintrag *Image* haben wir die Möglichkeit, ein Bild zu öffnen oder ein neues zu erstellen.

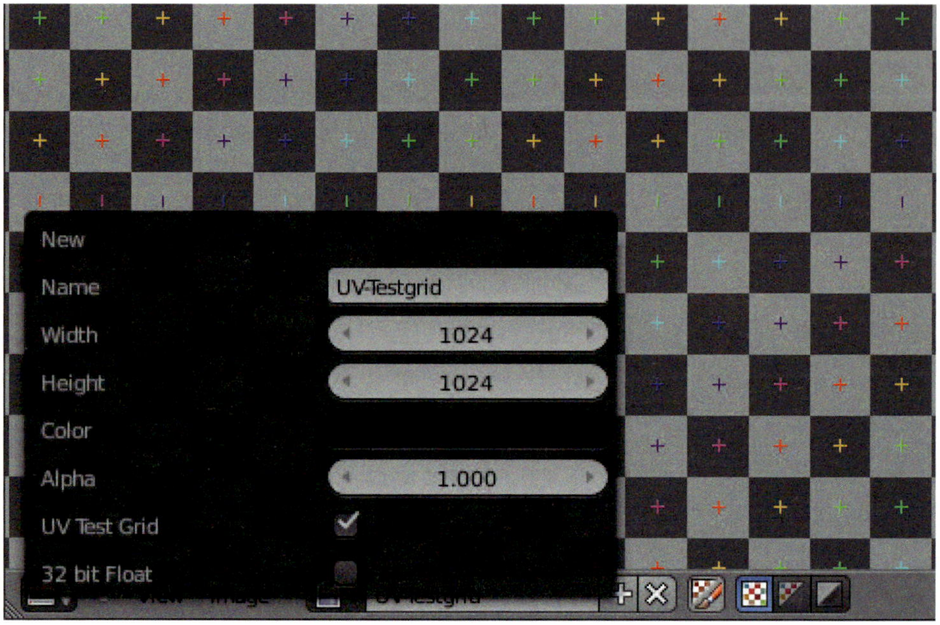

ABBILDUNG 4.120
Der NEW-Dialog – UV TEST GRID-Parameter aktiviert

Im *New*-Dialog können wir über den *UV Test Grid*-Parameter ein nützliches Testbild für Texturkoordinaten erstellen. Verzerrungen in Texturkoordinaten fallen somit auf Objekten besser auf.

Über das *UV Layer*-Feld kann ein Set UV Texture-Koordinaten vergeben werden. Die vorhandenen Koordinaten werden somit vom Modifizierer abgeändert.

Der Parameter *Projectors* stellt die Anzahl der zu benutzenden Projektoren ein. Erhöhen wir den Wert, erscheinen weitere Objekt-Felder.

4.3.2 Deform

Modifizierer aus der *Deform*-Rubrik verändern lediglich die Position vorhandener Vertices. Neue Geometrie wird nicht generiert.

Armature

Der *Armature* Modifier ordnet dem Mesh ein Armature-Objekt zu. Ein Armature-Objekt besteht aus einer Reihe von Bones (Knochen). Ein Mesh kann durch diese Bones verformt werden.

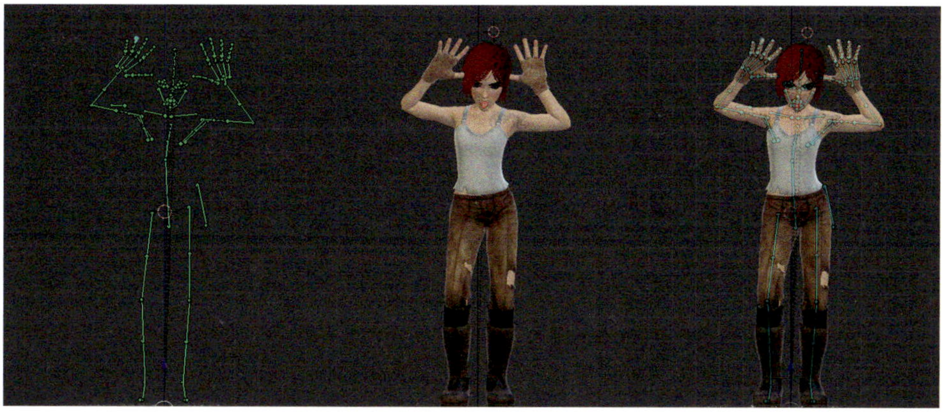

ABBILDUNG 4.121

Armature-Objekt und Sintel-Mesh kombiniert durch Armature Modifier

Da diese Technik das Animieren von komplexen Objekten wie z.B. Menschen vereinfacht, wird sie zum größten Teil zum Realisieren von Character-Animation eingesetzt. Wer eine Figur mit Verwendung von virtuellen Knochen animieren will, kommt an diesem Modifizierer nicht vorbei.

Cast

Der *Cast*- (etwa Gussform-)Modifizierer passt die Form eines Meshes an eine der Grundformen *Sphere*, *Cylinder* oder *Cuboid* an. Anhand eines *Factor*-Wertes kann die Stärke angepasst werden.

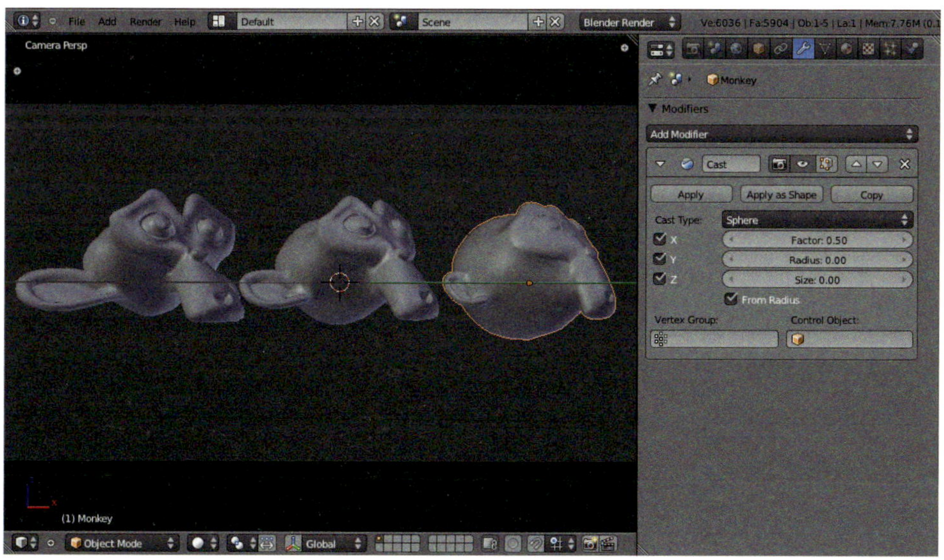

ABBILDUNG 4.122

Monkey mit CAST Modifier mit FACTOR –0.50, 0.00 und 0.50

Diese Anpassung kann sowohl positiv als auch negativ sein. Ebenso darf der Wert 1.0 (völlige Anpassung erreicht) überschreiten.

Curve

Der *Curve* Modifier sorgt dafür, dass ein Mesh entlang einer Curve deformiert wird. Besonders in Verbindung mit dem *Array* Modifier lassen sich hiermit sehr einfach komplexe Gebilde wie z.B. Ketten, Luftschlangen oder Schienen ziemlich präzise positionieren und verformen.

Displace

Mit dem *Displace* Modifier können die einzelnen Vertices anhand der Helligkeitswerte einer *Texture* entlang der Normalen verschoben werden. Damit lassen sich z.B. einfache Landschaften oder auch Gebäude generieren.

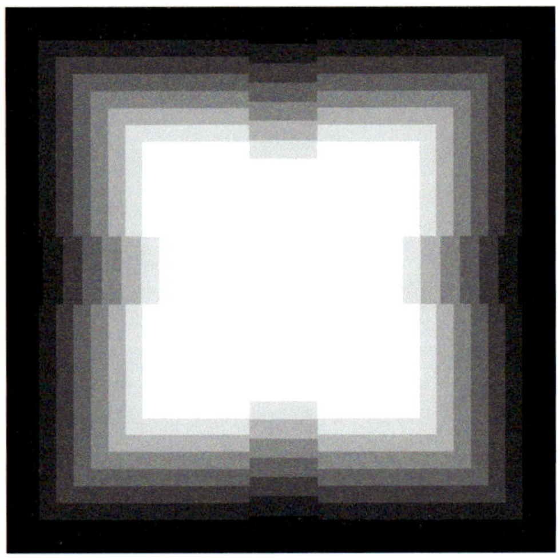

Abbildung 4.123
Die Helligkeitswerte dieser Texture dienen als Höheninformation.

Unter *Direction* kann gewählt werden, in welche Richtung die Vertices verschoben werden. Dabei stehen die Achsen *X*, *Y* und *Z* zur Auswahl. Mit *Normal* werden die Vertices in die Richtung verschoben, in die die Fläche zeigt. Bei *RGB to XYZ* beeinflusst jeder Farbkanal eine der drei Achsen.

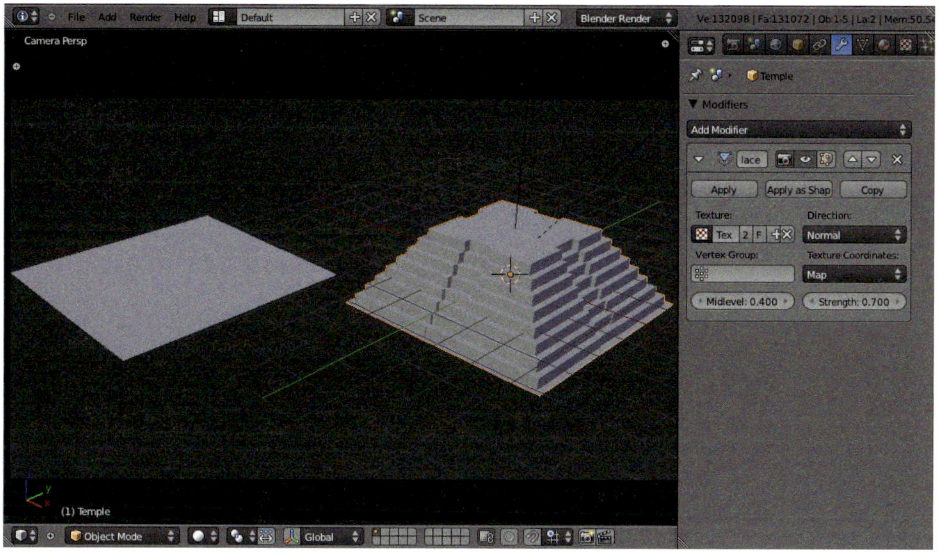

ABBILDUNG 4.124

Hochaufgelöstes Plane ohne und mit DISPLACE Modifier mit TEXTURE

Dieser Modifizierer erfordert eine sehr hohe Auflösung des Meshes. Daher sollte er nur dann eingesetzt werden, wenn es wirklich Sinn macht. Sehr kleine Details könnten z.B. stattdessen mit einer Normal Texture umgesetzt werden.

Mit *Midlevel* können wir den Mittelpunkt der Verschiebung festlegen. *Strength* bestimmt die Stärke der Verschiebung. Negative Werte drehen die Verschiebung um.

Hook

Der *Hook* Modifier ist in etwa das Gegenstück zu *Vertex Parenting*. Die Position eines Objektes kann dabei die Position ausgewählter Vertices verändern. Dieses Objekt geben wir im Feld *Object* an. Danach wechseln wir in den *Edit Mode* [↹] und wählen die gewünschten Vertices aus, die verschoben werden sollen. Mit [Strg]+[V] gelangen wir ins *Vertex-Menü*. Unter dem Punkt *Hook* finden wir einige Funktionen zu diesem Thema. Unter *Assign To Hook* können wir die Vertices dem *Hook* Modifier unserer Wahl zuordnen.

Wählen wir vor dem Wechseln in den EDIT MODE zuerst das Hook-Objekt und danach das Objekt, dessen Vertices verschoben werden sollen, aus, können wir mit der Funktion HOOK TO SELECTED OBJECT im VERTEX-MENÜ unter HOOK die Vertices einem neuen HOOK Modifier zuordnen. Als OBJECT wird automatisch das ausgewählte verwendet.

Lattice

Anhand eines über das mit [⇧]+[A] aufgerufene *Add-Menü* hinzugefügten Lattice-Objektes kann ein beliebiges Objekt verzerrt werden. Das Lattice-Objekt selber ist nur ein Gitter in Form eines Quaders mit einer definierbaren Auflösung.

ABBILDUNG 4.125

Lattice-Objekt hinzufügen

ABBILDUNG 4.126

Das Lattice-Objekt und die Einstellungen zur Auflösung des Gitters

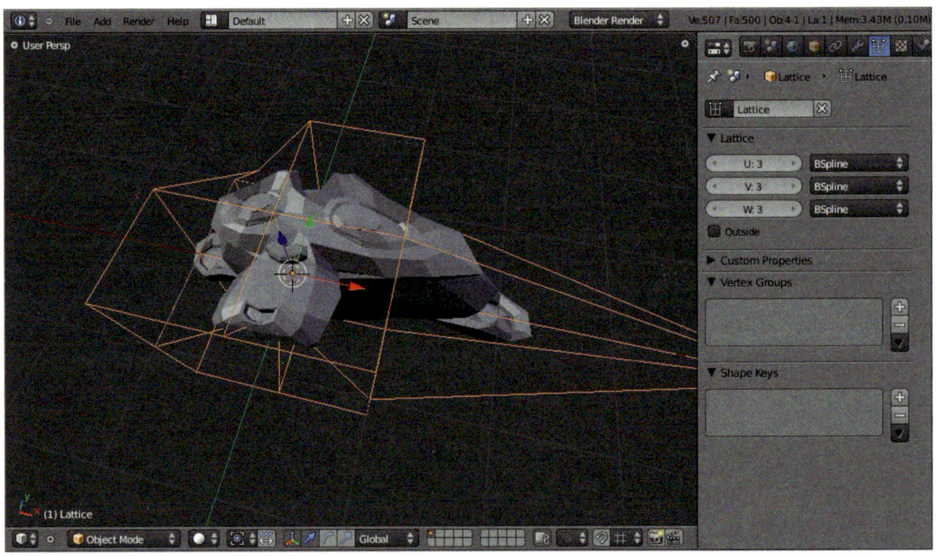

ABBILDUNG 4.127

Der LATTICE *Modifier*

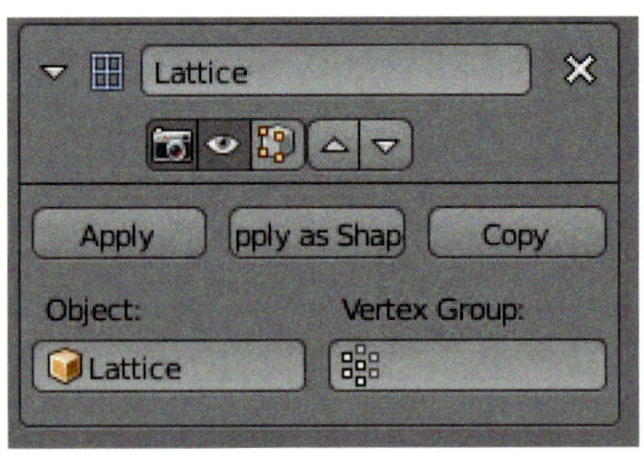

Mesh Deform

Dieser Modifizierer ist sehr ähnlich dem *Lattice* Modifier. Der Unterschied ist, dass hier jedes beliebige Mesh zur Verformung des Ziel-Meshes benutzt werden kann. Die Beschränkung auf ein quadratisches Kontroll-Mesh ist hier also aufgehoben.

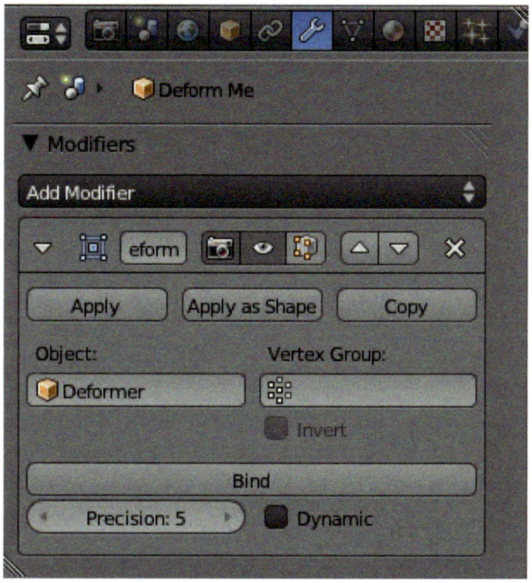

ABBILDUNG 4.128

Der MESH DEFORM Modifier

Haben wir das Kontroll-Mesh gebaut und sind mit der Positionierung zufrieden und haben es im Modifier unter *Object* angegeben, können wir es mit *Bind* an unser Objekt binden. Dies kann je nach Komplexität der beiden Mesh-Objekte eine Weile dauern. Nach Erfolg werden die Teile vom Objekt, die sich innerhalb des Kontroll-Mesh-Objektes befinden, mit dem Modifizierer bei dessen Veränderung ebenfalls geändert.

Shrinkwrap

Wie Plastikfolie, in die ein Gegenstand eingeschweißt ist, verformt der *Shrinkwrap* Modifier unser Objekt. Dieses sollte eine hohe Anzahl an Vertices haben, um einen sauberen Effekt zu ergeben.

ABBILDUNG 4.129

Der SHRINKWRAP Modifier

Unter *Target* geben wir das Objekt an, das in die Folie eingeschweißt werden soll. *Offset* bestimmt dabei den Abstand zwischen der Folie und dem *Target*. Mit *Subsurf Levels* kann die Genauigkeit des Effektes erhöht werden. *Keep Above Surface* verhindert, dass Vertices der Folie unter die Oberfläche des *Target* fallen. Um das Ergebnis noch weiter beeinflussen zu können, gibt es verschiedene *Mode*-Einstellungen.

ABBILDUNG 4.130

Monkey und transparente Sphere ohne und mit SHRINKWRAP Modifier

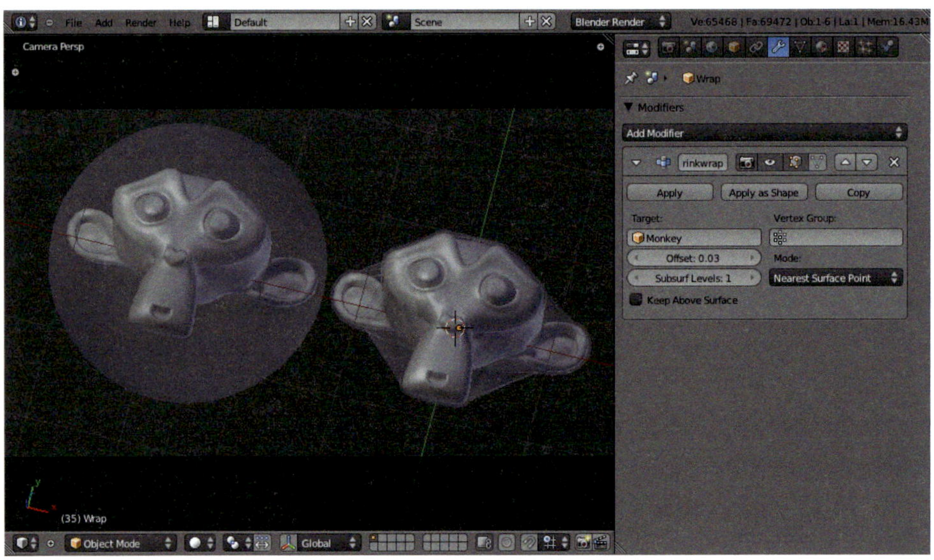

Dieser Modifizierer eignet sich auch für das Anpassen von Kleidung an den Körper eines Character-Objektes.

Simple Deform

Der *Simple Deform* Modifier stellt uns ein paar einfache Deformationstools zur Verfügung. Ein Objekt, das diesen Modifizierer bekommt, sollte eine möglichst hohe Anzahl an Faces haben, damit der Effekt zur Geltung kommt. Ein Cube sollte z.B. vorher einen *Subdivision Surface Modifier* bekommen.

Im *Twist* (Verdrehung) Mode wird unser Objekt entlang der Z-Achse verdreht. Der *Factor* bestimmt die Stärke der Drehung. Die beiden *Limit*-Regler lassen uns den Effekt auf den mittleren Bereich des Objektes beschränken.

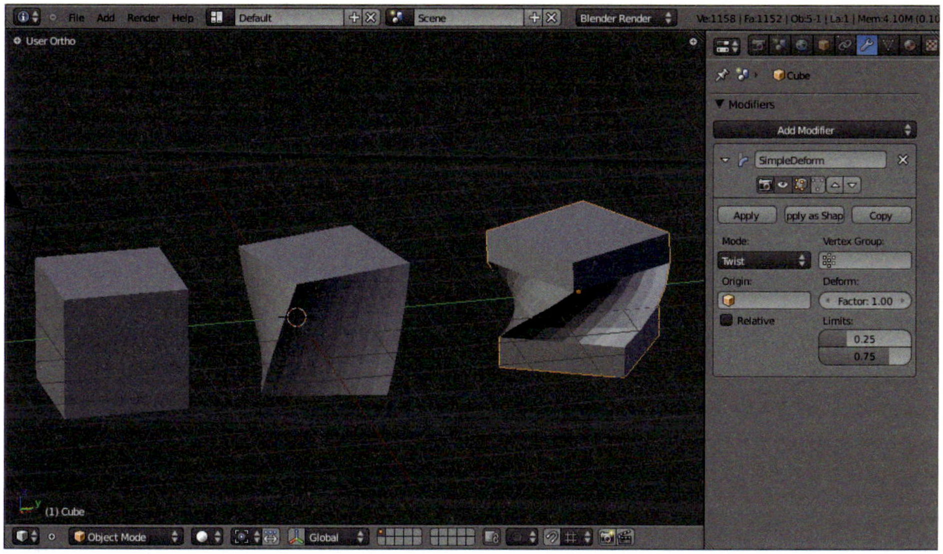

ABBILDUNG 4.131
Twist Mode

Durch den *Bend* (Biegung) Mode wird das Objekt verbogen. Bei allen Modes sollte man vor allem beachten, wo das Objekt seinen Mittelpunkt hat. In Blender wird der Objekt-Mittelpunkt durch einen orangen Punkt mit schwarzer Umrandung dargestellt. Anstelle des Mittelpunktes kann jedoch unter *Origin* ein anderes Objekt (z.B. ein Empty) angegeben werden, dessen Position und Rotation die Deformation steuert.

ABBILDUNG 4.132
BEND Mode

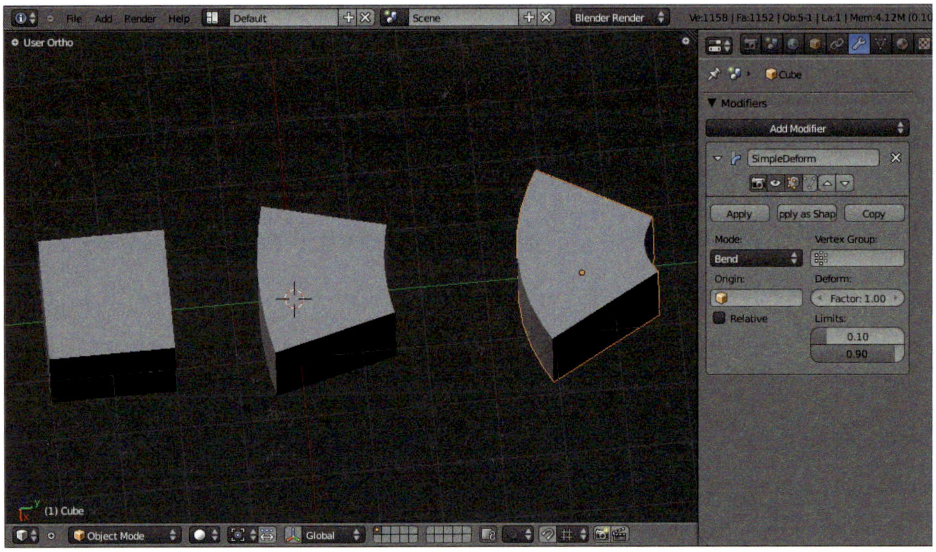

Der *Taper* (Verjüngung) Mode verkleinert eine Seite des Objektes, während die Seite gegenüber vergrößert wird. Diese Deformation kann auch mit den *Lock Axis*-Optionen auf die *X*- oder *Y*-Achse beschränkt werden.

ABBILDUNG 4.133
TAPER Mode

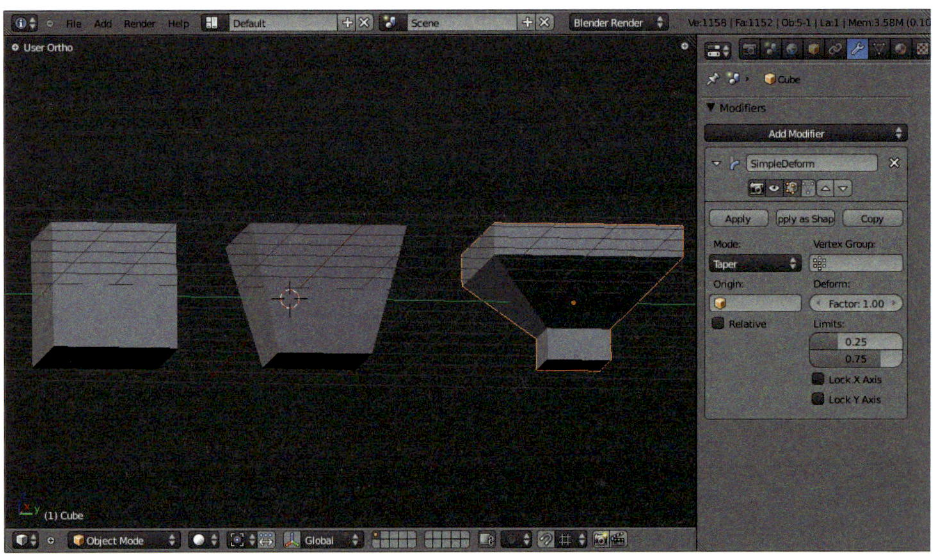

Der *Stretch* (Streckung) Mode zieht das Objekt auseinander. Dabei tritt die dafür typische Ausdünnung in der Objektmitte auf. Bei einem negativen *Factor* wird das Objekt nicht auseinandergezogen, sondern gestaucht. Das Objekt bläht sich auf. Auch hier kann der Effekt auf die *X*- oder *Y*-Achse beschränkt werden.

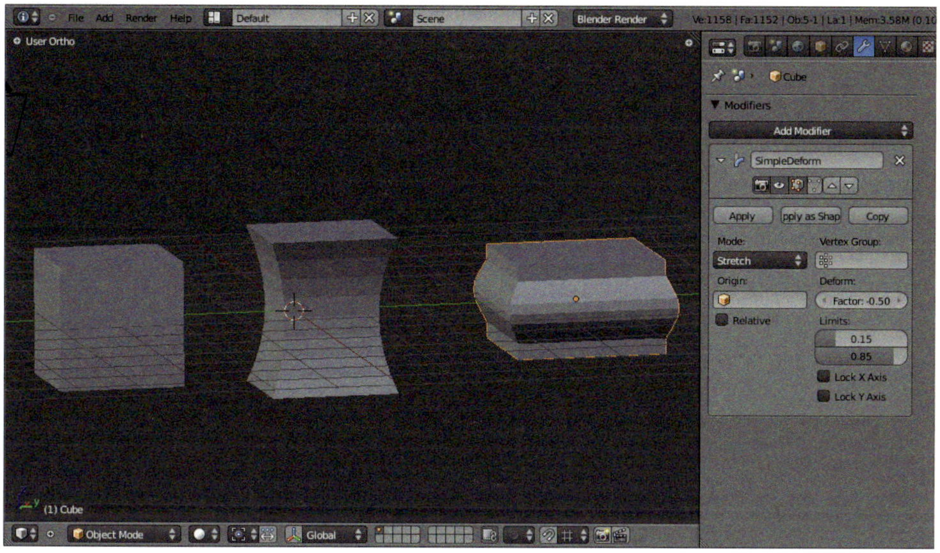

ABBILDUNG 4.134

STRETCH Mode

Soll der Effekt des *Simple Deform Modifier* nicht auf dem kompletten Objekt erscheinen, kann auch hier eine *Vertex Group* angegeben werden.

Smooth

Der *Smooth* Modifier ist ein Weichzeichner. Harte Kanten können mit diesem Modifizierer abgerundet werden.

Der *Factor*-Parameter bestimmt dabei die Stärke des Effektes. *Repeat* bestimmt, wie oft die Smooth-Operation hintereinander mit dem eingestellten *Factor* angewendet werden soll.

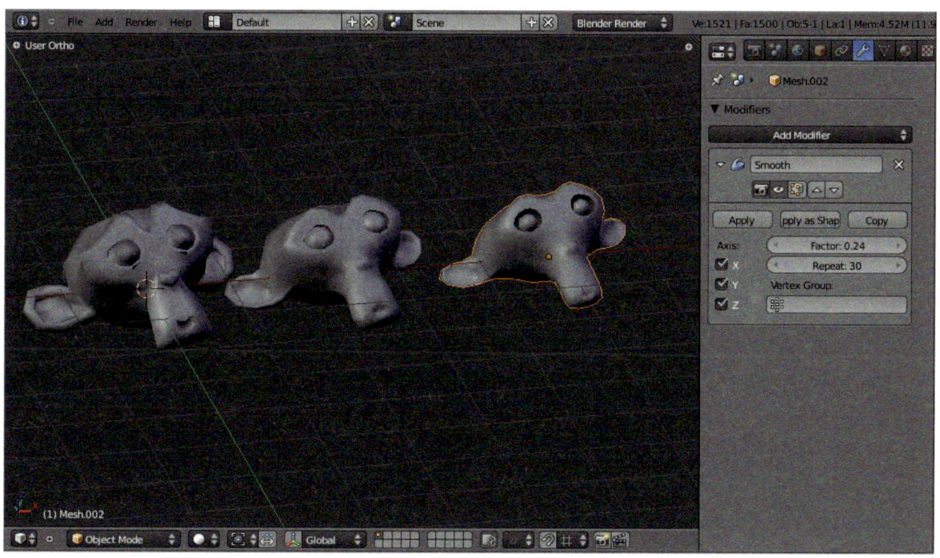

ABBILDUNG 4.135

Monkey mit Smooth Modifier mit verschiedenem Factor-/Repeat-Wert

Die Glättung der Geometrie kann auf bestimmte Achsen und auch auf eine selbst definierte *Vertex Group* beschränkt werden.

Warp

Neu hinzugekommen ist auch der *Warp* Modifier. Mithilfe von zwei Objekten, einer Texture und einigen Parametern kann damit ein Objekt auf einfache Weise sehr präzise verzerrt werden.

Wave

Der *Wave* Modifier lässt das gewünschte Objekt Wellen schlagen. Diese Wellen sind sogar animierbar. Ein Grid-Objekt würde mit diesem Modifier wie eine Wasseroberfläche aussehen, in die man einen Stein geworfen hätte.

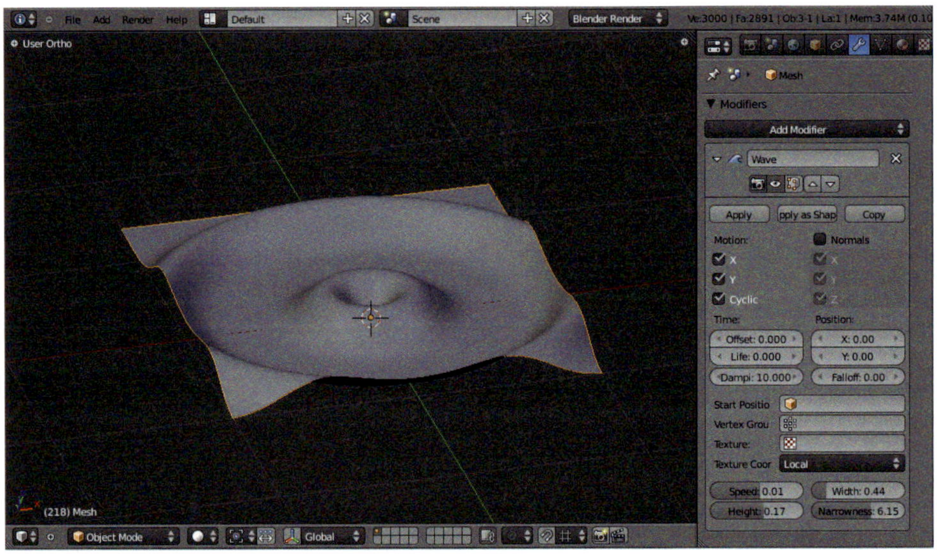

ABBILDUNG 4.136
Grid mit Wave Modifier

Die Wellenform kann über die Parameter *Height*, *Width* und *Narrowness* beeinflusst werden. Durch *Speed* passt man die Geschwindigkeit für die Animation an.

Durch eine Beschränkung auf eine Achse können die Wellen auch von einer Seite gerade zur anderen ziehen.

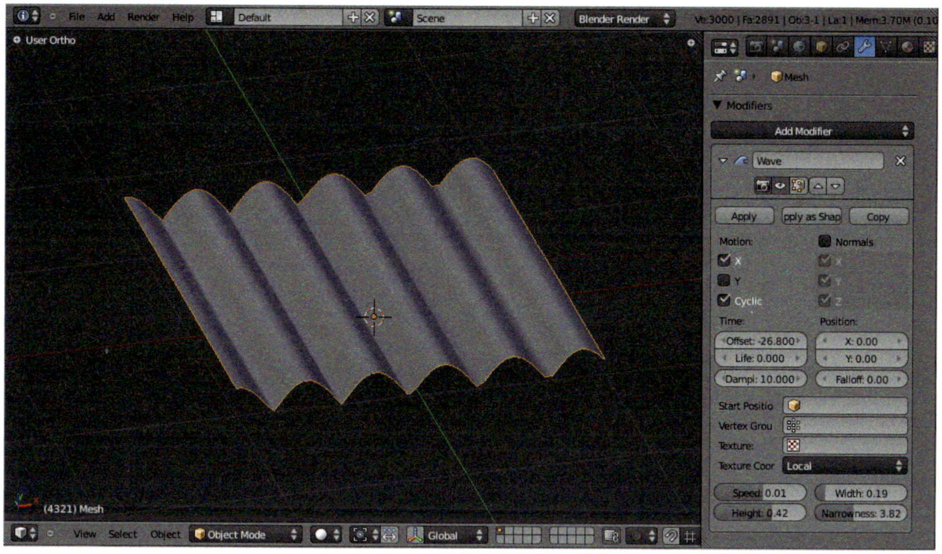

Abbildung 4.137
Wave Modifier auf X-Achse beschränkt

Der Effekt kann außerdem auf selbst definierte Vertex Groups beschränkt werden.

4.3.3 Simulate

Auf Grundlage der vorhandenen Geometrie werden physikalische Simulationen errechnet. Bei einigen Modifizierern wird dabei lediglich vorhandene Geometrie verändert. Es wird aber auch bei einigen Simulationen neue Geometrie generiert. Ein Partikelsystem z.B. generiert eine Vielzahl kleiner Teile.

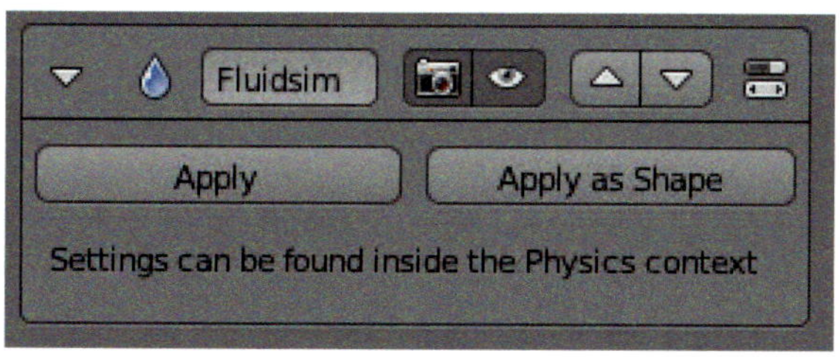

Abbildung 4.138
Fluid Simulation Modifier

Die meisten Modifizierer aus der Kategorie *Simulate* besitzen keine Parameter im *Modifier Panel*. Ein Hinweis im Modifizierer verweist uns dann zu den *Physics Properties*. Fügt man dort eine Simulation hinzu, wird automatisch ein Modifizierer des passenden Typs erstellt.

Folgende Simulationen sind bisher in Blender vorhanden:

- Cloth
- Collision

- Explode
- Fluid Simulation
- Particle Instance
- Particle System
- Smoke
- Soft Body

Im Kapitel über Animation schauen wir uns Physiksimulationen noch einmal etwas genauer an.

4.3.4 Kombinationen

Modifizierer sind besonders in Kombination miteinander sehr mächtig. Besonders sollte man sich bewusst machen, dass die Reihenfolge im *Modifier Stack* (Stapel) einen großen Einfluss auf das Ergebnis hat. Der Stapel wird von oben nach unten abgearbeitet. Der Modifizierer, der oben als Erstes steht, wird demnach auch als erster von Blender angewendet. Die Reihenfolge der Modifizierer kann auch nach der Erstellung noch geändert werden.

Mirror, Array & Curve

Aus einem einfachen Mesh kann durch die Modifizierer *Mirror*, *Subdivision surface*, *Array* und *Curve* eine lange Kette werden.

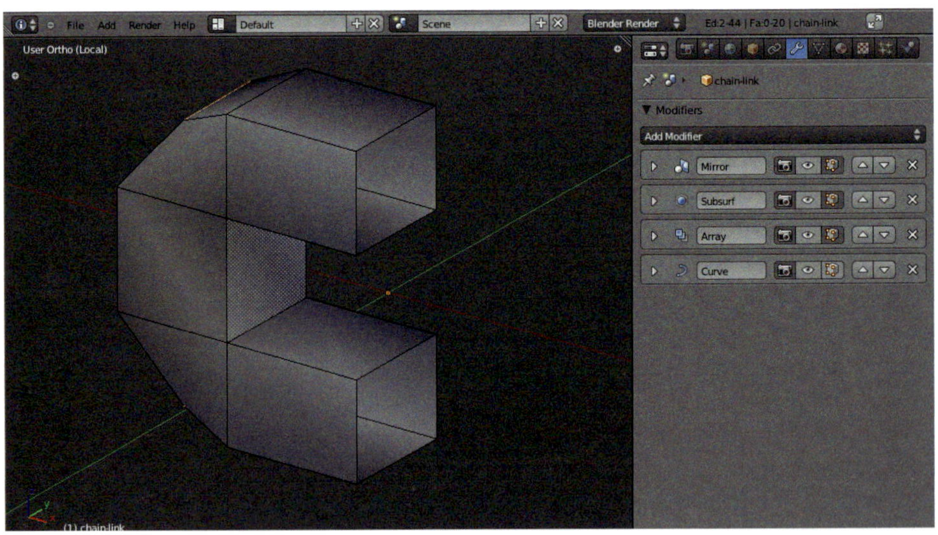

ABBILDUNG 4.139
Einfaches Mesh mit deaktivierten Modifizierern

Zusätzlich zum Mesh wird noch ein Empty benötigt. Dies gibt beim *Array* Modifier die Rotation der Kettenteile an. Weiterhin bestimmt eine Curve die Länge des *Array*. Dafür benutzen wir *Fit Curve* als *Fit Type*.

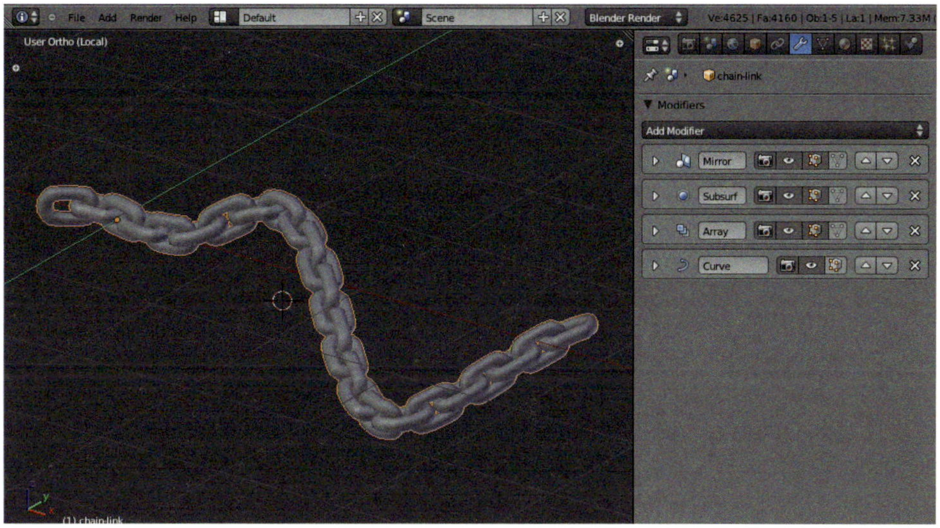

ABBILDUNG 4.140

Das Mesh mit MIRROR, SUBSURF, ARRAY und CURVE Modifier

Der *Curve* Modifier biegt die Kette entlang der Curve. Wir können nun mit der Curve die Länge und die Form der Kette bestimmen. Je länger die Curve, umso mehr Kettenteile werden vom *Array* Modifier erzeugt.

Edge Split & Subdivision Surface

Der *Subdivision Surface* Modifier im *Catmull-Clark*-Modus erzeugt sehr runde und organische Formen. Um scharfe Kanten zu erhalten, können wir davor einen *Edge Split* Modifier einsetzen.

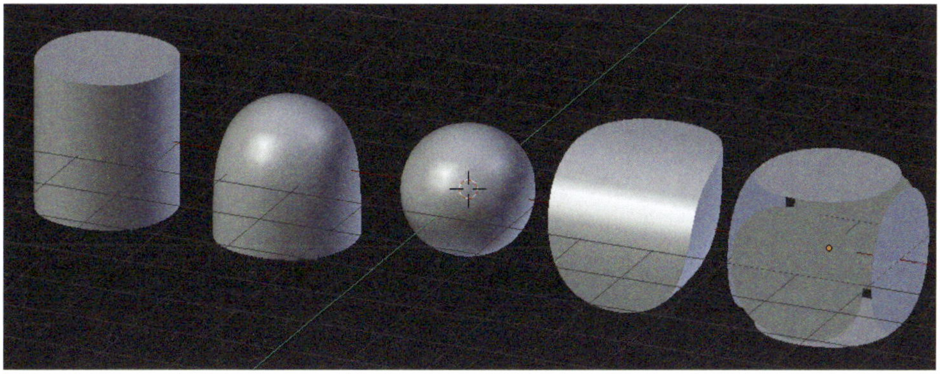

ABBILDUNG 4.141

Cubes mit SHARP Edges und EDGE SPLIT und SUBSURF Modifier

Haben wir zu viele Edges auf Sharp gestellt, verliert das Mesh seine solide Form. Es wirkt wie mehrere verschiedene Scheiben.

Aktivieren wir dort nur *Sharp Edges*, können wir im *Edit Mode* durch *Mark Sharp* im *Edge-Menü* [Strg]+[E] die harten Kanten selber bestimmen. Somit können wir selbst aus einem einfachen Cube bereits eine Menge unterschiedlicher Formen generieren.

Solidify & Subdivision Surface

Schon aus einem einfachen Cube mit entferntem Deckel- und Boden-Face können wir mit *Solidify* und *Subdivision Surface* Modifier eine Vielzahl von verschiedenen Röhren erstellen.

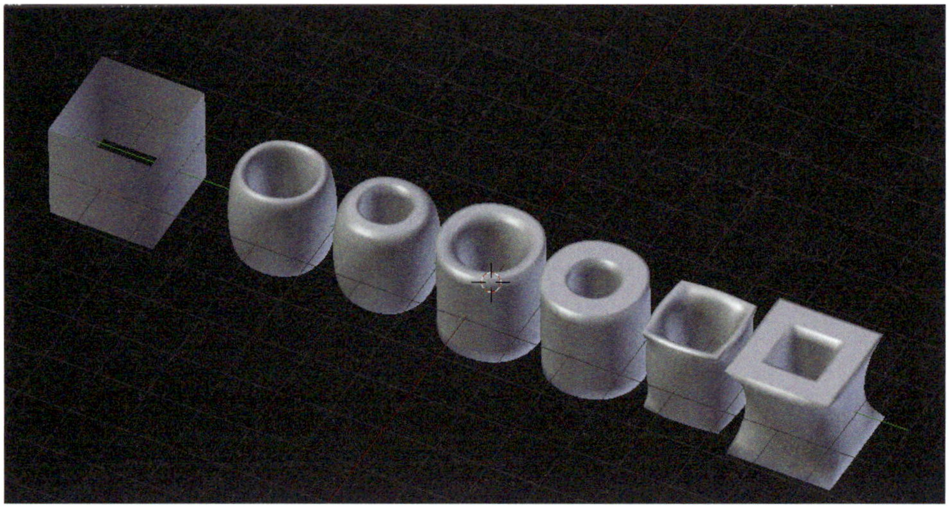

Abbildung 4.142
Variationen der Crease-Werte des Solidify Modifiers mit Subsurf

Dabei haben wir dank der *Crease*-Parameter *Inner*, *Outer* und *Rim* Einfluss auf die Schärfe bestimmter Kanten.

4.4 Constraints

Object Constraints (Beschränker) nehmen Einfluss auf die Transformation von Objekten. Der Sinn von Constraints ist es, Eigenschaften eines unter *Target* angegebenen Referenzobjektes auf das mit dem Constraint versehene Objekt zu übertragen.

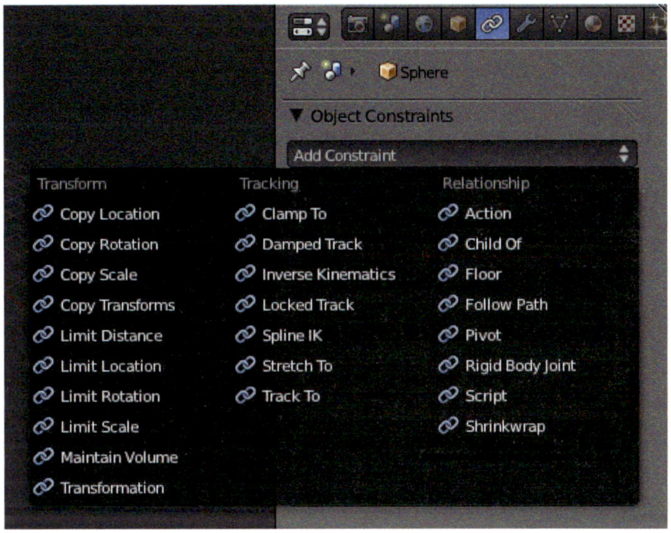

ABBILDUNG 4.143
Der ADD CONSTRAINT-Dialog

Um ein Constraint auf das aktuelle Objekt anzuwenden, klicken wir einfach in den *Constraint Properties* auf *Add Constraint* und wählen ein gewünschtes Constraint aus. Dies funktioniert ähnlich wie beim *Modifier Stack*.

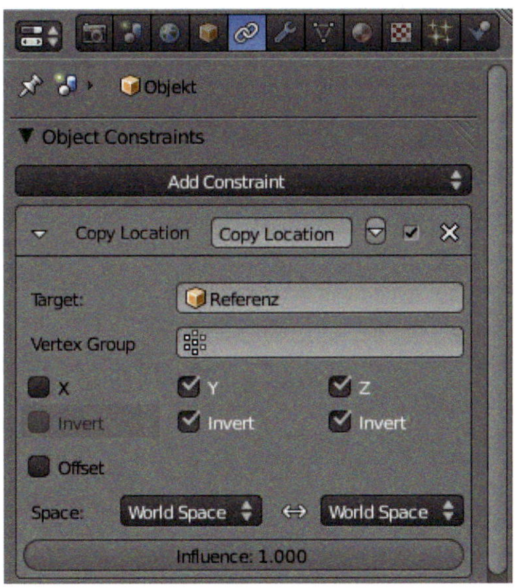

ABBILDUNG 4.144
Der EDITOR für die CONSTRAINT PROPERTIES

Constraints werden durch eine gestrichelte bläuliche Linie zwischen den beiden Objektmittelpunkten dargestellt.

So wie auch die Modifizierer werden Constraints in Blender in Kategorien eingeteilt:

- Transform
- Tracking
- Relationship

4.4.1 Transform

Transform Constraints beeinflussen Position, Rotation und Skalierung des betroffenen Objektes. So kann z.B. die Transformation eines Referenzobjektes kopiert werden. Mit Limit Constraints können Transformationen des betroffenen Objektes auch beschränkt werden.

Copy Location

Die *X*-, *Y*- und *Z*-Werte der Position des Referenzobjektes können mit dem *Copy Location* Constraint auf das mit dem Constraint versehene Objekt angewendet werden. Sind alle Achsen aktiviert, positioniert sich das Objekt exakt über das Referenzobjekt. Der Effekt kann jedoch durch Optionen beeinflusst werden.

Der Effekt kann auf die einzelnen Achsen *X*, *Y* und *Z* beschränkt werden. *Invert* negiert den Effekt. Das Objekt bewegt sich somit in die entgegengesetzte Richtung des Referenzobjektes.

Durch die Option *Offset* wird der Abstand zum Referenzobjekt berücksichtigt. Der Parameter *Influence* bestimmt die Stärke des Effektes. Ist der Wert 0.0, tritt überhaupt kein Effekt auf.

Copy Rotation

Ähnlich wie beim *Copy Location* Constraint wird beim *Copy Rotation* Constraint die Rotation vom *Target* auf das aktive Objekt angewendet.

Copy Scale

Beim *Copy Scale* Constraint wird die Skalierung des *Target* auf das aktive Objekt angewendet.

Copy Transforms

Der *Copy Transforms* Constraint kopiert alle drei vorherigen Transformationen des *Target*-Objektes auf das mit dem Constraint versehene Objekt.

Limit Distance

Mit dem *Limit Distance* Constraint können wir mit *Distance* den möglichen Abstand zwischen dem betroffenen Objekt und dem *Target* definieren. Wird dieser Abstand überschritten, folgt das betroffene Objekt dem *Target.*

Limit Location

Durch das *Limit Location* Constraint können wir die Verschiebung des Objektes für die Achsen *X*, *Y* und *Z* mithilfe eines *Minimum*- und *Maximum*-Wertes beschränken.

Limit Rotation

Das *Limit Rotation* Constraint beschränkt im Gegensatz zu *Limit Location* die Drehung unseres Objektes.

Limit Scale

Das *Limit Scale* Constraint beschränkt die Skalierung des Objektes.

Transformation

Mit dem *Transformations* Constraint können wir Verschiebung, Rotation oder Skalierung eines *Target*-Objektes auf unser Objekt übertragen. Dabei können wir für beide Objekte einen eigenen Bewegungsraum angeben.

4.4.2 Tracking

Die *Tracking* Constraints sorgen dafür, dass ein Objekt einem anderen Objekt oder dessen Eigenschaften folgt.

Track To

Mit dem *Track To* Constraint folgt die Rotation eines Objektes dem unter *Target* angegebenen Objekt. Häufig wird dieses Constraint eingesetzt, um die Blickrichtung von Augen- oder Kamera-Objekten auf einen bestimmten Punkt oder ein bestimmtes Objekt zu fixieren. Bei einem Mesh *Target* kann außerdem eine *Vertex Group* angegeben werden. Somit kann die Blickrichtung des Objektes noch präziser definiert werden.

Dabei wird mit *To* die Achse angegeben, die in die Richtung des Targets zeigen soll. Mit *Up* wird die Achse, die nach oben zeigen soll, definiert.

Clamp To

Geben wir im *Clamp To* Constraint eine Curve als *Target* an, folgt unser Objekt dieser bei Translation der als *Main Axis* angegebenen Achse.

Damped Track

Mit dem *Damped Track* Constraint kann ähnlich wie beim *Track To* Constraint die Rotation des Objektes dem *Target* folgen. Hier wird jedoch nur eine *To*-Achse angegeben. Die *Up*-Achse kann nicht definiert werden. Dafür kann z.B. die Rotation des Objektes mit Keyframes animiert werden.

Inverse Kinematics

Das *Inverse Kinematics* Constraint ist speziell für Bones (Knochen), die Einzelteile eines Armature-Objektes. Damit kann ein Bone die unter *Chain Length* angegebene Anzahl von Bones hinter sich herziehen. Ist *Chain Length* auf 0, werden automatisch alle Bones bis zum Anfang der Bone-Kette hinterhergezogen.

Locked Track

Auch das *Locked Track* Constraint ähnelt dem *Track To* Constraint. Hier wird allerdings zusätzlich eine *Lock*-Achse angegeben. Das Objekt rotiert dann nur entlang dieser Achse.

Spline IK

Das *Spline IK* Constraint ordnet eine Reihe von Bones entlang einer Curve an. Die Animation von tentakel-ähnlichen Objekten kann damit erleichtert werden.

Stretch To

Ein Objekt mit dem *Stretch To* Constraint rotiert so wie bei Benutzung des *Track to* Constraints der Position des *Target* hinterher. Weiterhin wird das Objekt je nach Entfernung des *Targets* in die Länge gezogen.

4.4.3 Relationship

Die *Relationship* Constraints sind sehr unterschiedlich. Sie bieten einige interessante Möglichkeiten, die Objekte zu beeinflussen.

Action

Durch das *Action* Constraint können wir durch die Position, Rotation oder Skalierung unseres Objektes die Animation einer Action steuern.

Child Of

Im *Child Of* Constraint können wir mit Target ein *Parent*-Objekt auswählen. Die Wirkung ist die gleiche wie bei der *Parent*-Funktion [Strg]+[P], ist allerdings in der Hierarchie im *Outliner* nicht zu sehen.

Floor

Auch bei diesem Constraint wird bei der Berechnung nicht die Geometrie des Objektes berücksichtigt, sondern nur die Objektmittelpunkte. Der Boden sollte daher wirklich flach sein. Der Mittelpunkt des fallenden Objekts sollte am unteren Ende der Geometrie sitzen.

Mit dem *Floor* (Fußboden) Constraint kann die Bewegung des Objektes an der Position des Referenzobjektes gestoppt werden. Wie der Name bereits vermuten lässt, eignet sich dieser Constraint z.B., um fallende Objekte daran zu hindern, durch den Boden zu fallen.

Follow Path

Durch das *Follow Path* Constraint kann auf einfache Weise ein Objekt entlang einer Curve bewegt werden. Als *Target* wird hier einfach eine beliebige Curve angegeben. Mit aktiviertem *Follow Curve* folgt das Objekt dem *Tilt* der Curve. Den *Tilt* können wir im *Edit Mode* der Curve mit Strg+T definieren. Mit *Curve Radius* skaliert sich das Objekt mit dem Radius der Curve. Der Radius kann im *Edit Mode* der Curve mit Alt+S geändert werden.

Durch Aktivieren von *Follow Curve* neigt sich das Objekt anhand des Kurvenverlaufes. Mit *Forward* kann definiert werden, welche Achse des Objektes nach vorne schauen soll. Mit *Up* wird die Achse angegeben, die nach oben zeigen soll.

Mit *Fixed Position* wird die Animation deaktiviert und mit *Offset* eine feste Position auf der Curve für das Objekt gewählt.

Ist der Mittelpunkt des Objektes nicht genau auf der Curve, sondern versetzt, müssen wir die Position zurücksetzen. Dies können wir mit der Funktion CLEAR LOCATION im OBJECT-MENÜ unter CLEAR oder einfach mit Alt+G erreichen.

Die beim Parameter UP gewählte Achse sollte eine andere als die unter FORWARD angegebene sein. Ansonsten gibt es Fehler in der Rotation. Eine Achse kann nun mal nicht gleichzeitig nach vorne und nach oben zeigen.

Pivot

Mit dem *Pivot* Constraint können wir den Ankerpunkt für Rotationen verändern. Dabei können wir *X*-, *Y*- und *Z*-Koordinaten angeben, die entweder mit *Use Relative Offset* relativ zum Objekt oder ansonsten global sein können. Mit *Pivot When* können wir diesen Ankerpunkt auf bestimmte Achsen beschränken.

Rigid Body Joint

Das *Rigid Body Joint* Constraint hilft bei der Umsetzung von Gelenken.

Script

Im *Script* Constraint-Dialog steht folgende Botschaft: *Blender 2.5 has no py-constraints.* Blender 2.5 hat demnach keine Python Script Constraints.

Shrinkwrap

Ein mit diesem Constraint versehenes Objekt wird bei Transformation mit seinem Mittelpunkt auf der Geometrie des Referenzobjektes verweilen. Durch Angeben einer *Distance* kann die Entfernung vom Mittelpunkt des Objektes zur Oberfläche des Referenzobjektes angegeben werden.

Kapitel 5
Materialien

Materialien setzen sich in Blender meist aus einer Kombination von Materials und Textures zusammen. Die Materials beinhalten z.B. Einstellungen zur Beschaffenheit des Objektes, die Reaktion auf Lichtquellen. Die Textures können das vorhandene Material partiell beeinflussen. Die Eigenschaften des Materials, und somit die Farbe des Objektes, können somit präziser festgelegt werden.

Ein Farbmodell gibt uns die Möglichkeit, einen großen Umfang verschiedener Farbtöne aus ein paar wenigen Grundfarben zu mischen. Dies ermöglicht das Aufteilen von Bildinformationen auf verschiedene Farbkanäle. Pro Grundfarbe gibt es dann einen Farbkanal.

RGB

Farben werden in Blender in RGB (Rot, Grün und Blau) angegeben. Dies ist das übliche Farbmodell für die Bildschirmwiedergabe. In diesem Farbmodell ergeben diese drei Grundfarben zusammengemischt Weiß. Dieses Mischverhalten nennt sich Additiv. Viele Bildformate (z.B. BMP, TGA, ...) nutzen RGB zum Speichern von Bildinformationen.

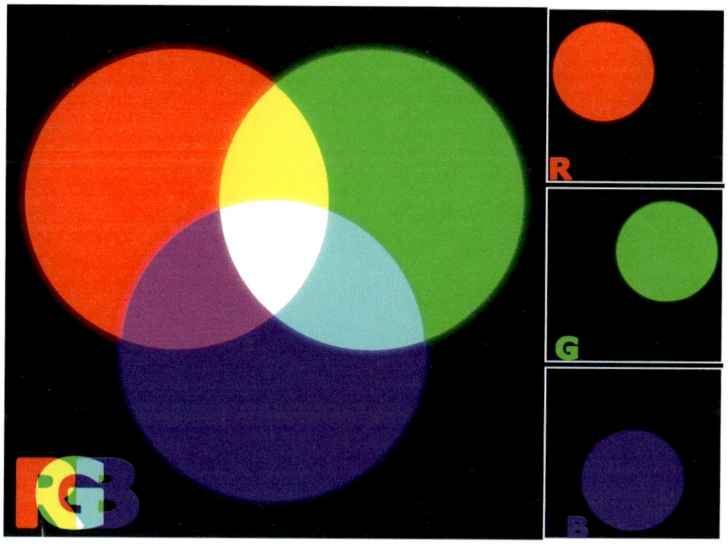

ABBILDUNG 5.1
RGB additiv gemischt und die einzelnen Farbkanäle

RGBA

RGBA erweitert das RGB-Modell um einen vierten Kanal namens Alpha-Kanal. Dieser beinhaltet keine Farbinformationen. Die Werte in diesem Kanal bestimmen die Transparenz. Je niedriger der Wert, desto transparenter ist der zugehörige Bildpunkt.

HSV

HSV steht für Hue, Saturation, Value (Farbton, Sättigung, Wert). In diesem Modell werden Farben nicht aus Grundfarben gemischt, sondern aus Eigenschaften.

Abbildung 5.2
Der Farbauswahl-Dialog mit HSV-Reglern

In Blender gibt es auch die Möglichkeit, Farben über HSV-Regler zu bestimmen. Im *Farbauswahl-Dialog* kann zwischen RGB, HSV und HEX gewechselt werden; wobei HEX im Grunde nur RGB in hexadezimaler Schreibweise ist.

Zunächst kann mit dem *H-Regler* der richtige Farbton gesucht werden. Danach kann mit dem *S-Regler* die Sättigung und mit dem *V-Regler* die Helligkeit angepasst werden. Dieses Verfahren ist meist intuitiver als das Mischen der Grundfarben.

5.1 Material Properties

Um Materialien zu erstellen oder zu verändern, müssen wir in die *Material Properties* im *Properties-Editor* wechseln. Dort werden alle Materialien und die dazugehörigen Eigenschaften des aktiven Objektes angezeigt.

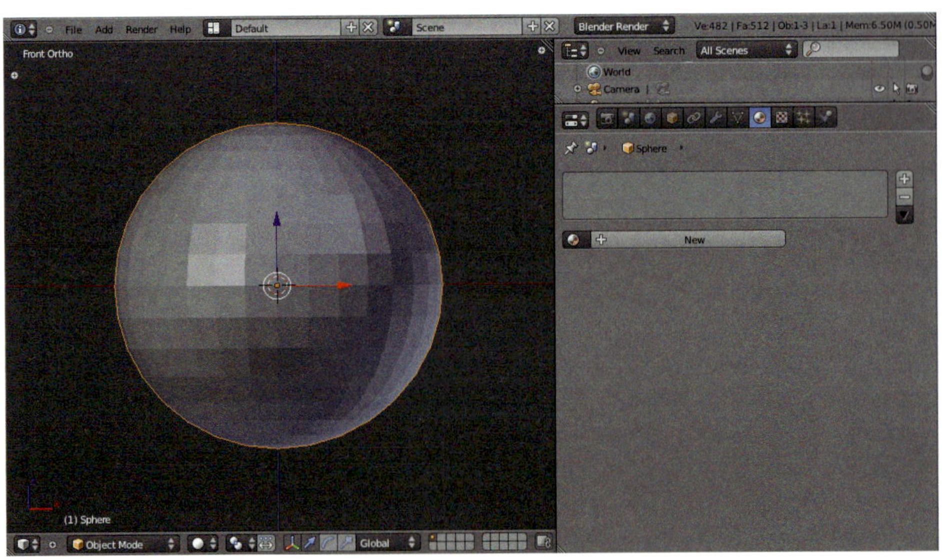

Abbildung 5.3
Object ohne Material

Wurde einem aktiven Objekt noch kein Material zugewiesen, ist die Liste der Material Slots leer. Durch Klicken auf den *New-Button* erstellen wir einen neuen *Material Slot*, dem bereits ein *Material* mit Standardwerten hinzugefügt wurde. Wir sollten diesem Material einen eindeutigen Namen geben.

Dieses Material ist nun dem Objekt komplett zugewiesen. Alle Faces benutzen also das gleiche Material. Wollen wir den Faces verschiedene Materialien zuweisen, müssen wir diese zunächst erstellen.

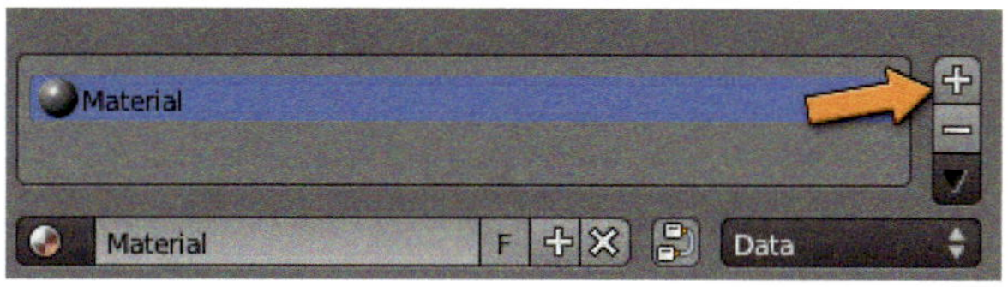

ABBILDUNG 5.4

Material, mit New-Button erzeugt

Neben der Liste der *Material Slots* befinden sich drei Buttons. Der erste Button (+-Icon) erstellt einen neuen leeren *Material Slot*. Der zweite Button (–-Icon) entfernt den ausgewählten *Material Slot*.

Der dritte Button (Pfeil nach unten) hat Optionen zum Kopieren und Einfügen von Materialien. Besonders nützlich ist die *Copy Materials to Others*-Funktion, die alle *Slots* des aktiven Objektes auf alle weiteren ausgewählten Objekte überträgt.

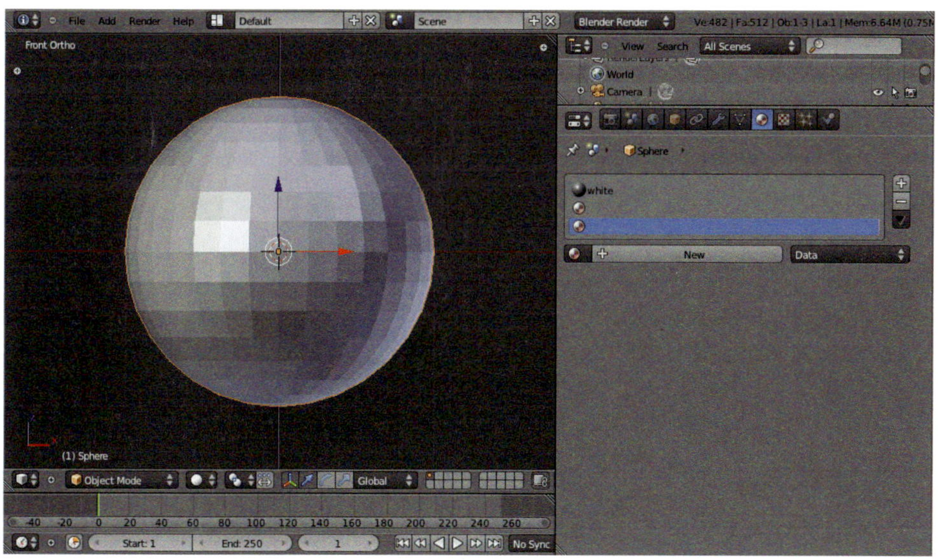

ABBILDUNG 5.5

Ein gefüllter und zwei leere MATERIAL SLOTS

Wenn wir nun zweimal auf den *+-Button* klicken, haben wir insgesamt drei *Slots* erstellt. Die letzten beiden sind allerdings noch leer. Klicken wir unter der *Slot*-Liste auf das Icon vor dem Eingabefeld mit dem Namen des aktuellen Materials, können wir das Material für den *Slot* aus den bisher erstellten Materialien wählen.

Bereits erstellte Materialien können beliebig oft verwendet werden. Eine Auswahl der vorhandenen MATERIALS erhalten wir bei Klick auf das allgemeine MATERIAL-ICON im Namenseingabefeld unter den MATERIAL SLOTS. Dies trifft auch auf Textures, Object Data und noch einige andere Elemente zu, für die ein ähnliches Auswahlfeld angeboten wird.

Wählen wir für den dritten *Slot* z.B. das gleiche Material wie im ersten, ist es zweimal in Benutzung. Ändern wir nun etwas an unserem gewählten Material (z.B. den Namen), ändert es sich in den anderen *Slots* automatisch mit. Es ist also tatsächlich dasselbe Material.

ABBILDUNG 5.6

Der SINGLE USER COPY-BUTTON

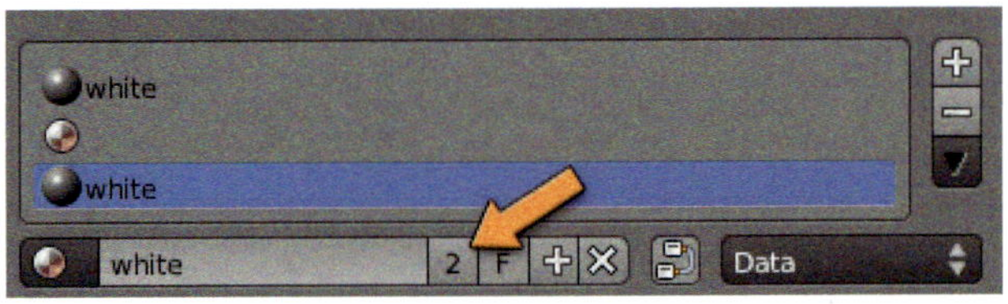

Materialien, die von keinem Objekt verwendet werden, werden beim Speichern aus der Szene entfernt. Dies gilt auch für andere Elemente, wie z.B. Textures oder Object Data. Sollen diese Elemente gespeichert werden, obwohl sie nicht verwendet werden, muss der F-BUTTON neben dem Auswahlfeld mit dem ausgewählten Element geklickt werden. Dadurch wird das Element einem FAKE USER (vorgegaukelter Benutzer) zugeordnet. Es bleibt dadurch erhalten.

Neben dem Eingabefeld für den Namen des Materials befindet sich ein Button mit einer Zahl. Dies ist der *Single User Copy-Button*. Er zeigt mit einer Zahl an, wie oft das Material noch benutzt wird. In unserem Fall ist es eine Zwei.

Klicken wir auf diesen Button, verschwindet er. Das Material wurde zu einer unabhängigen Kopie. Kein weiterer *Slot* benutzt dasselbe Material. Auch der Name wurde geändert, indem wieder ein Punkt und eine Zahl angehängt wurden. Wir wählen den verbleibenden leeren *Slot* und klicken auf den *New-Button*.

Wir haben damit drei unabhängige *Materials* in den *Slots*. Um sie unterscheiden zu können, geben wir jedem Material einen passenden Namen und ändern die Farbe entsprechend im *Diffuse Panel*.

ABBILDUNG 5.7

Drei MATERIAL SLOTS mit unterschiedlichen Materials

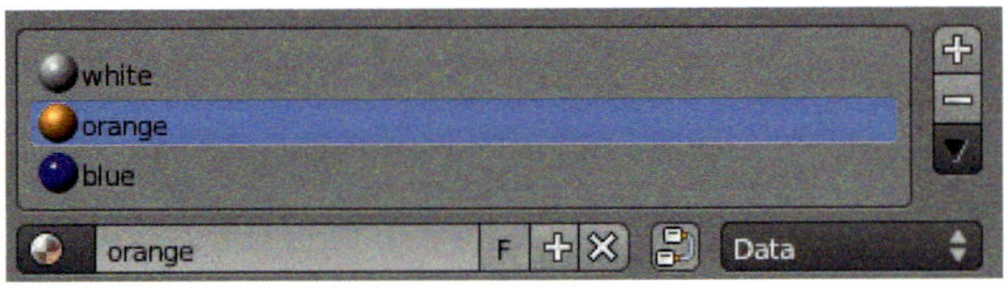

Nun legen wir fest, welche Faces welches Material bekommen. Noch sollten alle Faces unser zuerst erstelltes Material haben. Wechseln wir mit [Tab] in den *Edit Mode*, können wir die Faces auswählen. Dazu bietet sich der *Face select mode* an, der im *3D View Header* aktiviert werden kann.

ABBILDUNG 5.8

FACE SELECT MODE im 3D VIEW HEADER

Der *Limit selection to visible-Button* rechts daneben sollte deaktiviert sein, damit auch die Rückseiten mitselektiert werden. Dann können wir z.B. mit [B] *Border Select* die gewünschten Faces auswählen.

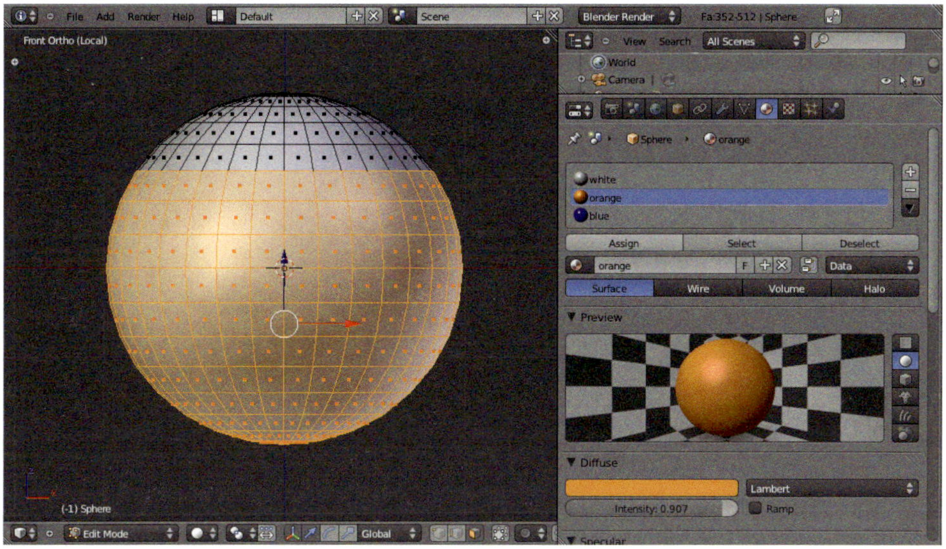

Abbildung 5.9

Im Edit Mode markierten Faces mit Assign ein Material zuweisen

Haben wir im *Edit Mode* Faces ausgewählt, können wir einen *Material Slot* auswählen und ihn mit dem *Assign-Button* unter den *Material Slots* zuweisen. Die Faces sollten nun auch die Farbe des Materials im Slot angenommen haben.

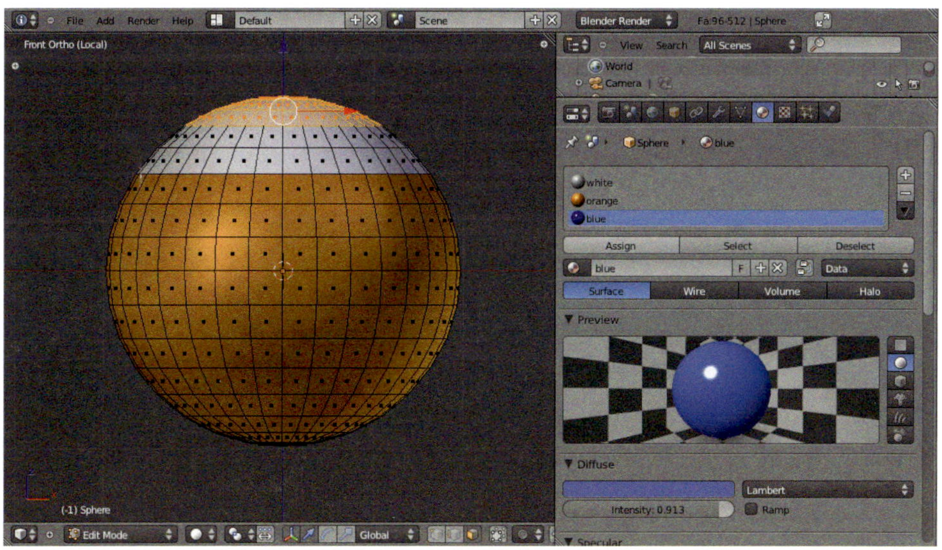

Abbildung 5.10

Nach erfolgtem Assign die nächsten Faces auswählen und Material zuweisen

Wählen wir nun einen weiteren Bereich aus, wählen den dritten *Material Slot* und drücken *Assign*. Unser Objekt hat nun drei verschiedene Materialien.

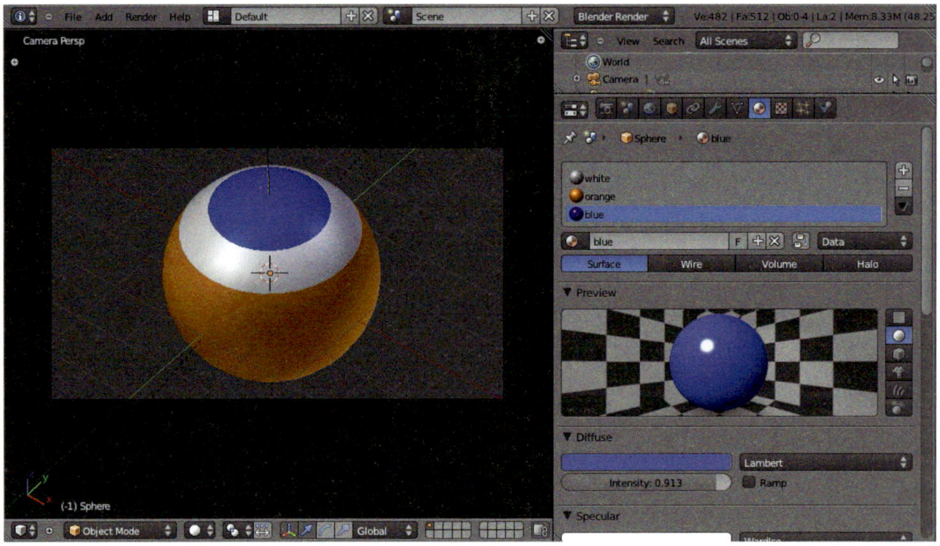

ABBILDUNG 5.11

Objekt mit drei unterschiedlichen Materialien

Bei Text Objects kann ein Material pro Zeichen vergeben werden. Hier kann auch einfach im EDIT MODE (mit gehaltener ⇧-Taste) eine Zeichenfolge gewählt und danach der ASSIGN-BUTTON geklickt werden.

5.1.1 Surface

Da in unseren 3D-Szenen meist solide Objekte auftauchen werden, ist *Surface* das wohl am häufigsten benutzte Material. Ein Surface-Material beschreibt die Oberfläche eines soliden Objektes.

Ein Surface Material hat folgende Parameter, um das Erscheinungsbild eines soliden Objektes und dessen Oberfläche zu beschreiben:

Diffuse

Diffuse ist die Materialfarbe. Sie entspricht dem Licht, das eine ausreichend beleuchtete Oberfläche gleichmäßig in alle Richtungen zurückstrahlt. Daher hat die Position der Kamera keinen Einfluss auf diese Beleuchtung.

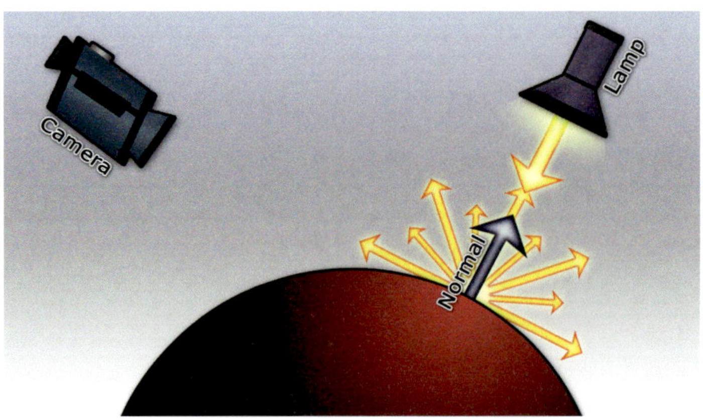

ABBILDUNG 5.12

Gleichmäßig in alle Richtungen zurückgestrahltes Licht

Im *Diffuse Panel* können wir diese Farbe bestimmen. Mit *Intensity* bestimmen wir die Stärke, mit der das Licht von der Oberfläche zurückgestrahlt wird.

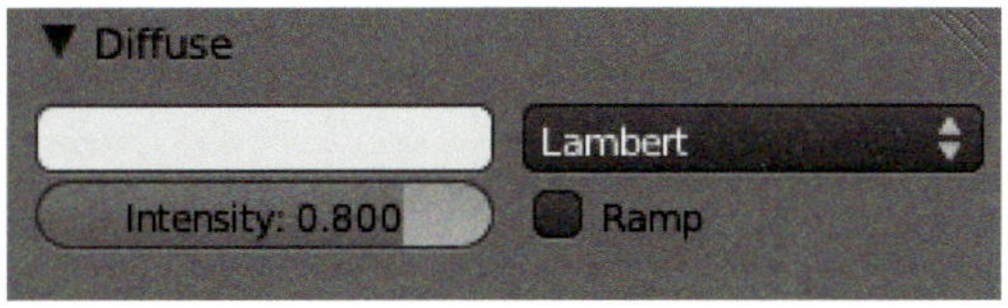

Abbildung 5.13

Das Diffuse Panel

Ramp

Aktivieren wir die Option *Ramp*, erscheinen weitere Optionen im Panel. Mit ihnen können wir selbst definierte Farbverläufe erstellen. Damit sind einige interessante Effekte möglich.

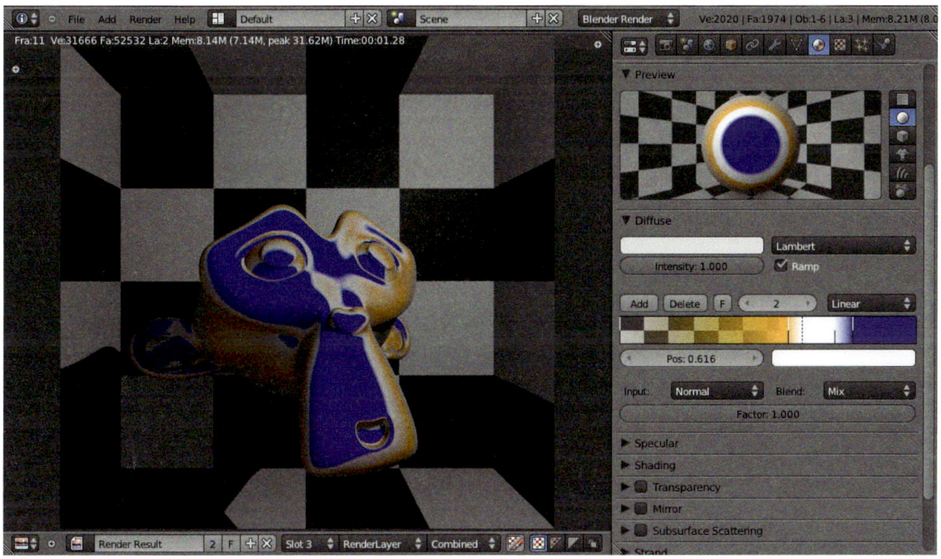

Abbildung 5.14

Die Ramp-Einstellungen

Mit *Add* und *Delete* können wir dem Verlauf weitere Farben hinzufügen. Diese können wir mit *Pos* oder direkt im Verlauf mit der Maustaste positionieren. Mit *F* spiegeln wir den Verlauf. Die *Interpolation* bestimmt die Kurve der Farbübergänge.

Über das *Input*-Menü können wir bestimmen, wie der Verlauf auf dem Objekt erscheinen soll. *Blend* legt die Art der Überblendung zwischen Grundfarbe und *Ramp* fest und *Factor* die Stärke der *Ramp*.

Diffuse Shader Model

In Blender stehen uns verschiedene Diffuse Shader zur Verfügung. Unter *Diffuse Shader Model* können wir zwischen den folgenden wählen.

Lambert

Erstellen wir ein neues Material, wird zunächst *Lambert* benutzt. Er ist schnell berechnet und einfach zu benutzen. Abgesehen von der Farbe und *Intensity* stellt uns der Shader keine Parameter zur Verfügung.

Abbildung 5.15
Lambert Shader mit steigender Intensity

Oren-Nayar

Mit *Oren-Nayar* können wir durch das Erhöhen von *Roughness* eine raue Oberfläche simulieren. Dadurch wirkt die Oberfläche ein wenig dunkler. Die Beleuchtung ist dafür jedoch gleichmäßiger.

Abbildung 5.16
Oren-Nayar Shader mit steigender Roughness

Toon

Mit *Toon* lassen sich, wie der Name bereits vermuten lässt, eine Cartoon-ähnliche Beleuchtung realisieren. Dabei entsteht zwischen Licht und Schatten eine harte Kante. Ohne *Smooth* ist diese jedoch so stark, dass es zu Treppchenbildung kommen kann. Ein leicht erhöhter *Smooth* kann hier Abhilfe schaffen. Zu starker *Smooth* kann allerdings den Cartoon-Effekt aufheben.

Abbildung 5.17
Toon Shader mit steigendem Smooth

Minneart

Minneart bietet einen Parameter namens *Darkness*. Ein geringer Wert hellt die nach außen zeigenden Oberflächen des Objektes auf, ein hoher Wert dunkelt die zur Kamera zeigenden Oberflächen ab. Das Ergebnis erinnert ein wenig an Samt, Seide bzw. stärkeren Stoff.

Abbildung 5.18

Minneart Shader mit steigender Darkness

Fresnel

Durch *Fresnel* wird die Beleuchtung, die gerade auf die Oberfläche trifft, abgeschwächt. Je größer der Winkel zwischen Licht und Oberfläche ist, umso stärker wird das Licht zurückgeworfen. Der *Factor* kann diesen Effekt zusätzlich verstärken.

Abbildung 5.19

Fresnel Shader mit steigendem Fresnel

Specular

Specular (Glanzlicht) ist von der Oberfläche reflektiertes Licht. Es tritt dort am stärksten auf, wo der Winkel zur Kamera dem an der Normalen gespiegelten Eintrittswinkel des Lichtes gleicht. Die Kameraposition hat also Einfluss auf die Position dieser Beleuchtung auf der Oberfläche. Specular wird zum Diffuse hinzugefügt.

ABBILDUNG 5.20

Von der Oberfläche reflektiertes Licht

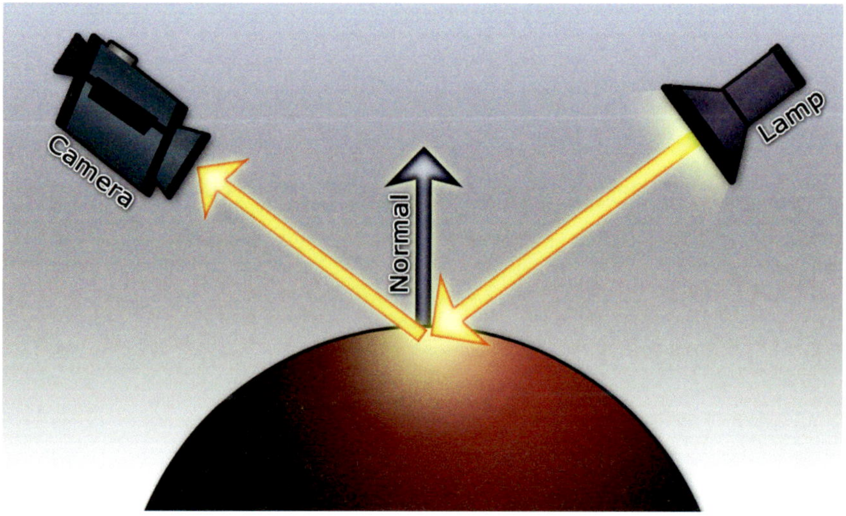

Welche Farbe das Glanzlicht hat und mit welcher *Intensity* es zurückgeworfen wird, legen wir mit dem Parameter aus dem *Specular Panel* fest. Ebenso wie im *Diffuse Panel* können wir auch hier mit einer *Ramp* arbeiten.

ABBILDUNG 5.21

Das SPECULAR PANEL

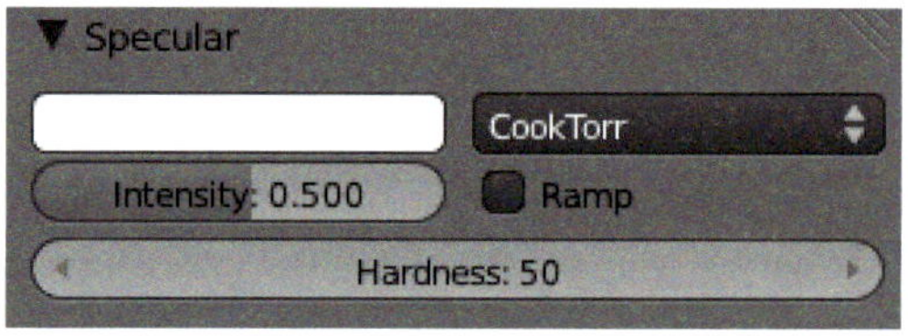

Specular Shader Model

Auch Specular bietet verschiedene *Shader Model* an. Diese unterscheiden sich teilweise von denen des Diffuse.

Cook-Torrance

CookTorr bietet eine leichte Verbesserung in der Darstellung realistischer Materialien im Vergleich zum Phong Shader. Er ist daher der Standard-Specular-Shader. Mit ausreichender *Hardness* kann er gut für glänzende Plastik- oder Keramik-Objekte eingesetzt werden.

ABBILDUNG 5.22

Cook-Torrance Shader mit steigender HARDNESS

Phong

Der Unterschied zwischen *Phong* und *CookTorr* fällt bei steigender *Hardness* kaum ins Auge. Ist die Zeit mal knapp, können wir durch Benutzung von *Phong* ein wenig Zeit bei der Berechnung sparen.

ABBILDUNG 5.23

Phong Shader mit steigender HARDNESS

Blinn

Blinn bietet zusätzlich zur *Hardness* den *IOR*-(Index Of Refraction-)Parameter. Dieser Brechungsindex ist vor allem bei Berechnung von Transparenz interessant. In diesem Shader wird das Licht zwar nicht gebrochen, der Parameter gibt uns jedoch mehr Kontrolle über das Erscheinungsbild des Glanzlichtes.

ABBILDUNG 5.24

Blinn Shader mit steigender HARDNESS bei IOR 4.0

Toon

Wie bei dem gleichnamigen Diffuse Shader eignet sich auch beim Specular *Toon* für Cartoon-Effekte. Die harte Kante des Glanzlichtes kann mit *Smooth* weicher gemacht werden. Auch hier mindert ein hoher *Smooth* den Cartoon-Effekt.

ABBILDUNG 5.25

Toon Shader mit steigendem SMOOTH

WardIso

Mit *WardIso* bekommen wir sehr harte Glanzlichter hin. Durch eine niedrige *Slope* (Steigung) bleiben diese klein mit harter Kante. Ein hoher Wert gibt uns eine weiche Kante mit großem Glanzbereich.

ABBILDUNG 5.26

WardIso Shader mit steigender SLOPE

Shading

Im *Shading Panel* finden wir weitere Einstellungen zur Beleuchtung von Oberflächen. Durch *Emit* können wir dem Material ein Eigenleuchten geben. *Ambient* bestimmt, wie stark das Material die Ambient-Farbe aus den World Properties annehmen soll.

ABBILDUNG 5.27

Das SHADING PANEL

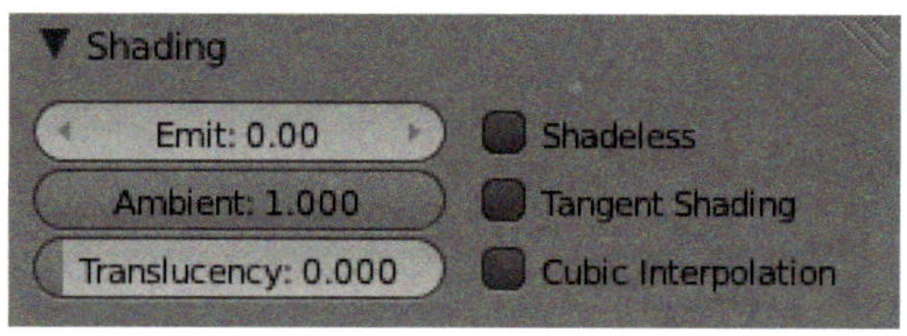

Mit *Translucency* wird das Objekt durchscheinend. Licht und Schatten, die auf die Rückseite fallen, erscheinen auf der Vorderseite.

ABBILDUNG 5.28

Durchgeleuchtete Objekte ohne und mit TRANSLUCENCY

Die Option *Shadeless* deaktiviert *Specular* und zeigt das Objekt in unschattierter *Diffuse Color* an. *Tangent Shading* eignet sich besonders für geriffelte Oberflächen wie z.B. bei Schallplatten, CDs oder Brushed Metal. Grundlage von *Tangent Shading* sind die Texturkoordinaten des Objektes. Mit *Cubic Interpolation* kann die Qualität der Schattierung des Materials erhöht werden.

Transparency

Um ein Objekt durchsichtig zu machen, können wir im *Transparency Panel* den *Alpha-Wert* verringern. In Blender gibt es verschiedene Arten der Transparenz.

Mit *Mask* scheint bei steigender Transparenz der in den *World Properties* definierte *Sky* umso mehr durch das Objekt durch. Andere Objekte, die sich dahinter befinden, werden jedoch nicht angezeigt. Es ist keine wirkliche Durchsichtigkeit. Diese Option eignet sich daher eher für einzelne Objekte. Sie kann dort aber sehr viel Rechenzeit einsparen.

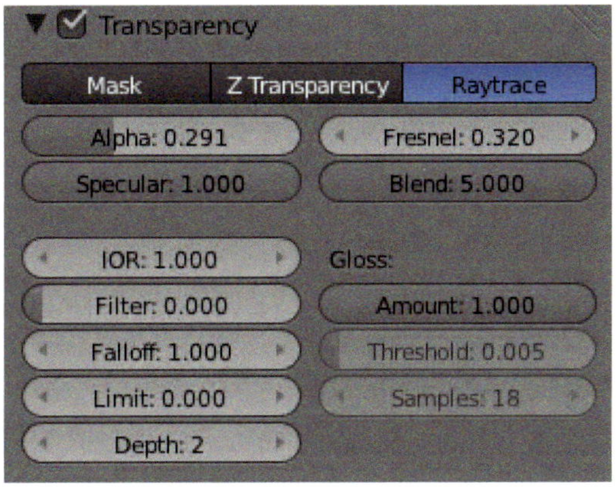

ABBILDUNG 5.29
Das Transparency Panel

Die Option *Z Transparency* ist eine sehr einfache Berechnung der Transparenz. Realistische Brechung des Lichtes wie z.B. bei einer Lupe kann damit allerdings nicht umgesetzt werden. Jedoch wird hier bei erhöhter Transparenz das Objekt tatsächlich durchsichtig. Dahinter liegende Objekte werden sichtbarer.

Mit *Specular* können wir angeben, wie stark das Glanzlicht auf transparenten Bereichen erhalten bleiben soll. *Fresnel* und *Blend* erhöhen die Transparenz an den Oberflächen, die direkt auf die Kamera gerichtet sind. Je paralleler der Blick auf eine Fläche trifft, umso höher ist die Deckkraft an dieser Stelle.

ABBILDUNG 5.30
Kugel mit steigendem FRESNEL und BLEND

Weitere Parameter erscheinen bei Auswahl von *Raytrace.* Mit *IOR* (Index of Refraction) ist die Simulation von gebrochenem Licht möglich. Ein IOR von 1.0 entspricht der Brechung bei Vakuum und ergibt nahezu dieselbe Brechung wie *Z Transparency.* Und zwar gar keine.

Tabellen mit Materialien und deren *IOR* lassen sich überall finden. Eine gute Liste finden wir auch auf `de.wikipedia.org/wiki/Brechungsindex`. Dort finden wir auch heraus, dass z.B. Wasser einen *IOR* von 1.33 und Glas einen von 1.45 bis 2.14 hat. Nutzen wir diese Werte, sehen diese Materialien realistischer aus. Das Berechnen des Bildes dauert allerdings auch um einiges länger.

ABBILDUNG 5.31
Kugel mit einem IOR von 0.9, 1.0 und 1.1

Mit *Filter*, *Falloff* und *Limit* können wir erreichen, dass die Materialfarbe auf andere Weise mit dem Hintergrund verrechnet wird. Viele transparente Materialien werden dadurch realistischer wirken. Mit *Depth* legen wir fest, wie oft das Licht sich maximal an transparenten Oberflächen brechen darf. Ist der Wert zu niedrig, wird bei den Flächen, die sich mit anderen Flächen vom selben Objekt überlagern, die *Diffuse Color* angezeigt.

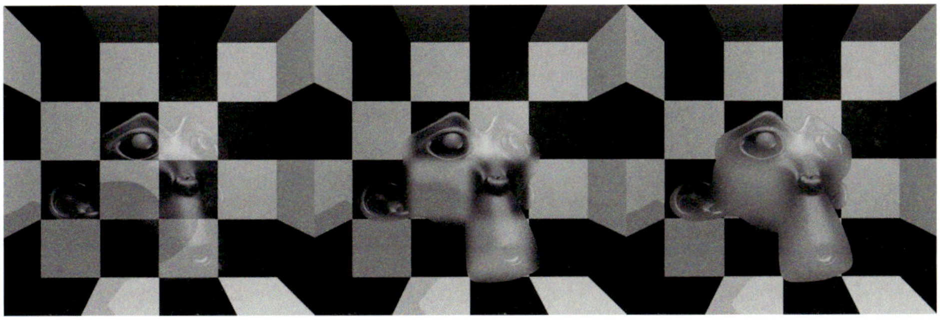

ABBILDUNG 5.32

Objekt mit sinkendem GLOSS AMOUNT

Unter *Gloss* können wir die Klarheit des Objektes verringern. Dabei ist ein Material mit einem *Amount* von 1.0 komplett klar. Je geringer der *Amount*, umso milchiger wird es. Die *Samples* legen dabei die Qualität dieses Effektes fest. Bei wenig *Samples* rauscht der Effekt sehr stark.

ABBILDUNG 5.33

Glas-Material mit Transparency und leichter Reflexion

Mirror

Die Parameter im *Mirror Panel* sind für die Oberflächen, die ihre Umgebung widerspiegeln sollen. Je höher die *Reflectivity*, umso stärker spiegelt die Oberfläche. Die Parameter in diesem Panel ähneln sehr stark denen vom *Transparency Panel*.

ABBILDUNG 5.34
Das MIRROR PANEL

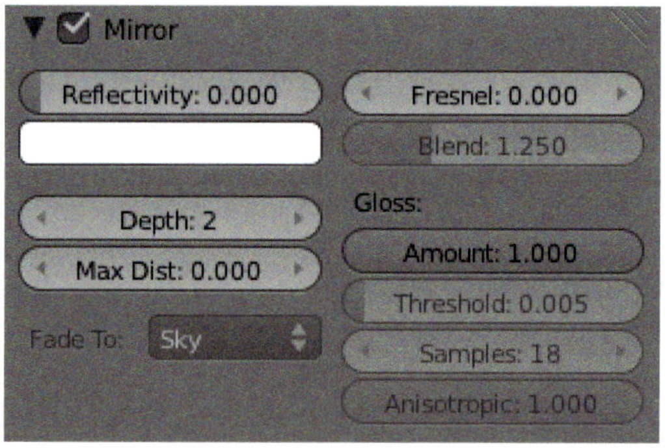

Zu den bekannten Parametern kommen allerdings noch weitere hinzu. *Max Dist* bestimmt, bis zu welcher Distanz zur Oberfläche die Reflexion zu sehen sein soll. Es wird dann zu der in *Fade To* gewählten Eigenschaft überblendet. Dabei stehen *Sky* und *Material* zur Verfügung.

ABBILDUNG 5.35
Der Boden spiegelt bis zu einer bestimmten Distanz.

Gloss wirkt in etwa so wie bei Transparenz. Der Effekt eignet sich z.B. für ein mattes Gold. Dabei kann ein dunkles Orange als diffuse Farbe und ein helles Gelb als specular Farbe benutzt werden.

Abbildung 5.36

Gold-Material mit geringerem Gloss

SSS (Subsurface Scattering)

Viele Objekte sind zwar nicht durchsichtig, aber lichtdurchlässig. *Translucency* bietet sich zwar bei flachen und klaren Objekten an. Bei Objekten, in denen sich das Licht streut, müssen allerdings wesentlich komplexere Berechnungen stattfinden.

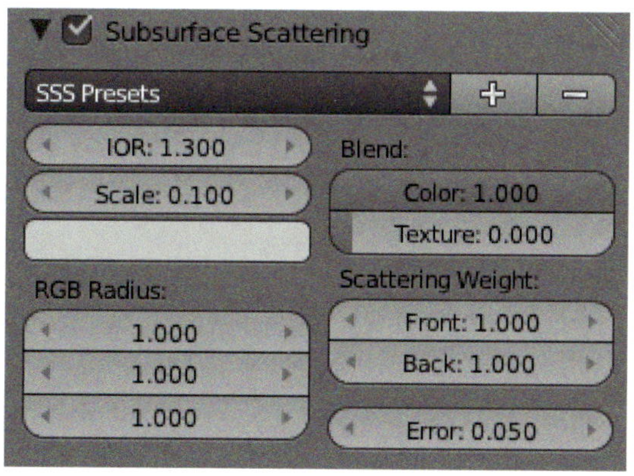

Abbildung 5.37

Das Subsurface Scattering Panel

Für diese Objekte bietet Blender im *Subsurface Scattering Panel* die nötigen Parameter an. Die Auswahl eines *SSS Presets* (z.B. Apple, Milk, Potato, ...) vereinfacht besonders am Anfang das Finden der benötigten Einstellungen.

ABBILDUNG 5.38
Jade-Material

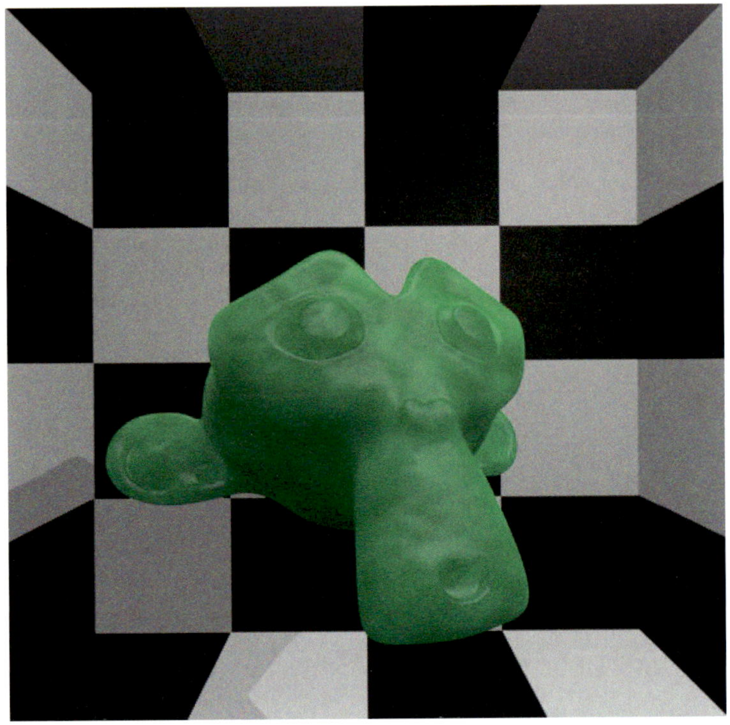

Zur Simulation von realistisch aussehender Haut wird meist eine komplexe Kombination aus mehreren Materialien mit verschiedenen Subsurface Scattering-Eigenschaften verwendet.

Strand

Mit Blenders Partikelsystem lassen sich auch Haare darstellen. Dafür können wir in den *Particle Properties* bei Particles vom *Type Hair* im *Render Panel* die Option *Strand Render* aktivieren.

ABBILDUNG 5.39
Das STRAND PANEL

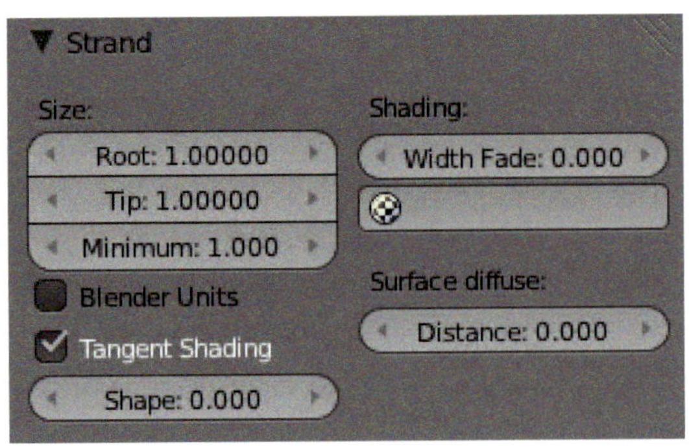

Wir können dann im *Strand Panel* des Materials die Form der Haare genauer definieren. *Root* gibt die Breite an der Wurzel und *Tip* an der Spitze an. Mit *Minimum* kann die Mindestgröße in Pixeln angegeben werden.

ABBILDUNG 5.40

Sphere mit Strand Particles und Cloud Texture

Blender Units sollte aktiviert sein. Ansonsten sind die Haare unabhängig vom Abstand zur Kamera immer gleich breit. Durch *Tangent Shading* kann der für Haare typische Glanzsteifen erreicht werden. Die *Shape* bestimmt die Kurve, in der die Breite sich von Wurzel zu Spitze ändert.

Shadow

Im *Shadow Panel* finden wir einige Einstellungen über das Werfen und Fangen von Schatten. Nur mit aktiviertem *Receive* wird ein auf dieses Material geworfener Schatten angezeigt.

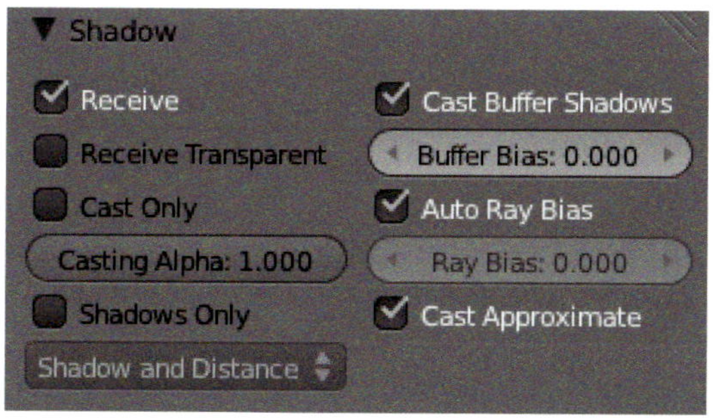

ABBILDUNG 5.41

Das SHADOW PANEL

Receive Transparent sollte vor allem für Materialien verwendet werden, auf die ein Schatten eines Objekts mit *Transparency* und *Translucency* fällt. Ohne diese Option fehlt diesen Schatten ansonsten die richtige Farbe und Transparenz.

ABBILDUNG 5.42

Boden mit RECEIVE TRANSPARENT

Durch *Cast Only* wird ein Objekt mit diesem Material zwar nicht gerendert, wirft jedoch einen Schatten. Die Deckkraft dieses Schattens können wir mit *Casting Alpha* bestimmen. Mit *Shadows only* wird ein Objekt transparent, darauf fallende Schatten werden jedoch angezeigt. Dies ist besonders für Kompositionen mit vorhandenem Hintergrundbild interessant.

Weiterhin können wir mit Deaktivieren von *Cast Buffer Shadow* und *Cast Approximate* das Werfen von Buffer- und Approximate-Schatten verhindern.

Options

Das *Options Panel* bietet weitere interessante Einstellungsmöglichkeiten. Deaktivieren wir *Traceable*, wird ein Objekt mit diesem Material vom Raytracing ausgeschlossen. Es ist somit z.B. nicht mehr in Mirror-Reflexionen zu sehen oder wirft keinen *Ray Shadow* mehr.

Wir können hier auch *Full Oversampling* für Objekte mit diesem Material aktivieren. Ein Material mit aktivierter *Sky*-Option wirkt wie eine Maske. Anstelle des Objektes wird der Hintergrund der Szene angezeigt.

ABBILDUNG 5.43

Das OPTIONS PANEL

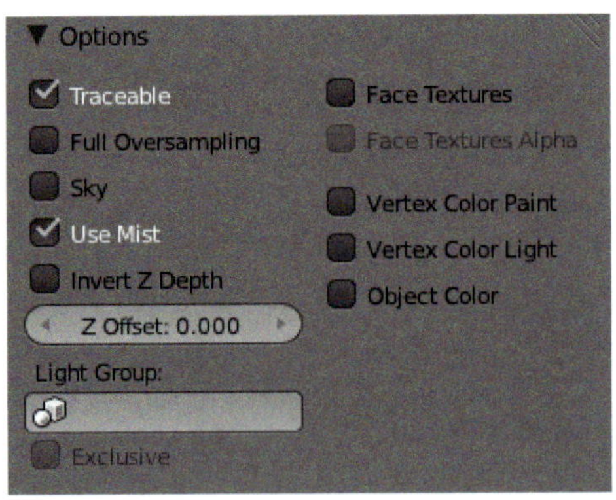

Weiterhin können wir mit *Light Group* die Beleuchtung auf eine Gruppe von Lampen beschränken. Mit [Strg]+[G] können wir selektierte Lampen zu einer Gruppe zusammenfügen. Haben wir unser Objekt im *Vertex Paint Mode* angemalt, können wir diese Farben mit *Vertex Color Paint* auch für das Rendering aktivieren. Alternativ können diese Farben auch durch *Vertex Color Light* als zusätzliche Beleuchtung genutzt werden.

5.1.2 Wire

Das Wire Material stellt die im Mesh-Objekt vorhandenen Edges im Rendering dar. Dies ist z.B. nützlich für eine hochauflösende Dokumentation eines Modells. Abgesehen von der Darstellung als Drahtgitter gleicht das *Wire*-Material dem Surface-Material. Somit gleichen sich auch die Parameter.

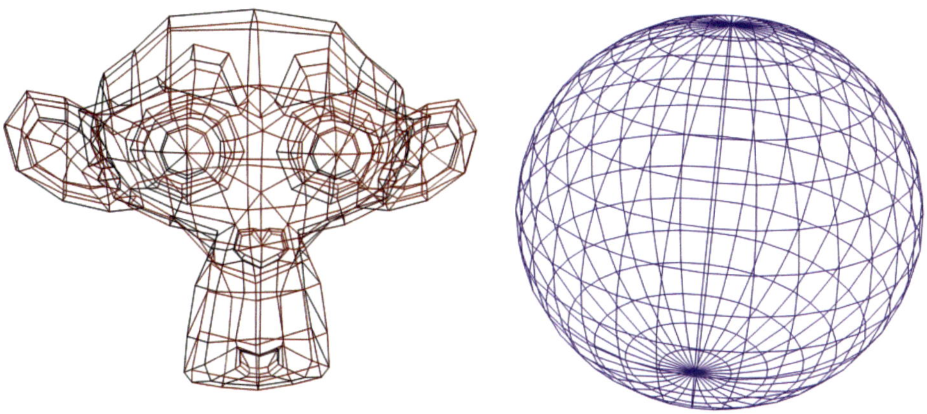

Abbildung 5.44
Monkey und UV-Sphere mit Wire Material Shaded und Shadeless

Bei Objekten mit *Wire*-Darstellung ist oftmals eine Beleuchtung unerwünscht. Um die Beleuchtung aus der Berechnung zu nehmen und ein einfarbiges Drahtgitter zu erzeugen, kann in den *Material Properties* im *Shading Panel* die Option *Shadeless* aktiviert werden.

ABBILDUNG 5.45
Wire Material Properties

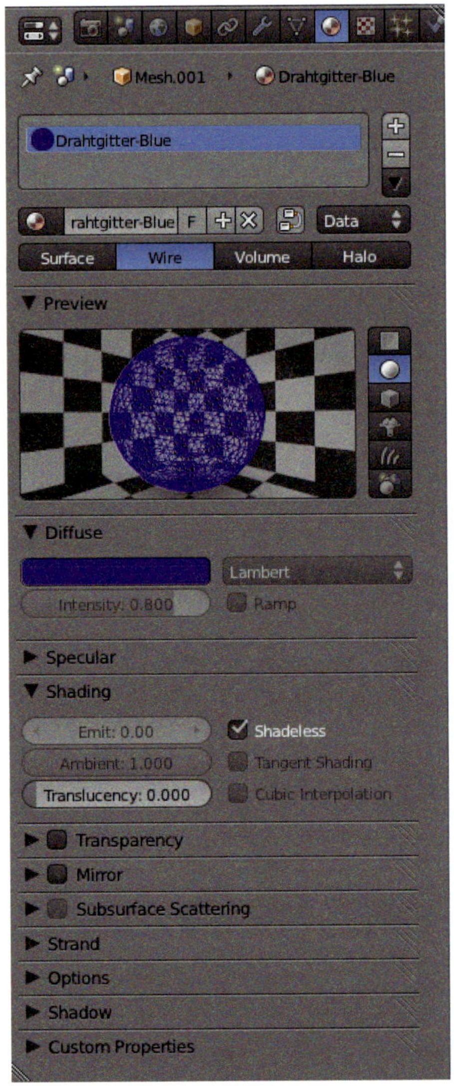

5.1.3 Volume

New Feature 2.5

Wie der Name bereits vermuten lässt, beschreibt ein Volume-Material nicht die Hülle des Objektes, sondern das komplette Volumen. Dies ermöglicht die Darstellung von Materialien, deren Struktur sehr komplex ist oder die keine Flächen haben wie z.B. Wolken oder Rauch.

Abbildung 5.46

Material Properties für Volume-Material

Dabei bestimmen wir mit dem Parameter *Density* im *Density Panel* die Dichte. Ein Objekt mit 0.0 *Density* ist komplett transparent. Höhere Werte erhöhen die Deckkraft. Dieser Parameter kann mit *Density Scale* noch verstärkt werden. Das wird besonders interessant, sobald wir eine Texture für die Deckkraft benutzen; wie bei den folgenden Schwamm-Materialien.

ABBILDUNG 5.47
Naturschwamm

ABBILDUNG 5.48
Ein Schwamm, der mich an meine Schulzeit erinnert

ABBILDUNG 5.49
Ein künstlicher Küchenschwamm

Da uns im Falle dieser Schwamm-Objekte weniger das Volumen als die Oberfläche interessiert, müssen wir bei solchen Objekten den *Reflection*-Parameter im *Shading Panel* erhöhen. Ein Wert höher als 5.0 liefert dabei meist eine glaubwürdige Oberflächendarstellung.

5.1.4 Halo

Aufgrund von Flecken auf der Linse einer Kamera ist um helle Objekte oft ein Glühen zu sehen. Mit einem Halo-Material können wir glühende Objekte erstellen. Dabei wird aus jedem Vertex eines Mesh-Objektes ein glühender Punkt.

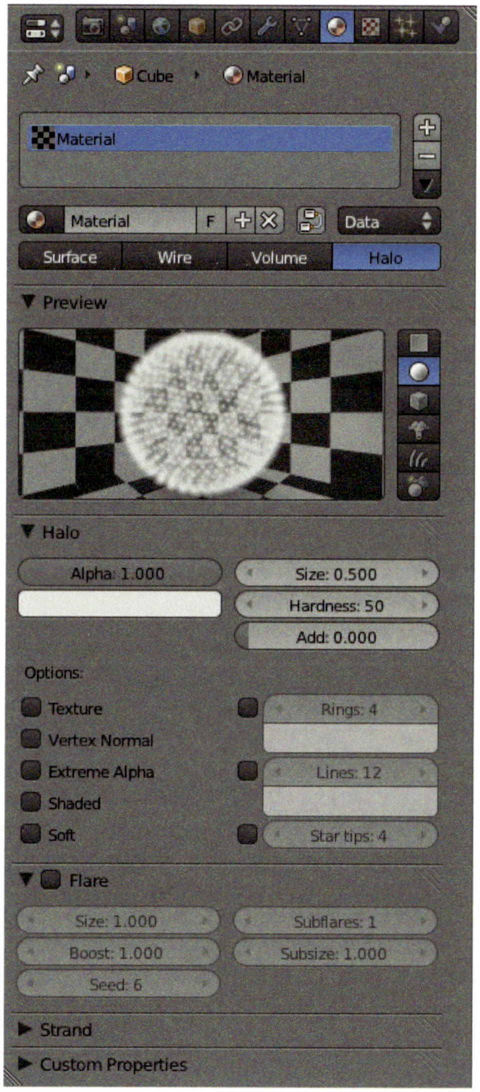

ABBILDUNG 5.50
Halo-Material-Properties

Mit *Alpha* können wir die Deckkraft und mit *Size* die Größe dieses Glühens definieren. Mit *Hardness* können wir die Härte vom Rand des Halo definieren. Ein *Add* kann zum Verstärken des Effektes hinzugeregelt werden.

ABBILDUNG 5.51
PARTICLES mit Halo-Material

Weiterhin können wir mit *Rings* und *Lines* einfärbbare Ringe und Linien zum Halo hinzufügen. *Star Tips* ändert die Form des Glühens von einem Fleck zu einem Stern.

ABBILDUNG 5.52
Vertex mit Halo und Flare

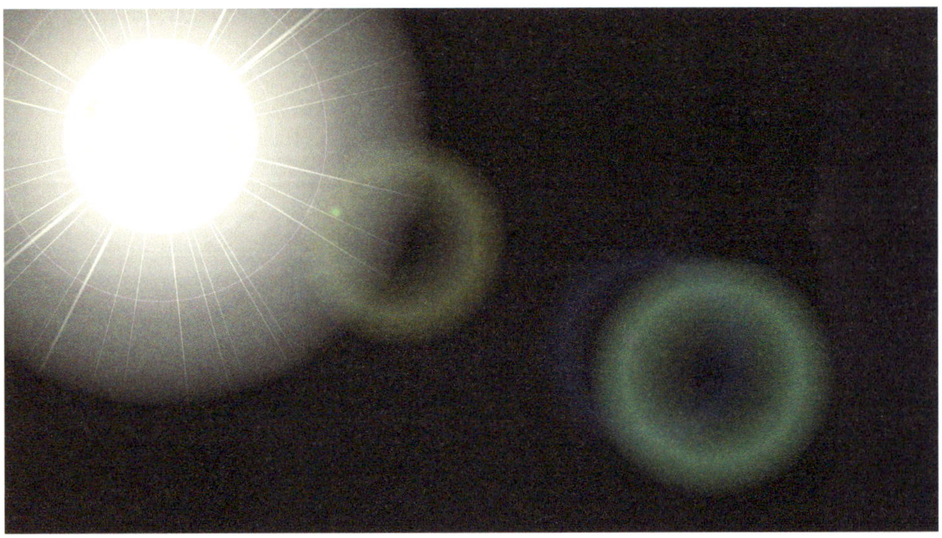

Das Halo-Material bietet im *Flare Panel* Optionen, um den allzu oft benutzten Lens Flare-Effekt zu erreichen. Dieser tritt vor allem auf, wenn die Sonne direkt in die Kameralinse strahlt. *Size* bestimmt dabei die Größe des glühenden Kreises.

Mit *Subflares* werden weitere Kreise hinzugefügt, deren Größe mit *Subsize* verändert werden kann. *Boost* kann den Effekt verstärken oder abschwächen, während *Seed* die Anordnung der Kreise bestimmt.

5.2 Texture Properties

Um die Oberflächen eines Materials variieren zu können, gibt es in Blender Textures. Textures sind Bilddaten. Diese Daten können direkt in Blender generiert oder als Filmdateien (z.B. .avi- oder .mov-Filmsequenzen) oder statische Bilddateien (z.B. .jpeg- oder .png-Bilder) geladen werden.

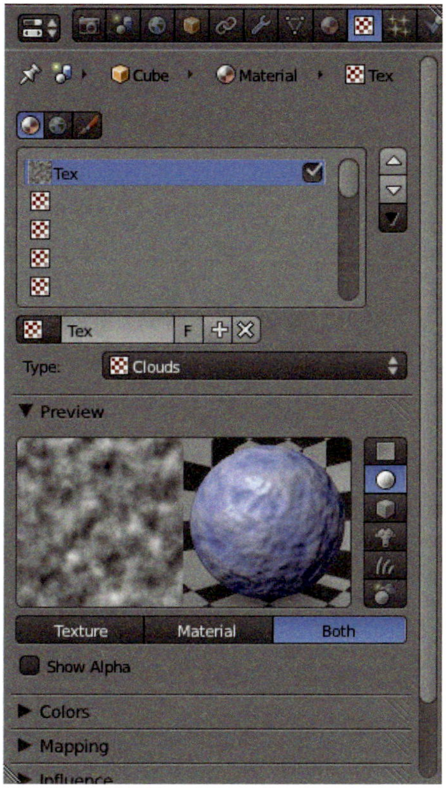

Abbildung 5.53

Die Texture Properties

Mit diesen Textures können wir dann z.B. die Farbwerte eines Bildes auf der Oberfläche erscheinen lassen. Um dem aktuellen Material Texturen hinzuzufügen, wechseln wir einfach von den *Material Properties* zu den *Texture Properties* im *Properties-Editor*. Unter dem Pfad zum aktuellen Datablock können wir wählen, ob wir die Textures für das aktuelle Material, die World oder die Brush Textures bearbeiten wollen.

Danach folgt die Liste der Texture Slots. Dort können wir (falls noch nicht vorhanden) mit einem Klick auf *New* eine neue Texture erstellen. Ein Eingabefeld mit dem Namen der aktuellen Texture erscheint. Mit dem Icon vor dem Feld können wir aus den vorhandenen Textures auswählen. Der *Plus-Button* erstellt eine neue und der *X-Button* löscht die vorhandene Texture aus dem Slot.

Unter diesen Funktionen finden wir die *Type*-Auswahl. Dort können wir eine von vielen Texture-Typen wählen. Wir schauen uns ein paar davon an.

5.2.1 Blend

Benötigen wir einen Farbverlauf, sollten wir den Type auf *Blend* stellen. Das *Blend Panel* erscheint und stellt uns die nötigen Einstellungen zur Verfügung.

ABBILDUNG 5.54
Das BLEND PANEL

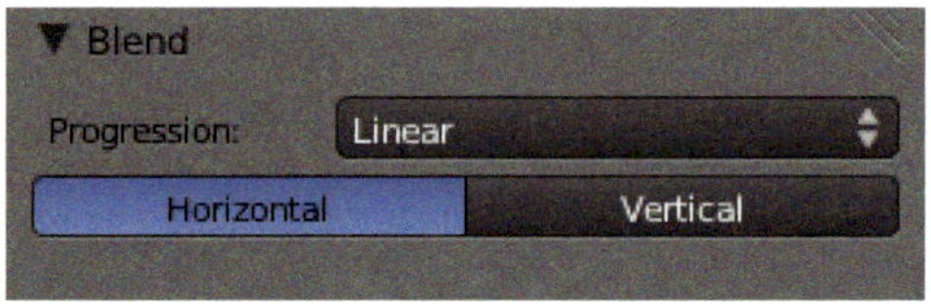

Unter *Progression* können wir einen von vielen Verlaufstypen wählen. Dabei sind diese entweder vom Typ *Linear*, *Spherical* oder *Radial*.

ABBILDUNG 5.55
LINEAR, SPHERICAL und RADIAL BLEND

Schalten wir von *Horizontal* auf *Vertical* um, können wir die Richtung des Verlaufes um 90 Grad drehen.

5.2.2 Clouds

Eine von vielen mathematisch generierten Textures in Blender sind Clouds (Wolken). Wählen wir diese als Texture *Type*, erscheint das *Clouds Panel*, in dem wir ihr Aussehen definieren können. Da diese Texture dreidimensional berechnet wird, können wir sie, auch ohne Texturkoordinaten erstellen zu müssen, verzerrungsfrei auf ein Objekt auftragen.

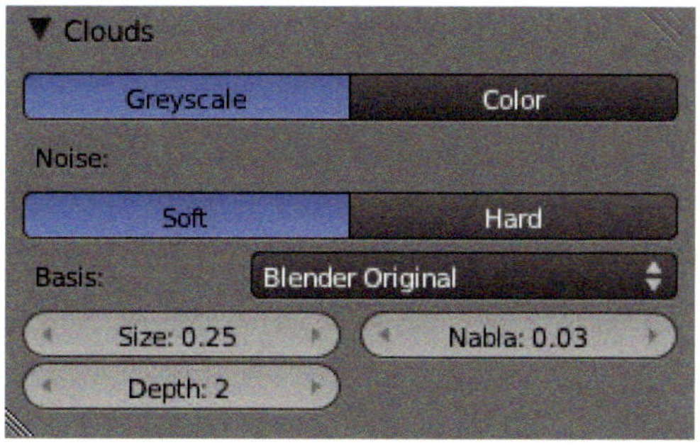

Abbildung 5.56
Das Clouds Panel

Mit *Greyscale* und *Color* können wir wählen, ob die Wolken in Farbe oder in Graustufen berechnet werden sollen. Wenn wir die Wolken benutzen wollen, um die Intensität bestimmter Materialeigenschaften zu bestimmen, bietet sich *Greyscale* an.

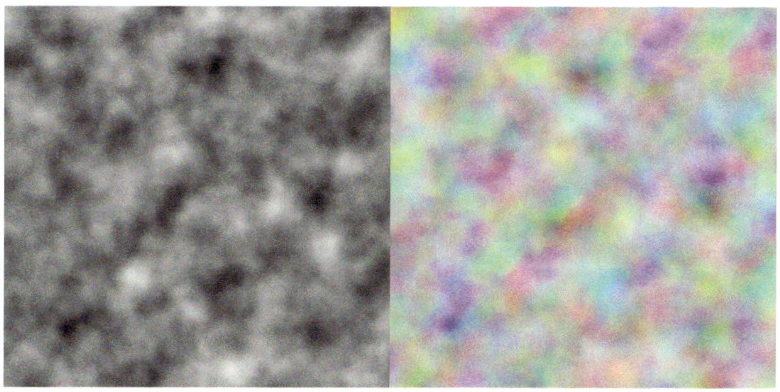

Abbildung 5.57
Clouds in Greyscale und Color

Den *Noise* können wir in *Soft* oder in *Hard* stellen. Wobei die Clouds mit *Soft* eher dem typischen Aussehen von Wolken entsprechen. Sind wir mit dieser Art der Wolken nicht zufrieden, können wir eine andere *Basis* zur Berechnung des *Noise* wählen.

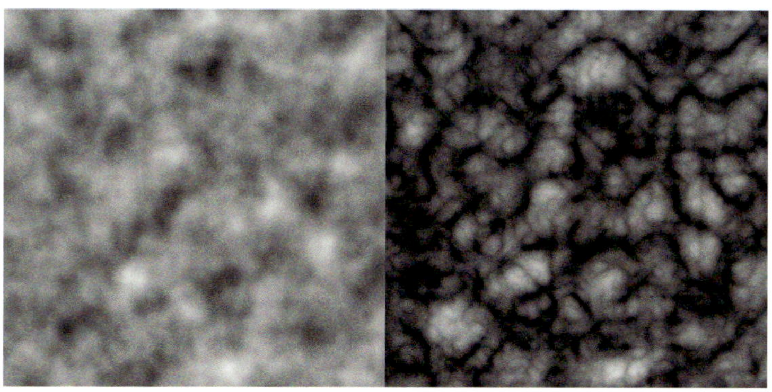

Abbildung 5.58
Clouds in Soft und Hard

Unter der *Size*, welche die Größe der Clouds Texture beeinflusst, befindet sich *Depth*. Damit lässt sich der Detailgrad der Wolken erhöhen.

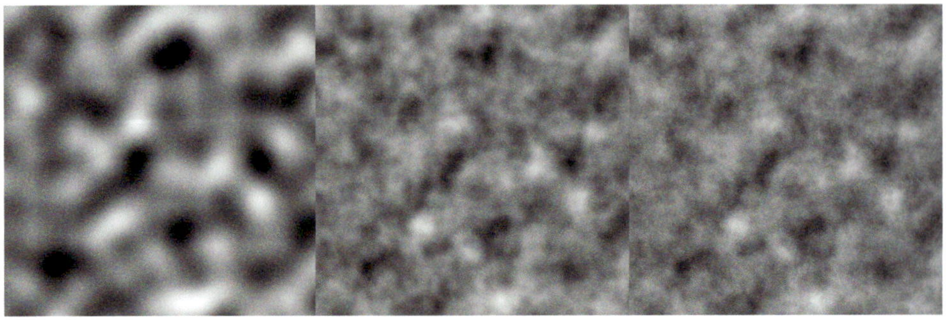

ABBILDUNG 5.59

CLOUDS mit steigender Depth

Auch die anderen mathematisch generierten Textures von Blender sind mehr als einen Blick wert. Ich empfehle, diese einfach mal auszuwählen und mit den Parametern herumzuspielen. Die Vorschau im PREVIEW PANEL ist dabei besonders hilfreich.

5.2.3 Colors

Sind wir mit den Farben einer Texture nicht ganz zufrieden, müssen wir diese anpassen. Im *Colors Panel* finden wir unter *Adjust* die Kontrolle über *Brightness* (Helligkeit), *Contrast* (Kontrast) und *Saturation* (Sättigung). Über die *RGB Multiply*-Regler können wir die Stärke der einzelnen Farbkanäle ändern.

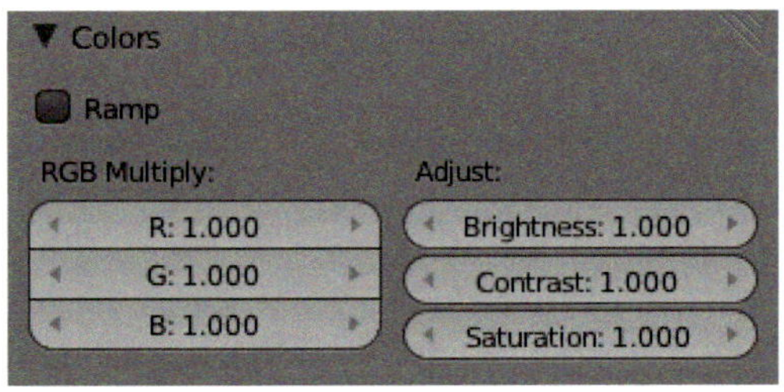

ABBILDUNG 5.60

Das COLORS PANEL

Aktivieren wir *Ramp*, erscheinen weitere Parameter. Mit ihnen können wir einen Farbverlauf definieren. Dieser wird auf die Deckkraft der Texture abgebildet. Diese Parameter sind besonders für Textures, die *Blend* als *Type* nutzen, interessant.

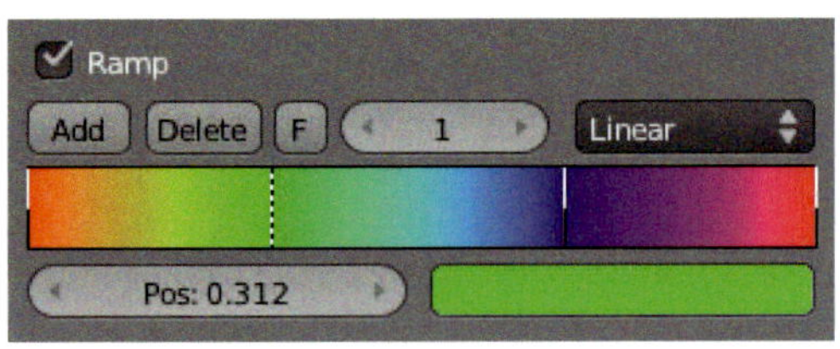

ABBILDUNG 5.61

Die Ramp-Parameter

5.2.4 Image

Meistens werden mathematisch generierte Textures aber für unsere Zwecke nicht ausreichen. Oft werden wir eigene Bilder oder sogar Videos benutzen wollen. Wählen wir Image als Texture *Type*, erscheinen drei neue Panel: *Image*, *Image Sampling* und *Image Mapping*.

Im *Image Panel* können wir zunächst einen Namen für unsere Texture wählen. Das Icon vor dem Eingabefeld lässt uns auch eine bereits vorhandene Texture wählen. Der Button mit der Zahl ermöglicht, aus einer mehrfach benutzten Texture eine neue zu machen. Mit dem *F-Button* wird für diese Texture ein Fake-User angelegt, damit diese auch, falls sie nicht mehr benutzt wird, beim Speichern der Blender-Datei nicht entfernt wird. Der Button mit dem Plus erzeugt ein neues leeres Image. Der *Open-Button* lässt uns Image- oder Videodateien öffnen.

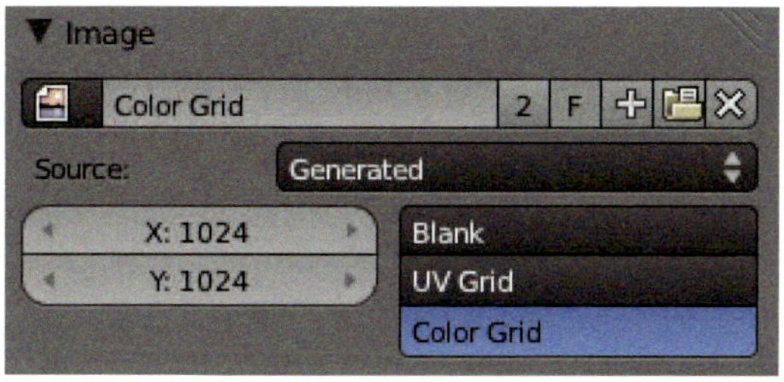

ABBILDUNG 5.62

IMAGE PANEL mit GENERATED als Source

Generated

Wählen wir *Generated* als *Source*, haben wir die Wahl zwischen *Blank*, einem leeren Bild, und zwei Grids. Das *UV Grid* und das *Color Grid* sind besonders für Tests nützlich. Sie bieten sich z.B. zum Testen von verzerrungsfreien Texturkoordinaten an. Mit *X* und *Y* können wir die Auflösung des Image in Pixeln angeben.

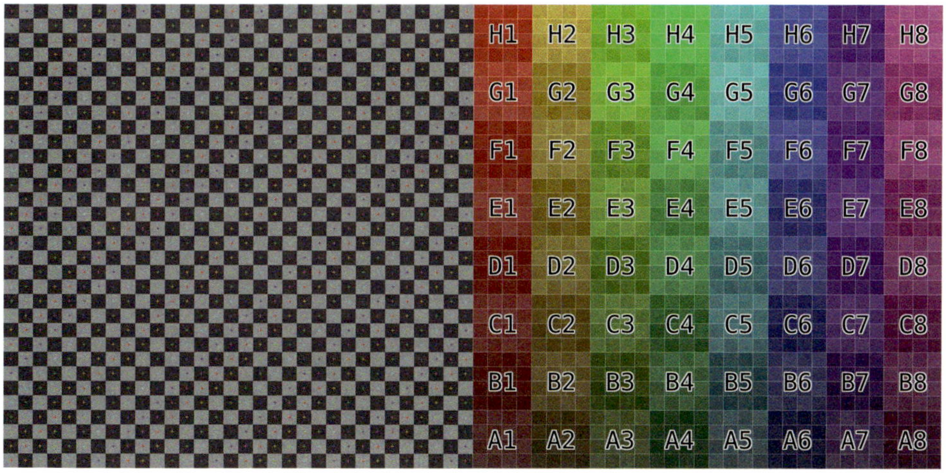

ABBILDUNG 5.63

UV GRID und COLOR GRID

File

Mit *File* als *Source* können wir unsere eigenen Bilddateien als Texture nutzen. In das Eingabefeld unter Source können wir einen Dateipfad eingeben. Dabei sind absolute Pfadangaben wie z.B. `C:\BlenderDateien\textures\hallo.jpg` erlaubt. Zu empfehlen sind allerdings Pfade, die relativ zur Blender-Datei sind. So ein Pfad kann z.B. `//textures/hallo.jpg` lauten.

Einfacher, als den Pfad selber einzutippen, ist natürlich das Öffnen über den *Open-Button* nach dem Eingabefeld. Wurde die Bilddatei zwischenzeitlich geändert, kann diese mit dem *Refresh-Button* aktualisiert werden. Mit dem *Pack-Button* vor dem Eingabefeld können wir das Bild in der Blender-Datei speichern lassen. Ein weiterer Klick lässt uns wählen, ob wir die Datei nur aus Blender entfernen, eine Datei auf der Festplatte erstellen oder eine gefundene Datei mit gleichen Daten nutzen wollen.

ABBILDUNG 5.64

IMAGE PANEL mit File als Source

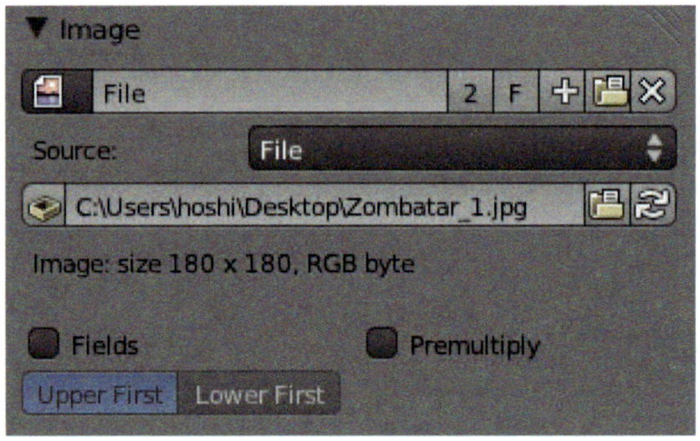

Nutzt unser Bild Halbbilder, können wir nach Aktivieren von *Fields* wählen, ob mit *Upper First* das obere oder mit *Lower First* das untere Feld zuerst genommen werden soll. Mit *Premultiply* können wir den Alpha-Kanal direkt mit den RGB-Werten des Bildes verrechnen lassen. Dies ist oft für Compositing wichtig.

Sequence & Movie

Wählen wir *Sequence* als *Source*, können wir Sequenzen aus mehreren Einzelbildern laden. Dabei geben wir den Pfad zum ersten Bild der gewünschten Sequenz an. Mit *Movie* können wir Videodateien benutzen. Wählen wir eine der beiden Optionen, erscheinen neue Parameter.

ABBILDUNG 5.65

Weitere Parameter bei SEQUENCE und MOVIE als SOURCE

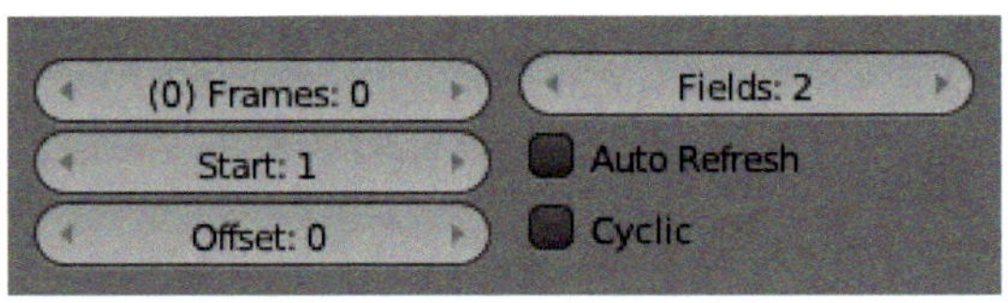

Hier können wir auswählen, wie viele *Frames* wir vom Film bzw. von der Sequenz benutzen möchten. Die Zahl in Klammern gibt an, welches Frame gerade angezeigt wird. Soll mit einem anderen Frame begonnen werden, können wir dieses mit *Start* angeben. Durch *Offset* können wir die Wiedergabe auf der Blender *Timeline* verschieben.

Mit *Auto Refresh* können wir die Animation der Texture in der *3D View* anzeigen lassen. Ohne diese Option wird nur das erste Bild angezeigt. Ist *Cyclic* aktiviert, fängt die Animation nach dem letzten Frame immer wieder von vorne an.

5.2.5 Image Sampling

Im *Image Sampling Panel* können wir mit *Use* unter *Alpha* angeben, ob der Alpha-Kanal des Bildes benutzt werden soll. Hat das Bild keinen brauchbaren Alpha-Kanal, können wir mit *Calculate* die Helligkeitswerte des Bildes nutzen. Nur so können wir *Ramp* für diese Bilder sinnvoll anwenden. Weiterhin kann ein Alpha-Kanal mit *Invert* umgekehrt werden. Ist das Bild nicht korrekt gedreht, können wir es mit *Flip X/Y Axis* um 90 Grad drehen.

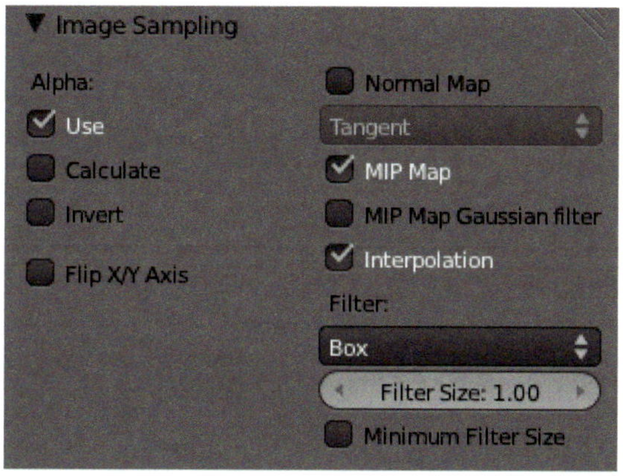

ABBILDUNG 5.66
Das Image Sampling Panel

Ist das geladene Bild eine *Normal Map*, sollten wir diese Option aktivieren. Darunter können wir deren Typ definieren. Durch *MIP Map* werden automatisch kleinere Versionen der Textur benutzt, wenn sie beim Rendern nicht in voller Auflösung benutzt wird. Mit *MIP Map Gaussian filter* wird deren Qualität erhöht.

Bei Veränderung der Größe eines Bildes werden die Pixel neu berechnet. Ohne *Interpolation* wird das Ergebnis sehr pixelig. Ist diese Funktion aktiviert, wird das Bild weichgezeichnet. Wir können den *Filter* wählen, der dafür benutzt werden soll. Mit *Filter Size* geben wir die Stärke des Weichzeichners an.

5.2.6 Image Mapping

Ein in Blender geladenes Bild ist nicht unendlich groß. Es hat Grenzen. Was Blender beim Überschreiten der Bildgrenzen anzeigt, können wir mit *Extension* im *Image Mapping Panel* beeinflussen.

ABBILDUNG 5.67

Eine einfache Mauer-Textur und eine Aufkleber-Textur

Clip Wählen wir *Clip*, wird alles, was hinter den Grenzen des Bildes liegt, transparent dargestellt. Die dahinter liegenden Textures und die Materialfarbe schauen durch.

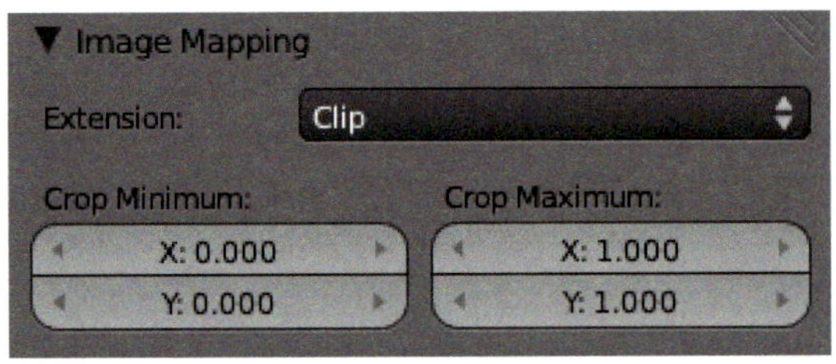

ABBILDUNG 5.68

Das IMAGE MAPPING PANEL

Mit *Crop Minimum* und *Crop Maximum* können wir das Bild in *X*- und *Y*-Achse beschneiden. Das Bild wird dadurch größer bzw. kleiner. Diese Einstellungen beeinflussen jedoch nur das Ergebnis des Renderings. In der Vorschau der *3D View* ist es nicht zu sehen. Daher sollten lieber stattdessen die *Size*-Parameter des *Mapping Panel* benutzt werden.

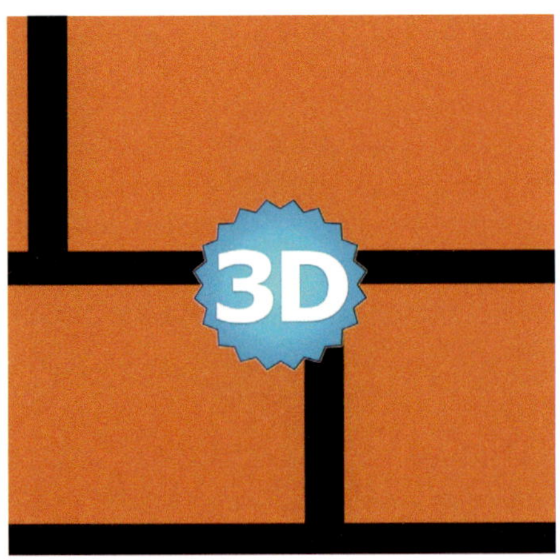

ABBILDUNG 5.69

Aufkleber mit CLIP auf Mauer

Extend

Mit *Extend* wird das Bild nach den Grenzen erweitert. Dabei wird immer der jeweils letzte Pixel vor Bildende verwendet. Dies ist besonders nützlich bei Bildern mit einfarbigem Hintergrund. Dort würde dann dieser Hintergrund weitergeführt.

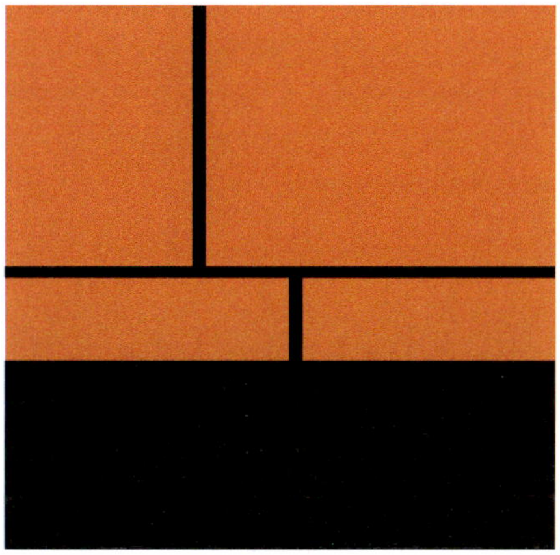

Abbildung 5.70

Mauer-Textur mit Extend

Repeat

Soll das Bild nach den Grenzen immer wiederholt werden, können wir *Repeat* nutzen. Die *X*- und *Y*-Parameter geben dabei an, wie oft die Texture sich wiederholen soll. Haben wir bereits im *Mapping Panel* unter *Size* Werte angegeben, werden diese Werte mit den *Repeat*-Werten multipliziert.

Abbildung 5.71

Die Extension-Parameter für Repeat

Ist Mirror aktiviert, wird jede zweite Wiederholung auf der *X*- bzw. auf der *Y*-Achse gespiegelt. Auch dies ist erst im Rendering sichtbar. Die Ansicht der *3D View* ist davon nicht betroffen.

ABBILDUNG 5.72

Aufkleber mit CLIP auf Mauer mit REPEAT

Checker

Mit *Checker* lassen sich unsere Textures ganz einfach im Schachbrettmuster anordnen. Dabei können wir mit *Even* und *Odd* wählen, ob die Texture alle geraden oder alle ungeraden Felder anzeigen soll.

ABBILDUNG 5.73

Die Extension-Parameter für CHECKER

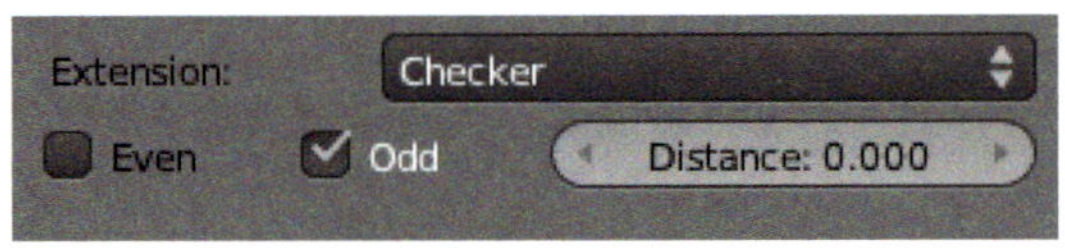

Durch *Distance* können wir die einzelnen Textures verkleinern. Dadurch entsteht ein transparenter Rahmen.

ABBILDUNG 5.74

Aufkleber mit EVEN und Mauer mit ODD CHECKER

5.2.7 Mapping

Die Position der Textures auf dem Objekt können wir im *Mapping Panel* festlegen. Dabei können wir mit *X*, *Y* und *Z Mapping* wählen, auf welche Achsen des Objektes die Texturachsen projiziert werden sollen. Unter *Offset* können wir die Texture in der *X*-, *Y*- und *Z*-Achse verschieben. Und mit *Size* können wir festlegen, wie oft die Texture auf einer der drei Achsen wiederholt werden soll.

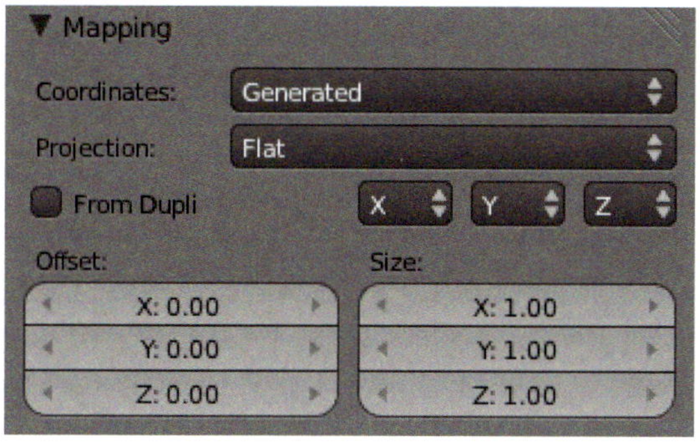

Abbildung 5.75
Das Mapping Panel

Projection

Unter *Projection* können wir ein *Mapping* wählen. Es folgt eine Beschreibung der zur Wahl stehenden Grundformen für Projektionen. In den Beispielen wurden die *Generated* als *Coordinates* gewählt.

Flat

Stellen wir *Projection* auf *Flat*, wird die Texture platt auf die Objekte projiziert. Dies eignet sich besonders für ein *Plane* Mesh. Auf anderen Objekten erhält man allerdings starke Verzerrungen.

Abbildung 5.76
Flat Projection

Cube

Bei *Cube* Projection wird die Texture optimiert für einen Quader auf das Objekt projiziert. Besonders an den Übergängen sieht man, dass diese Projektionsweise für runde Objekte nur bedingt einsetzbar ist.

ABBILDUNG 5.77
Cube Projection

Tube

Die *Tube* Projection ist optimal für die Außenflächen von Kegeln, Röhren oder ähnlichen Objekten. Leider kommt es damit aber zu Verzerrungen auf Deckel- und Bodenflächen.

ABBILDUNG 5.78
Tube Projection

Sphere

Besonders für kugelförmige Objekte ist die *Sphere* Projection geeignet. Auf einem Cube sind damit allerdings sehr merkwürdig aussehende Verzerrungen zu erkennen.

ABBILDUNG 5.79
Sphere Projection

Texture Coordinates

Für die restlichen Parameter im *Mapping Panel* muss aber auch gewählt werden, welche Koordinaten als Texturkoordinaten verwendet werden sollen. Dafür steht eine Menge zur Auswahl.

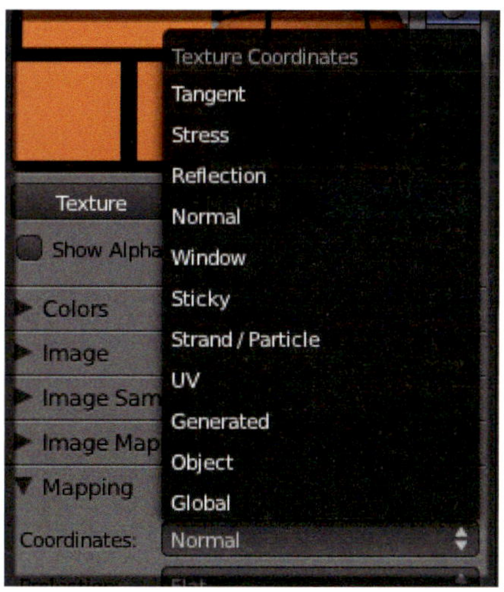

ABBILDUNG 5.80
Texture Coordinates-Pull-down-Menü

Global

Wählen wir *Global,* werden die Koordinaten der Blender-Szene als Texturkoordinaten benutzt. Benutzen wir für ein animiertes Objekt diese Koordinaten, bewegt sich die Texture nicht mit. Sie scheint im Raum stehen zu bleiben.

Object Bei diesen Koordinaten können wir ein *Object* angeben. Die Position, Rotation und Skalierung dieses Objektes bestimmen, wie die Texture auf ein Objekt mit diesen Koordinaten aufgebracht wird. Oft wird dafür ein Empty benutzt. Je nach Projection kann es jedoch helfen, eine Plane, einen Cube oder Ähnliches zu benutzen. Das Objekt sollte dann aber über den *Outliner* vom Rendern ausgeschlossen werden. Auch kann es hilfreich sein, dieses Objekt im *Display Panel* der *Object Properties* auf den *Type* auf *Wire* umzuschalten.

Generated Erstellen wir ein neues Objekt, ist dieses bereits mit Texturkoordinaten ausgestattet. Wählen wir *Generated*, wird auf diese zurückgegriffen. Durch Wahl einer entsprechenden *Projection* können die Grundkörper und simple Objekte einfach mit Textures versehen werden.

UV *UV* sind im Gegensatz zu den anderen genannten *Coordinates* tatsächliche Texturkoordinaten. Um Verwechslungen mit den sonst üblichen 3D-Koordinaten zu vermeiden, nutzen die Texturkoordinaten die im Alphabet vor X, Y und Z liegenden Buchstaben U, V und W. Da wir beim Mapping in Blender mit 2D-Bildern arbeiten, werden wir die dritte Koordinate nicht benutzen. Daher spricht man hier auch nur von *UV* Mapping.

ABBILDUNG 5.81
Texture zum Veranschaulichen der UV-Koordinaten

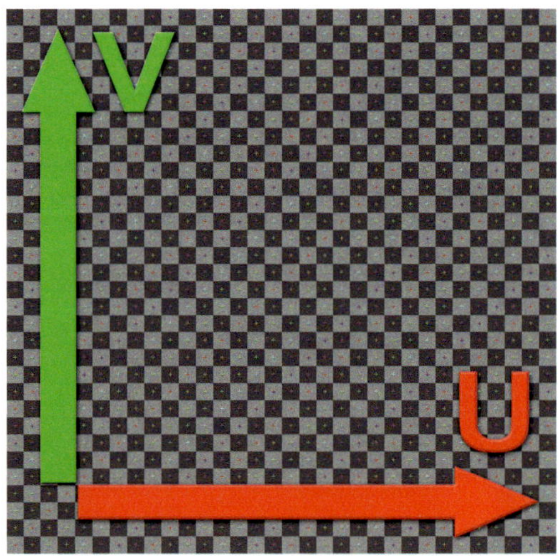

Wollen wir Textures präziser auf einem 3D-Objekt platzieren, müssen wir die Unwrap-(Auswickeln-)Funktionen nutzen. Damit schneidet Blender ein Objekt anhand vorher von uns definierter Nähte auseinander und entfaltet es danach. Das Ergebnis ist ein zweidimensionales Kontrollgitter. Die Position der Vertices dieses Kontrollgitters bestimmen ihre *UV*-Koordinaten.

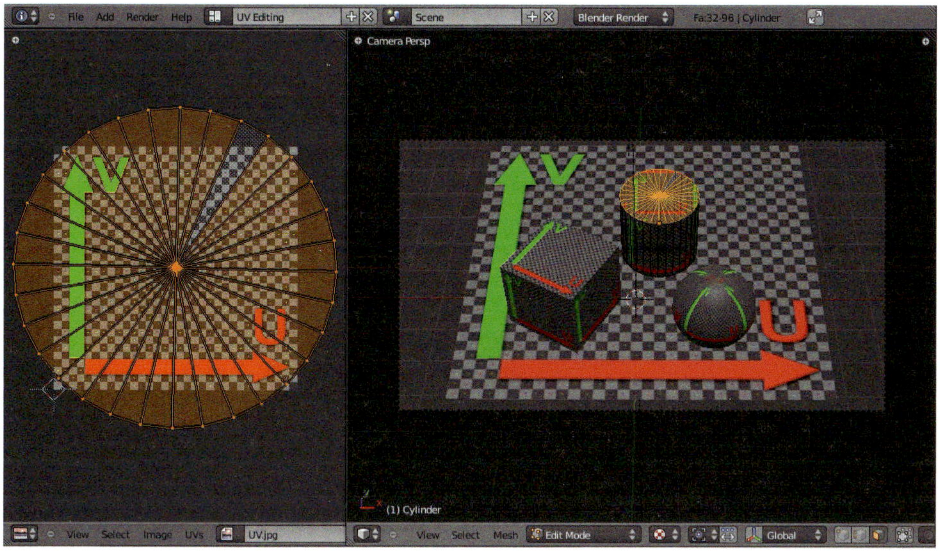

ABBILDUNG 5.82

UV EDITING der Faces des Deckels vom Tube-Objekt

Dieses platte Gitter können wir im *UV/Image-Editor* sehen und bearbeiten. Es lässt sich dort völlig unabhängig von der Geometrie des dreidimensionalen Mesh-Objektes transformieren und verzerren, bis es genau auf die 2D-Textur passt, die wir für das Objekt vorgesehen haben.

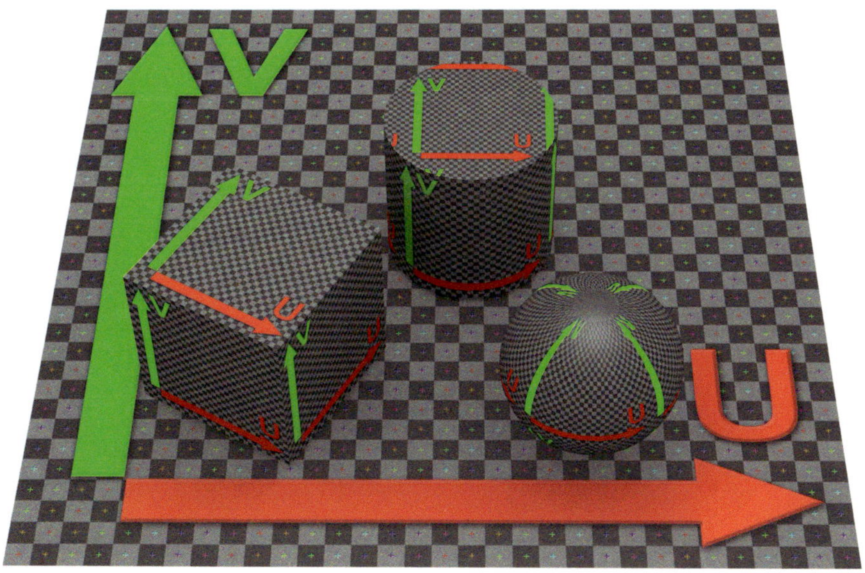

ABBILDUNG 5.83

Vier Grundkörper mit UV-Koordinaten versehen

Anhand eines simplen Beispiels sollten wir dies nun ausprobieren. Wir erstellen eine Textur und mappen diese auf einen einfachen Quader.

ABBILDUNG 5.84

Entwurf einer Packung in Photoshop

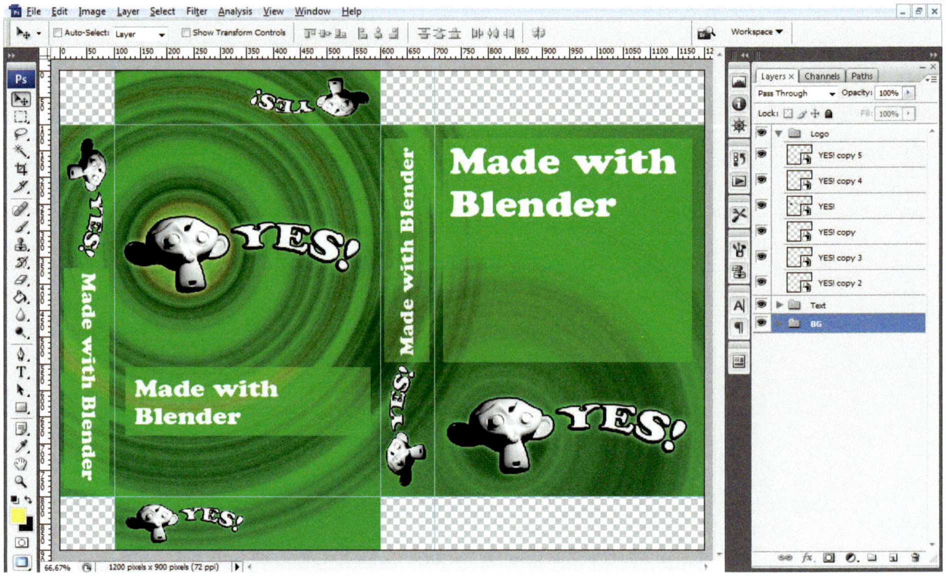

Dafür erstellen wir in einem Bildbearbeitungs- oder Layoutprogramm die Textur für eine Packung.

ABBILDUNG 5.85

Neue Szene mit dem Default Cube in Package umbenannt

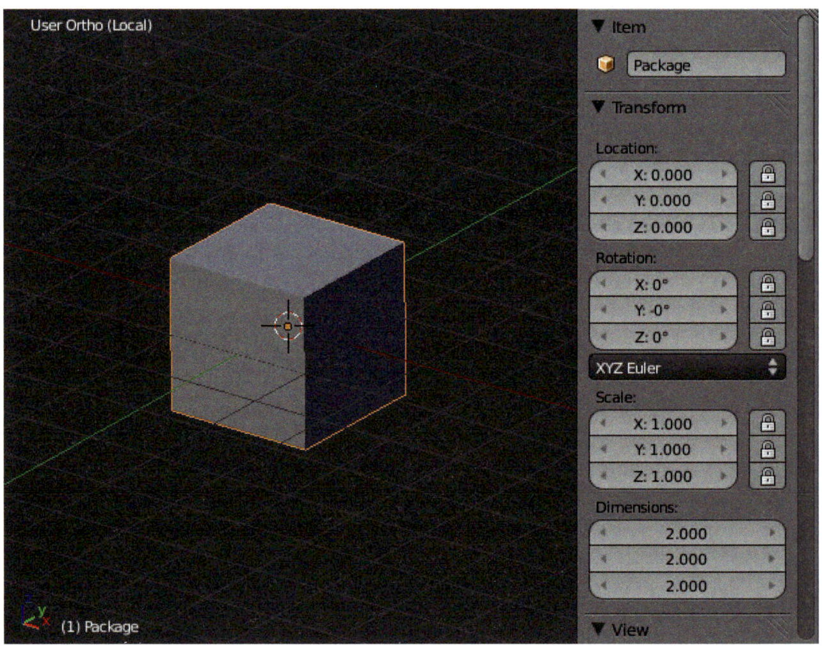

Um später Verzerrungen beim Rendern der Texture zu vermeiden, sollten wir die genauen Abmessungen kennen. In diesem Fall hat die Texture der Packung die Maße Breite $X = 5$, Höhe $y = 7$ und Tiefe $z = 1$.

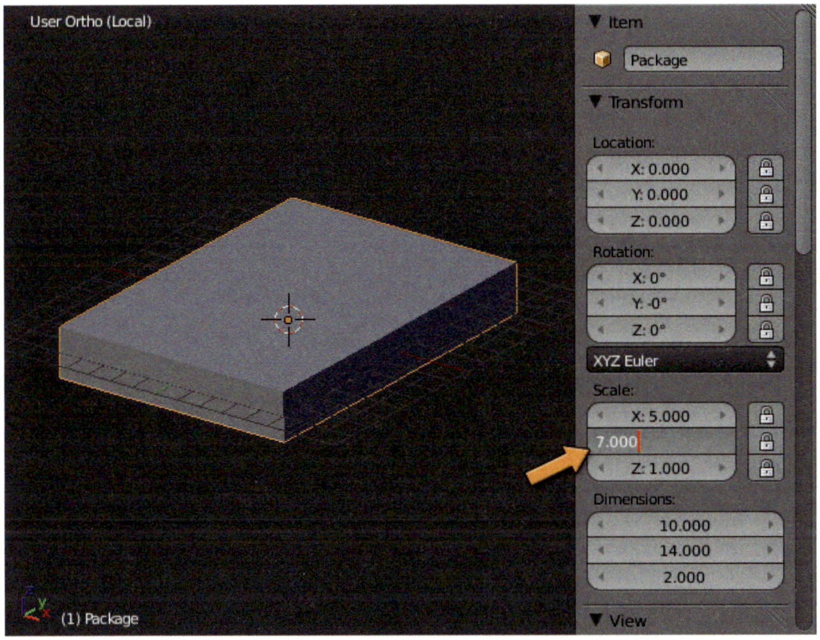

ABBILDUNG 5.86

Der Default Cube mit unseren Maßen versehen ist zu groß.

Die Maße der Texture der Packung können wir in Blender auf unser 3D-Objekt übertragen. Dafür nutzen wir einfach unter *Transform* die *Scale*-Eingabefelder in den *View Properties* [N].

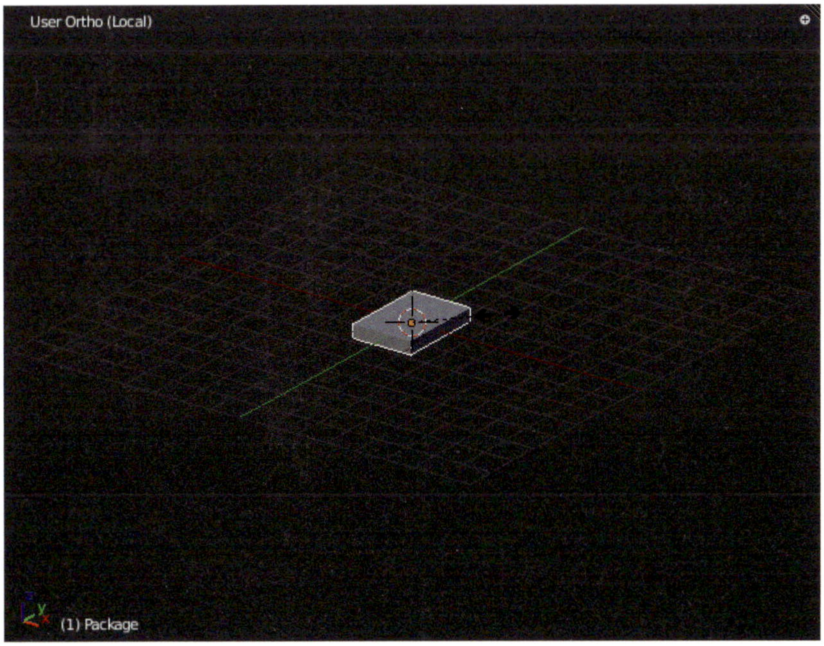

ABBILDUNG 5.87

Skalieren des Cube, falls er zu groß ist

Dadurch wird der Cube zwar sehr groß, aber das macht nichts. Wir skalieren ihn einfach mit [S] und [.] [2] auf 20% seiner bisherigen Größe.

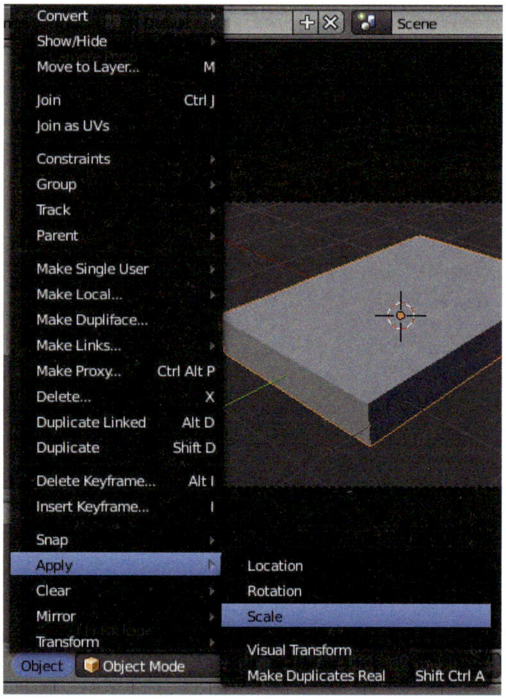

ABBILDUNG 5.88

Mit APPLY SCALE wird die Skalierung auf das Objekt angewendet.

Sind wir mit der Größe und den Maßen des Cube zufrieden, sollten wir die Skalierung dem Objekt zuweisen. Dafür benutzen wir einfach die Funktion *Apply Scale* im *Object-Menü* der *3D View*.

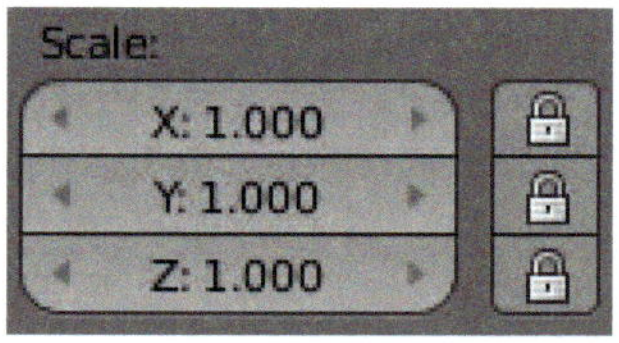

ABBILDUNG 5.89

Werte nach APPLY SCALE

Dies hat den Vorteil, dass wir nun wieder mit Skalierungswerten von 1.0 arbeiten können.

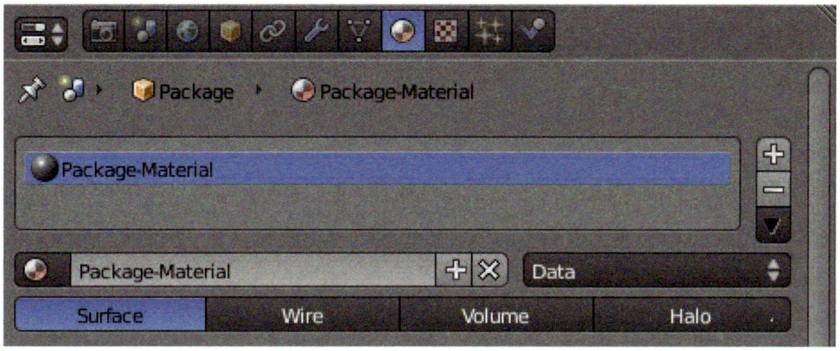

ABBILDUNG 5.90
Package-Material erstellt

Danach legen wir ein neues Material an. Auch dem Material sollten wir direkt einen eindeutigen Namen geben.

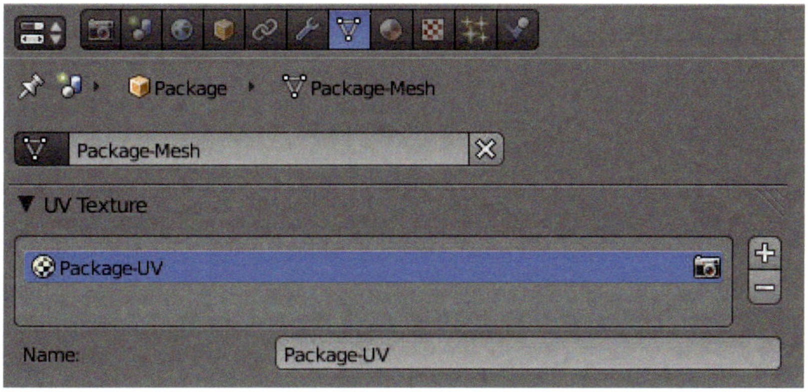

ABBILDUNG 5.91
Erstellen eines neuen UV Texure Layer

Um nun die Texture dem Objekt zuweisen zu können, müssen wir zunächst einen neuen *UV Texture Layer* erzeugen. Dazu müssen wir in die *Object Data Properties*. Dort können wir auch gleich dem Mesh einen besseren Namen geben.

ABBILDUNG 5.92

TEXTURE PROPERTIES mit MAPPING PANEL

Nun wollen wir die Texture benutzen. Wir wechseln dazu in die *Texture Properties* und erstellen eine neue Texture. Diese soll vom Typ *Image or Movie* sein. Unter *File* im *Image* Panel laden wir das gewünschte Bild. Im *Mapping* Panel schalten wir unter *Coordinates* auf *UV* um und wählen unter *Layer* unsere Package-UV aus.

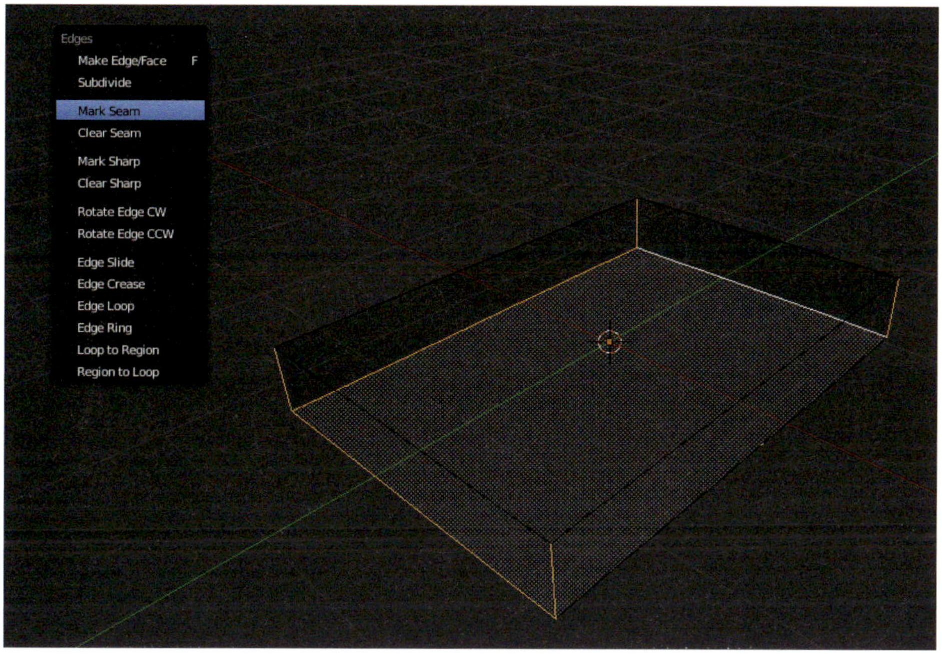

Abbildung 5.93

Edges wie Schnitte der Texture selektiert und mit Mark Seam *markiert*

Um nun das Objekt für den *UV/Image-Editor* vorzubereiten, müssen wir im *Edit Mode* [Tab] Edges als *Seams* (Nähte) markieren. An den *Seams* wird das Objekt dann für den UV-Editor zerschnitten und entfaltet. Die *Seams* sollten den Schnitten unseres Layouts entsprechen.

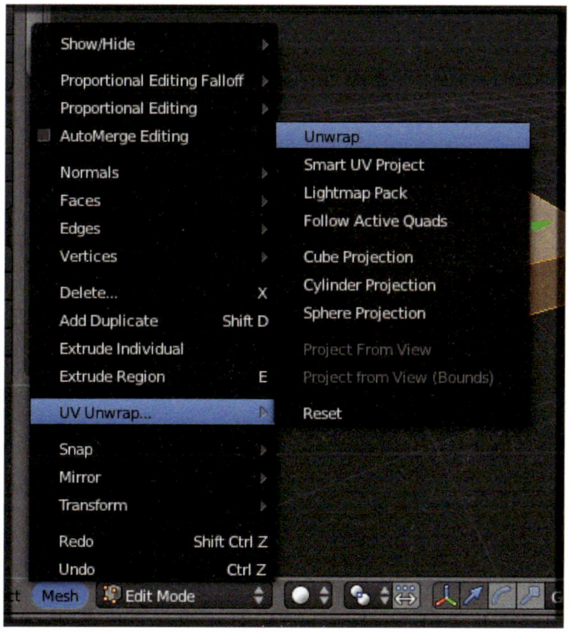

Abbildung 5.94

Nach Markieren der Schnitte wird Unwrap *angewendet.*

Im *Mesh*-Menü finden wir unter *UV Unwrap...* die Funktion *Unwrap*. Haben wir diese angewählt, werden die UV-Koordinaten für das Objekt auseinandergeschnitten und entfaltet. In einem *UV-Editor* können wir das Ergebnis sehen.

ABBILDUNG 5.95

VIEWPORT SHADING auf TEXTURED stellen

Um nun auch in der *3D View* die Texture auf dem Objekt sehen zu können, müssen wir im *Header* das *Viewport Shading* auf *Textured* stellen. Nun sollten wir einen *UV-Editor* zur Oberfläche hinzuholen. Der leichteste Weg ist dabei das Umschalten auf den *UV Editing Screen* über den *Info* Header.

ABBILDUNG 5.96

UV-Editor und 3D-View – UV-Koordinaten noch verdreht

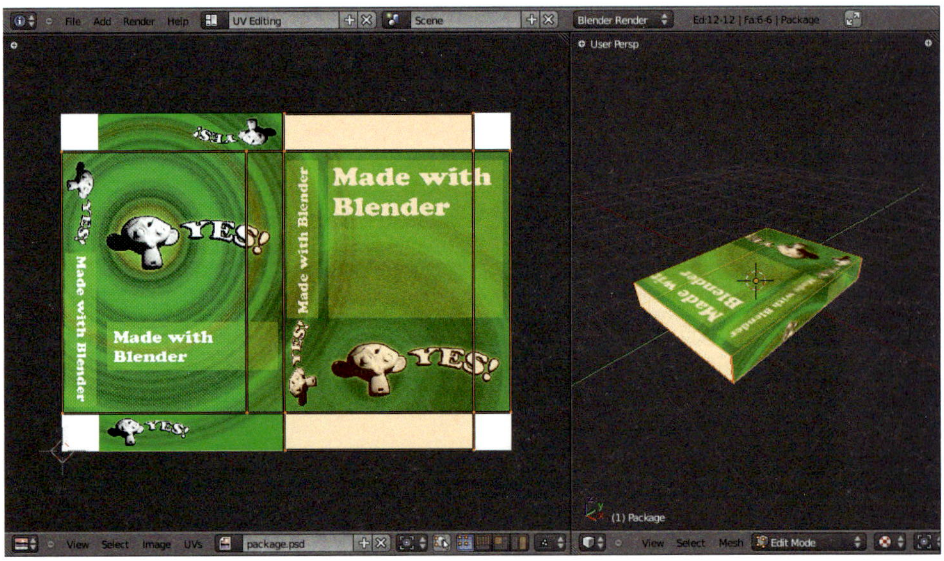

Um die UV-Koordinaten auf die Texture anzupassen, müssen wir zunächst in der *3D View* mit [A] alle Vertices auswählen. Danach muss im *UV Editor Header* die zu verwendende Texture gewählt werden. Sind die Koordinaten nicht genau auf der Texture, müssen wir diese transformieren. Das funktioniert im *UV-Editor* ebenso wie in der *3D View* mit [G] Grab, [R] Rotate und [S] Scale.

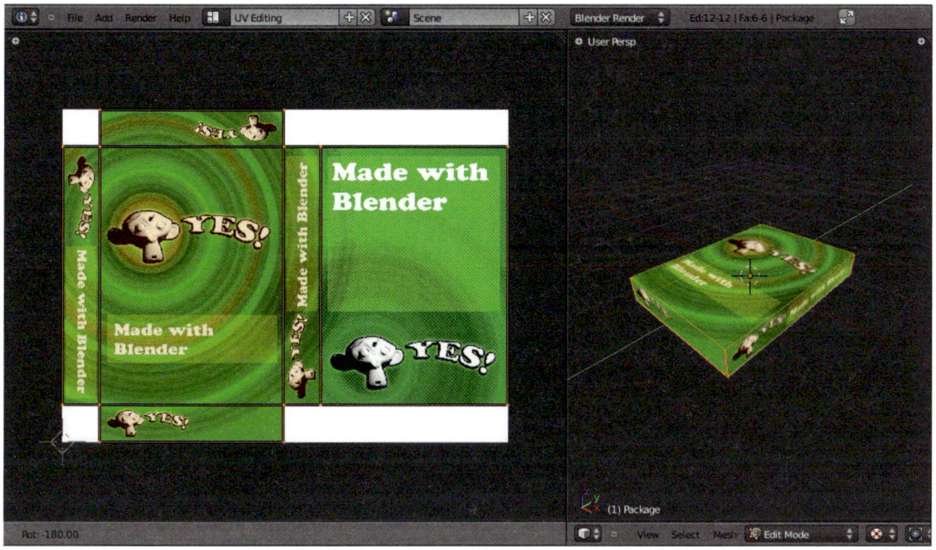

ABBILDUNG 5.97

UV-Editor und 3D-View – UV-Koordinaten um 180° rotiert

In diesem Fall ist die Abweichung der UV-Koordinaten von der Texture lediglich eine Drehung von 180°. Mit [R] und [1][8][0] für 180° ist das Problem also behoben, und die Textur sitzt nahezu perfekt. Nur an den Nähten sind evtl. weiße Striche zu erkennen. Diese können wir jedoch einfach durch leichtes Verschieben der UV oder Veränderung der Texture im Bildbearbeitungsprogramm korrigieren.

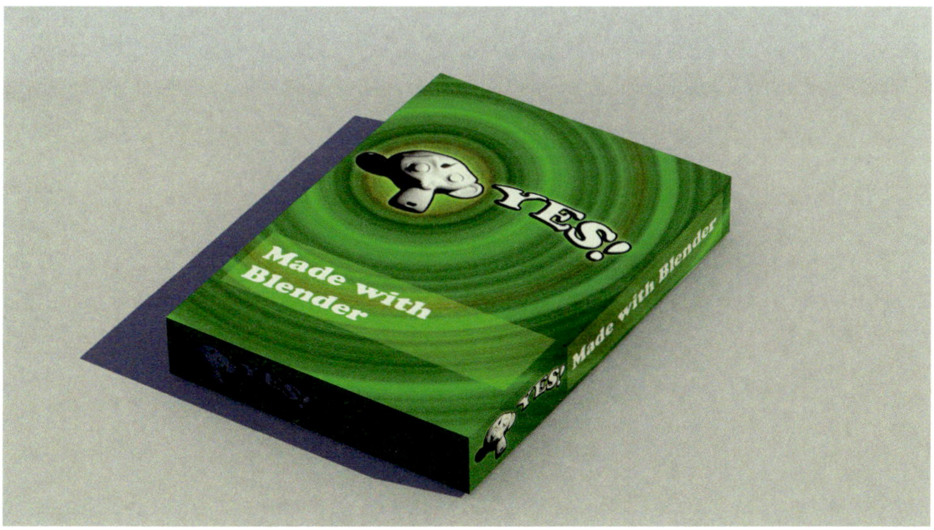

ABBILDUNG 5.98

Rendering der fertigen Packung

UNWRAP funktioniert nicht nur bei Objekten mit harten Kanten. Auch bei organischen Objekten kann das Model mit ein paar wenigen SEAMS entfaltet werden. Wichtig ist nur, dass diese SEAMS an Stellen gelegen sind, die nicht sofort ins Auge fallen.

Strand/Particle

Mit *Strand/Particle* können wir eine (z.B. Blend) Texture über die Länge einer *Strand* bzw. über die Lebensdauer eines Partikels mappen. Besonders praktisch, wenn wir z.B. die Farbe eines Partikels aufgrund seiner *Lifetime* verändern wollen.

Sticky *Sticky*-Koordinaten können mit *Add Sticky* (über das *Spacebar-Menü*) aus der Sicht der aktuellen Kamera erzeugt werden. *Remove Sticky* entfernt diese wieder. Dies wird meist für Camera Mapping genutzt.

Window *Window* sind die Koordinaten des gerenderten Bildes. Mit diesen Koordinaten zieht sich eine Texture über die gesamte Bildfläche.

Normal Mit *Normal* werden die Richtungsvektoren der Oberflächennormalen als Texturkoordinaten verwendet. Somit bestimmt die Blickrichtung der Oberfläche das Mapping.

Reflection *Reflection* nutzt die Richtung der Reflexionsvektoren. Dies ist nützlich für Environment und Reflection Maps; falls also ein Objekt nicht die tatsächliche Umgebung widerspiegeln soll, sondern den Inhalt einer Texture.

Stress Verformen wir z.B. ein Mesh mit einem Modifizierer, können wir mit einer *Blend* Texture und den *Stress*-Koordinaten die Stellen einfärben, an denen sich die Länge der Edges am heftigsten ändert.

Tangent Benutzt den optionalen *Tangent*-Vektor als Texturkoordinaten.

5.2.8 Influence

Textures können nicht nur die Materialfarbe beeinflussen. Sie können auch noch viele andere Materialeigenschaften variieren. Oberflächeneigenschaften wie z.B. Glanzlicht oder die Neigung der Oberfläche haben einen Parameter im *Influence Panel* der *Texture Properties*.

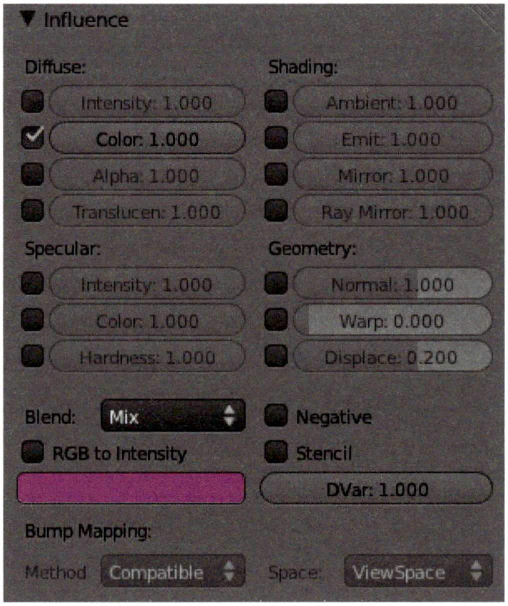

ABBILDUNG 5.99
DAS INFLUENCE PANEL

Negative

Im unteren Bereich finden wir die Option *Negative*. Dadurch werden die Farbwerte der Texture umgekehrt.

Stencil

Mit *Stencil* können wir die Texture als Schablone benutzen. Je nach Grauwert der Texture werden damit entweder die Textures angezeigt, die sich über dem Slot mit der Stencil Texture befinden, oder die Textures darunter.

DVar

In *DVar* können wir den Wert definieren, der für eine Eigenschaft mit einem *Influence* von 1.0 benutzt wird. Dieser Wert gilt nicht für Felder mit Farbinformationen.

Diffuse

Eine Diffuse Texture beschreibt die Variationen in der Farbe eines Objektes. Mit den *Diffuse*-Parametern können wir die Einstellungen des Materiales mit Textures stellenweise verändern.

ABBILDUNG 5.100
Diffuse Texture

Wer Textures nicht selber malen möchte, kann diese auch auf einer der vielen Texture-Websites erhalten. Dabei darf man allerdings nicht vergessen, sich mit den Lizenzbedingungen der jeweiligen Seite auseinanderzusetzen.

Alternativ können wir auch auf greifbare Objekte aus unserer Umgebung zurückgreifen. Flache Objekte wie z.B. ein Blatt oder die Oberfläche einer Verpackung können mit einem einfachen Scanner erfasst werden.

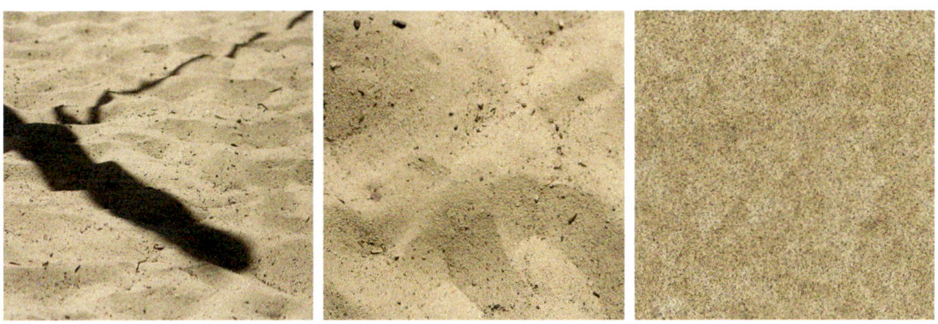

ABBILDUNG 5.101
Sandoberfläche für Diffuse Texture von unbrauchbar bis brauchbar

Für größere und komplexere Oberflächen bietet sich eine Digitalkamera an. Wichtig ist allerdings, die perspektivische Verzerrung möglichst gering zu halten; also so weit wie möglich von der Oberfläche entfernen und mit möglichst viel Zoom knipsen. Ein Stativ verringert die Unschärfe. Außerdem sollte kein Glanzlicht auf der Oberfläche erscheinen. Sie sollte möglichst neutral von diffusem Streulicht beleuchtet sein. Je weniger Licht und Schatten zu sehen ist, umso besser ist sie als Diffuse Texture geeignet.

Color

Mit *Color* werden die Farben einer Texture benutzt, um die *Diffuse Color* stellenweise zu verändern. Benutzen wir eine farbige Texture, werden diese Farben übernommen. Besteht die Texture nur aus Graustufen oder ist *RGB to Intensity* aktiviert, wird die Default Color aus dem Farbfeld darunter genommen.

ABBILDUNG 5.102
Plane mit Diffuse Texture

Hat die Diffuse Texture einen Alpha-Kanal, wird an transparenten Stellen die Diffuse Color des Materials angezeigt. Benutzen wir mehrere sich überlagernde Textures, kann auch die Texture unter der aktuellen Ebene durchscheinen.

Intensity

Mit einer Intensity Texture beeinflussen wir, wie viel diffuses Licht das Material an bestimmten Stellen zurückwerfen soll. Hier bieten sich Graustufen an.

Alpha

Soll nur das Blatt freigestellt werden, sollten wir eine Alpha Texture benutzen. Durch die Helligkeitswerte bestimmen wir, welche Stellen der Oberfläche angezeigt werden sollen und welche nicht.

ABBILDUNG 5.103
Alpha Texture

Zunächst müssen wir den Wert *Alpha* in den *Material Properties* im *Transparency* Panel auf 0.0 stellen. Wir erstellen dann zusätzlich zur Diffuse Texture einen neuen Texture-Kanal. Auch dieser wird vom Typ Image sein. Wir laden die Alpha Texture hinein und aktivieren im *Influence* Panel unter *Diffuse* den *Alpha*-Parameter.

ABBILDUNG 5.104
Plane mit Diffuse und Alpha Texture

Anstelle eine eigenständige Alpha Texture zu erstellen, kann auch z.B. ein Alpha-Kanal aus einer Diffuse Texture benutzt werden, um die Transparenz des Objektes zu beeinflussen. Dazu muss in den Texture Properties im IMAGE SAMPLING Panel die Option USE ALPHA angewählt sein und im INFLUENCE Panel zusätzlich ALPHA aktiviert werden. Der Wert ALPHA in den MATERIAL PROPERTIES im TRANSPARENCY Panel sollte dabei auf 1.0 bleiben.

Das Blatt hat nun einen transparenten Bereich. Doch Achtung! In diesem Bereich kann trotzdem noch *Specular* auftreten. Eine mögliche Lösung zum Entfernen der *Specular* ist, diese in den Materialeinstellungen für das gesamte Material auf 0.0 zu stellen. Soll jedoch auf dem soliden Teil des Objektes Glanzlicht auftreten, so kann die Alpha Texture außerdem als Specular Texture verwendet werden.

Translucency

Durch manche sehr dünnen Objekte kann Licht durchscheinen. Hält man z.B. eine Taschenlampe hinter ein Blatt Papier und leuchtet dagegen, kann man den Lichtschein auf der Vorderseite sehen. Der Translucency-Parameter beschreibt in Blender, wie stark das Licht durchscheint. Bei 0.0 scheint kein Licht durch.

ABBILDUNG 5.105

Translucency Texture

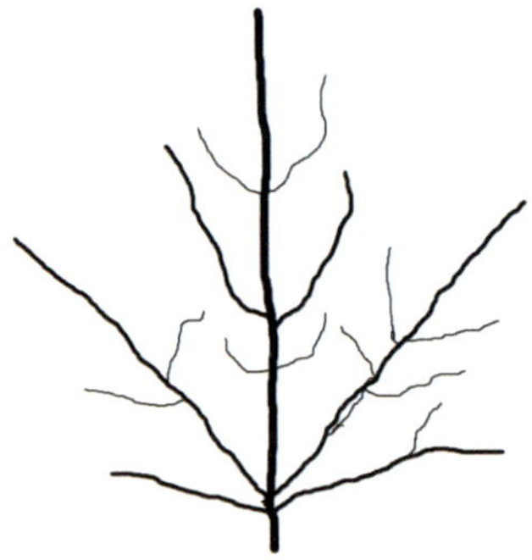

Soll das Licht an bestimmten Stellen durch die Oberfläche durchscheinen, kann eine Texture definieren, wo die Oberfläche lichtdurchlässig wird. So können wir z.B. ein Blatt mit starken Adern simulieren. Während das Licht recht stark durch das Blatt durchscheint, kommt es dort, wo die Adern sich befinden, nicht durch.

Um diesen Effekt zu erzielen, erstellen wir zusätzlich zur Diffuse Texture eine neue Texture für die Translucency. Für diese müssen wir im *Influence* Panel unter *Diffuse* den Parameter *Translucency* aktivieren.

ABBILDUNG 5.106

Blatt mit Diffuse, Alpha und Translucency Influence von der Rückseite mit Spot beleuchtet

Sowohl die Translucency Texture als auch durch Objekte geworfener Schatten kann das Licht, das durch das Objekt durchscheint, abdunkeln.

Specular

Oft ist z.B. durch Abnutzung ein Objekt an manchen Stellen rauer als an anderen. Es wird dort weniger glänzen.

ABBILDUNG 5.107
Specular Texture

Wir können die Stärke, die Farbe und die Härte des Glanzlichtes beeinflussen. Dafür nutzen wir die *Intensity-*, *Color-* und *Hardness*-Regler.

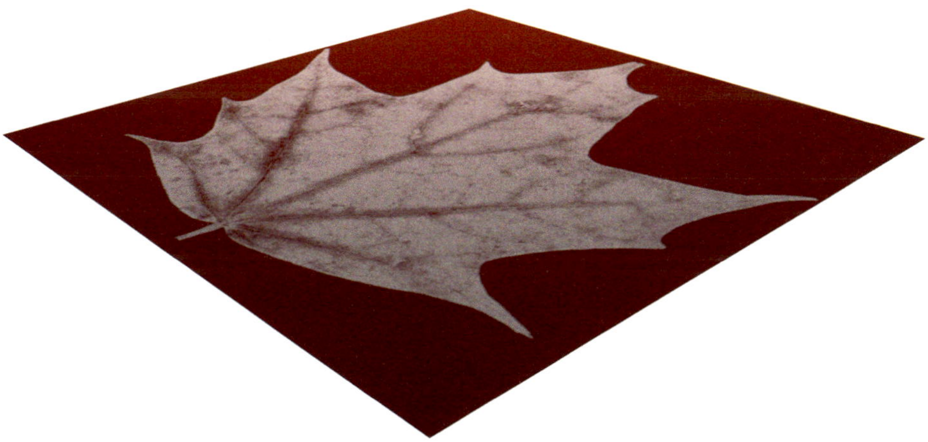

ABBILDUNG 5.108
Glanzlicht tritt nur dort auf, wo die Specular Texture weiß ist.

Emit

Emit bestimmt das Eigenleuchten von Objekten. Eine *Emit* Texture lässt uns bestimmen, an welchen Stellen ein Objekt leuchtet. Dies ermöglicht z.B. ein Stück Kohle, bei dem das glühende Innere nur an manchen Stellen durchschimmert.

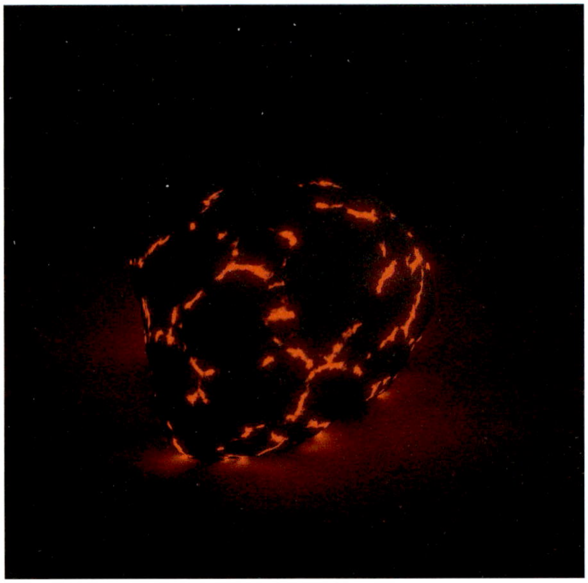

Abbildung 5.109
Glühende Kohle durch Emit Texture

Mirror & Ray Mirror

Mit *Mirror* können wir die Farbe beeinflussen, in der die Umgebung zurückgespiegelt wird. Trockene und raue Stellen spiegeln meist weniger als glatte und feuchte Stellen. Mit *Ray Mirror* können wir bestimmen, wie stark ein Objekt an bestimmten Stellen spiegelt.

Abbildung 5.110
Bodenpfützen durch Ray Mirror Texture

Normal/Bump

Die Normal Texture enthält Angaben zur Neigung der Oberfläche. So kann bei der Berechnung eines Bildes eine flache Fläche als unebene Oberfläche mit Struktur vorgegaukelt werden.

Eine Normal Texture zu erstellen ist nicht ganz einfach. Man benötigt dazu ein Tool wie z.B. CrazyBump Professional, das aus einer *Diffuse* oder *Bump Texture* eine *Normal Texture* generieren kann.

ABBILDUNG 5.111

Eine Bump Texture

Die Bump Texture hingegen gibt nicht die Neigung der Oberfläche, sondern Informationen zur Höhe an. Diese werden in Form von Graustufen in der Texture gespeichert. Dabei ist z.B. Schwarz ganz unten und Weiß ganz weit oben. *Bump Textures* lassen sich wesentlich leichter erstellen als *Normal Textures.* Sie können z.B. einfach in einem Image-Editor gemalt werden. Oft kann man sie auch rasch aus einem Farbkanal errechnen.

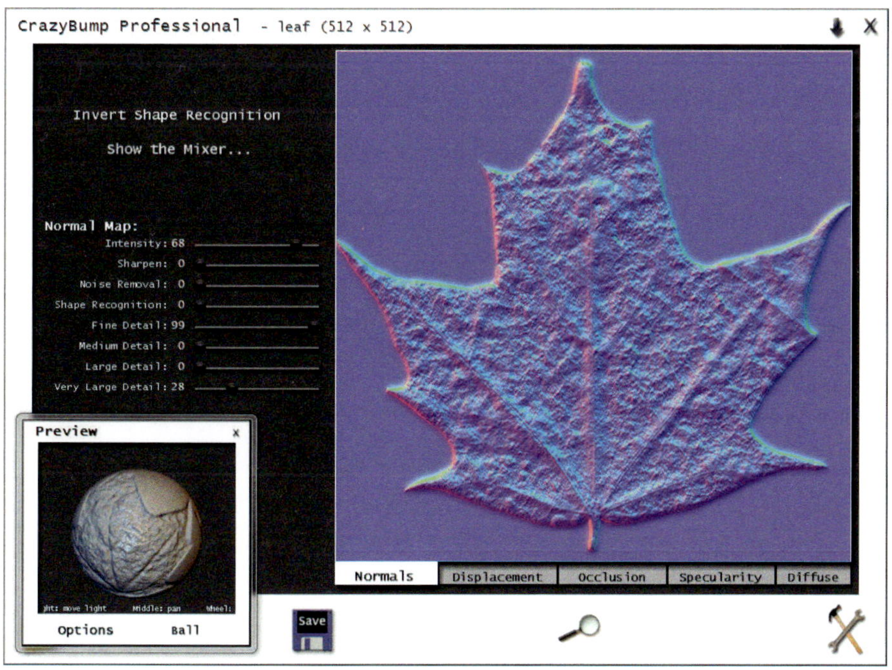

ABBILDUNG 5.112

In CrazyBump Professional generierte Normal Texture

Um die Normal Texture oder Bump Texture zu verwenden, müssen wir im *Influence* Panel unter *Geometry* den Parameter *Normal* aktivieren und im Falle des Blattes auf ca. 0.3 einstellen. Benutzen wir keine Bump, sondern eine Normal Texture, müssen wir zusätzlich den Parameter *Normal Map* im *Image Sampling* Panel aktivieren, damit Blender weiß, auf welche Weise er den Effekt errechnen muss.

ABBILDUNG 5.113

Plane mit DIFFUSE, ALPHA und NORMAL INFLUENCE

Obwohl die Oberfläche so aussieht, als hätte sie Vertiefungen und Erhebungen, ist sie dennoch komplett flach. Schaut man z.B. genau von der Seite auf eine solche Fläche, fällt direkt auf, dass es sich bei dem Effekt um eine Illusion handelt. Daher sollten Normal Textures nur bei sehr kleinen Strukturen eingesetzt werden, um Oberflächendetails zu ergänzen.

ABBILDUNG 5.114

Face mit Normal – Oberfläche erscheint flach.

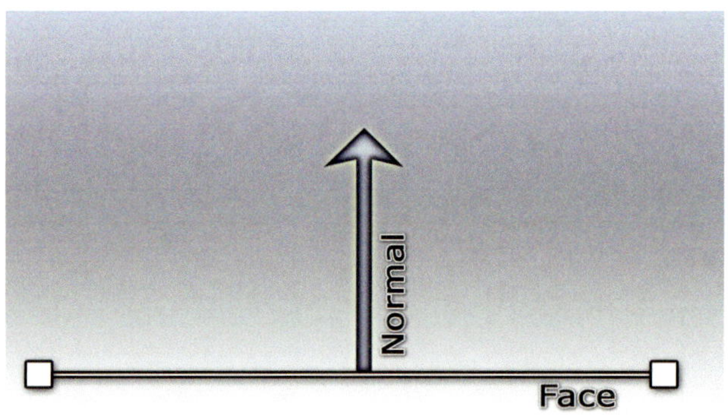

Bei einer reinen Beleuchtung durch Umgebungslicht tritt kein Bump Effect auf. Eine positionierbare Lichtquelle ist dafür nötig.

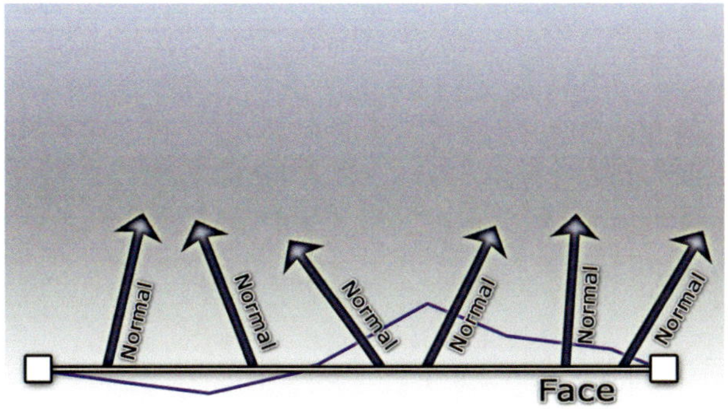

ABBILDUNG 5.115

Face erscheint durch Normal Texture uneben (blaue Linie).

Während bei *Normal* die tatsächliche Geometrie unverändert bleibt, werden mit *Displace* tatsächlich Vertices verschoben. In der Vorschau ist das allerdings nicht zu sehen. Daher sollte dieser Parameter mit Vorsicht benutzt werden. Oft ist es sinnvoller, stattdessen den *Displace* Modifier zu verwenden.

Kombination

In die *Texture Slots* (in den *Texture Properties* ganz oben) kann eine Menge Texturen (in der aktuellen Version 18 Stück) erstellt werden.

ABBILDUNG 5.116

Plane mit DIFFUSE, ALPHA, TRANSLUCENCY, SPECULAR und NORMAL INFLUENCE

Besonders in der Kombination verschiedener Textures mit unterschiedlicher *Influence* können realistischere Materialien erstellt werden.

5.2.9 Texturen mischen (Blend Type)

Oftmals sollen mehrere Textures die gleichen Eigenschaften beeinflussen. Dabei werden Textures eines Slots von den Textures in darunter liegenden Slots überlagert. Handelt es sich bei dieser Eigenschaft nur um einen einfachen Intensitätswert, genügt die Angabe der Stärke über den Influence-Regler.

ABBILDUNG 5.117

Zwei Texture Slots mit Texturen

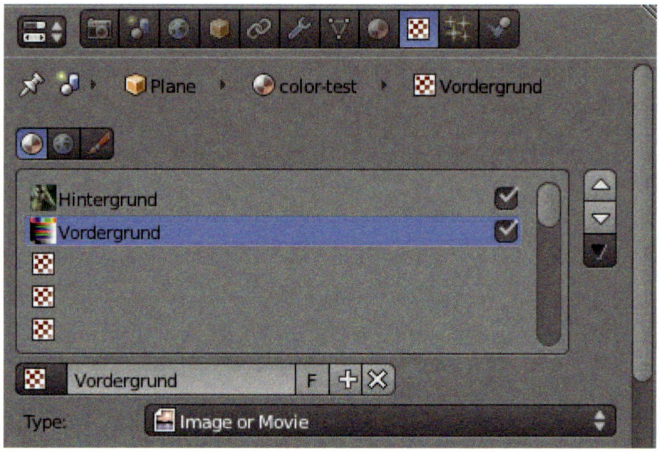

Bei Farbkanälen reicht das aber nicht immer aus. Wir brauchen oft mehr Einfluss, wie die überlagerten Farben miteinander berechnet werden. Zu diesem Zweck stehen uns mehrere *Blend Types* zur Auswahl.

ABBILDUNG 5.118

Hintergrund-Textur im ersten Slot (Big Buck Bunny)

ABBILDUNG 5.119

Vordergrund-Textur im zweiten Slot (Testbild mit transparentem Bereich)

Diese bestimmen, wie Vordergrund und Hintergrund miteinander gemischt werden.

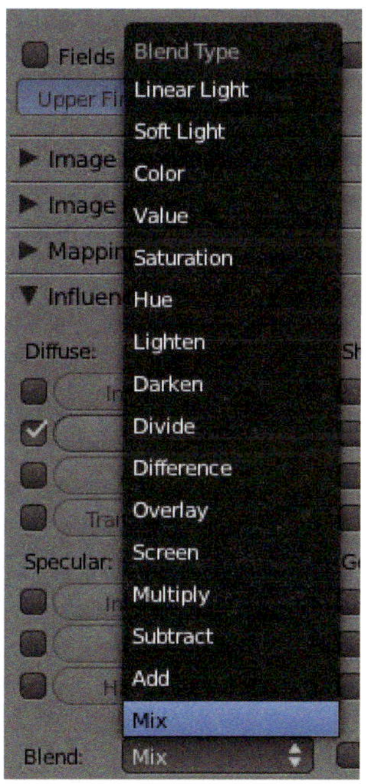

ABBILDUNG 5.120

Blend Type

Mix

Im *Blend Type Mix* (mischen) überlagert der Vordergrund den Hintergrund komplett. Lediglich transparente Bereiche werden ausgespart. Über den *Influence*-Regler können wir jedoch die Deckkraft des Vordergrundes verringern.

ABBILDUNG 5.121

Mix mit 50% Color Influence

Dieser Überblendungsmodus heißt in Photoshop und Gimp NORMAL. Bei Grafikprogrammen, die zwar Ebenen, jedoch keine Überblendungsmodi anbieten, wird meist auch dieser Modus verwendet.

Add

Bei *Add* (addieren) werden die Werte der Farbkanäle des Vordergrundes auf die Werte des Hintergrundes addiert. Schwarz hat in allen Farbkanälen den Wert 0.0. Schwarze Bildpartien haben daher bei der Addition keine Auswirkung auf das Ergebnis.

ABBILDUNG 5.122

Add

Ein schwarzer Vordergrund verändert den Hintergrund somit nicht. Ein weißer Vordergrund liefert ein komplett weißes Ergebnis.

Subtract

Analog zum *Add* Type wird beim *Subtract* (subtrahieren) Blend Type der überlagernde Farbwert vom bestehenden abgezogen. Wieder hat Schwarz keine Auswirkung, da Schwarz den Wert .0 hat. Und eine Zahl weniger null bleibt unverändert.

Abbildung 5.123
Subtract

Mit *Subtract* dunkeln helle Stellen des Vordergrundes den Hintergrund ab. Die ursprünglichen Farben werden negiert.

Multiply

Im *Multiply* (multiplizieren) Type wird der Hintergrund mit dem Vordergrund kanalweise multipliziert. Schwarze Bereiche des Vordergrundes werden im Ergebnis schwarz. Schwarz hat in jedem Kanal den Farbwert 0.0, und Multiplikation mit 0 ergibt 0 (Schwarz). In den weißen Bereichen bleibt das Hintergrundbild unverändert. Weiß hat in jedem Farbkanal den Wert 1.0. Eine Zahl multipliziert mit 1 bleibt die gleiche Zahl.

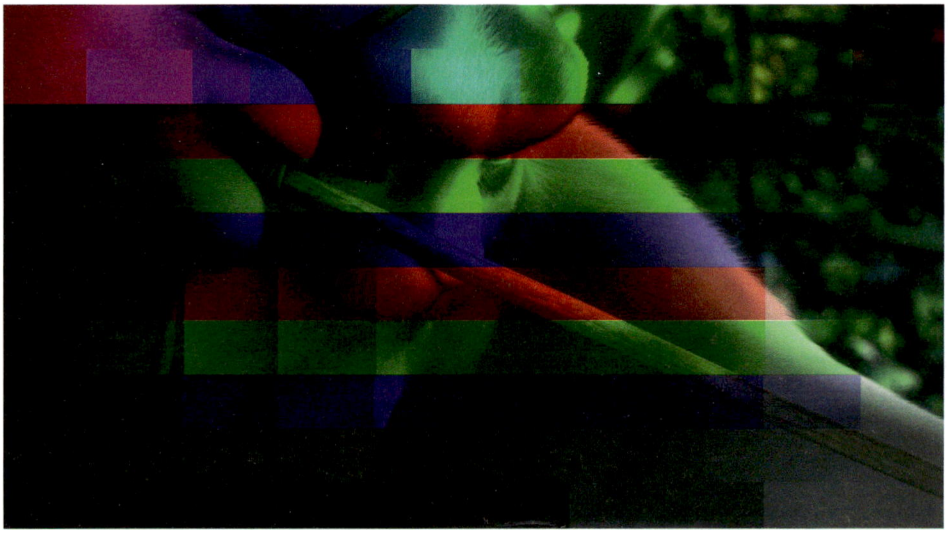

ABBILDUNG 5.124
Multiply

Somit wird das Hintergrundbild durch das Vordergrundbild abgedunkelt, wenn es nicht komplett weiß ist. Transparente Bereiche des Vordergrundes werden schwarz.

Screen

Screen (oft „negativ multiplizieren“ genannt) ist das Gegenstück zu *Multiply*. Hier werden die weißen Bereiche des Vordergrundes im Ergebnis weiß. Schwarze Bereiche hingegen lassen den Hintergrund unverändert.

ABBILDUNG 5.125
Screen

Transparente Bereiche des Vordergrundes werden weiß.

Overlay

Der *Overlay* (überlagern) Type ist wie eine Mischung aus *Screen* und *Multiply*. Dunkle Bereiche des Vordergrundes dunkeln den Hintergrund ab, helle Bereiche erhellen ihn.

Abbildung 5.126
Overlay

Ist der Vordergrund genau 50% Grau, verändert er den Hintergrund nicht.

Difference

Der *Difference* (Unterschied) Blend Type errechnet, wie stark Vorder- und Hintergrundbild voneinander abweichen.

ABBILDUNG 5.127
Difference

Sind Vordergrund und Hintergrund identisch, so ist das Ergebnis schwarz. Sind beide Bilder zu 100% verschieden (also ist eins das invertierte andere), so wird das Ergebnis weiß.

Ein schwarzes Vordergrundbild würde das Hintergrundbild nicht verändern. Ein weißes Vordergrundbild hingegen würde den Hintergrund negieren.

Divide

Bei *Divide* werden die Werte pixelweise geteilt. Das Ergebnis sieht ein wenig ulkig aus.

ABBILDUNG 5.128
Divide

Transparente Bereiche im Vordergrund werden nicht berücksichtigt. Bereiche, in denen ein Farbkanal den Wert 0.0 hat, werden ebenso ignoriert, da das Teilen durch 0 nicht erklärt ist.

Darken

Darken (oft „falls dunkler" genannt) dunkelt das Bild ab, indem der Vordergrund mit dem Hintergrund verglichen wird. Dabei wird der dunklere Wert übernommen, der hellere verworfen.

ABBILDUNG 5.129
Darken

Weiße und transparente Bereiche im Vordergrund haben keine Auswirkung auf das Ergebnis.

Lighten

Lighten (oft „falls heller" genannt) funktioniert ähnlich wie *darken*, nur mit hellen Werten.

ABBILDUNG 5.130
Lighten

Schwarze und transparente Bereiche im Vordergrund haben keine Auswirkung.

Hue

Möchte man den Hintergrund mit dem Vordergrund umfärben, bietet sich der *Hue* (Farbton) Type an. Die Sättigung des Hintergrundes wird beibehalten. Der Farbton des Hintergrundes wird durch den Farbton des Vordergrundes ersetzt.

ABBILDUNG 5.131
Hue

Transparente und farblose Bereiche verändern den Hintergrund nicht. Ein farbloser Hintergrund kann nicht eingefärbt werden. Helligkeit und Sättigung des Vordergrundes werden komplett ignoriert.

Während in Adobe Photoshop graue Pixel im Vordergrund die Hintergrundebene ebenso grau einfärben, wird in Blender (und auch in Gimp) die Originalfarbe des Hintergrundes beibehalten.

Saturation

Soll die *Saturation* (Sättigung) erhöht werden, übernimmt dieser Blend Type die Sättigungswerte aus dem Vordergrund und wendet sie auf den Hintergrund an.

ABBILDUNG 5.132
Saturation

Die Helligkeit und der Farbton des Vordergrundes werden komplett ignoriert.

Value

Der *Value* Blend Type wendet die Helligkeitswerte des Vordergrundes auf den Hintergrund an. Die Helligkeitswerte des Hintergrundes werden verworfen.

ABBILDUNG 5.133
Value

Farbton und Sättigung des Vordergrundes werden komplett ignoriert.

Color

Der *Color* (Farbe) Blend Type ist dem *Hue* Type sehr ähnlich. Der Unterschied ist jedoch, dass hier auch die Sättigung des Vordergrundes auf den Hintergrund angewendet wird.

ABBILDUNG 5.134
Color

Helligkeitswerte des Vordergrundes, transparente und farblose Bereiche werden ignoriert.

Soft Light

Soft Light wird als abgeschwächte Version des *Overlay* Blend Type verstanden.

Abbildung 5.135
Soft Light

Ist der Vordergrund genau 50% Grau oder transparent, verändert er den Hintergrund nicht.

Linear Light

Der *Linear Light* Blend Type wirkt sehr kräftig. Der Vordergrund dominiert, der Kontrast wirkt stärker als im *Overlay* Blend Type.

ABBILDUNG 5.136
Linear Light

Ist der Vordergrund genau 50% Grau oder transparent, verändert er den Hintergrund nicht.

5.2.10 Texture Paint

Blender bietet neben dem Laden von Texturen auch die Möglichkeit, direkt im Programm die Texturen zu malen. Dies kann in z.B. im *UV/Image-Editor* geschehen. Dort aktivieren wir *Image Painting* im *Image-Menü* vom *Header* des Editors. In den *Properties* [N] finden wir alle Einstellungen zu den Paint-Werkzeugen.

ABBILDUNG 5.137
UV/IMAGE-EDITOR mit IMAGE PAINTING-Tools

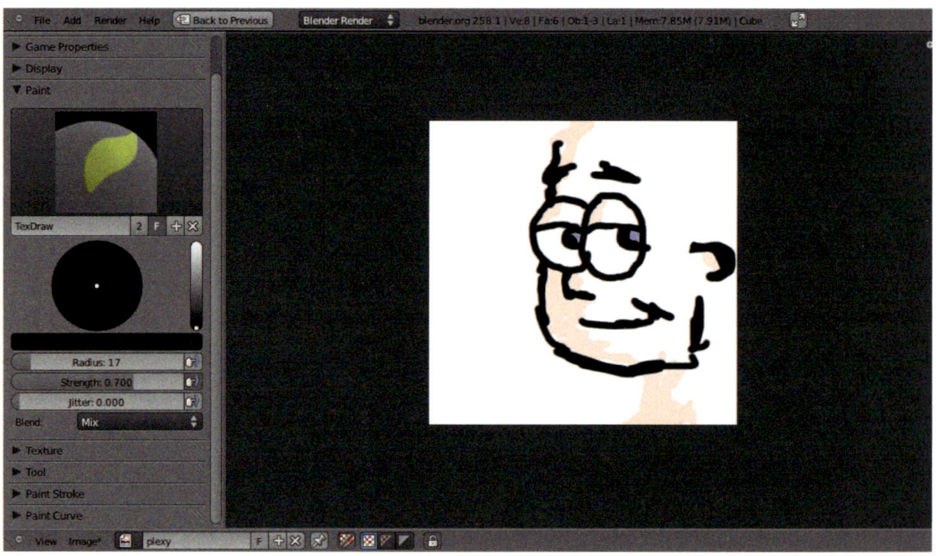

Es kann aber auch direkt in 3D auf das Objekt gemalt werden. Dazu müssen wir in der *3D View* in den *Texture Paint Mode* wechseln. Dabei stehen uns über das *Tool Shelf* [T] eine Vielzahl von Zeichentools zur Verfügung.

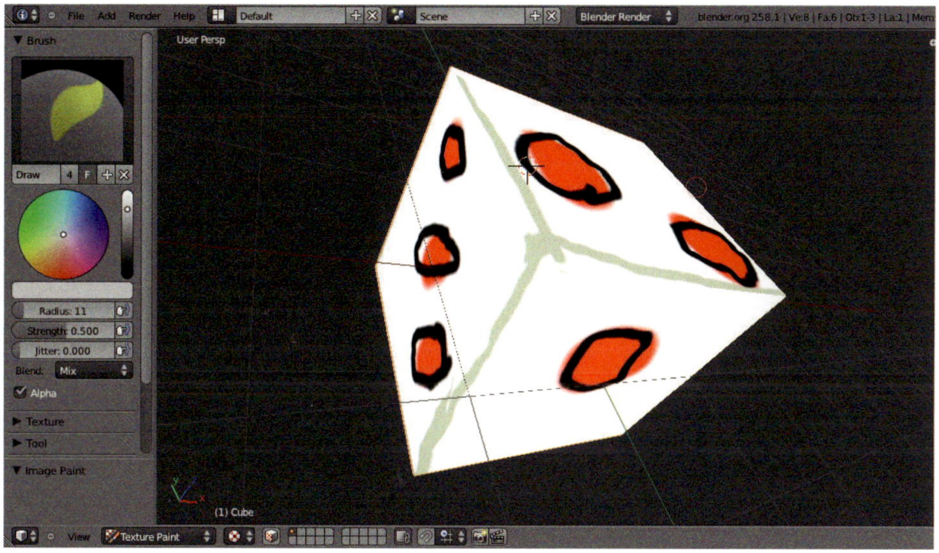

ABBILDUNG 5.138
Ein Cube mit Textur im TEXTURE PAINT MODE *der 3D* VIEW

Um auf ein Objekt in 3D malen zu können, müssen wir ihm ein Material mit einer Texture zuweisen. Das Objekt muss UV-Koordinaten besitzen. Die Texture muss auf UV MAPPING gestellt werden. Um die gemalten Texturinformationen nicht zu verlieren, muss das Image z.B. mit PACK PNG im IMAGE-MENÜ vom HEADER des UV/IMAGE-EDITORS in die Blender-Datei eingebunden werden.

5.3 Nodes

Eine weitere Herangehensweise ist es, mehrere Materialien oder auch Texturen in Form von Nodes (Knoten) in einem *Node-Editor* zu verbinden. Dadurch ist ein sehr flexibles Zusammenstellen von komplexeren Materialien möglich.

Es gibt eine Reihe von externen Tools zum Generieren von Texturen mithilfe von Nodes. NeoTextureEdit ist ein node-basierter Texur-Editor. Das Programm ist Open Source und somit kostenlos verfügbar.

Die Projekt-Homepage:

`http://sourceforge.net/projects/neotextureedit/`

Mit diesem Editor können in einer Datei gleich mehrere Texturen (z.B. Diffuse, Bump, Specular, ...) durch Anlegen und Verbinden einzelner Knoten erstellt werden. Dabei stehen uns mehrere prozedurale Texturen, ein Bitmap-Import und verschiedene Filter zur Verfügung.

ABBILDUNG 5.139

Brick-Textur in NeoTextureEdit

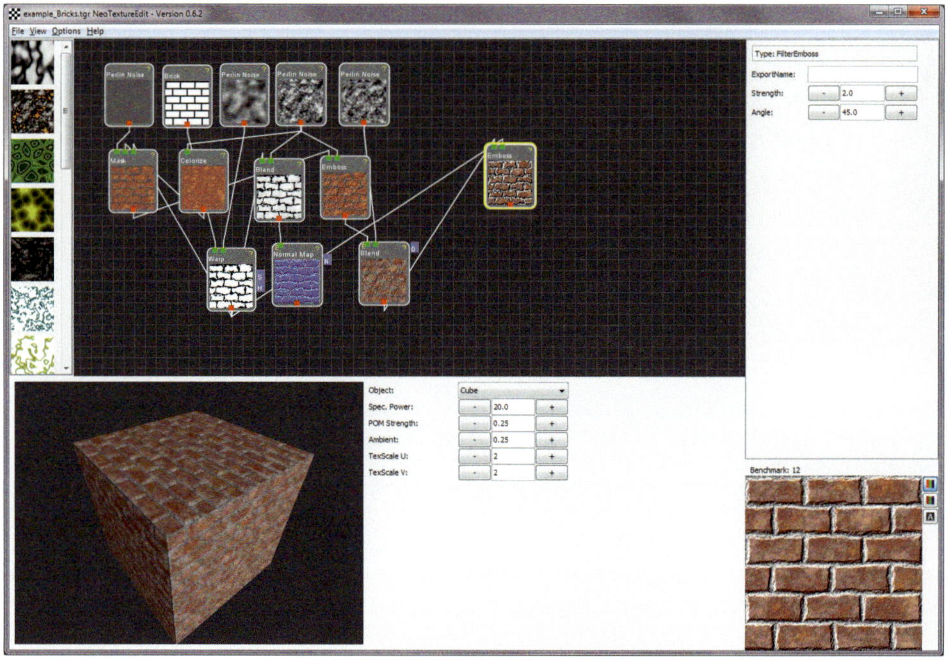

Ein solcher *Node-Editor* ist allerdings auch bereits in Blender eingebaut. Mit diesem lassen sich sowohl Texturen als auch Materialien kombinieren. Zusätzlich kann dort ein komplexes Compositing für Einzelbilder und auch komplette Animationen erstellt werden.

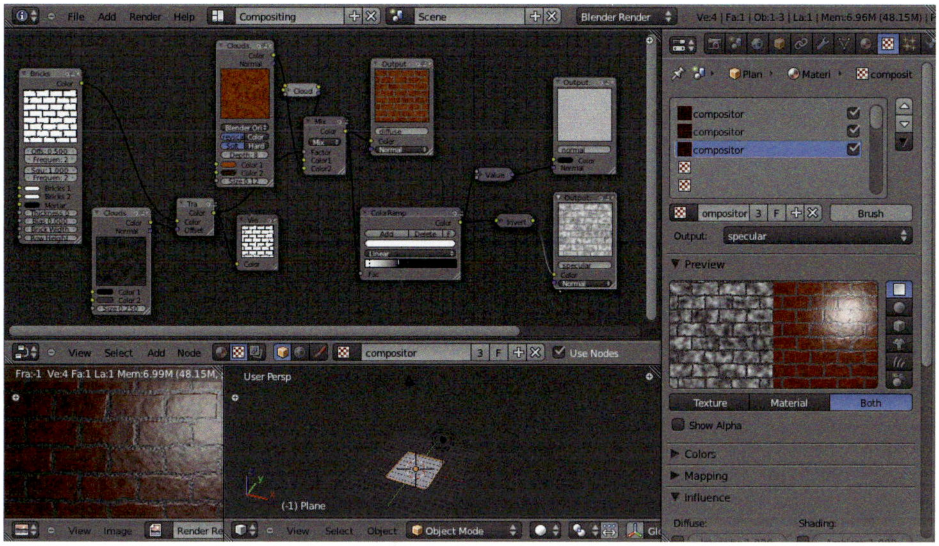

Abbildung 5.140

Ähnliche Brick-Textur im Blender Node-Editor

Kapitel 6

Beleuchtung, Umgebung und Kamera

Das Ergebnis eines Bildes ist nicht nur von den Objekten und deren Materialien abhängig. Die Inszenierung ist genauso entscheidend. Position und Einstellungen der Kamera beeinflussen die Dramatik der Szene ebenso wie die Ausleuchtung. Die Lichtfarbe, die Darstellung des Schattens und die Umgebungseigenschaften können die Glaubwürdigkeit eines Bildes unterstützen, aber auch komplett vernichten.

6.1 Beleuchtung

Wie auch in der realen Welt benötigen wir Lichtquellen, damit wir unsere Objekte sehen können. Diese Lichtquellen heißen in Blender *Lamps*. Es gibt verschiedene Typen von *Lamps*. Jeder Typ hat besondere Eigenschaften.

6.1.1 Lamp-Typen

Für die verschiedenen Beleuchtungssituationen stellt uns Blender einige Arten von *Lamp*-Objekten zur Verfügung. Oft kann mit einer Kombination der verschiedenen Typen ein ansprechendes Ergebnis erreicht werden.

Point

Die *Point Lamp* (Punktlicht) ist Blenders Standard-Lichtquelle. Das Licht wird bei dieser *Lamp* in jede Richtung abgegeben. Die Reichweite des Lichtes ist beschränkbar.

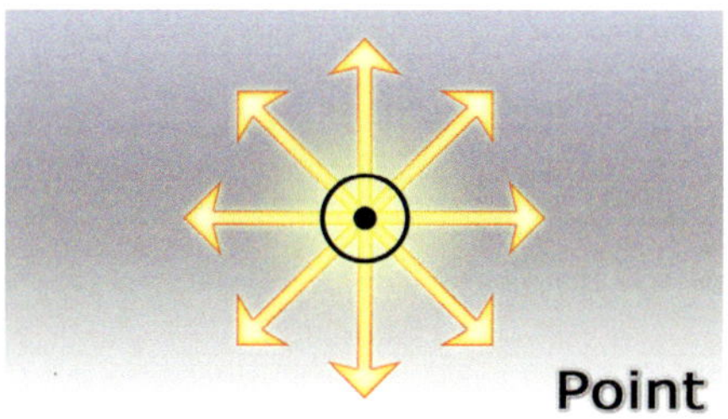

ABBILDUNG 6.1
Point Lamp

Oftmals wird die Szene nicht hell genug beleuchtet sein. In dem Fall sollte der *Energy*-Wert höher eingestellt werden. Noch besser ist allerdings die Benutzung mehrerer Lampen.

ABBILDUNG 6.2
Von Point Lamp beleuchtete Szene

Shadow Types: Raytracing

Spot

Eine *Lamp* vom Typ Spot bietet die meisten Einstellungsmöglichkeiten. Vor allem durch die Verwendung des *Buffer Shadow*, der wesentlich schneller ist als *Ray Shadow*, kann das Rendern beschleunigt werden.

ABBILDUNG 6.3
Spot Lamp

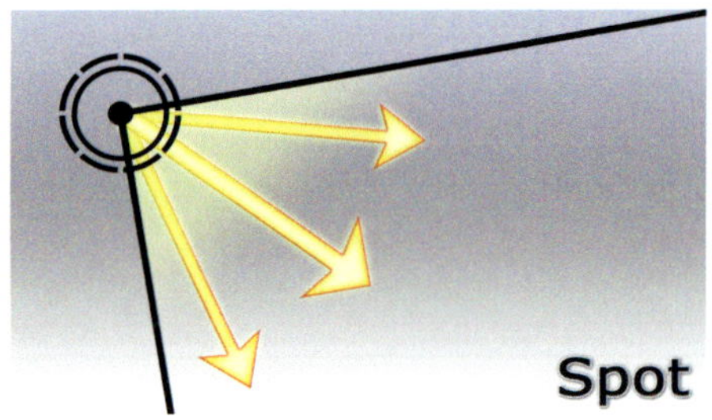

Der *Spot* leuchtet dabei nicht in alle Richtungen wie die *Point Lamp*, sondern ist auf einen Kegel beschränkt. Die Ausmaße dieses Kegels und die Schärfe des Randes können entsprechend der eigenen Anforderungen eingestellt werden.

ABBILDUNG 6.4
Von SPOT LAMP beleuchtete Szene

Des Weiteren ist *Spot* der einzige Lichttyp, der Halo unterstützt. Halo verursacht ein Volumenlicht. Das sieht in etwa so aus, als ob mit einer starken Taschenlampe in Nebel hineingeleuchtet wird.

Shadow Types: Raytracing, Buffer Shadow

Sun

Die Sun (Sonne) *Lamp* ist ein gerichtetes Licht. Die Position der Lichtquelle ist nicht entscheidend. Allein die Rotation der *Lamp* beeinflusst die Beleuchtung der Szene.

ABBILDUNG 6.5
SUN LAMP

Sun Lamps werfen das Licht parallel; so als ob die Lichtquelle in nahezu unendlicher Entfernung liegt. Demnach erscheinen auch die Schatten parallel.

ABBILDUNG 6.6
Von SUN LAMP beleuchtete Szene

Da die Reichweite von *Sun Lamps* unendlich ist, wirken sie sehr hell. Der *Energy*-Wert sollte im Fall einer zu starken Beleuchtung kleiner eingestellt werden.

Shadow Types: Raytracing

Hemi

Die *Hemi Lamp* erzeugt ein sehr weiches Licht. Es entspricht einer leuchtenden Halbkugel und wirft keine Schatten. Ebenso wie bei der *Sun* ist bei der *Hemi Lamp* die Position nicht entscheidend.

ABBILDUNG 6.7

HEMI LAMP

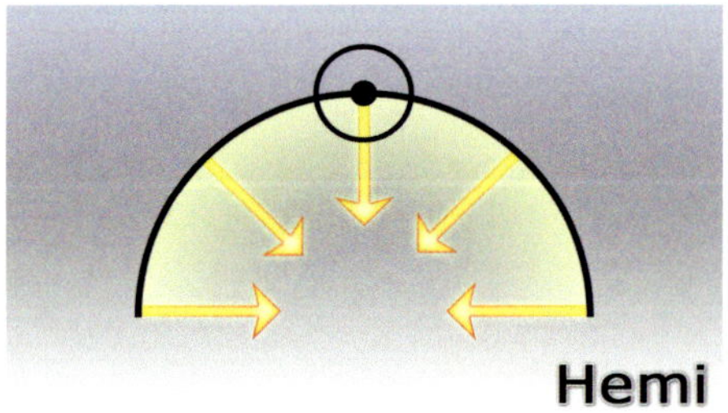

Lediglich die Rotation wird in die Berechnung einbezogen. *Hemi Lamps* eignen sich besonders zum Aufhellen ansonsten unbeleuchteter Objektteile. Beleuchten wir eine Szene mit einem *Hemi* alleine, wirkt sie mangels fehlender Schatten sehr platt.

ABBILDUNG 6.8

Von Hemi Lamp beleuchtete Szene

Ebenso wie die Sun hat die *Hemi Lamp* eine unendliche Reichweite. Sie leuchtet ziemlich stark. Auch hier sollte im Fall einer zu starken Beleuchtung der *Energy*-Werte verkleinert werden.

Shadow Types: Keine

Area

Die *Area Lamp* simuliert Flächen, die Licht abgeben. Sie entspricht einer Reihung von Lampen und ist vor allem beim Rendern von Schatten sehr zeitintensiv.

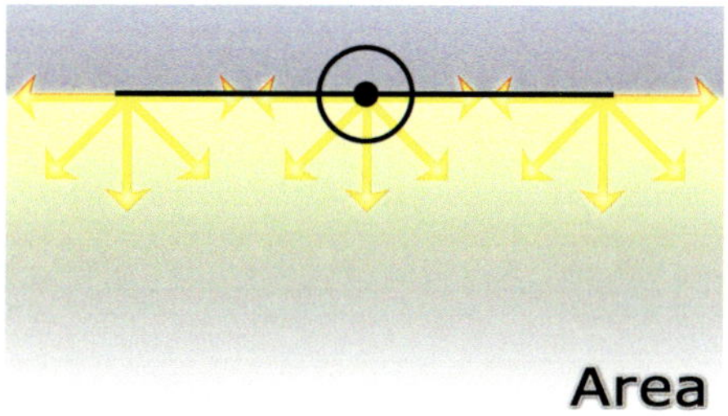

ABBILDUNG 6.9
AREA LAMP

Da Blender nun auch IL (Indirect Lighting) und selbstleuchtende Materialien unterstützt, sollten wir dieses zunächst probieren. Nur falls IL nicht den gewünschten Effekt erzeugt, sollten wir die *Area Lamp* einsetzen.

ABBILDUNG 6.10
Von AREA LAMP beleuchtete Szene

Beleuchtet die *Area Lamp* die Szene zu stark, sollten *Distance* (Reichweite) und/oder *Energy* verringert werden.

Shadow Types: Raytracing

6.1.2 Lamp Properties

Schauen wir uns die Properties eines Lamp-Objektes einmal genauer an. Wir nehmen hierfür exemplarisch die *Spot Lamp*, da dieser *Lamp Type* die meisten Optionen anbietet. Die anderen Lamps-Typen bieten einige dieser Optionen und leichte Variationen davon an.

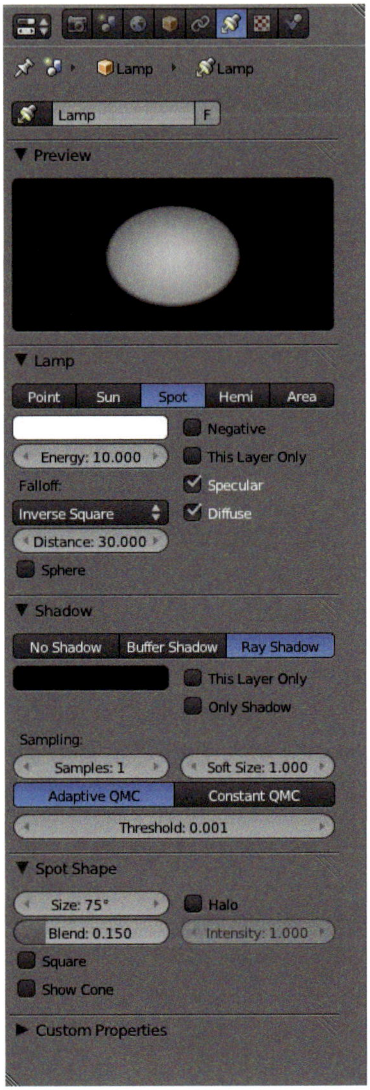

Abbildung 6.11
Object Data Properties einer Spot Lamp

Lamp

Das *Lamp Panel* beinhaltet allgemeine Parameter zum Lamp Object.

Energy

Eine Option, die sich alle *Lamp Types* teilen, ist der *Energy*-Parameter. Dieser bestimmt die Helligkeit der Lichtquelle. Das Farbfeld darüber bestimmt die Farbe. Hat ein Lamp-Objekt einen negativen *Energy*-Wert, dunkelt es die Szene ab. Auf diese Weise kann man auch ohne große Geschwindigkeitseinbußen Schatten vortäuschen.

Negative

Denselben Effekt hat ein positiver *Energy*-Wert in Verbindung mit aktivierter *Negative* Option. Negative Werte werden dadurch allerdings auch positiv.

Falloff

Die Reichweite von Lichtern ist begrenzt. Das Abschwächen der Lichtstärke wird in Blender über die *Falloff*-Parameter geregelt. Der *Falloff Type* bestimmt dabei die Kurve der Verringerung der Lichtstärke.

This Layer Only

Um die Wirkung der Lichtquelle auf bestimmte Objekte zu beschränken, kann die *This Layer Only*-Option benutzt werden. Nur Objekte im selben *Layer* wie die Lampe werden dann davon beeinflusst.

Specular/Diffuse

Soll eine Lampe nur *Specular* oder *Diffuse* eines Objektes beeinflussen, so kann dies durch das Deaktivieren dieser Optionen erreicht werden.

Shadow

Das *Shadow Panel* beinhaltet je nach *Lamp Type*-Optionen zu den verfügbaren Shadow-Berechnungsverfahren.

No Shadow

Wählen wir *No Shadow*, so wirft diese Lampe keinen Schatten. Weitere Parameter gibt es dann nicht.

Buffer Shadow

Benutzen wir die Option *Buffer Shadow*, generiert Blender Schatteninformationen, die einem Pixelbild ähneln. Die Berechnung eines solchen Schattens geht ziemlich schnell und kann besonders für weiche Schatten ein zufriedenstellendes Ergebnis liefern. Dieser Schattentyp ist allerdings nur für *Spot Lamps* verfügbar.

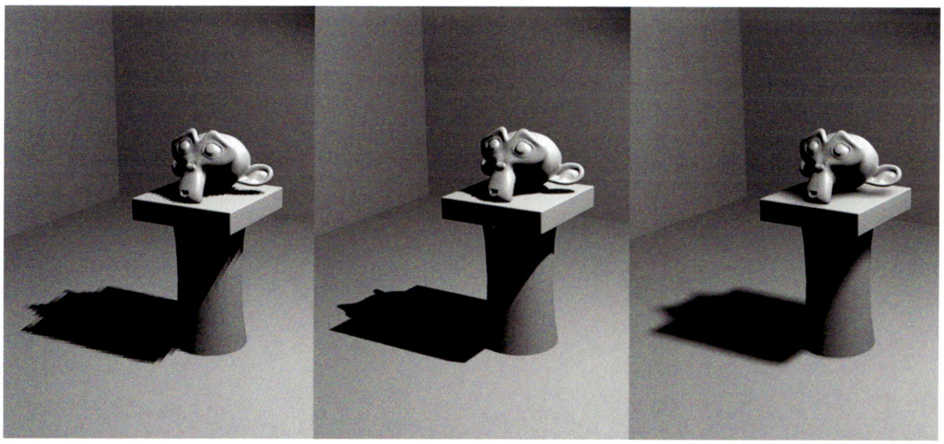

ABBILDUNG 6.12
BUFFER SHADOW mit variierender SIZE und SAMPLES

Der Parameter *Size* bestimmt die Auflösung des Shadow Buffers. Die Standardgröße von 512 wirkt oft zu pixelig. Ein Verändern auf *Size* 2208 kann bereits einen großen Unterschied machen. Ändern wir dann noch die *Samples* von 1 auf 8, haben wir einen angenehm weichen Schatten mit geringer Rechenzeit erzeugt.

Je höher größer die SIZE der SPOT SHAPE, umso höher sollte auch die SIZE des Buffers sein.

Ray Shadow

Mit *Ray Shadow* werden die Schatten nach dem genaueren (aber auch rechenintensiveren) Raytrace-Verfahren berechnet. Die Anzahl der *Samples* bestimmt die Qualität des Schattens.

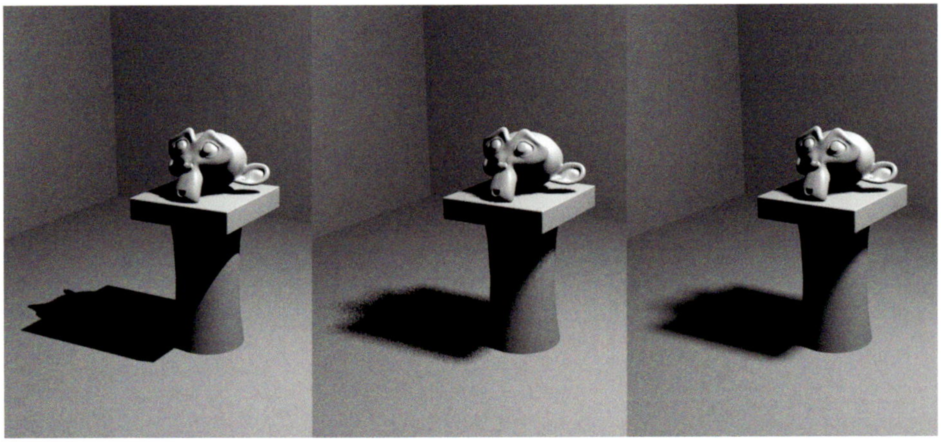

ABBILDUNG 6.13
RAYSHADOW mit 1, 2 und 64 SAMPLES

Ein niedriger Wert zeichnet sich durch starkes Rauschen aus. Ein hoher Wert wird weicher dargestellt. Je höher die *Samples,* umso länger dauert die Berechnung des Bildes.

Spot Shape

Für *Spot Lamps* können wir im *Spot Shape Panel* Parameter zur Form des Kegels angeben.

Size, Blend & Square

Im Feld *Size* können wir den Winkel des Lichtkegels angeben. Dadurch ändern wir das Volumen des Kegels und somit auch die beleuchtete Fläche. Mit *Blend* können wir den Rand der beleuchteten Fläche weicher stellen. Mit *Square* wird die Form des Spots von kreisförmig auf rechteckig umgestellt.

Halo & Show Cone

Ist die *Halo*-Option aktiviert, so wird das Volumen unseres Lichtkegels in der Berechnung sichtbar. *Intensity* gibt die Deckkraft an. Brauchen wir eine plastische Darstellung des Lichtkegels, sollten wir *Show Cone* aktivieren. Besonders bei Benutzung von *Halo* kann dies der Voransicht einen Mehrwert geben.

Area Shape

Area Shape & Size

Das *Area Shape Panel* bietet uns die Wahl zwischen zwei „verschiedenen“ Formen für die Area Lamp an. *Square* erlaubt uns, die quadratische Form zu behalten und mit dem Parameter *Size* zu skalieren. *Rectangle* ist zunächst auch quadratisch, lässt aber mit den zwei Parameter-Feldern *Size X* und *Size Y* auch nichtquadratische Rechtecke zu,

Sky & Atmosphere

Wer schnell eine Sonnenlicht-Beleuchtung braucht, kann hier einfach eins der *Sun & Sky Presets* wählen. Dadurch werden das Sonnenlicht, die Atmosphäre, die Farbe und das diffuse Licht des Himmels beeinflusst.

6.1.3 Global Illumination

Um die Glaubwürdigkeit der Szene noch weiter zu erhöhen, sollte die Beleuchtung aller Objekte sich auch gegenseitig beeinflussen. So wie Licht von einer roten Wand auch auf die anderen Wände rot reflektiert. Die Techniken, die diese Effekte in 3D-Programmen simulieren, werden unter dem Begriff Global Illumination (GI) zusammengefasst.

Die objektübergreifenden Beleuchtungen zu berechnen ist rechenintensiv. Blender hat jedoch dank Approximation (Annäherung) eine Methode gefunden, mit verkraftbarem Zeitaufwand zufriedenstellende Ergebnisse zu erzeugen.

Wir schauen uns nun einmal die in Blender implementierten GI-Techniken an.

Indirect Lighting

New Feature 2.5

Ein neues Feature von Blender Version 2.5 ist das Indirect Lighting (Indirekte Beleuchtung). Es wurde hauptsächlich im Rahmen des dritten Open-Movie-Projektes Sintel entwickelt und dort auch erstmals eingesetzt.

Bei Indirect Lighting wird die Ausleuchtung einer Szene nicht ausschließlich von Lampen übernommen, sondern durch selbstleuchtende Objekte und die Reflexion des Lichtes von einer Objektoberfläche auf eine andere.

Ohne Indirect Lighting können wir zwar selbstleuchtende Flächen erzeugen, benachbarte Flächen werden davon allerdings nicht angestrahlt. Ebenso wird keine Fläche das Licht einer Lampe auf eine gegenüberliegende Fläche reflektieren.

ABBILDUNG 6.14
Szene ohne Indirect Lighting

In der echten Welt wird jedoch immer das Licht von Flächen reflektiert. Dies fällt besonders in geschlossenen Räumen auf. Fällt z.B. Licht durchs Fenster, bekommen selbst in einem ansonsten unbeleuchteten Raum alle Wände Beleuchtung ab.

Momentan erzeugt IL in Blender allerdings noch keine Schatten. Es sollte daher nicht als einziges Beleuchtungsverfahren angewendet werden. Eine Szene ohne Schatten ist nicht besonders glaubwürdig.

ABBILDUNG 6.15
Szene mit INDIRECT LIGHTING

IL in Blender zu aktivieren ist nicht schwierig. Wir müssen dafür nur in die *World Properties* wechseln. Dort gibt es das *Indirect Lighting Panel.* Hier brauchen wir nur das Häkchen vor dem Titel zu setzen. Mit dem *Factor* können wir die Stärke des reflektierten Lichtes beeinflussen.

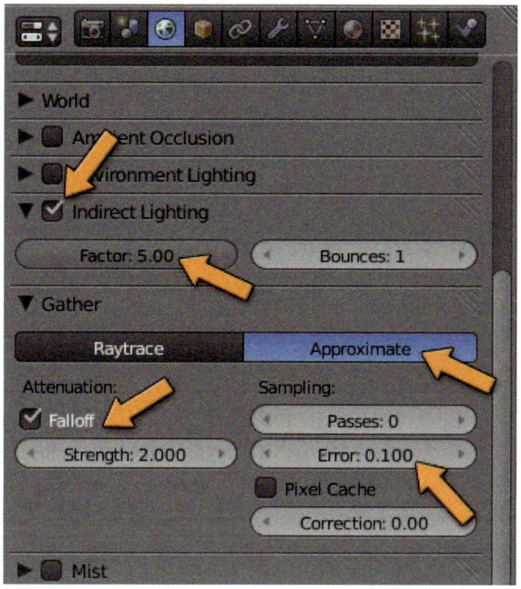

Abbildung 6.16

World Properties mit Indirect Lighting aktiviert

Im *Gather Panel* sollten wir *Approximate* aktivieren. Aktivieren wir den *Falloff* und erhöhen die *Strength*, verliert die Reflexion des Lichtes mit zunehmender Entfernung an Stärke. Die Erhöhung des *Error*-Wertes kann die Dauer der Berechnung extrem verkürzen. Selbst ein kleiner Wert wie 0.1 macht eine Zeitersparnis im Rendering sofort bemerkbar.

Abbildung 6.17

Material mit Emit-Wert

Um nun selbstleuchtende Objekte zu erzeugen, die Licht auf andere Objekte werfen, müssen wir dem Objekt lediglich ein Material geben, das einen *Emit*-Wert höher als 0.0 hat. Diesen stellen wir einfach im *Material-Editor* im *Shading Panel* auf zum Beispiel 1.0 ein.

> Wichtig ist, dass die Normale der Fläche, die Licht werfen soll, in die richtige Richtung zeigt. Wirft ein Face das Licht also nicht so, wie es soll, kann es sein, dass die Normale in die falsche Richtung zeigt. Die Normalen einer ausgewählten Fläche können wir im EDIT MODE über das MESH-MENÜ unter NORMALS mit der Funktion FLIP NORMALS umkehren.

Ambient Occlusion

Durch *Ambient Occlusion* (kurz *AO*) kann die Beleuchtung einer Szene auf einfache Weise ein wenig realistischer wirken. Mit *AO* erhalten die für Lichter schwer erreichbaren Stellen weniger Beleuchtung. Eine verdeckte Fläche wird dunkler als eine nicht verdeckte Fläche.

ABBILDUNG 6.18
Szene ohne Ambient Occlusion

Beleuchten wir eine Szene z.B. nur mit einer *Hemi Lamp,* die keinen Schatten wirft, sind die Flächen zu regelmäßig beleuchtet. Außerdem hilft ein Schatten dem Betrachter, die genaue Position im 3D-Raum besser einschätzen zu können. Besonders die Entfernung zum Boden wird durch Schatten erst wirklich klar.

ABBILDUNG 6.19

Szene mit AMBIENT OCCLUSION

Um *AO* zu aktivieren, müssen wir lediglich das Häkchen vor der Überschrift des *Ambient Occlusion Panels* in den *World Properties* setzen. Der *Factor* bestimmt die Stärke des Effektes. Ist der *Blend Mode* auf *Multiply* gesetzt, dunkelt *AO* die Szene ab.

Im *Gather Panel* aktivieren wir wieder *Approximate*. Ein *Falloff* kann helfen die Stärke des Effektes auf gewünschte Entfernungen zu beschränken. Mit einem *Error*-Wert höher als 0.0 beschleunigen wir den Rendervorgang.

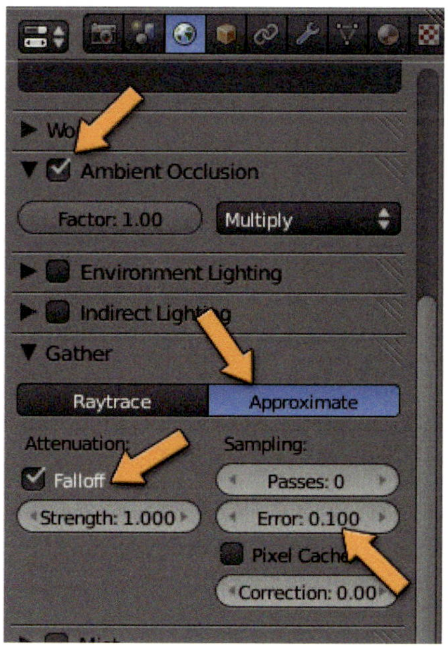

ABBILDUNG 6.20

World Properties mit AO-Einstellungen

Um noch mehr Zeit beim Berechnen zu sparen, kann die Option *Pixel Cache* aktiviert werden. Die Berechnung wird dabei optimiert. Manchmal treten jedoch Genauigkeitsfehler auf. In dem Fall sollte die Option einfach wieder deaktiviert werden.

AO im Add Mode

Alternativ kann durch *AO* auch eine Szene vollständig ausgeleuchtet werden. Ein Umgebungslicht, das die Gegenstände der Szene berücksichtigt und nicht wie *Environment Lighting* alleine alles gleich stark erhellt. Dazu ändern wir im *Ambient Occlusion Panel* den *Blend mode* von *Multiply* auf *Add*. Eine weitere Lichtquelle ist dann nicht mehr erforderlich.

Da diese Art der Beleuchtung keine Ausgangsposition oder Richtung hat, kann man mit additivem AO alleine keine Specular- oder Bump-Effekte erzeugen.

6.1.4 Beleuchtungskombinationen

Wird eine Szene mit nur einer einzigen Lichtquelle (im Falle der Abbildung eine Point Lamp) beleuchtet, kann sie sehr synthetisch wirken. Vom Licht unerreichte Stellen sind viel zu dunkel. Objektdetails gehen verloren. Fehlender Schatten raubt der Szene die Tiefe und die Glaubwürdigkeit.

Gerade in der Kombination mehrerer Lamps können wir einer Szene Leben einhauchen. Mit gleichen oder auch unterschiedlichen Lamp-Typen lassen sich nahezu alle erdenklichen natürlichen, künstlichen oder auch surrealen Beleuchtungssituationen erreichen.

ABBILDUNG 6.21

Neutrale Beleuchtung mit Point Lamp ohne Schatten

Ohne eine Lichtquelle gibt es auch keinen Schatten. Und eigentlich gibt es auch kein Licht ohne Schatten. In der Computergrafik sollten jedoch sowohl aus Gründen der Performance als auch aus ästhetischen Gründen nur die Hauptlichtquellen Schatten werfen. Wir schauen uns nun ein paar Beleuchtungskombinationen an. Die Szene ist dabei bis auf die Beleuchtung absolut identisch.

Drei Lichter

Area, Point, Spot

Eine häufig benutzte Beleuchtungskombination ist Three Point Lighting (Dreipunkt-Beleuchtung). Hier werden drei Lichter benutzt, um die Szene auf interessante Weise auszuleuchten. Welche Lamps wir dafür benutzen, ist nicht festgelegt; ebenso wenig, wie hell und in welcher Farbe sie leuchten.

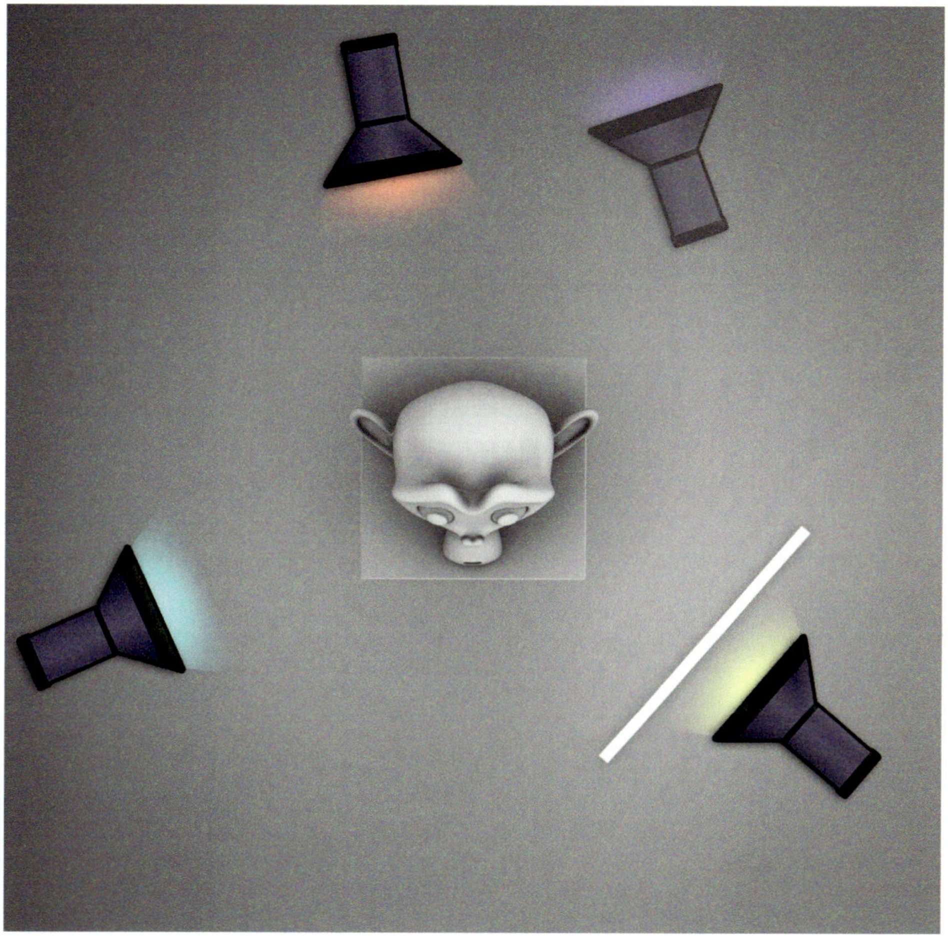

ABBILDUNG 6.22
Dreipunkt-Beleuchtung Skizze von oben

In diesem Fall ist das Hauptlicht eine leicht gelblich gefärbte *Area Lamp*. Es sorgt für die Grundstimmung. Eine leicht bläuliche *Point Lamp* hellt die von Area nicht beleuchteten Bereiche auf.

Abbildung 6.23

Dreipunkt-Beleuchtung gerendert

Zu den drei Lichtern ist noch eine vierte Lampe in die Szene eingebaut. Diese ist allerdings auf Negative eingestellt und wird benutzt, um den Hintergrund abzudunkeln. Je nach Bedarf kann auch ein helles Licht den Hintergrund beleuchten. Man spricht dann jedoch von Four Point Lighting.

Das dritte Licht ist vom Typ Spot. Es leuchtet leicht rötlich von hinten. Die Kontur des Objektes wird betont. Dadurch hebt es sich besser vom dunklen Hintergrund ab. Alle Lichter werfen einen weichen Schatten.

Sonnenlicht und Tageshimmel

Hemi, Sun und Ambient Occlusion

Zusammen mit einer *Sun Lamp* können wir mit der *Hemi Lamp* eine gute einfache Tagesbeleuchtung mit diffusem Himmel erreichen. Dabei setzen wir Hemi als blauen Himmel ein, während Sun (wie könnte es anders sein) die Sonne simuliert.

Abbildung 6.24

Sonnenlicht und Tageshimmel durch Hemi und Sun

Der Schatten der Sun ist relativ scharf und gut erkennbar. Er wirkt durch den diffusen Himmel leicht bläulich. Dies ist auch in der echten Welt so. Um auch einen diffusen Schatten für den Himmel zu generieren, können wir Ambient Occlusion einsetzen.

Mysteriöse Beleuchtung

Spot Lamp und Indirect Lighting

Um eine mysteriöse Beleuchtung zu erreichen, sollte ein Licht mit unnatürlicher Farbe von einem unnatürlichen Winkel strahlen. Wir können dazu z.B. einen einzigen Spot benutzen.

ABBILDUNG 6.25
Mysteriöse Beleuchtung mit Spot und IL

Damit der Rest der Umgebung auch von der Beleuchtung beeinflusst wird, können wir *Indirect Lighting* einsetzen. Die beleuchteten Flächen des Affenkopfes reflektieren somit auf den Boden des Podestes.

6.2 World

Zusätzlich zu den beleuchtungsspezifischen Panels in den World Properties gibt es noch die Panels *World*, *Mist* und *Stars*. Dort können wir die Farbe der Umgebung ändern und Nebel und Sterne hinzufügen.

ABBILDUNG 6.26
Die WORLD PROPERTIES

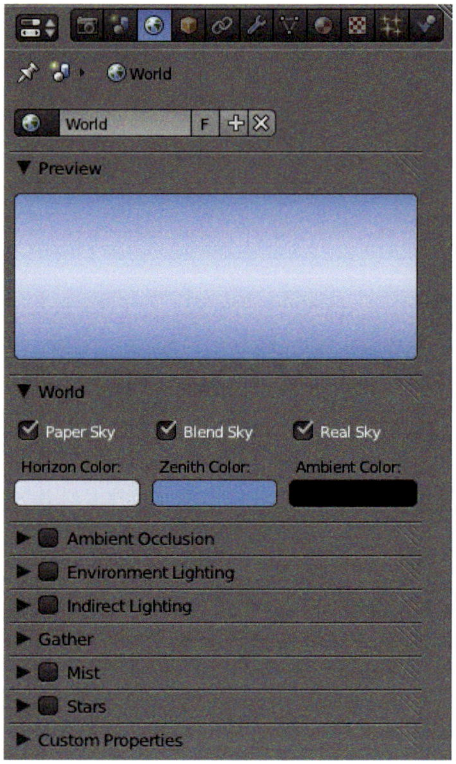

Paper Sky Mit *Paper Sky* dreht sich der Hintergrund mit der Kamera. Es ist also immer der gleiche Ausschnitt vom Hintergrund zu sehen.

Blend Sky Um einen realistischeren Himmel zu bekommen, können wir mit *Blend Sky* die weitere Farbe *Zenith Color* einschalten. Der Hintergrund blendet nun einmal von Horizon nach Zenith Color über.

Real Sky Aktivieren wir *Real Sky*, wird die Überblendung noch einmal gespiegelt. Es blendet nun also von oben nach unten der Horizont in den Zenith und dieser dann wieder in den Horizont über.

Horizon Color, Zenith Color *Horizon Color* ist die Hintergrundfarbe unserer Szene. Bei aktiviertem *Blend Sky* können wir mit *Zenith Color* eine vom Horizont abweichende Farbe angeben. Der Himmel blendet dann über.

Ambient Color

Ambient Color ist die dunkelste Farbe, die von Objekten zurückgegeben wird. Sie sollte in den meisten Fällen schwarz bleiben. Ein hellerer Wert hellt sämtliche Objekte auf.

> Wechseln wir von den WORLD PROPERTIES in die TEXTURE PROPERTIES, können wir sofort die WORLD TEXTURE (Hintergrundbild) bearbeiten. Ansonsten können wir dort über den TEXTURE SLOTS das WORLD-ICON klicken.

6.2.1 Mist

Wollen wir in Blender Mist (Nebel) in die Szene bringen, können wir diesen im *Mist Panel* in den *World Properties* aktivieren.

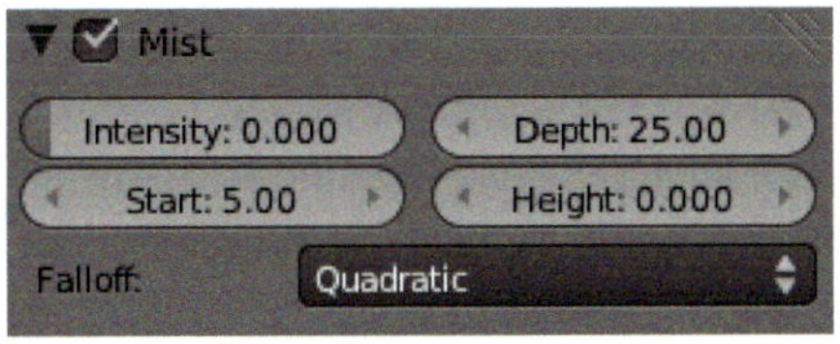

ABBILDUNG 6.27
DAS MIST PANEL

Intensity

Die Sichtbarkeit des Nebels wird durch *Intensity* geregelt. Höhere Werte machen den Nebel stärker. Die Farbe des Nebels wird durch den Hintergrund bestimmt.

Start, Depth & Height

Mit *Start* können wir den Abstand zur Kamera angeben, ab dem der Nebel beginnen soll. *Depth* gibt an, in welcher Entfernung von *Start* der Nebel seine volle Deckkraft bekommen soll. Stellen wir *Height* höher als 0.0, wird der Nebel in der Höhe begrenzt. Bei 1.0 z.B. würde der Nebel nach Erreichen einer Höhe von 1.0 Blender-Einheiten enden.

Falloff

Der *Falloff* beschreibt, mit was für einer Kurve die Sichtbarkeit des Nebels von *Start* bis *Depth* steigt. Dabei stehen *Linear*, *Quadratic* und *Inverse Quadratic* zur Auswahl.

6.2.2 Stars

Benötigen wir Stars (Sterne) in unserer Szene, können wir diese im *Stars Panel* der *World Properties* einschalten und einstellen.

ABBILDUNG 6.28
DAS STARS PANEL

Size, Colors, Min. Dist. & Separation

Die Sterne sind tatsächlich im 3D-Raum verteilte Punkte. In der CAMERA VIEW mit Nummernpad [0] können wir sie sogar in der Vorschau sehen.

Mit *Size* können wir die Größe der Darstellung der Sterne im Rendering beeinflussen. *Colors* gibt den Sternen eine zufällige Farbe. Je höher der Wert ist, umso stärker sind die Farben. Mit *Min. Dist.* kann ein Mindestabstand der Sterne zur Kamera angegeben werden. Damit können wir verhindern, dass Sterne vor den eigentlichen Objekten der Szene platziert werden.

6.3 Camera

Nachdem wir eine Kamera ausgewählt haben, können wir ihre Einstellungen in den *Object Data Properties* finden. Diese sind in zwei Panels unterteilt.

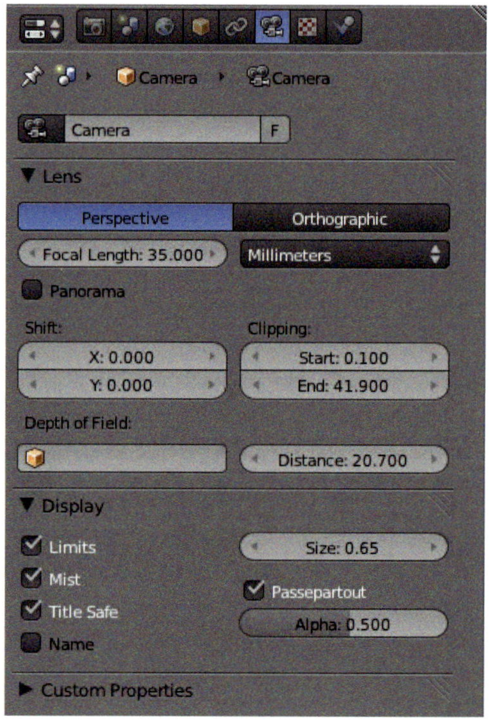

ABBILDUNG 6.29
OBJECT DATA PROPERTIES von CAMERA OBJECT

6.3.1 Lens

Ebenso wie eine echte Kamera, hat Blenders Camera Object eine virtuelle Lens (ein Objektiv). Auch die Parameter der virtuellen *Lens* ähneln den Einstellungen eines echten Objektivs.

So wie wir die Ansichten der *3D View* mit Nummernpad [5] zwischen perspektivischer und orthogonaler Darstellung umschalten können, funktioniert dies auch im *Lens Panel* mit den *Camera Data Properties* für die Kamera.

Perspective & Focal Length

Ist *Perspective* gewählt, können wir die *Focal Length* (Brennweite) und deren Einheit bestimmen. Ein hoher Wert entspricht einem starken Zoom. Ein kleiner Wert wirkt wie ein Weitwinkel.

Shift

Mit den Parametern *Shift X* und *Y* können wir den Bildausschnitt in der horizontalen bzw. vertikalen Achse ein wenig verschieben. Die Kameraposition ändert sich dadurch jedoch nicht.

Clipping

Der Bereich, in dem Objekte angezeigt und berechnet werden, ist durch die Parameter *Start* und *End* unter *Clipping* festgelegt. Was außerhalb dieses Bereiches liegt, wird abgeschnitten. Sollten einmal Objekte nahe der Kamera oder zu weit davon entfernte abgeschnitten sein, können wir einfach *Start* verkleinern bzw. *End* erhöhen.

Orthographic & Orthographic Scale

Wählen wir *Orthographic*, bildet die Kamera die Umgebung nicht mehr perspektivisch ab, sondern parallel. Der *Focal Length*-Parameter wird durch *Orthographic Scale* ersetzt. Die Wirkung ist aber ähnlich. Wir bestimmen damit die Größe des Bildausschnittes.

Depth of Field & Distance

Depth of Field (Schärfentiefe) ist die Größe des scharfen Bereiches in einem Foto. Im Zentrum des scharfen Bereichs ist der Fokus. Wollen wir ein bestimmtes Objekt im Fokus halten, können wir es im Auswahlfeld unter *Depth of Field* auswählen. Alternativ dazu können wir mit *Distance* die Entfernung manuell angeben.

> In Blender berechnete Bilder haben von sich aus keinen unscharfen Bereich. Um realistischere Bilder zu erzeugen, können wir diese Unschärfe allerdings im NODE-EDITOR mit COMPOSITING NODES nachträglich in die Szene rechnen lassen.

6.3.2 Display

Das symbolisierte Kameramodell in der 3D-View kann ein paar interessante Zusatzinformationen anzeigen. Die Einstellungen dazu befinden sich im *Display Panel*.

ABBILDUNG 6.30

CAMERA OBJECT in 3D VIEW mit LIMITS, MIST und DEPTH OF FIELD

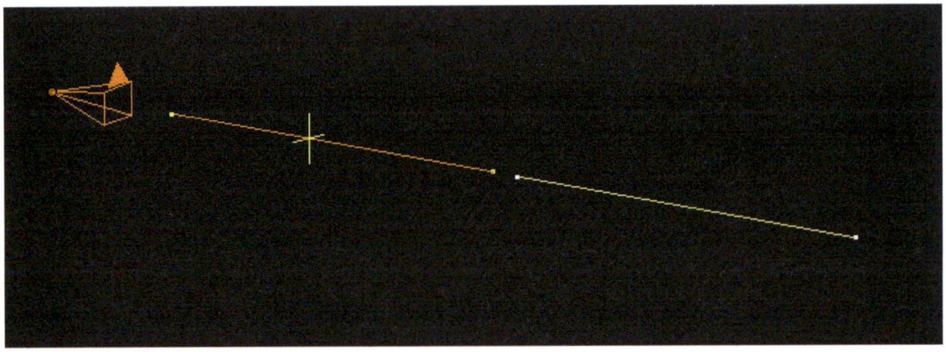

Size Am Anfang sehen wir die Kamera selbst. Mit *Size* können wir die Größe für diese Darstellung ändern. Auf die Berechnung von Bildern hat dies keinen Einfluss.

Limits Aktivieren wir die Option *Limits,* wird der Clipping Bereich, der durch zwei Punkte und eine Linie dargestellt wird, eingeblendet. Zusätzlich zeigt ein gelbes Kreuz die Position des Fokus an.

Mist Mist zeigt auf ähnliche Weise den Bereich des Nebels mit einer gelben Linie an. In einer sinnvollen Konfiguration werden sich diese Linien jedoch überschneiden.

ABBILDUNG 6.31

CAMERA VIEW mit TITLE SAFE, NAME und PASSEPARTOUT

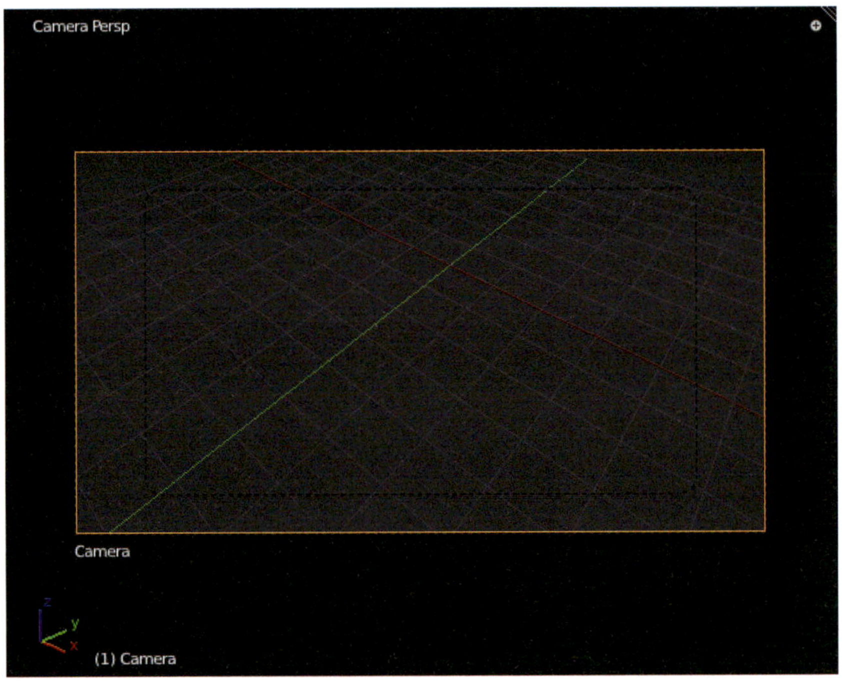

Titel Safe, Name & Passepartout

Die letzten drei Optionen werden nur in der Kamera-Ansicht des Nummernpad [0] angezeigt. *Title Safe* zeigt den sicheren Bereich für Titel an. Alles, was sich außerhalb befindet, sollte von wichtigen Bildinformationen verschont werden. Den Namen der benutzten Kamera in der *Camera View* lassen wir mit *Name* anzeigen. Wollen wir uns nur auf den tatsächlich benutzten Bildausschnitt konzentrieren, können wir mit *Passepartout* alles außerhalb abdunkeln. *Alpha* bestimmt dabei die Stärke.

Kapitel 7
ANIMATION

Nachdem eine Szene den eigenen Wünschen entsprechend zusammengestellt ist, haben wir uns ein schönes Stillleben erschaffen. Der Nächste Schritt ist nun die Szene (oder zumindest Teile davon) zu animieren.

7.1 Keyframes

Keyframes (Schlüsselbilder) beschreiben jeweils einen Moment in der Zeit. Ein Keyframe alleine beschreibt dabei noch keine Animation. Es muss mindestens ein Startframe und ein Endframe geben. Die Bewegung zwischen den Keyframes wird dann von Blender hinzugefügt. Um weitere Schritte in diese Animation einzufügen, können wir zusätzliche Keyframes zwischen Start- und Endframe setzen.

Wir haben in Blender mehrere Möglichkeiten, die Keyframes für bestimmte Eigenschaften zu setzen.

7.1.1 3D View

Häufig wollen wir die Transformationen von Objekten animieren. Ein Rotor dreht sich oder ein Helikopter bewegt sich von einem Ende der Szene zum anderen. Die Keyframes für diese Art von Animation können direkt in der *3D View* gesetzt werden. Der Helikopter besteht zwar aus vielen Unterobjekten, da wir jedoch eine ordentliche Hierarchie durch Parenting angelegt haben, folgen alle Teile dem Rumpf.

Als Erstes muss immer ein Startframe gesetzt werden. Dazu navigieren wir in der *Timeline* zu dem Zeitpunkt, an dem die Animation starten soll. Wir können auch mit [←] und [→] einen Frame zurück bzw. weiter schalten. Mit [↓] und [↑] springen wir jeweils um zehn Frames zurück bzw. vor.

Wir navigieren für den Start der Animation zu Frame 20. Unten links in der *3D View* wird neben dem Objektnamen das aktuelle Frame in Klammern angezeigt. Ist das zu animierende Objekt ausgewählt, können wir mit [I] das *Insert Keyframe-Menü* öffnen. Dort können wir wählen, für welche Eigenschaft des Objektes wir einen Keyframe einfügen wollen. Wir werden den Helikopter zunächst nur verschieben. Daher wählen wir *Location*. Damit ist der Startframe gesetzt.

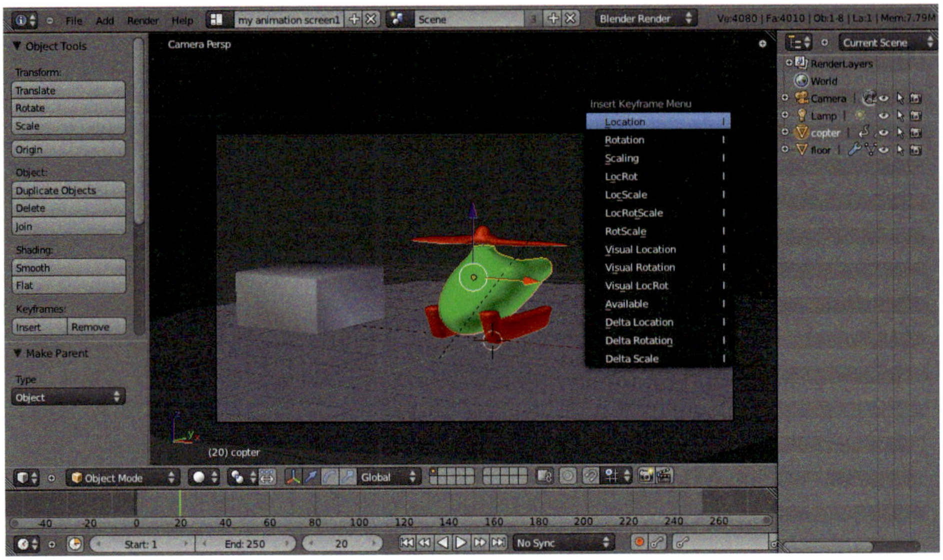

ABBILDUNG 7.1

Grundszene mit INSERT KEYFRAME-MENÜ

Bevor wir nun das Objekt zu der nächsten Position verschieben, müssen wir zunächst zu dem Frame wechseln, an dem es diese Position erreicht haben soll. Vergessen wir diesen Schritt, wird bei späterem Wechsel des Frames das Objekt anhand des letzten verfügbaren Keyframes positioniert.

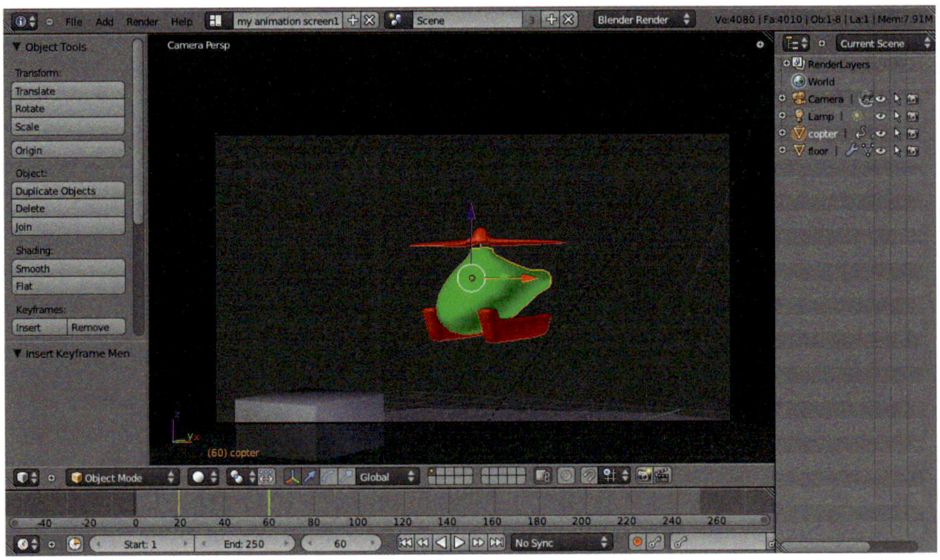

ABBILDUNG 7.2

Zweite Position des Helikopters

Für die zweite Schlüsselposition navigieren wir zu Frame 60. Auch hier fügen wir mit [I] einen Keyframe für *Location* hinzu.

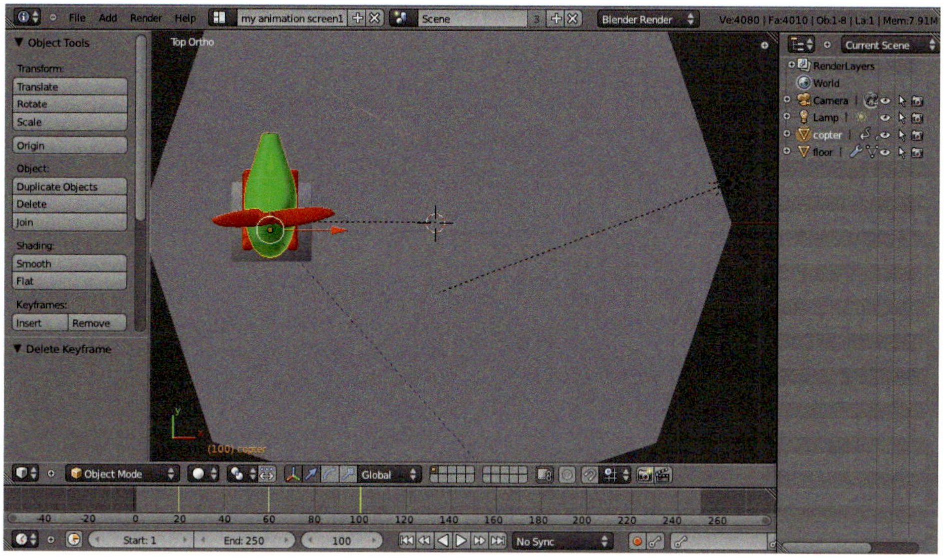

ABBILDUNG 7.3

Dritte Position des Helikopters aus Top View

An Frame 100 soll das dritte Schlüsselbild gesetzt werden. Um den Helikopter präziser über dem Block zu positionieren, können wir problemlos in die Top View [7] wechseln. Sind wir im richtigen Frame, können wir nach der Verschiebung mit [I] einen weiteren Location Keyframe hinzufügen.

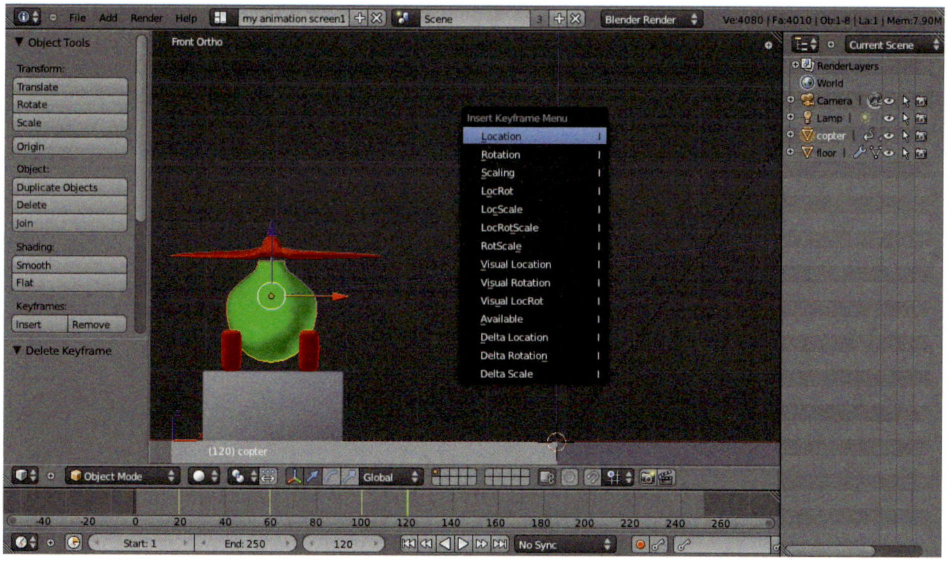

ABBILDUNG 7.4

Aus Front View positionierter Endframe

Der letzte Keyframe soll auf Frame 120 sein. In der Front View [1] können wir besser sehen, ob der Helikopter den Block berührt. Stimmt die Position, fügen wir wie gehabt ein *Location* Keyframe ein.

Damit die Kamera den Helikopter mit dem Blick verfolgt, hat diese ein DAMPED TRACK CONSTRAINT erhalten. Constraints sind also eine Möglichkeit, Objekte zu animieren, ohne ihnen selber Keyframes zu geben.

Im *Header* der *Timeline* oder im *Dimensions Panel* der *Render Properties* können wir mit *End* den letzten Frame der Animation bestimmen. Blender stoppt nach diesem Frame den Rendervorgang einer *Animation*. Wir wählen dafür Frame 150.

7.1.2 UI-Elemente

Ein Helikopter kann ohne drehenden Rotor nicht fliegen. Um den Rotor zu animieren, wollen wir aber anders vorgehen als zuvor. In Blender lassen sich auch für die Elemente vom User-Interface Keyframes setzen. Dabei genügt es, mit dem Mauszeiger über z.B. einem Eingabefeld zu schweben und [I] zu drücken. Bei zusammenhängenden Parametern wie z.B. *X*-, *Y*- und *Z*-Rotation wird dabei allerdings ein Keyframe für alle drei erstellt.

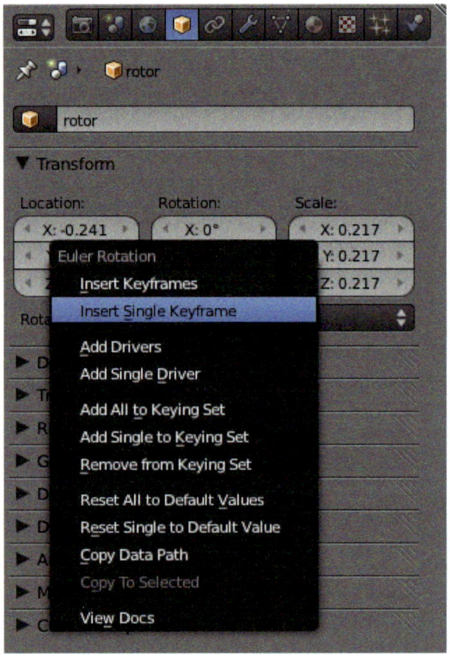

ABBILDUNG 7.5

Das Menü bei Rechtsklick auf ein UI-Element

Klicken wir mit der rechten Maustaste auf ein Eingabefeld, können wir selber wählen, ob wir mit *Insert Keyframes* für alle drei Parameter einen erstellen wollen. Benötigen wir nur für eine Achse einen Keyframe, genügt dann *Insert Single Keyframe*.

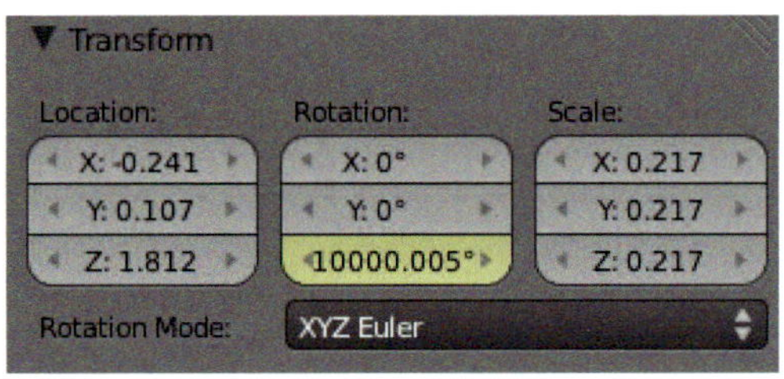

ABBILDUNG 7.6

Z ROTATION mit Keyframe

Ein Eingabefeld wird gelb dargestellt, wenn dafür im aktuellen Frame ein Keyframe gesetzt wurde. Ist ein Parameter animiert, aber für den aktuellen Frame kein Keyframe gesetzt, wird das Eingabefeld grün.

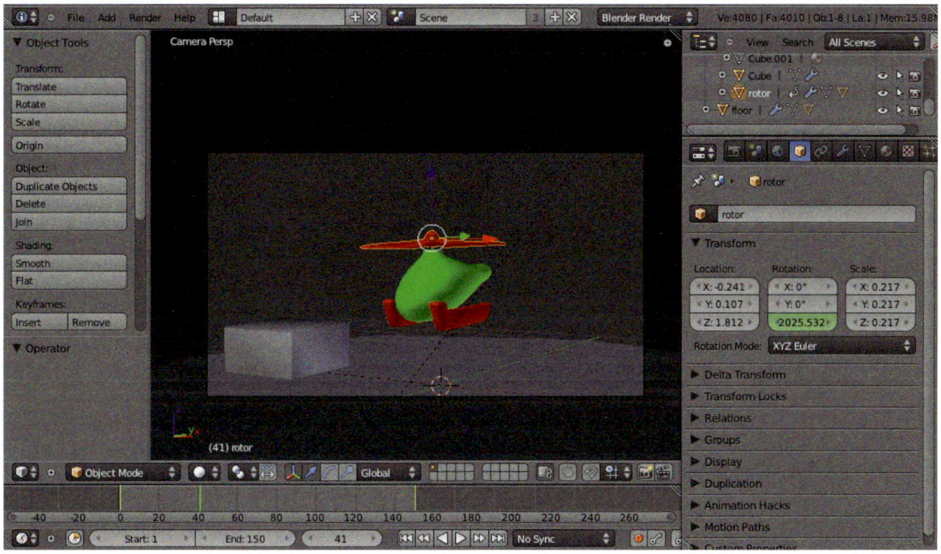

ABBILDUNG 7.7
Animierter Rotor durch Keyframes über Eingabefeld

Wählen wir also in der Helikopter-Szene im ersten Frame den Rotor aus. Mit der rechten Maustaste klicken wir auf *Z Rotation* im *Transform Panel* der *Object Properties* und wählen *Insert Single Keyframe* aus. Der Startwert ist 0.0. Dann navigieren wir zu Frame 150. Wir geben einen hohen Wert (z.B. 100000) in das Feld ein. Und wählen erneut im Menü *Insert Single Keyframe*. Der Rotor ist nun animiert.

7.1.3 Graph-Editor

Wir können unsere bisher erstellten Keyframes im *Graph-Editor* anpassen. Hier werden die Veränderungen der Werte der animierten Parameter als Curve dargestellt. Die Keyframes sind Vertices, mit denen die Form der Curve definiert wird. Sie können hier, wie uns bereits aus der *3D View* bekannt ist, mit [G], [R] und [S] transformiert werden.

Bisher ist die Animation unseres Helikopters ziemlich zackig. Es sieht aus, als ob ein unsichtbarer Kran ihn von einem Platz zum anderen transportiert. Mithilfe der Curves können wir die Bewegung viel organischer gestalten.

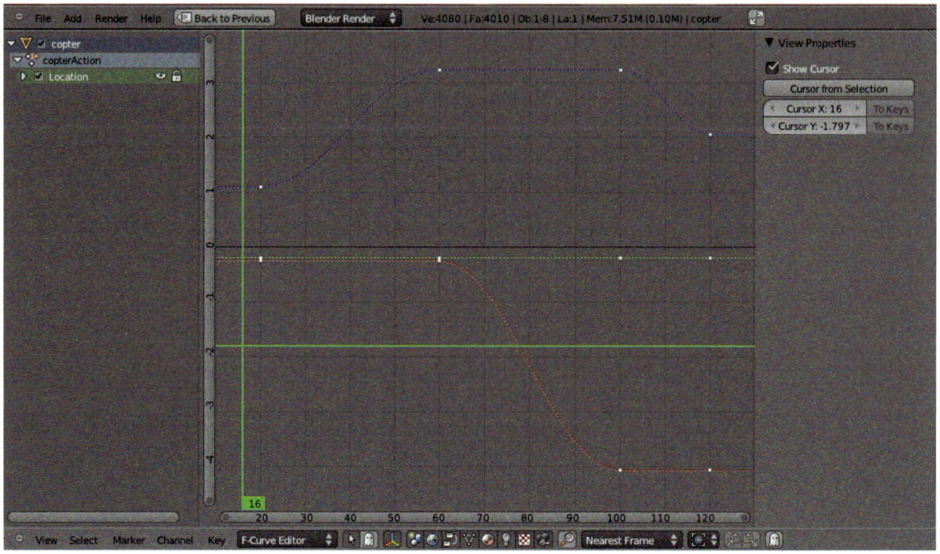

ABBILDUNG 7.8

Wenig organische Curves der bisherigen Keyframes

Im *Header* vom *Graph-Editor* finden wir neben der *Mode*-Auswahl einen Button mit einem Mauszeiger. Damit können wir die Curve der nicht ausgewählten Objekte ausblenden. Bei vielen animierten Objekten wird die Ansicht durch zu viele Curves schnell unübersichtlich.

Haben wir den Helikopter ausgewählt, können wir mit `Pos1` die dazugehörenden Curves in voller Größe anzeigen lassen. Wollen wir die Vertices der Curve bearbeiten, drücken wir wie auch für den *Edit Mode* in der *3D View* die [Tab]-Taste. Dort werden die Handles der Vertices angezeigt.

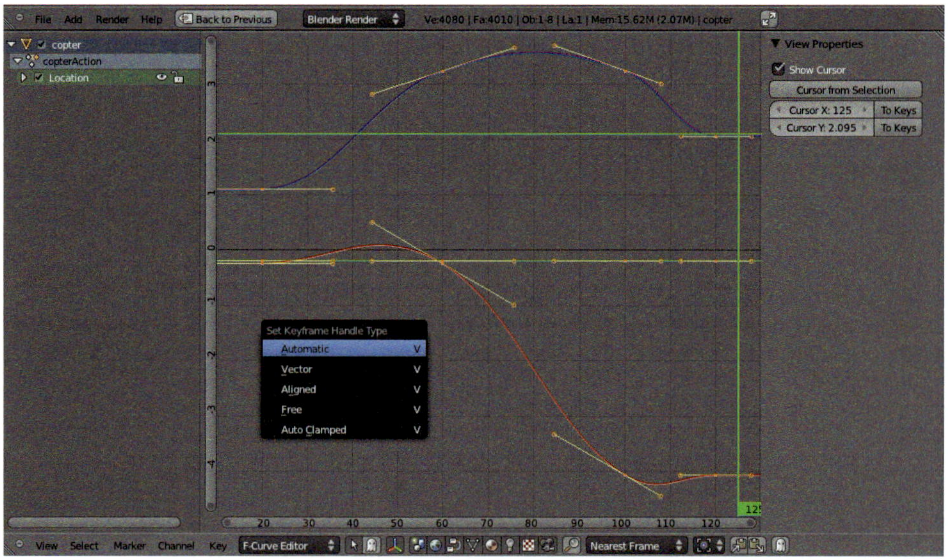

ABBILDUNG 7.9

Organische Curves mit Handle Type Auto

Curves im *Graph-Editor* lassen sich ähnlich bearbeiten wie Curve-Objekte in der *3D View*. Wir können zum Beispiel den *Handle Type* ändern. Dazu wählen wir zunächst alle gewünschten Keyframes aus. Mit der Taste [A] können wir alle auswählen. Mit [V] öffnen wir den *Set Keyframe Handle Type*-Dialog. Dort können wir *Automatic* wählen. Dadurch werden die Kurven wesentlich organischer.

Mit [⇧]+[T] können wir zwischen ausgewählten Vertices die INTERPOLATION der Curve wählen. Zur Auswahl stehen LINEAR, CONSTANT und BEZIER. LINEAR ist eine gerade Linie ohne Rundungen. Dies kann auch mit VECTOR als HANDLE TYPE erreicht werden. Eine Curve mit CONSTANT bleibt auf einem Wert, bis der nächste Keyframe erreicht ist, und wechselt dann direkt zu diesem Wert. Wir haben in dem Beispiel mit dem Helikopter BEZIER benutzt. Die Handles mit unterschiedlichem HANDLE TYPE geben uns sehr viel Freiheit beim Gestalten von organischen Animationen.

7.1.4 Shape Keys

Shape Keys sind Schlüsselbilder für Formen. Haben wir ein Mesh-Objekt, können wir die Positionen der Vertices in einem Shape Key speichern. In weiteren Shape Keys bringen wir die Vertices in eine andere Form. Die verschiedenen Formen können wir dann mischen.

Dies eignet sich z.B. für die einfache Animation von Gesichtszügen. Hier haben wir ein Monkey-Objekt mit *Subdivision Surface Modifier* benutzt. Das Basis-Mesh bleibt simpel, das Ergebnis ist jedoch hochauflösend.

Im *Shape Keys Panel* der *Object Properties* sehen wir eine Übersicht über die vorhandenen Keys. Mit dem *Plus-Button* fügen wir neue hinzu. Der erste ist der Basis-Shape-Key. Darin befinden sich die unveränderten Vertices. Alle folgenden Shape Keys werden den Basis-Key variieren.

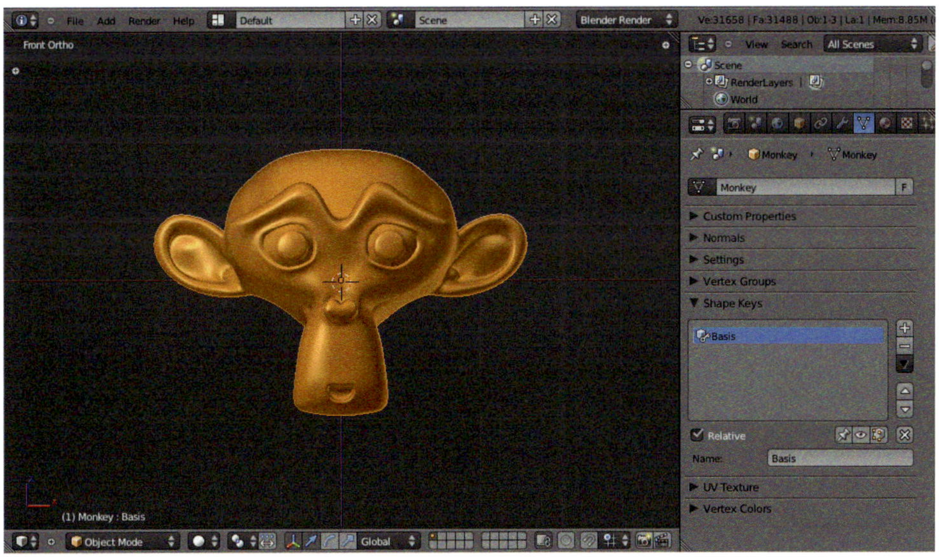

ABBILDUNG 7.10
Monkey mit Basis-Shape-Key

Haben wir einen Shape Key hinzugefügt und mit einem passenden Namen versehen, können wir diesen mit [↹] im Edit Mode bearbeiten. Es wird immer der selektierte Shape Key bearbeitet.

ABBILDUNG 7.11

Im Edit Mode eines Shape Keys

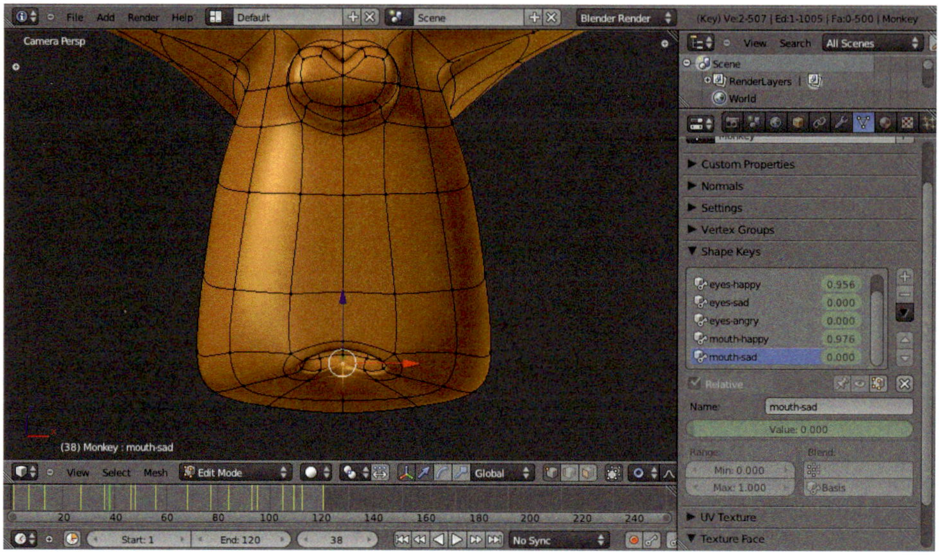

In diesem Beispiel erstellen wir für Mund und Augen einige Ausdrücke. Diese mischen wir dann mit dem *Value*-Regler zusammen. Für den Regler können wir dann wie gehabt Keyframes erstellen.

ABBILDUNG 7.12

Animierte Shape Keys zusammengemischt

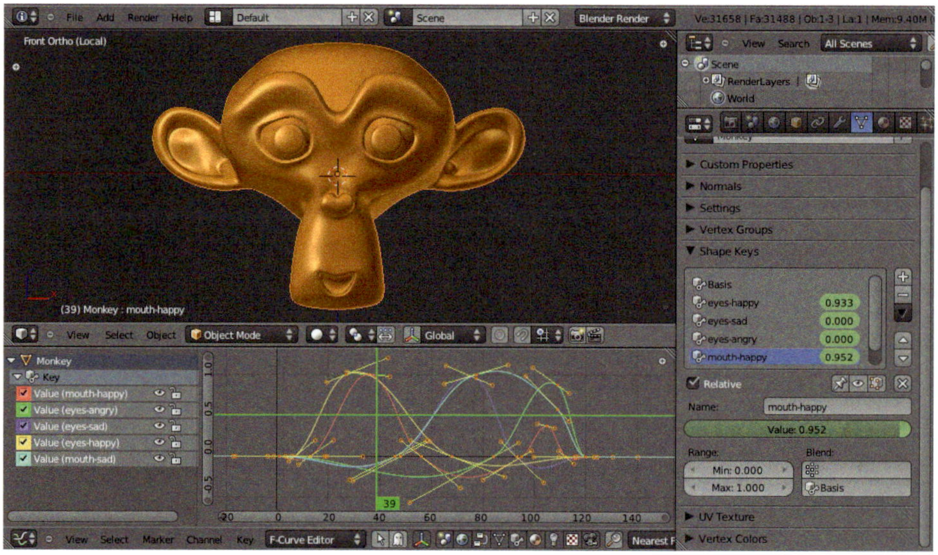

Im Edit Mode für einen Shape Key kann im SPECIALS-MENÜ [W] die Funktion SHAPE PROPAGATE genutzt werden, um Änderungen an gewählten Vertices auf die anderen Keys zu übertragen.

7.1.5 Actions

Selbst bei noch relativ wenigen Keyframes wie bei unserer Gesichtsanimation verliert man schnell den Überblick. Eine komplette Bewegung, wie z.B. das Lächeln, ist dann nur schwer zu isolieren.

Zusammengehörige Keyframes können daher zu Bewegungsabläufen kombiniert werden. Solch ein Bewegungsablauf heißt in Blender Action. Actions können im *NLA-Editor* als Blöcke bearbeitet werden.

Haben wir für ein Objekt Keyframes gesetzt, können wir diese im *Graph-Editor* oder auch im *Dope Sheet-Editor* sehen und bearbeiten. Um die Key Frames der Shape Keys im *Dope Sheet-Editor* sehen zu können, müssen wir diesen im *Header* neben dem Menü auf *ShapeKey-Editor* umschalten. Neben dem *Summary-Button* können wir neue Actions erzeugen, vorhandene öffnen und der aktuellen einen Namen geben. Alle angezeigten Keys gehören zur aktuellen Action.

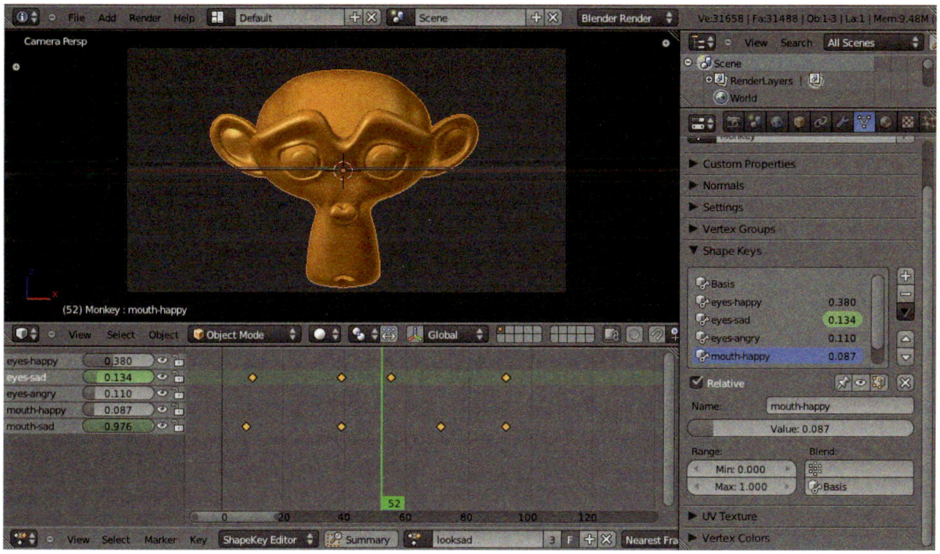

ABBILDUNG 7.13
DOPE SHEET-EDITOR mit SHAPE KEYS der looksad Action

Im *NLA-Editor* wird die aktuelle Action rot angezeigt. Neben dem Namen befindet sich ein Icon mit einer Schneeflocke. Ein Klick auf dieses Icon erzeugt einen neuen *NLA Track*. Die Action wird in einen Block umgewandelt und in den neuen Track verschoben. Die Keyframes sind nun nicht mehr im *Graph-Editor* oder *Dope Sheet-Editor* zu sehen.

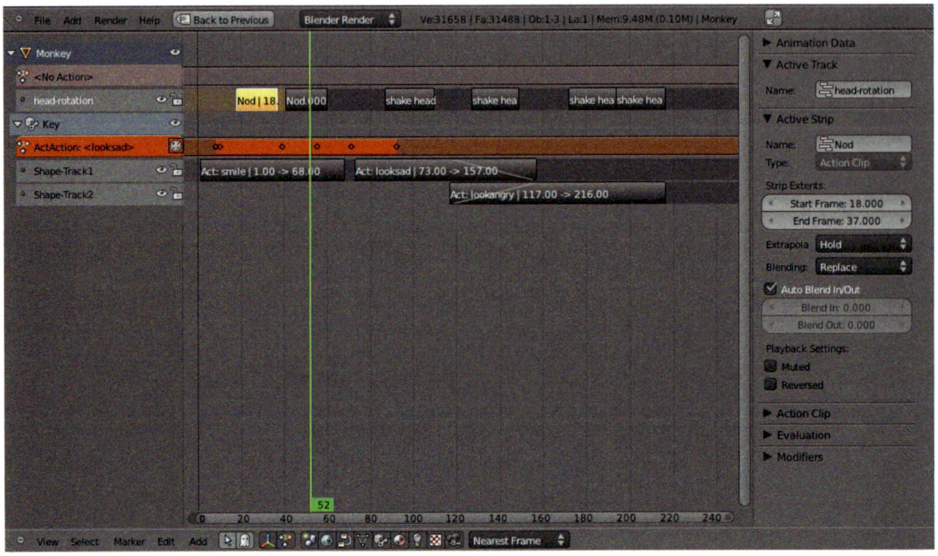

ABBILDUNG 7.14

NLA EDITOR mit Actions und noch nicht umgewandelter looksad Action

Sie können allerdings nachträglich im *Dope Sheet-Editor* bearbeitet werden. Dafür wird dieser im *Header* auf *Action-Editor* bzw. *Shape Key-Editor* umgeschaltet. Die Keyframes einer dort gewählten Action können dann auch im *Graph-Editor* bearbeitet werden.

7.1.6 Path

Eine andere Art der Animation ermöglicht es uns, ein Objekt entlang eines vorher festgelegten Pfades zu verschieben. Dies eignet sich besonders für Kamerafahrten oder Animation von schwebenden Objekten.

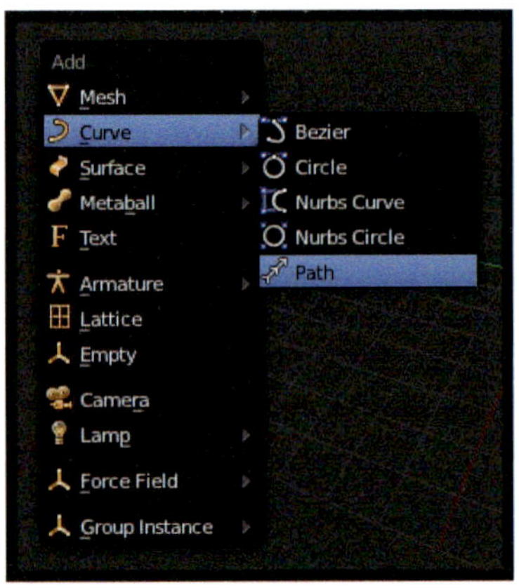

ABBILDUNG 7.15

PATH Curve im ADD-MENÜ

Für die Path Animation (Pfadanimation) benötigen wir zunächst ein Curve Object. Eine gute Wahl hierfür ist eine *Path* Curve. Es ist eine zunächst komplett gerade *Nurbs* Curve. Alle anderen Curve-Objekte erfüllen aber den Zweck ebenso gut.

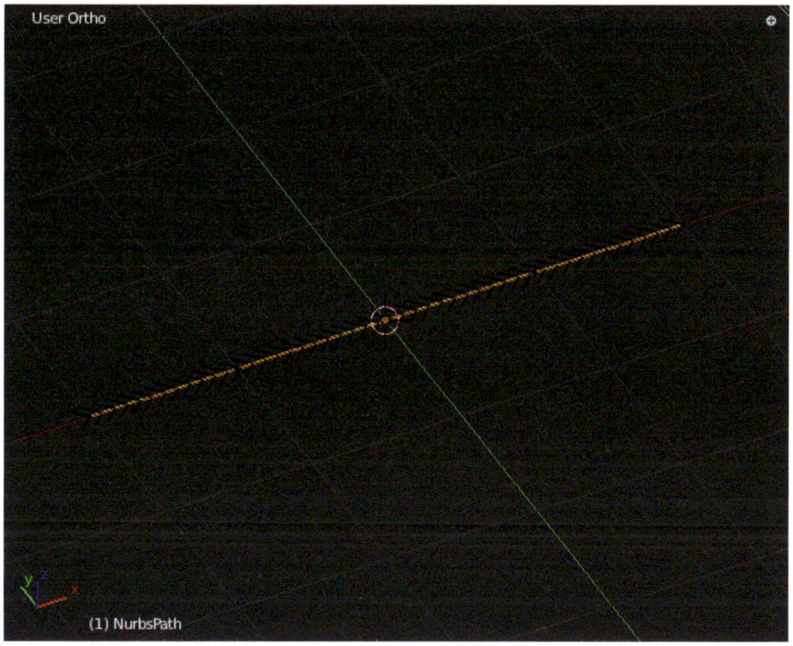

ABBILDUNG 7.16
PATH Curve

Wir können diesen Pfad nun im *Edit Mode* [⇆] beliebig anpassen. Hier sehen wir kleine Pfeile entlang der Curve. Sie zeigen uns die Richtung sowie die Neigung und Skalierung der Vertices. Mit *Extrude* [E] bei einem selektierten Endpunkt können wir den Pfad um neue Punkte erweitern. Die *Tilt*-Funktion [Strg]+[T] lässt uns den Pfad neigen.

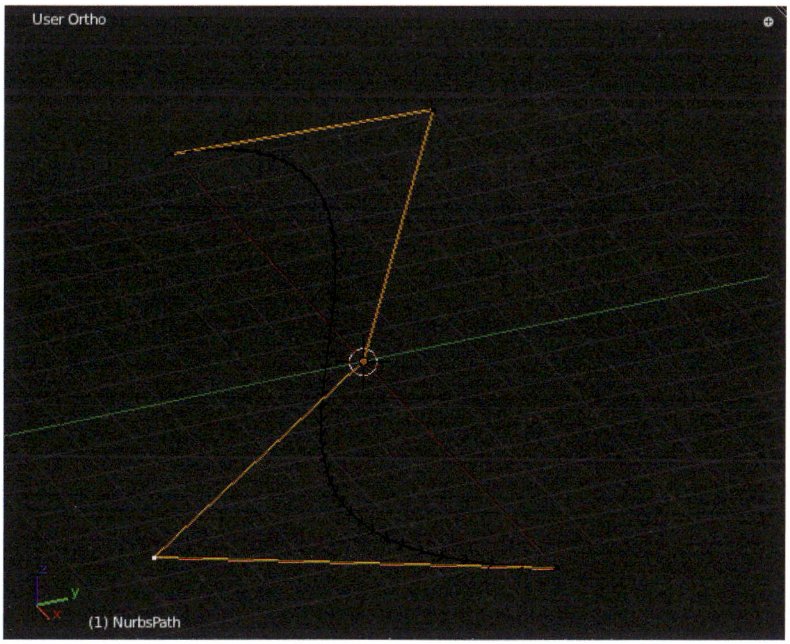

ABBILDUNG 7.17
PATH nach Bearbeitung

Pfadanimation eignet sich z.B. dazu, den Flug eines Flugzeuges zu animieren. Auch die Navigation durch Hindernisse ist mit einer Curve kein großes Problem. Bevor wir unser Objekt entlang des Pfades fliegen lassen, sollten wir es zentrieren. Mit [Alt]+[G] entfernen wir alle Verschiebungen des Objektes. Ist das Objekt noch verdreht oder skaliert, können wir Rotation mit [Alt]+[R] und Skalierung mit [Alt]+[S] entfernen.

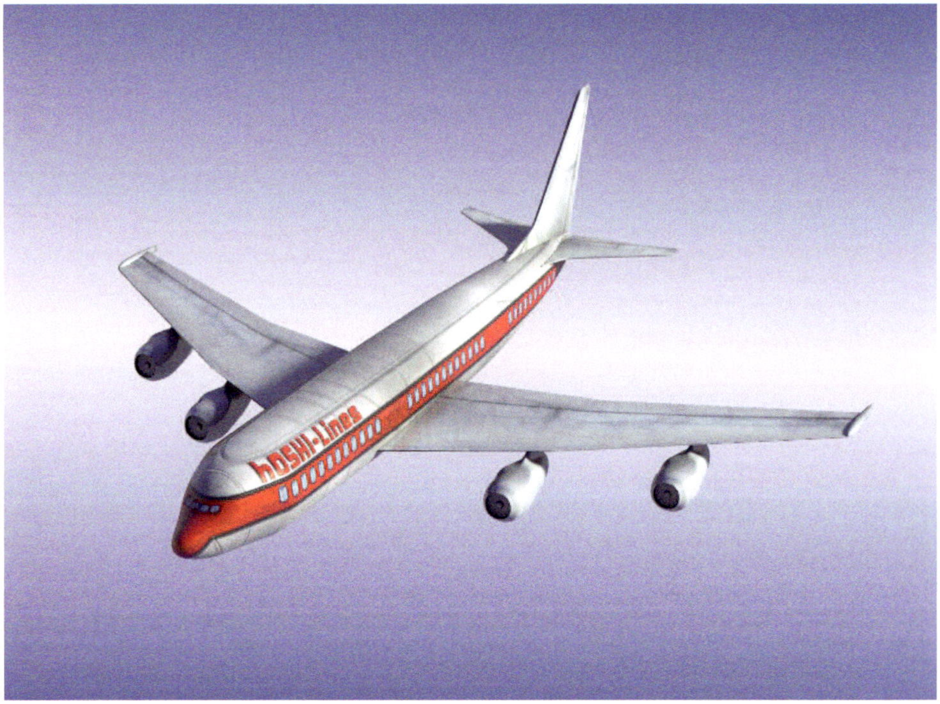

Abbildung 7.18
Flugzeug-Objekt

Damit sich ein Objekt nun entlang des Pfades bewegt, geben wir diesem ein *Follow Path* Constraint. Als *Target* wird die Curve ausgewählt.

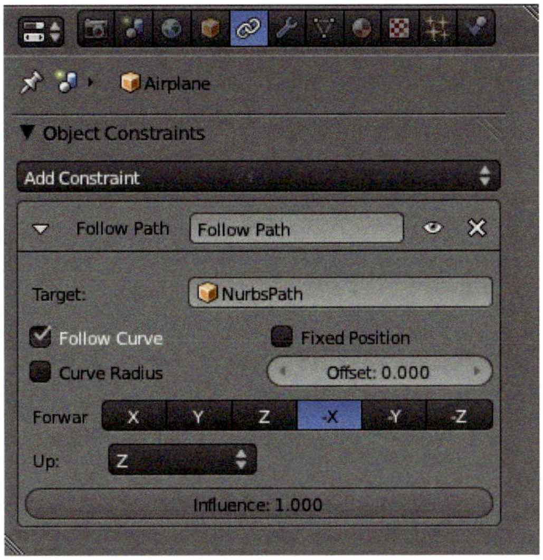

ABBILDUNG 7.19

Das FOLLOW PATH Constraint

Die Rotation und Neigung des Objektes folgt dank *Follow Curve* dem Pfad. Unter *Forward* wählen wir die Seite des Objektes, die nach vorne schauen soll. Unter *Up* wählen wir die Seite, die nach oben zeigen soll. *Forward* und *Up* dürfen nicht die gleichen Achse sein.

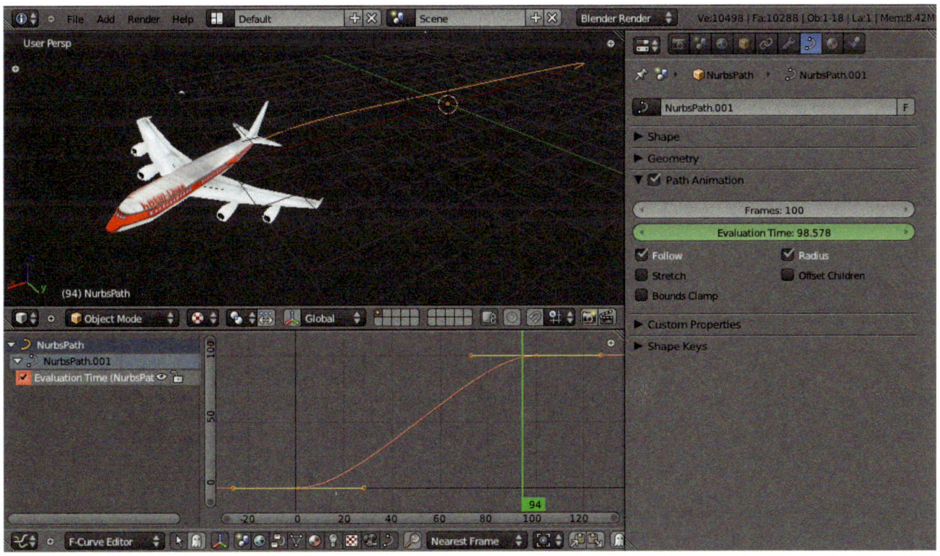

ABBILDUNG 7.20

Ein Flugzeug-Objekt mit FOLLOW PATH Constraint

In den *Object Data Properties* der Curve finden wir das *Path Animation Panel*. Neben einigen weiteren Optionen finden wir hier auch den *Evaluation Time Parameter*. Dieser bestimmt durch einen Wert zwischen 0.0 und 100.0 die Position des Objektes auf dem Pfad.

Die CIRCLE und NURBS CIRCLE Curves eignen sich hervorragend als Pfad für eine Kamera, die eine Szene komplett umkreisen soll.

Wir können nun zu jedem gewünschten Frame einen Wert angeben und einen Keyframe für diesen Parameter setzen. Dazu können wir mit über dem Eingabefeld schwebender Maus die Taste [I] drücken. Außerdem finden wir im Menü, das erscheint, wenn wir mit rechter Maustaste auf das Eingabefeld klicken, den Eintrag *Insert Keyframe*.

7.2 Physics

Das Umsetzen komplexer Animationsabläufe, wie sie z.B. bei Stoffen, Flüssigkeiten und Rauch auftreten, ist mit Keyframes nahezu unmöglich. Dafür stellt uns Blender mit den Physics einige andere Möglichkeiten zur Verfügung.

Im Gegensatz zu Keyframe-Animation können bei physikalischen Simulationen Verhalten und Eigenschaften von Objekten anhand von Parametern definiert werden. Dadurch ist die Animation von komplexen Bewegungsabläufen oder sehr vielen ähnlichen Objekten möglich. Mithilfe von *Force Fields* (Kraftfelder) wie z.B. *Wind*, *Charge* (magnetische Aufladung), *Curve Guide* oder *Turbulence* können wir den Verlauf einer solchen Simulation beeinflussen.

7.2.1 Cloth-Simulation

In Blender gibt es verschiedene Arten der physikalischen Simulation. Eine davon ist die *Cloth*-Simulation. Damit können wir Mesh-Objekte mit dem Verhalten von Stoffen versehen. Kräfte wie in der realen Welt wirken sich dann auf dieses Objekt aus. So z.B. auch die Schwerkraft, die in den *Scene Properties* im *Gravity Panel* definiert werden kann.

Als Beispiel soll eine einfache Flagge im Wind wehen. Um den Faltenwurf besser zu erkennen, geben wir dem Flaggen-Mesh eine Textur. Wichtig ist, dass das Mesh eine recht hohe Auflösung hat. Die Falten wirken dadurch realistischer. Allerdings verlängert eine hohe Auflösung auch die Berechnung der Animation.

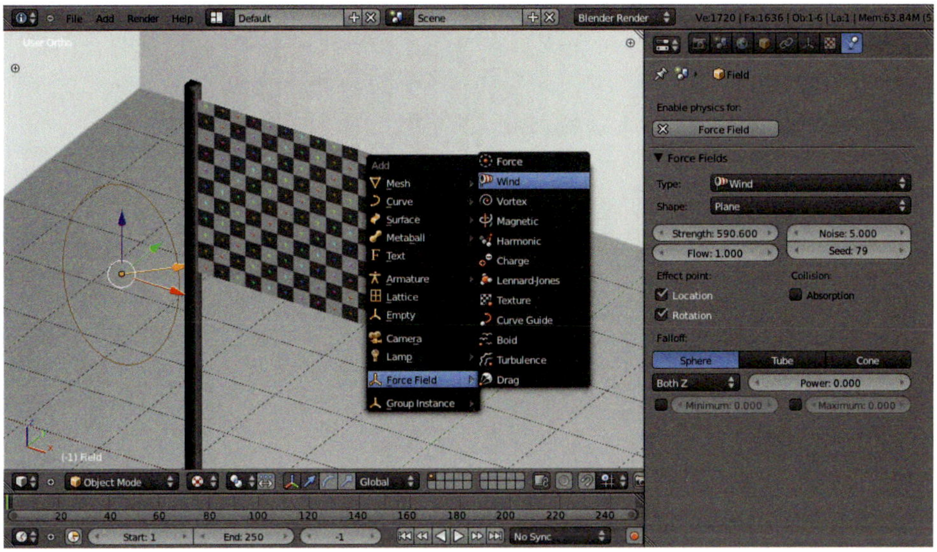

ABBILDUNG 7.21

Flagge und Stange mit FORCE FIELD *vom Typ* WIND

Die Szene bekommt ein *Force Field* vom Typ *Wind*. Dieses kann wie alle anderen Objekte mit dem *Add-Menü* ⇧+A hinzugefügt werden. In den *Physics Properties* können wir dazu die Einstellungen vornehmen. Eine hohe *Strength* sorgt für starken Wind. Mit einem hohen *Noise* erhalten wir ein ungleichmäßiges Wehen. Der Wind weht in die Richtung, in die der Pfeil vom 3D-Modell zeigt.

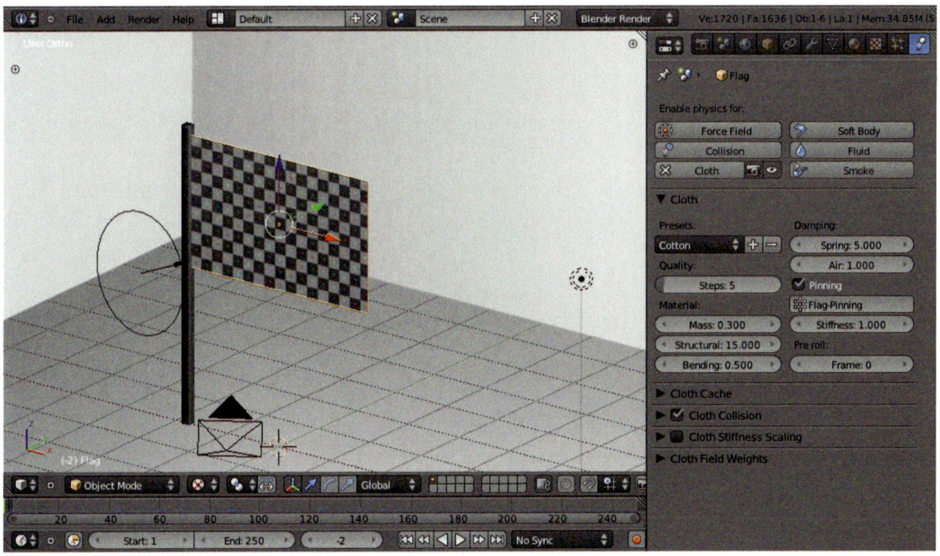

ABBILDUNG 7.22

Flagge in 3D VIEW *mit* PHYSICS PROPERTIES

Wählen wir die Flagge aus, können wir im *Physics Panel* mit einem Klick auf *Cloth* die Simulation zum Objekt hinzufügen. Dafür erscheinen einige Panel. Im *Cloth Panel* können wir unter *Presets* einen Stoff wählen, der ungefähr dem entspricht, was wir suchen. Im Fall der Flagge ist *Cotton* (Baumwolle) okay.

Mit Alt+A oder dem *Play-Button* in der *Timeline* können wir nun die Animation abspielen. Die Flagge fällt allerdings komplett herunter. Wir müssen sie noch an einer Seite befestigen. Dafür können wir *Vertex Groups* verwenden. In den *Object Data Properties* finden wir das *Vertex Groups Panel.* Dort fügen wir mit dem *Plus-Button* eine neue hinzu und geben ihr einen brauchbaren Namen.

In der *3D View* wechseln wir in den *Weight Paint Mode.* Dort können wir mit Malwerkzeugen eine Gewichtung auf das Objekt malen. Ist es verschlossen, öffnen wir das *Tool Shelf* mit T. Dort können wir neben den Werkzeugoptionen auch das Eingabefeld für *Weight* (Gewicht) finden. Mit vollem Gewicht malen wir nun den Bereich an, der sich nicht bewegen soll. Durch die Umfärbung können wir die Gewichtungen auf dem Mesh erkennen.

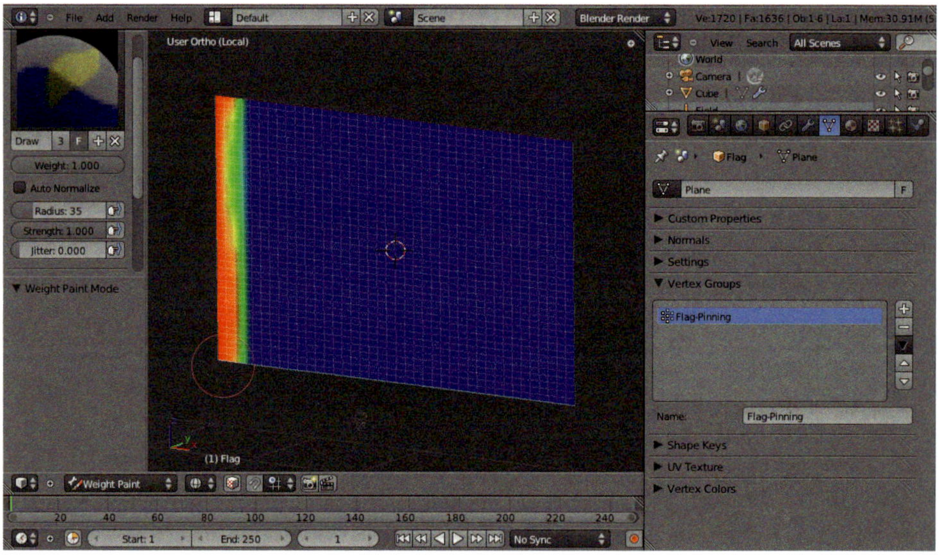

ABBILDUNG 7.23

WEIGHT PAINT Mode

Im *Cloth Panel* der *Physics Properties* können wir nun *Pinning* aktivieren und unsere Vertex Group auswählen. Spielen wir die Animation noch einmal von vorne ab, können wir sehen, dass die gewichteten Stellen der Flagge nun auf ihrem Fleck bleiben. Sie fällt allerdings durch die Stange durch. Das ist nicht besonders realistisch.

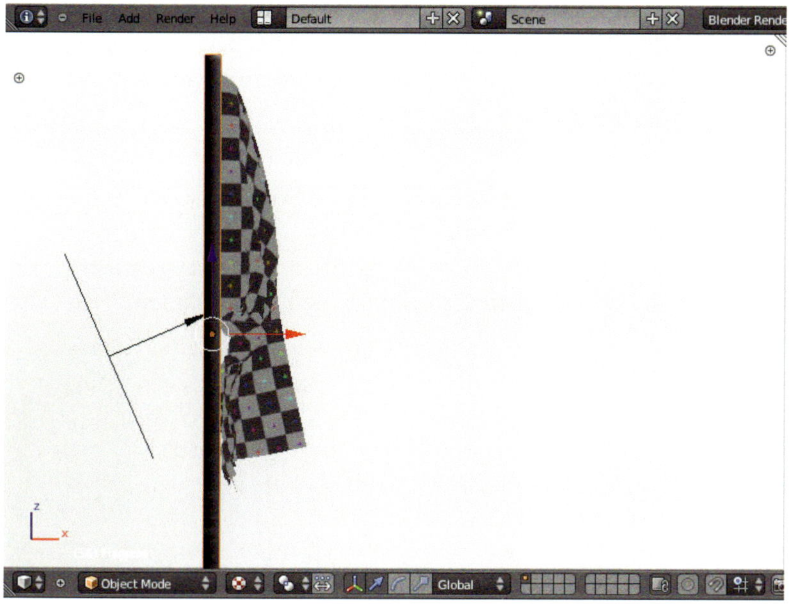

ABBILDUNG 7.24

Stange mit COLLISION

Wählen wir die Stange aus, können wir aus ihr in den *Physics Properties* ein *Collision*-Objekt machen. Das *Collision Panel* erscheint mit einer Reihe von Optionen. Die Animation sieht nun okay aus, wir brauchen diese Optionen also nicht zu ändern. Allerdings ist aufgrund der komplexen Berechnungen der Flagge und der Kollision ein flüssiges Anschauen der Animation nicht mehr möglich.

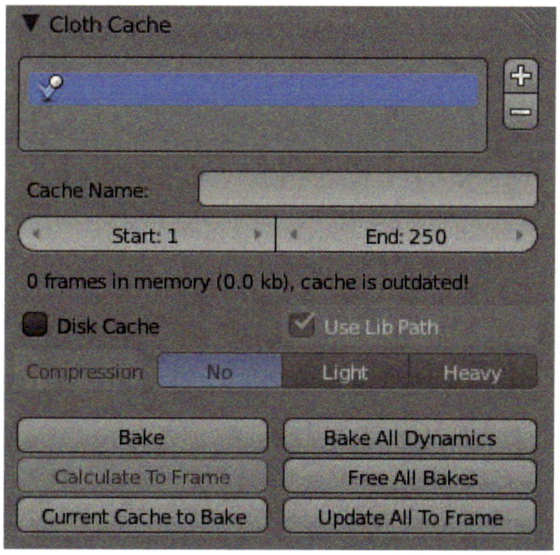

ABBILDUNG 7.25

Das CLOTH CACHE PANEL

Im *Cloth Cache Panel* finden wir den *Bake-Button.* Dieser Button berechnet die Simulation und speichert die einzelnen Schritte der Bewegung in einem Cache (Pufferspeicher). Dies ermöglicht uns eine flüssige Vorschau der Animation.

Über das Thema der Physiksimulationen wurden schon ganze Bücher geschrieben. Für uns soll hier dieses Beispiel der Stoffanimation als Einstieg genügen.

Mit dem FREE BAKE-BUTTON können wir die gespeicherten Bewegungsabläufe wieder löschen.

Kapitel 8

Rendering, Raytracing und Compositing

Das Berechnen von Bildern aus 3D-Daten mit dem Computer bezeichnet man allgemein als Rendering. Bei der Berechnung unserer 3D-Szene zu einem 2D-Bild oder einem Video gibt es vieles, das wir beachten sollten. Bei einer zu komplexen Szene kann der Rechenvorgang sogar mehrere Stunden pro Einzelbild dauern. Besonders bei langen Animationen werden da schnell Tage, Wochen oder sogar Monate draus. Daher müssen wir häufig einen Kompromiss zwischen Rechenzeit und Qualität machen.

8.1 Rendering & Raytracing

Bevor wir unser endgültiges Bild rendern, werden wir viele Testbilder berechnen lassen müssen. Solange wir noch nicht mit der Szene zufrieden sind, können wir unser Bild ruhig in verringerter Auflösung und mit geringerer Qualität berechnen lassen. Der interne *Blender Renderer* hat einige Möglichkeiten, die Qualität und Berechnungsdauer zu beeinflussen.

Darf die Qualität nicht verringert werden und es muss dennoch schneller gehen, haben wir die Möglichkeit, mehrere Computer in den Berechnungsprozess einzubinden. Blenders *Network Renderer Add-On* hält dafür alle nötigen Funktionen bereit.

Ist Rechenzeit nicht so entscheidend wie die Qualität und der *Blender Renderer* stößt an seine Grenzen, können wir einen *External Renderer* einsetzen. Dafür gibt es einige *Add-Ons*. Eines davon ist das *POV-Ray Add-On*.

8.1.1 Blender Renderer

Blenders interner Renderer ist nicht zu verachten. Er ist relativ schnell und durchaus in der Lage, zufriedenstellende Ergebnisse zu liefern.

OpenGL Render

Der schnellste Weg für ein berechnetes Bild in Blender ist der OpenGL Renderer. Diesen starten wir über die *OpenGL Render Image*-Funktion im *Render-Menü* vom *Info-Editor*. Sie berechnet ein Bild über die Grafikkarte. Das Ergebnis ähnelt der Darstellung im Viewport. Auch Lampen und Kamera-Objekte werden angezeigt. Für Bilder alleine ist dies nicht sehr nützlich, aber gerade für das Timing von Animationen ist dies sehr interessant. Mit *OpenGL Render-Animation* wird der Vorgang für die komplette Timeline durchgeführt.

ABBILDUNG 8.1
Die OpenGL Render-Buttons im 3D View Header

Eine weitere Möglichkeit, *OpenGL Render Image* und *OpenGL Render-Animation* zu starten, bieten die beiden Icons im *Header* vom *3D View-Editor*.

Render Properties

In den *Render Properties* finden wir alle Einstellungen, die sich direkt auf die Berechnung der Szene zu einem Bild oder einer Animation beziehen. Haben wir dafür *Blender Renderer* als *Engine* gewählt, können wir auf die folgenden Panels zurückgreifen.

Render Panel

Im *Render Panel* können wir durch den *Image-Button* und den *Animation-Button* den Rendervorgang für Bilder und Animationen starten. Dabei können wir im *Display-Pull-down-Menü* wählen, wie das Ergebnis angezeigt werden soll.

Ist *Keep UI* gewählt, wird das Screen-Layout unverändert gelassen. Ist dabei kein *UV/Image-Editor* mit gewähltem *Render Result* im Layout vorhanden, wird auch kein Ergebnis angezeigt.

ABBILDUNG 8.2

Das RENDER PROPERTIES mit RENDER PANEL

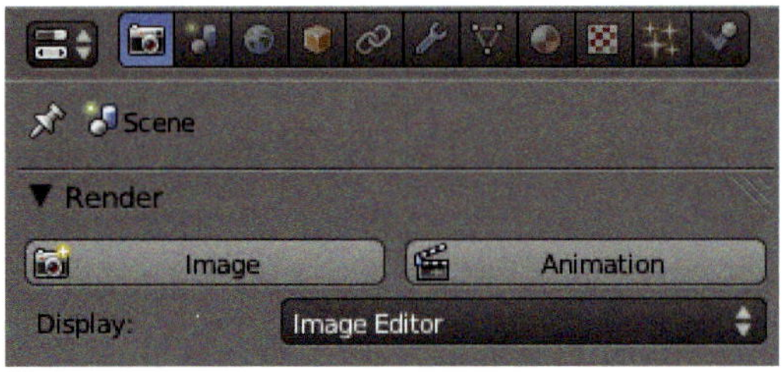

Den Rendervorgang über das RENDER PANEL zu starten, ist oft nicht sinnvoll. Die Taste, um Bilder zu berechnen, ist F12. Die Berechnung von Animationen können wir durch Strg+F12 starten.

New Window öffnet, wie der Name bereits vermuten lässt, ein neues Blender-Fenster mit einem *UV/Image-Editor*, in dem das *Render Result* angezeigt wird.

Bei gewählter *Image-Editor*-Option wird das größte Bearbeitungsfenster zu einem *UV/Image-Editor*, wenn noch keiner mit *Render Result* vorhanden ist. Mit Esc kann dieser dann wieder zum vorherigen Editor umgeschaltet werden.

Full Screen nutzt das gesamte Blender-Programmfenster zum Anzeigen des *Render Result* in einem *UV/Image-Editor*. Mit Esc kann das vorherige UI-Layout wieder hergestellt werden.

Dimensions Panel

Im *Dimensions Panel* können wir die *Resolution* (Auflösung) des zu berechnenden Bildes in Pixel angeben. Für Testberechnungen kann die Auflösung über das *Scale*-Eingabefeld prozentual verringert werden. Soll das Bild mit mehr als 100% berechnet werden, geht dies durch Klicken in das Eingabefeld und Eingeben eines höheren Wertes. Weiterhin kann ein *Aspect Ratio* angegeben werden. Damit können wir unsere berechneten Bilder an das Seitenverhältnis der Bildpunkte des Zielausgabegerätes anpassen.

Außerdem können wir in diesem *Panel* auch unter *Frame Range* die *Start*- und *End-Frames* (Einzelbilder) der Blender-*Timeline* angeben. *Step* bestimmt, wie groß die Schritte zwischen den Einzelbildern sein sollen. Unter *Frame Rate* (Bildrate) können wir die Anzahl der *fps* (Bilder pro Sekunde) auswählen.

Wollen wir diese Einstellungen für spätere Wiederverwendung speichern, können wir dafür *Render Presets* anlegen. Falls noch keines mit den gewünschten Einstellungen besteht, können wir es einfach mit dem *Plus-Button* neben dem *Render Presets*-Pull-down-Menü anlegen. Wir können im folgenden Dialog einen Namen eingeben. Mit dem *Minus-Button* können nicht mehr gebrauchte Presets gelöscht werden.

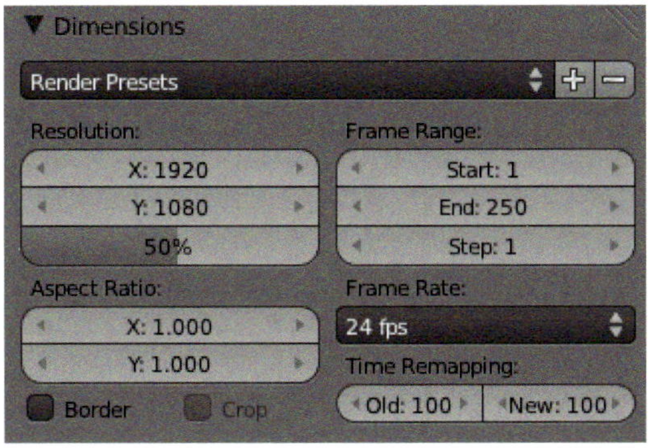

ABBILDUNG 8.3

Das DIMENSIONS PANEL

Oft verändern wir nicht das komplette Bild, sondern nur einen kleinen Ausschnitt. Dann genügt es uns auch, nur diesen Ausschnitt zu berechnen. Aktivieren wir die *Border*-Option, wird nur berechnet, was sich im Bereich innerhalb des *Render Border* befindet. Diesen können wir in einer *Camera View* [0] eines *3D View-Editors* mit *Set Render Border* [⇧]+[B] setzen. In jeder Nicht-Kamera-Ansicht ist [⇧]+[B] die Tastenkombination für *Zoom Border*.

Alles, was sich außerhalb vom *Render Border* befindet, wird schwarz. Die Auflösung des Bildes bleibt jedoch unverändert. Mit *Crop* können wir das Bild auf den *Render Border* beschneiden. Die Auflösung wird dabei verringert.

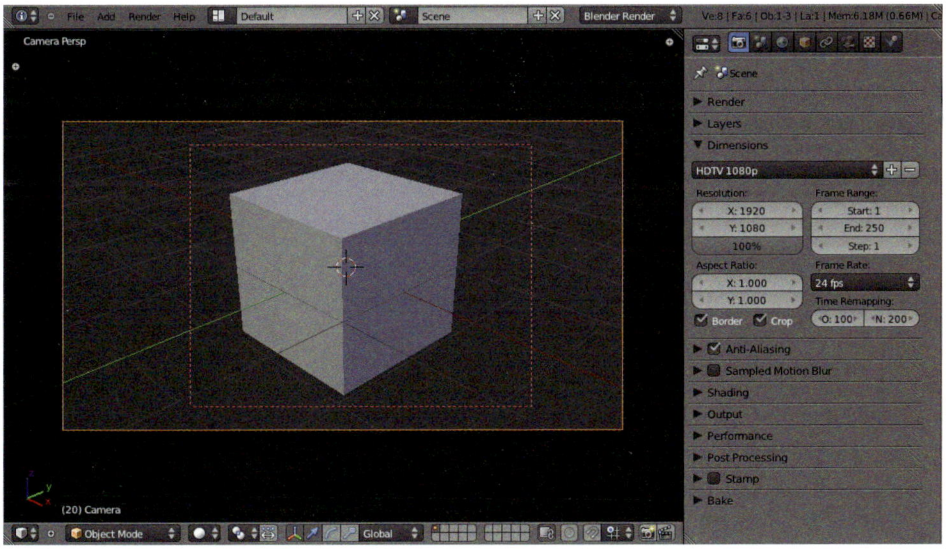

ABBILDUNG 8.4

CAMERA VIEW mit RENDER BORDER (rot)

Mit Time Remapping können wir die Anzahl der Einzelbilder global verändern. Geben wir im Feld *Old* 100 und im Feld *New* 200 ein, verdoppelt sich die tatsächliche Anzahl der Einzelbilder. Zwischen Bild 0 und Bild 10 befinden sich dann 20 statt zehn Bilder. Ein *Old*-Wert von 10 und ein *New*-Wert von 20 haben dabei den identischen Effekt.

Anti-Aliasing Panel

Harte Kanten von 3D-Objekten ergeben auf Pixel-Bildern Treppen. Dieser Effekt wird als Aliasing bezeichnet. Blender bietet unter dem *Anti-Aliasing Panel* mehrere Optionen an, um diesen Effekt zu verhindern.

ABBILDUNG 8.5

Vergrößertes Cube Rendering ohne und mit ANTI-ALIASING

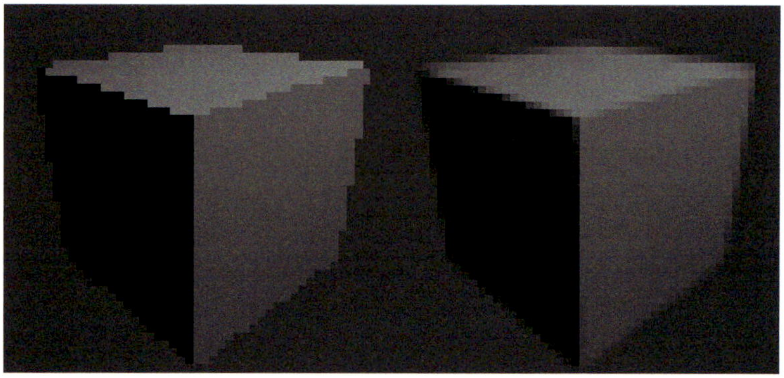

Um die Treppen entlang der Kanten abzuschwächen, werden mehr Punkte als die eigentliche Pixelzahl berechnet. Die Farbwerte der Pixel zwischen den Treppen werden anhand dieser berechneten Punkte eingefärbt. Die Auflösung des Bildes scheint daher größer, als sie in Wirklichkeit ist. Die *Samples* bestimmen dabei, wie viele Punkte für die Berechnung des Anti-Aliasing berechnet werden sollen. Falls bei einem Compositing mit Anti-Aliasing an den Kanten der Objekte Fehler passieren, sollte *Full Sample* aktiviert werden.

ABBILDUNG 8.6

Das ANTI-ALIASING PANEL

Im *Pixel Filter*-Pull-down-Menü kann der Filtertyp für die Berechnung gewählt werden. Erhöhen wir den *Size*-Wert, wird das Ergebnis schärfer.

> Anti-Aliasing kostet Zeit. Es sollte daher nur das endgültige Bild mit der höchsten Einstellung berechnet werden. Für Testzwecke kann es entweder auf die geringste Einstellung geschaltet oder komplett deaktiviert werden.

Layers Panel

Im *Layers Panel* können wir unser Bild für das *Compositing* in einzelne Ebenen unterteilen. Auf einen Render Layer können wir im *Node-Editor* mit einem *Render Layer Node* zugreifen. Jedem *Render Layer* können *Layer* der Szene zugewiesen werden. *Mask Layers* sind Ebenen, die aufgrund des Inhaltes Teile des aktuellen *Render Layer* maskieren.

Wählen wir im *Light*-Feld eine Lichtquelle aus, werden für diesen *Render Layer* alle anderen Lichtquellen ignoriert und nur noch diese eine benutzt. Ebenso werden bei

Auswahl eines Materials im *Material*-Feld alle Objekte mit diesem Material gerendert. Besonders für Testzwecke kann dies sehr nützlich sein.

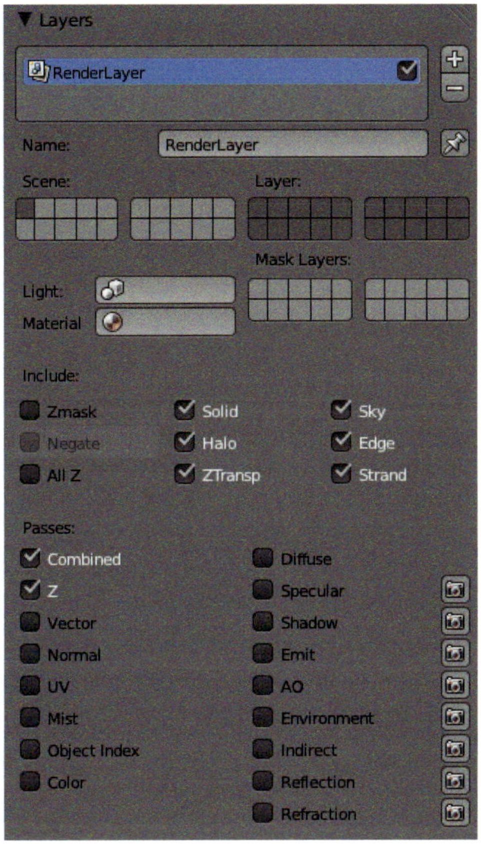

Abbildung 8.7

Das Layers Panel

Die *Include*-Optionen erlauben uns, bestimmte Elemente ein- bzw. auszuschließen. Für jeden der aktivierten *Passes* bekommt der *Render Layer Node* einen entsprechenden Ausgang. Wir können darüber auf die Daten dieses *Passes* im Compositing zugreifen. Bei einigen *Passes* haben wir die Möglichkeit, diesen durch Aktivieren des Icons daneben aus dem kombinierten Render Pass auszuschließen.

Sampled Motion Blur Panel

Knipsen wir ein Foto von einem Objekt, das sich sehr schnell bewegt, wird es unscharf. Dieser Effekt nennt sich Motion Blur (Bewegungsunschärfe). Obwohl Motion Blur auf Fotos meist nicht gewünscht ist, hilft er uns, bei 3D-Grafiken und Animationen eine gewisse Glaubwürdigkeit bewegter Objekte zu erhöhen.

Eine einfache Methode, dies in Blender zu erzeugen, finden wir im *Sampled Motion Blur Panel*. Dabei wird die Szene mehrmals in verschiedenen Zeitabständen gerendert, und die Ergebnisse werden zusammengemischt. Mit *Motion Samples* können wir bestimmen, wie oft die Szene neu gerendert werden soll. *Shutter* ist ein Begriff aus der Fotografie und bestimmt den Zeitabstand zwischen den *Samples*.

Abbildung 8.8

Das Sampled Motion Blur Panel

Mit diesem Verfahren dauert die Bildberechnung natürlich umso viel länger, wie viele *Motion Samples* wir benutzen; bei zehn *Samples* also auch zehnmal so lange.

> Eine Alternative zum eher trägen Sampled Motion Blur bietet der Vector Blur Node im Node-Editor für Compositing Nodes an. Dieser bietet uns auch wesentlich mehr Kontrolle über das Endergebnis.

Shading Panel

Um Rechenzeit zu sparen, können wir im *Shading Panel* bestimmte Shading-Techniken deaktivieren. Wollen wir z.B. unsere Texturen im Rendervorgang testen, können wir sicherlich auf *Ray Tracing* und *Subsurface Scattering* verzichten.

Abbildung 8.9

Das Shading Panel

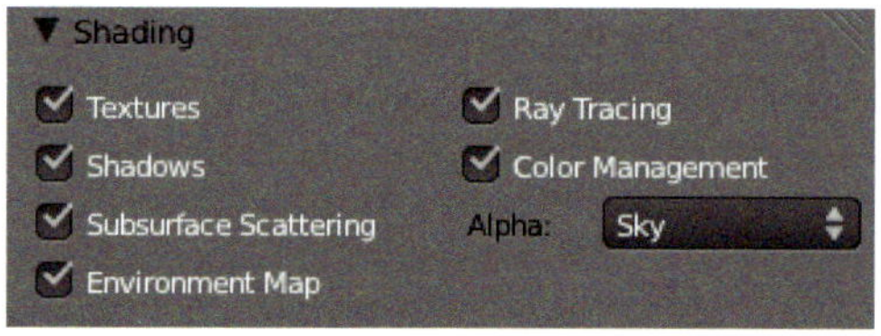

Des Weiteren können wir unter *Alpha* bestimmen, was in transparenten Bereichen angezeigt werden soll. Bei *Sky* wird der in den *World Properties* definierte Hintergrund angezeigt. *Straight Alpha* nutzt einen gewöhnlichen und *Premultiplied* einen mit den Farbwerten multiplizierten Alpha-Kanal. Nutzen wir transparente Ebenen im *Compositing*, sollte *Premultiplied* gewählt werden.

Output Panel

Im *Output Panel* finden wir Optionen für die Render-Ausgabe. Im ersten Eingabefeld können wir Verzeichnis und Dateinamen wählen, in dem Bilder einer Animation gespeichert werden können. Mit Rauten-Symbolen können wir angeben, wo und wie lang die Frame-Nummern im Dateinamen sein sollen.

Mit zwei Slash-Zeichen geben wir den Ort der aktuellen Blender-Datei an. Eine Eingabe von //render/image-###-neu würde also im Ordner, in dem auch unsere Blender-Datei liegt, einen Ordner „render" erstellen. In diesem wären dann so viele Bilddateien, wie es in der Szene Frames gibt. Die erste davon würde, wenn wir im *PNG*-Format speichern, image-001-neu.png heißen.

Abbildung 8.10

Das Output Panel

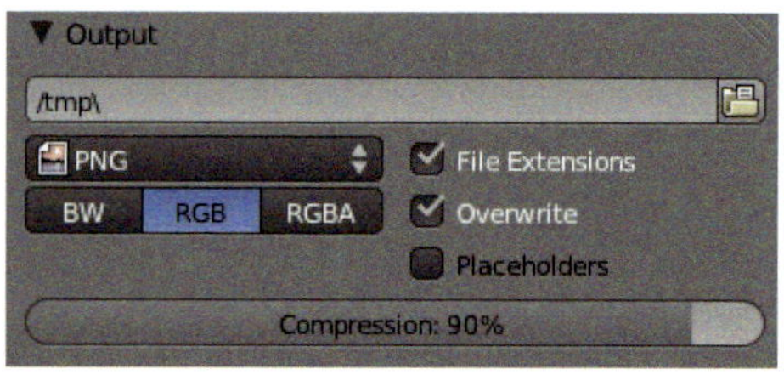

Im *File Format-Menü* können wir den Dateityp wählen, mit dem die Bilder gespeichert werden sollen. Bei Einzelbildern haben wir die Möglichkeit, im Speichern-Dialog des Image-Editors noch ein ähnliches Format zu wählen.

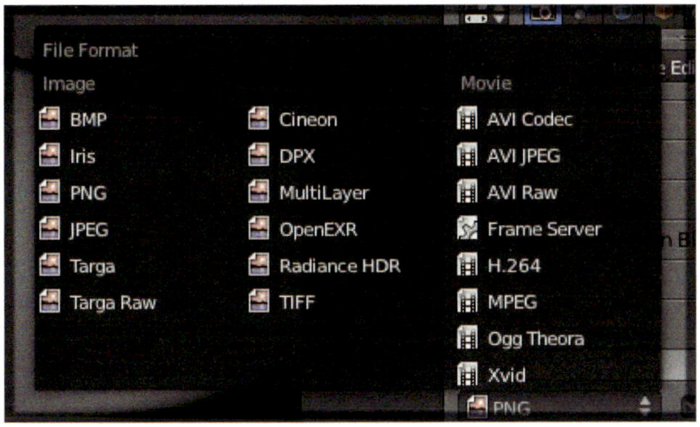

ABBILDUNG 8.11

Das File Format-Menü

Darunter können wir den *Color Mode* für die Berechnung einstellen. *BW* berechnet das Bild in Graustufen, *RGB* mit den drei Farbkanälen Rot, Grün und Blau. Benötigen wir zusätzlich die Transparenzinformationen, sollten wir *RGBA* aktivieren. Der Alpha-Kanal kann dann im entsprechenden Dateiformat mit gespeichert werden. Im Gegensatz zu *JPEG* kann das *PNG*- Format Alpha-Kanäle speichern.

Deaktivieren wir die Option *File Extensions*, werden keine Dateinamenerweiterungen an die gespeicherten Dateien angehängt. Dies kann besonders in Windows zu Fehlern beim Öffnen der Dateien führen. Die Option sollte also aktiviert bleiben. Sollen vorhandene Bilder nicht überschrieben werden, können wir *Overwrite* deaktivieren. Über *Placeholders* werden leere Dateien erstellt, bevor er sie mit Inhalt füllt.

Je nach gewähltem Dateiformat ändern sich im *Output Panel* einige Einstellungen. Wählen wir ein Video-Format, erscheint ein weiteres *Panel*.

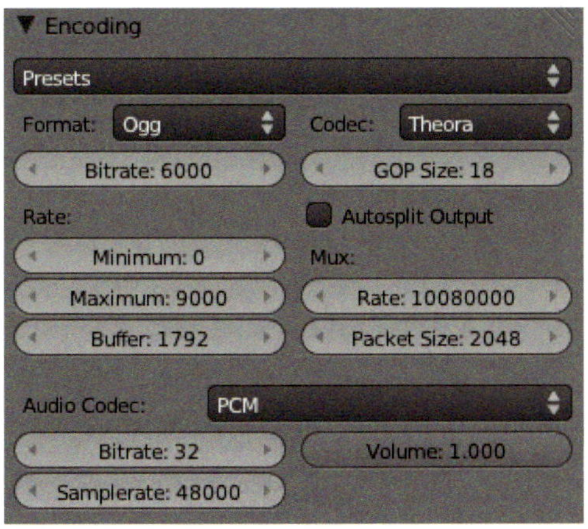

ABBILDUNG 8.12

Das Encoding Panel

Im *Encoding Panel* finden wir erweiterte Optionen zum *Format* und zum *Codec* von Videodateien. Außerdem können wir hier den *Audio Codec* angeben, der für die Audio-Spuren im Video benutzt wird.

Performance Panel

Einstellungen zur Leistung des Renderers können wir im *Performance Panel* finden. Blender wird bei aktivierter *Auto-detect*-Option unter dem Punkt *Threads* (leichtgewichtige Prozesse) alle vorhandenen Prozessorkerne für die Bildberechnung verwenden. Mit *Fixed* können wir die Thread-Anzahl selber festlegen. Stellen wir weniger Threads als vorhandene Prozessorkerne ein, können die verbleibenden für andere Aufgaben genutzt werden.

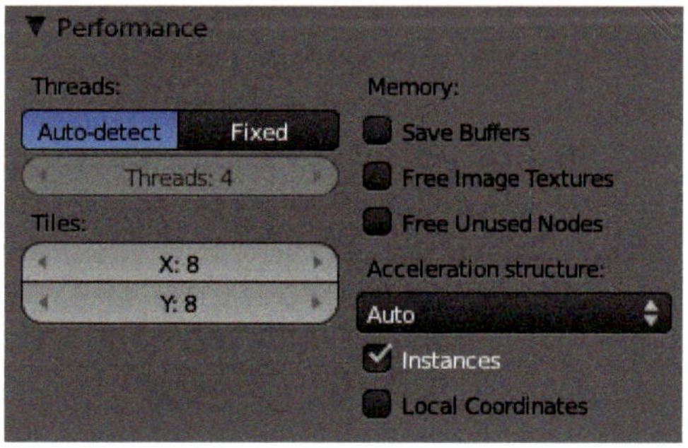

ABBILDUNG 8.13

Das Performance Panel

Die Optionen unter Acceleration Structure sollte nur anfassen, wer weiß, was er tut.

Unter *Memory* können wir festlegen, ob bestimmte Texturen, Nodes und Buffer im Speicher bleiben sollen oder nicht. Dies beeinflusst hauptsächlich die Leistung vom *Compositor*.

Tiles (Kacheln) bestimmt, in wie vielen Einzelteilen ein Bild berechnet werden soll. Bei zu vielen *Tiles* kann die Berechnung länger dauern als erforderlich.

Post Processing Panel

Im *Post Processing Panel* können wir *Compositing* und *Sequencer* vom Rendervorgang ausschließen. Benötigen wir für ein Video Halbbilder, können wir *Fields* aktivieren. Dabei wählen wir mit *Upper First* und *Lower First* aus, ob mit dem oberen oder dem unteren Halbbild begonnen wird. Zwischen den Halbbildern kann es einen zeitlichen Unterschied geben. Soll nur ein Einzelbild berechnet werden, sollte hier die *Still*-Option aktiviert werden. Der Zeitunterschied zwischen den Halbbildern wird dann ignoriert.

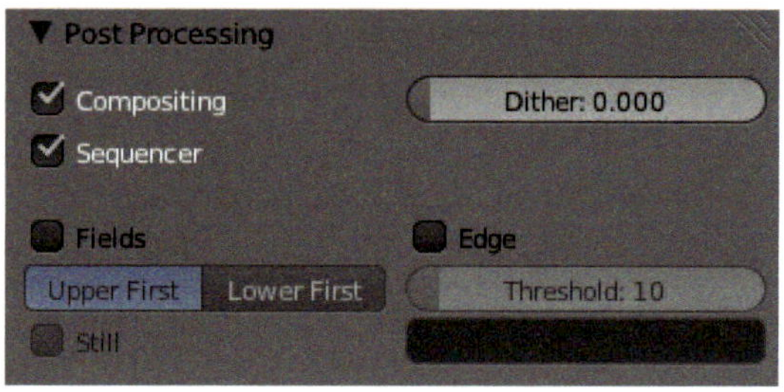

ABBILDUNG 8.14

Das Post Processing Panel

Bei Ausgaben für Formate mit wenigen Farben können in Farbverläufen Kanten auftauchen. Diese Kanten nennen sich *Banding*. Durch leichtes Rauschen können diese Kanten abgeschwächt werden. *Dither* legt die Stärke dieses Rauschens fest.

ABBILDUNG 8.15

Toon-Material mit aktivierter EDGE

Nutzen wir ein Toon-Material, sollten wir hier die *Edge*-Option aktivieren. Dadurch wird eine Outline (Grenzlinie) wie in einer Comic-Zeichnung um die starken Kanten der Objekte gemalt. Der *Threshold* bestimmt dabei, welche Kanten Linien bekommen. Je größer der *Threshold*, umso mehr Kanten bekommen Linien.

Die EDGE-Funktion wird unter Umständen bei einer neueren Blender-Version aus diesem PANEL verschwinden. Angedacht war, die Edge über einen COMPOSITING NODE zu realisieren.

Stamp Panel

Im *Stamp Panel* können wir einige Informationen zur Szene als Wasserzeichen auf das Bild schreiben lassen. Dies kann z.B. die Dokumentation erleichtern.

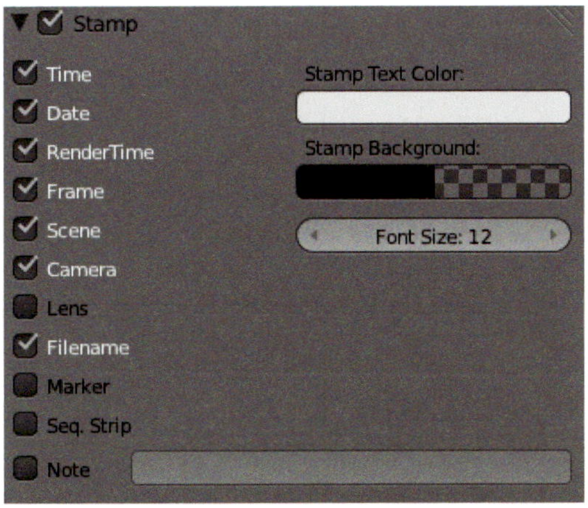

ABBILDUNG 8.16

Das STAMP PANEL

Bake Panel

Um Zeit zu sparen, können wir im *Bake Panel* zeitaufwendige Berechnungsschritte in einer Textur abspeichern lassen. Die Berechnung wird dann nur noch einmal durchgeführt. Der *Bake-Button* startet den Vorgang.

ABBILDUNG 8.17
Das BAKE PANEL

Objekte müssen für den BAKE-Vorgang vorbereitet werden. Das Objekt braucht eine Textur, die korrekt auf die Oberfläche aufgetragen wurde.

Des Weiteren können wir unter *Bake Mode* auswählen, welche Informationen in die Textur gespeichert werden sollen. Die Möglichkeiten sind *Textures*, *Normals*, *Shadows*, *Ambient Occlusion* und *Displacement*. *Full Render* speichert alle verfügbaren Informationen.

8.1.2 Network Renderer

Rendering kann bei komplexen Szenen, vor allem wenn sie animiert sind, sehr viel Zeit in Anspruch nehmen. Ein einziger Computer reicht dann bald nicht mehr aus. Zum Glück bringt Blender ein Add-On mit, das dabei hilft, den Rechenaufwand auf mehrere miteinander vernetzte Systeme zu verteilen.

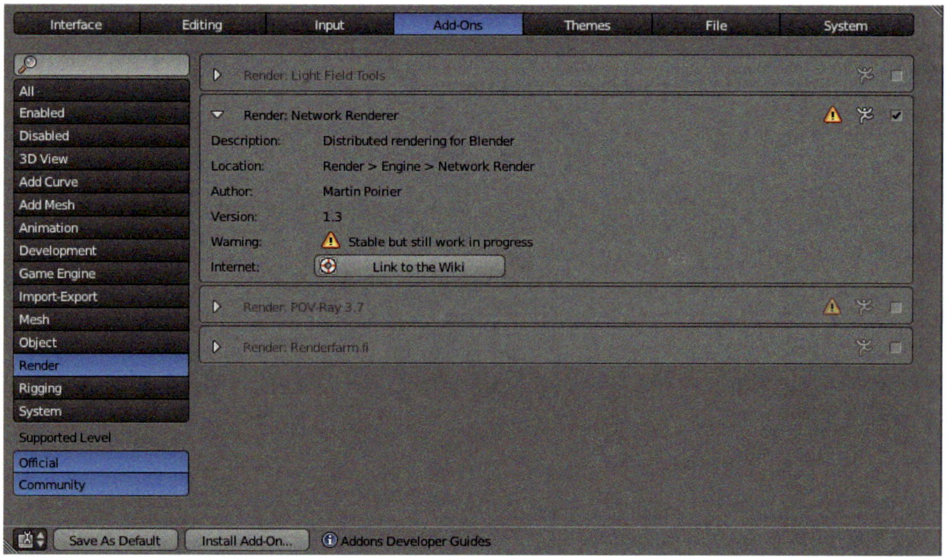

ABBILDUNG 8.18
ADD-ONS TAB der USER PREFERENCES mit aktiviertem NETWORK RENDER

Aktivieren wir im *Add-Ons Tab* in den *User Preferences* das Network Renderer Add-On in der Rubrik *Render*, können wir danach *Network Render* im *Engine-Menü* des *Info Editor Header* auswählen. Die Einstellungen in den *Render Properties* werden durch die Einstellungen des *Network Renderers* ersetzt.

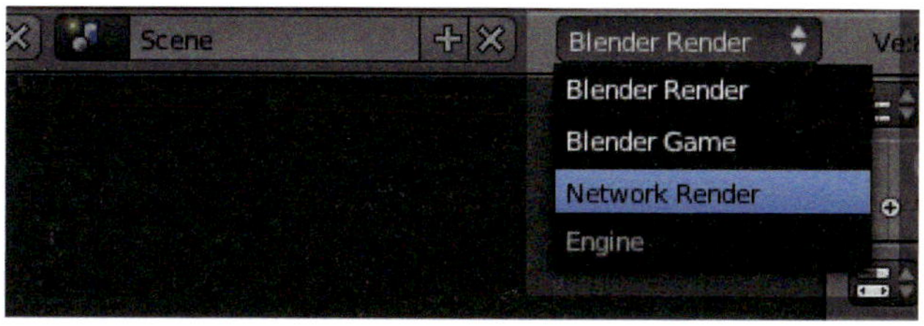

ABBILDUNG 8.19

ENGINE-MENÜ mit ausgewähltem NETWORK RENDER

Das Prinzip ist ganz einfach. Wir benötigen als Erstes einen *Master*-Rechner. Er verwaltet die eingehenden *Jobs* und verteilt sie unter den *Slave*-Rechnern. Der Rechner, mit dem wir arbeiten und Szenen bearbeiten und rendern, ist der *Client*.

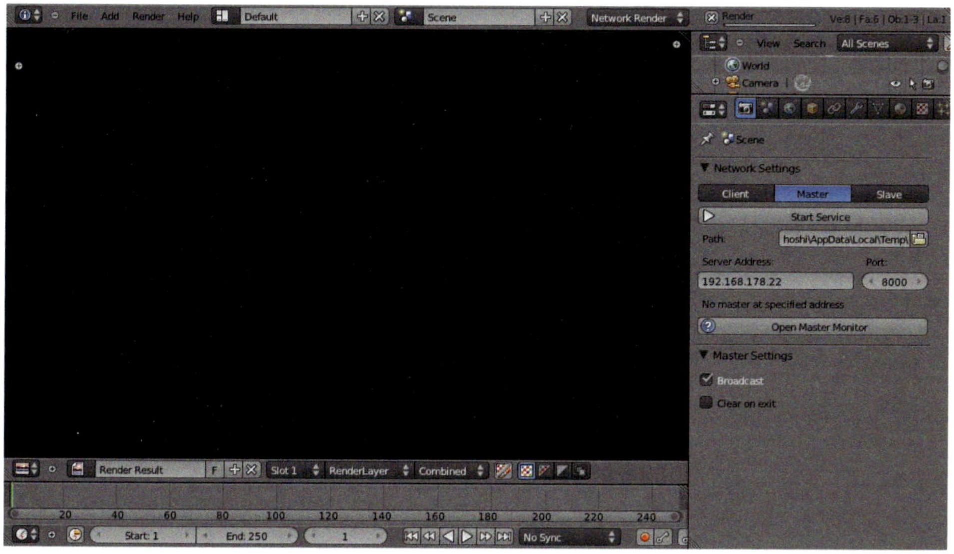

ABBILDUNG 8.20

RENDER PROPERTIES mit Einstellungen des NETWORK RENDERER ADD-ONS

Um also eine Netzwerk-Renderfarm zu erstellen, müssen wir Folgendes tun:

1. Wir starten also auf allen Rechnern, die wir zur Verfügung haben, Blender.
2. Anschließend aktivieren wir in jeder laufenden Blender-Anwendung das Network-Renderer-Add-On.
3. Dann stellen wir einen Rechner über die *Render Properties* auf *Master* und klicken *Start Service.*
4. Alle anderen Rechner richten wir auf *Slave* und klicken auf *Refresh* (Button mit Pfeilen).

5. Den PC, an dem wir arbeiten, stellen wir auf *Client* und klicken auf *Refresh.*

Haben *Slave* und *Client* nach Klicken auf den *Refresh-Button* eine *Server Address* gefunden, dann ist alles richtig konfiguriert. Mit *Animation on Network*, *Send job* und *Send current frame job* können wir Jobs an den *Master* übertragen.

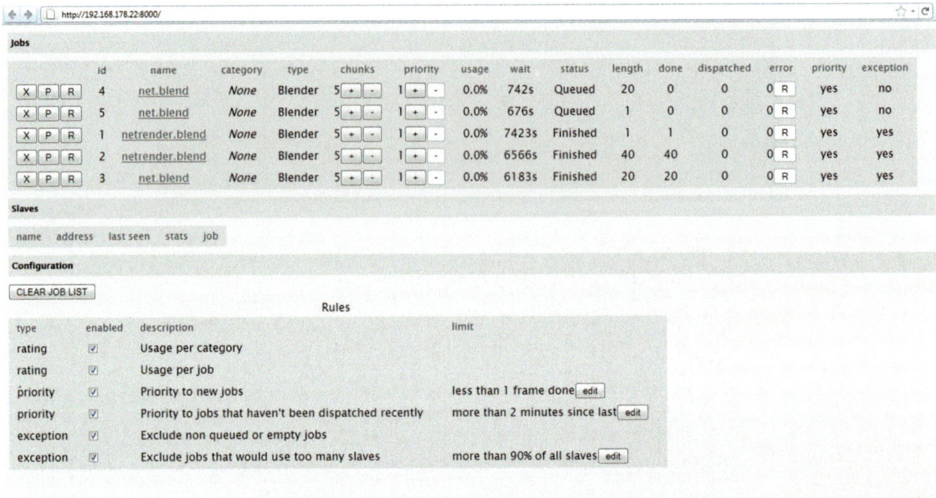

ABBILDUNG 8.21
Das Web-Interface vom NETWORK RENDERER ADD-ON *in Firefox*

Bevor wir eine Szene mit dem NETWORK RENDERER ADD-ON berechnen lassen, sollten wir die Blender-Datei zunächst speichern.

Den Status der aktuellen Jobs können im Web-Interface eingesehen werden. Das Web-Interface kann mit dem *Open Master Monitor-Button* im Webbrowser gestartet werden. In den *Render Properties* können ebenso *Slave* und *Job Status* angezeigt und verwaltet werden. Ist der Job erledigt, können wir das Ergebnis mit den Buttons *Get Image* oder *Get Animation* zum Client übertragen lassen.

8.1.3 External Renderer

Blender unterstützt auch die Verwendung einiger externer Render-Programme (External Renderer). Diese sind meist auf physikalisch korrekte Berechnung spezialisiert. Die Rechenzeit steigt enorm. Das Ergebnis ist jedoch sehr überzeugend, solange die Szene gut vorbereitet wurde.

Um ein externes Programm nutzen zu können, muss es zunächst installiert werden. Ein solches Programm, das bereits seit ca. 20 Jahren entwickelt wird, ist POV-Ray. In POV-Ray können komplette 3D-Szenen mit einer Szenen-Beschreibungssprache ähnlich wie ein Computerprogramm geschrieben werden. Unter `http://www.povray.org` kann es kostenlos heruntergeladen werden.

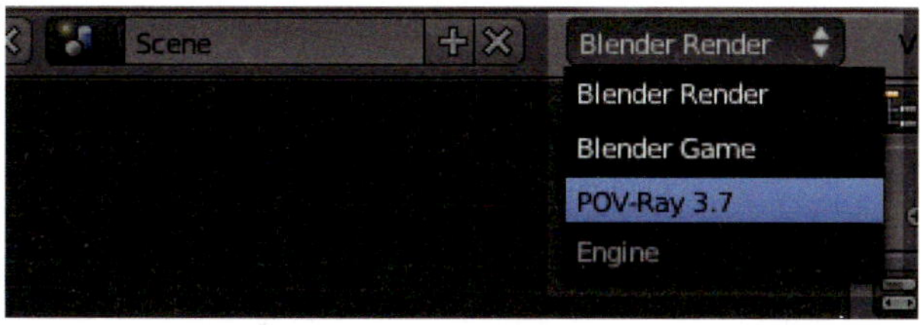

ABBILDUNG 8.22

ENGINE-MENÜ mit ausgewähltem POV-RAY 3.7

In den *User Preferences* von Blender im *Add-Ons Tab* kann in der Rubrik *Render* das *POV-Ray Add-On* aktiviert werden. Wählen wir danach *POV-Ray 3.7* im *Engine-Menü* vom *Info Editor Header,* wird bei den folgenden Renderings POV-Ray gestartet.

ABBILDUNG 8.23

Dank RADIOSITY in POV-Ray hat INDIRECT LIGHTING nun auch Schatten.

POV benötigt andere Parameter als Blender. So haben sich nach Auswahl der *Engine* z.B. auch die *Material Properties*, *Render Properties* und *World Properties* geändert.

8.1.4 Cycles

Kaum war die erste stabile Version von Blender 2.5 offiziell erschienen, wurde auch schon eine neue *Blender Render Engine* angekündigt. Und das nur zehn Tage später. Die neue Engine wurde mit dem Codenamen Cycles vorgestellt.

Damit sind wesentlich realistischere Ergebnisse möglich. Somit können wir in Zukunft auch in Blender realistischeres *Indirect Lighting* mit Schattenwurf rendern. Die Berechnung der Bilder kann auf die GPU (Prozessor der Grafikkarte) verlagert werden.

Wenige Tage nach der Ankündigung gab es bereits die ersten Videos der Engine. Noch ein paar Tage später konnten die ersten lauffähigen Blender-Test-Versionen mit *Cycles Render Engine* von `www.graphicall.org` heruntergeladen werden.

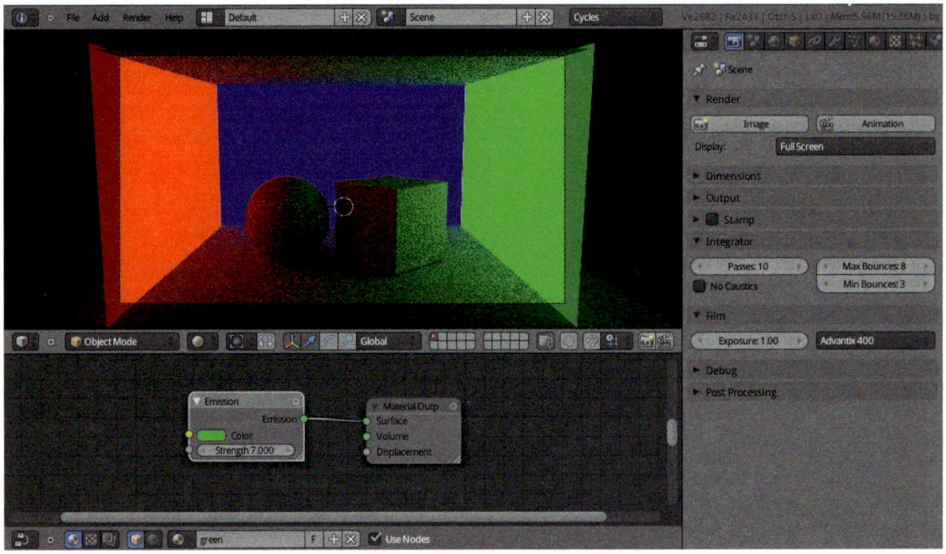

ABBILDUNG 8.24

Erster CYCLES Build mit RENDERED VIEWPORT SHADING

Schon im ersten Windows *Build* konnte der *Viewport* der *3D View* bereits im *Rendered Viewport Shading* angezeigt werden. Darin entspricht die Vorschau exakt dem Renderergebnis. Am Anfang der Berechnung sieht man im *Cycles* Rendering noch viel Rauschen, es wird dann mit der Zeit immer feiner. Nach jeder Veränderung wird das Bild neu berechnet.

Auch sind mit *Cycles* endlich Effekte wie *Caustics* in Blender möglich. Das sind Lichtbündel, die von spiegelnden oder durchsichtigen Gegenständen auf andere Objekte geworfen werden. Vorher war auch dies nur mit externen *Render Engines* möglich.

ABBILDUNG 8.25

CAUSTICS in CYCLES

Für diese neue *Render Engine* wird ein komplett neues Node-System für Materialien, Lichter und Umgebung nötig.

8.2 Compositing

Nicht immer reicht das vom Renderer erstellte Bild aus, um uns vollständig zufriedenzustellen. Das Compositing bietet uns dann die Möglichkeit, dieses auf unterschiedliche Weise nachträglich aufzuwerten, ohne dass das Ausgangsbild jedes Mal neu berechnet werden muss. Dabei können wir auf eine Menge Informationen zurückgreifen, die uns Blender zur Verfügung stellen kann.

In Blender nutzen wir für diese Aufgabe den *Node-Editor*. Mit dem dritten Icon nach dem *Node Editor Header-Menü* aktivieren wir den *Compositing Nodes-Modus.*

8.2.1 Defocus

Defocus ist der aus der Fotografie bekannte Effekt der Unschärfe außerhalb des Fokus. Auch in der 3D-Grafik kann dieser Effekt helfen, den Realismus und die Tiefenwirkung eines Bildes erheblich zu steigern.

Mit dem Blender Renderer alleine ist es nicht möglich, den Defocus-Effekt nachzustellen. Mithilfe der *Compositing Nodes* ist es allerdings sehr einfach.

ABBILDUNG 8.26
Rendering ohne Defocus Compositing

In dieser Szene sind viele Objekte vorhanden. Die Entfernung zur Kamera variiert sehr stark. Leider lässt sich dies für den Betrachter nur erahnen. Betrachtet er z.B.

die weißen Punkte, kann er nicht wissen, ob der Abstand zur Kamera unterschiedlich ist oder nur die Größe der Punkte. Der *Defocus Node* kann hier weiterhelfen.

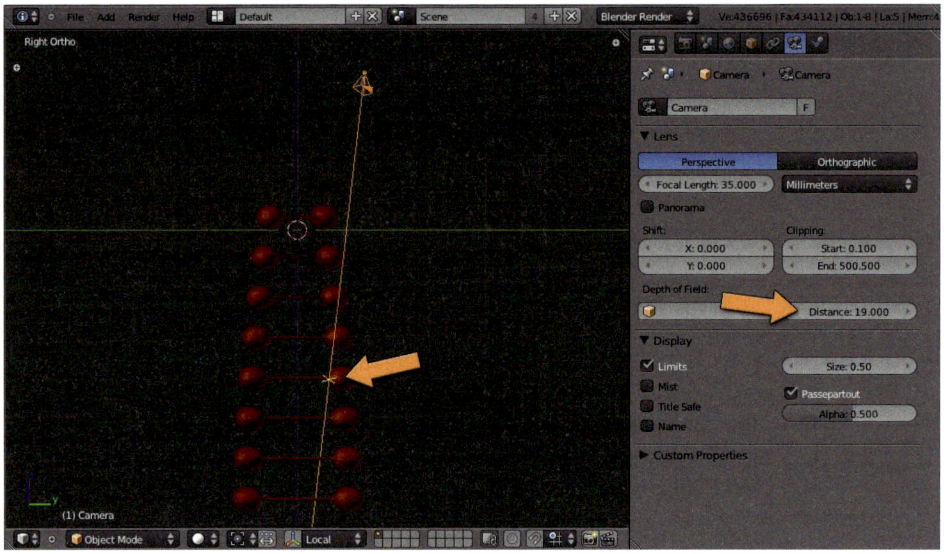

ABBILDUNG 8.27

Kamera mit gesetzter DISTANCE

Bevor wir jedoch in den Node-Editor wechseln, müssen wir zunächst den Fokus angeben. Dies ist der Punkt, an dem alles scharf dargestellt wird. Dafür wählen wir zunächst die verwendete Kamera aus und wechseln dann in einem *Properties-Editor* in die *Object Data Properties*. Im *Lens Panel* finden wir den Punkt *Depth of Field* (Tiefenschärfe).

Hier können wir entweder ein Objekt angeben, das immer im Fokus liegen soll, oder die *Distance* (Entfernung) zur Kamera. Sind im *Display Panel* die *Limits* aktiviert, wird die *Distance* in der Vorschau mit einem gelben Kreuz angezeigt.

Nun können wir in den *Node-Editor* wechseln. Dort schalten wir ihn mit dem dritten Icon neben dem Menü auf *Compositing Nodes* um. Mit *Use Nodes* aktivieren wir die *Compositing Nodes*. Ein *Render Layers Node* und ein *Composite Node* erscheinen. Der gewählte Render-Layer wird unverändert vom *Compositing Node* ausgegeben.

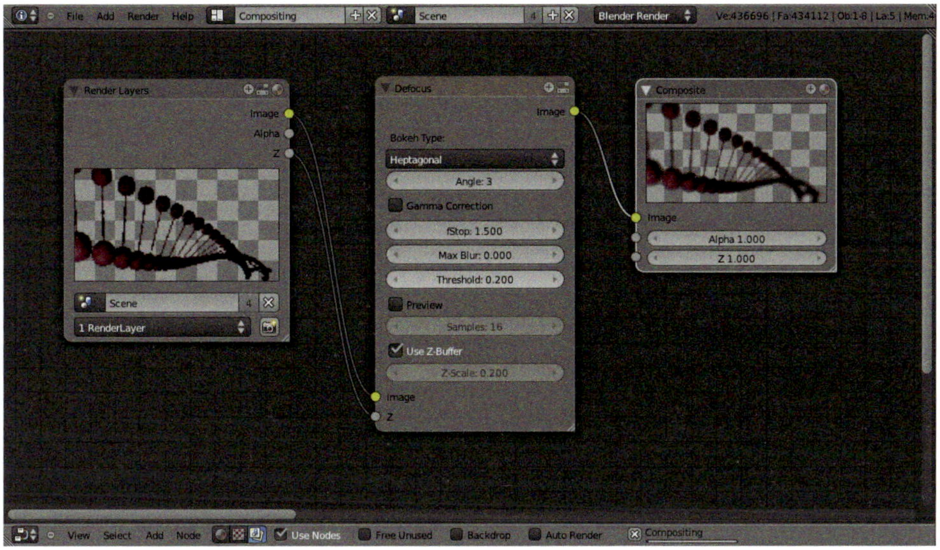

Abbildung 8.28

Node-Editor mit Compositing Nodes für Defocus

Über das *Add-Menü* vom *Node Editor Header* oder einfach mit ⇧+A können wir neue Nodes hinzufügen. Unter *Filter* finden wir den *Defocus Node*. Haben wir ihn erstellt, verbinden wir den *Image-* und den *Z-*Ausgang des *Render Layers Node* mit den gleichnamigen Eingängen des *Defocus Node*. Dies geschieht durch einfaches Klicken und Ziehen vom Punkt des Ausgangs zum Punkt des Eingangs. Den Image-Ausgang des *Defocus Node* verbinden wir nun mit dem *Image-*Eingang *Composite Node*.

Nun können wir den Defocus einstellen. Der *Bokeh Type* gibt die Form des Blur an. Damit lässt sich in etwa der Effekt einer Blendenform eines Kameraobjektives nachstellen. *Angle* bestimmt dabei den Winkel dieser Form. Mit *fStop* bestimmen wir die Größe des scharfen Bereiches. Ist unser Ziel eine starke Unschärfe, sollte dieser Wert eher klein sein. Bei einem *fStop* von 128 tritt keine Unschärfe auf. Mit *Max Blur* können wir den Effekt abschwächen. Wir legen damit fest, wie stark die Unschärfe an der unschärfsten Stelle sein soll. Haben wir Farbfehler zwischen den Objektgrenzen und dem Hintergrund, könnte *Threshold* dieses Problem beheben.

Mit *Preview* wird das Ergebnis dieses Nodes schneller berechnet. Es ist allerdings wirklich nur zur Vorschau gedacht. Die Qualität ist sehr gering. Mit einem höheren *Samples-*Wert steigt diese zwar, für das endgültige Ergebnis sollte *Preview* jedoch deaktiviert werden. Nachdem wir den *Z-*Ausgang des *Render Layers* mit dem *Defocus Node* verbunden haben, sollten wir dringend *Use Z-Buffer* aktivieren. Das *Z-Scale-*Eingabefeld ist dann ausgegraut.

ABBILDUNG 8.29
Rendering mit Defocus Compositing

Mit F12 starten wir wie gewohnt den Rendervorgang. In einem *UV/Image-Editor,* der auf *Render Result* geschaltet ist, wird nun das Ergebnis angezeigt. Je nach Einstellung im *Render Panel* der *Render Properties* öffnet sich dieser automatisch. Das Ergebnis ist zufriedenstellend. Das Bild hat mehr Tiefe erhalten. Die Position der weißen Kreise im 3D-Raum lässt sich nun wesentlich besser erahnen als zuvor. Durch den Fokus wurde die Aufmerksamkeit auf einen bestimmten Bereich des Bildes gelenkt. Dank der Unschärfe erinnert das Bild eher an eine Fotografie als an eine Computergrafik, der Realismus wurde also gesteigert.

8.2.2 Motion Blur

In einem Einzelbild kann man die Dynamik einer Bewegung nur schwer einschätzen. Ohne Motion Blur (Bewegungsunschärfe) wirkt unser bewegtes Objekt, als sei es unbewegt.

ABBILDUNG 8.30

Rendering ohne Motion Blur

Eine Möglichkeit, in Blender Motion Blur zu erzeugen, ist der *Sampled Motion Blur* aus den *Render Properties*. Es ist ein qualitativ hochwertiger Effekt, der allerdings sehr viel Rechenzeit kostet. Besonders für Animationen genügt jedoch ein Motion Blur mit weniger Qualität.

ABBILDUNG 8.31

Rendering mit SAMPLED MOTION BLUR

Im *Node-Editor* finden wir im *Add-Menü* unter *Filter* den *Vector Blur*. Um diesen nutzen zu können, müssen wir im *Layer Panel* der *Render Properties* den Speed-*Vector*-Pass aktivieren. Der *Render Layers Node* bekommt einen neuen Ausgang namens *Speed*.

ABBILDUNG 8.32

NODE-EDITOR mit VECTOR BLUR NODE für Motion Blur

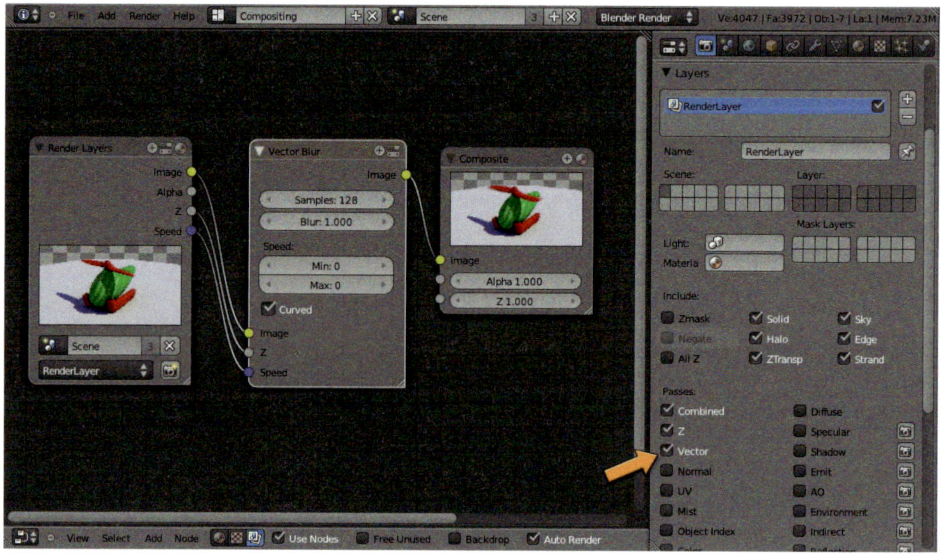

Haben wir die Ausgänge *Image*, *Z* und *Speed* des *Render Layers Node* mit den gleichnamigen Eingängen vom *Vector Blur Node* verbunden, verbinden wir noch den *Image*-Ausgang vom *Vector Blur Node* mit dem *Image*-Eingang vom *Composite Node*.

Die Einstellungen des *Vector Blur Node* sind ziemlich selbsterklärend. Mit *Samples* geben wir an, wie viele Zwischenschritte für die Unschärfe verwendet werden sollen. *Blur* bestimmt die Stärke des Effektes. Unter *Speed* können wir mit *Min* und *Max* die Mindest- und Höchstgeschwindigkeit angeben. *Curve* sorgt für rundere Kanten beim Unschärfe-Effekt.

ABBILDUNG 8.33

Rendering mit VECTOR BLUR

Das Ergebnis ist überzeugend. Eine Nahansicht zeigt jedoch teilweise zu harte Kanten an den Objektgrenzen auf.

Im Gegensatz zum SAMPLED MOTION BLUR wirkt sich der Effekt des VECTOR BLUR NODE nicht auf Schatten aus. Die Schatten bleiben hierbei scharf.

8.2.3 Node Groups

Dies waren sehr einfache Beispiele für ein Compositing in Blender. Natürlich ist mit den Composite Nodes noch viel mehr möglich. Farbkorrekturen, Masken, Animationen, Glüheffekte und vieles mehr.

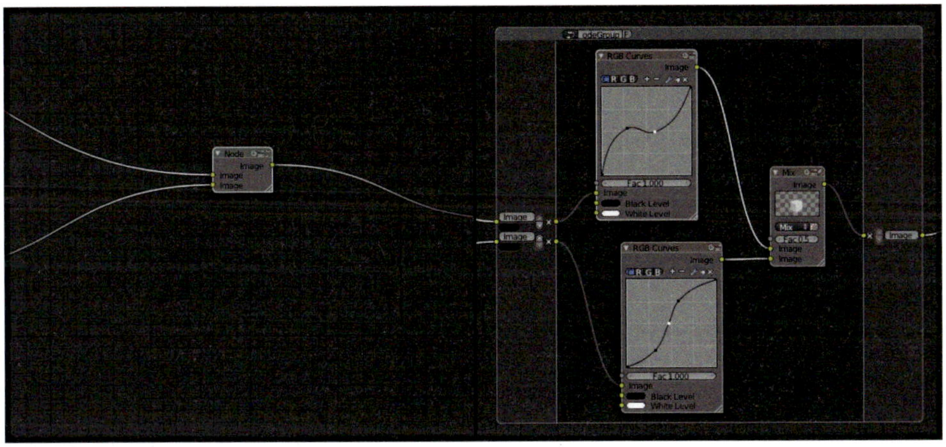

ABBILDUNG 8.34

Geschlossene und geöffnete NODE GROUP

Besteht ein Compositing aus so vielen Nodes, dass es unübersichtlich wird, macht es Sinn, zusammengehörende Nodes zu gruppieren. Dazu wählen wir die gewünschten Nodes aus und wählen *Group* im *Node-Menü* oder drücken [Strg]+[G]. Eine geschlossene Node Group nimmt weniger Platz ein. Mit [⇆] können wir eine geschlossene Gruppe öffnen und bearbeiten.

Kapitel 9
Video Sequence-Editor

Wer viele Bilder oder Animationen erstellt hat, möchte diese meist auch präsentieren. Dies geht natürlich am besten in Form eines Filmes mit den zusammengestellten Arbeiten (Demo Reel). Dafür benötigt man eine Videoschnittsoftware. Diese kostet, wenn sie gut sein soll, nicht gerade wenig. Oder haben wir nicht doch schon eine?

In Blender können wir nicht nur 3D-Animationsvideos erstellen. Mit dem Video Sequence-Editor können wir auch aus vorhandenen Videos, Bildern, Audiodateien und sogar 3D-Szenen neue Videos zusammenschneiden. Dabei stehen uns auch Filter und Übergänge zur Verfügung.

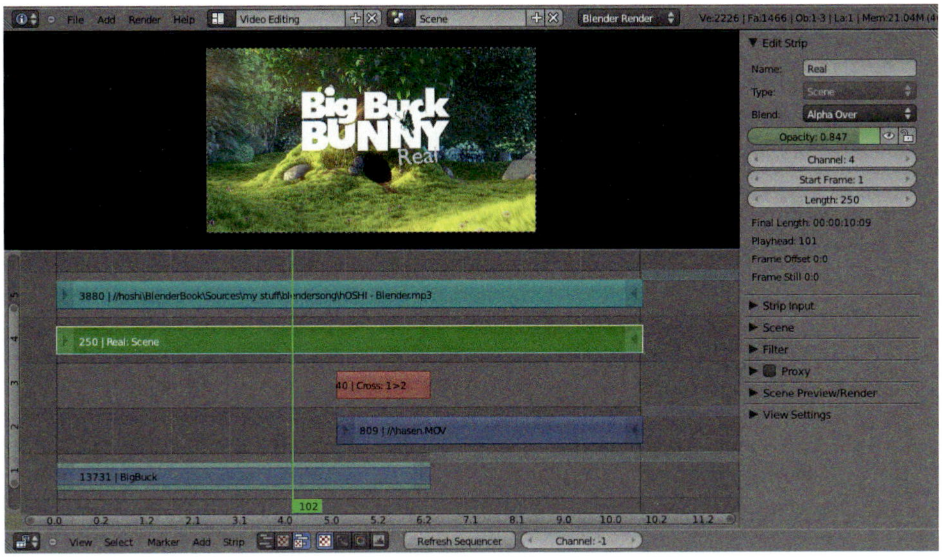

ABBILDUNG 9.1

Der Video Sequence-Editor

Strips

Um im *Video Sequence-Editor* Dateien, Szenen oder Effekte zum Sequencer hinzuzufügen, können wir wie immer ⇧+A drücken oder das *Add-Menü* aus dem *Header* von diesem Editor benutzen. Im Editor heißen diese Sequenzen Strips. Mit der bekannten Taste G können wir Strips verschieben. Es genügt aber auch, einfach mit der Maus auf einen zu klicken und zu ziehen. An beiden Enden der Strips befinden sich Pfeile. An diesen ziehend können wir den Clip vergrößern und verkleinern.

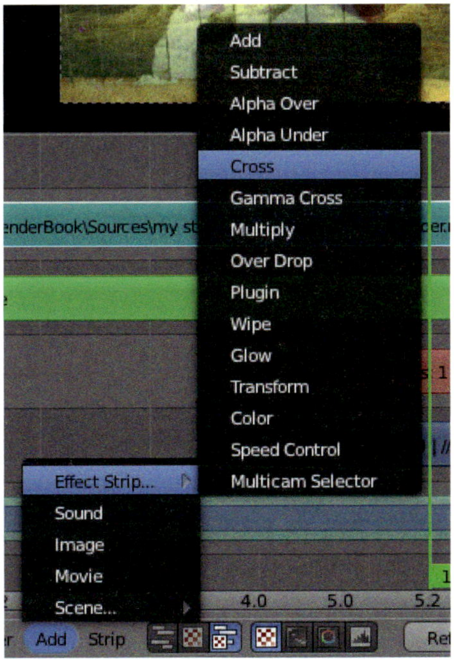

ABBILDUNG 9.2

Das Add-Menü

Meta Strips

Mit ⇧+G fügen wir mehrere Strips zu einem Meta Strip zusammen. Ein Meta Strip verhält sich wie ein gewöhnlicher Strip. Mit ↹ kann man diesen jedoch öffnen und den Inhalt bearbeiten. Den geöffneten Meta Strip können wir mit ↹ wieder verlassen, solange kein Strip im Meta Strip ausgewählt ist.

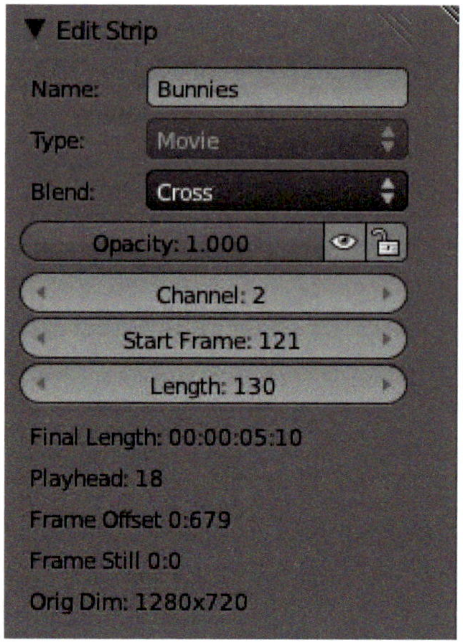

ABBILDUNG 9.3

Das EDIT STRIP PANEL der Properties

Importieren wir Videos mit einer Audiospur, werden Video- und Audiospur im Sequence-Editor als separate Clips angezeigt. Sie können einzeln verschoben und bearbeitet werden. Um sie zu gruppieren, bietet sich besonders hier das Verwenden eines Meta Strips an.

Properties

Falls noch nicht offen, können wir mit N die *Properties* des Editors öffnen. Dort finden wir einige Panels mit Einstellungen zum aktuellen Clip. Im *Edit Strip Panel* können wir dem Strip einen Namen geben. *Blend* bestimmt die Art der Überblendung und *Opacity* die Deckkraft.

Im Sequencer stehen uns nahezu unendlich viele Kanäle zum Füllen mit Strips zur Verfügung. Soll der Strip einen anderen Kanal belegen, können wir den *Channel* ändern. Hier können wir den Clip auch durch Ändern des *Start Frame* verschieben und durch Anpassen der *Length* kürzen.

Übergänge mit Cross

Um eine Überblendung für zwei in unterschiedlichen Channels liegende Strips zu erzeugen, wählen wir zunächst den Strip aus, der als Erstes zu sehen sein soll. Nachdem wir den zweiten Strip ausgewählt haben, wählen wir im *Add-Menü* unter *Effect Strip* ... einen der *Cross*-Filter aus. Der Filter wird in einem weiteren Channel angelegt.

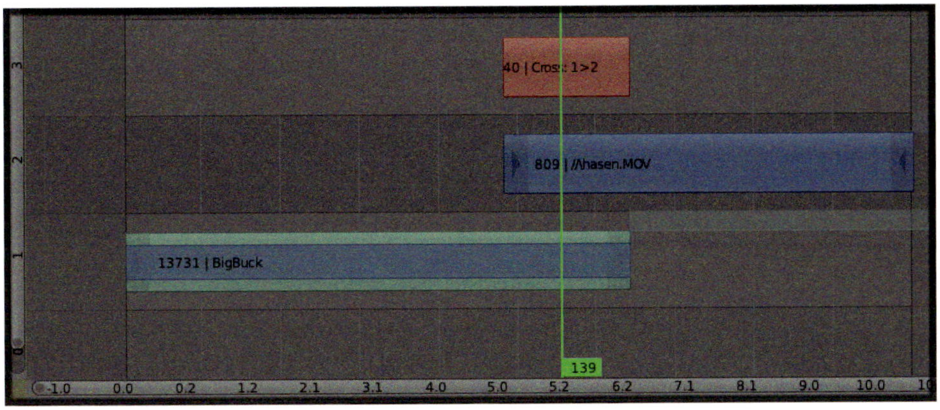

ABBILDUNG 9.4
CROSS-Filter

Im HEADER vom VIDEO SEQUENCE-EDITOR finden wir auch das CLIP-MENÜ. Dort sind viele sehr nützliche Funktionen zum Bearbeiten der Sequenzen untergebracht.

Scenes

Fügen wir über das *Add-Menü* eine *Scene* hinzu, wird diese wie ein Videoclip einem Channel hinzugefügt. Somit können wir auch 3D-Elemente in unserer Sequenz benutzen. Das ist jedoch nicht alles. Eine *Scene* kann auch das Ergebnis von *Compositing Nodes* sein; oder sogar eine komplette Sequenz aus dem *Video Sequence-Editor*. Auf diese Weise können wir komplexe Sequenzen auf mehrere Szenen aufteilen.

Ausblick auf Blender 2.6

Wer sich für Videoschnitt und Compositing interessiert, hat Grund zur Vorfreude. Neben der neuen Render-Engine Cycles wurden für die kommende Blender-Version 2.6 viele Neuerungen im Bereich der Videonachbearbeitung angekündigt. Unter den angekündigten Features befinden sich unter anderem Open CL Compositing und Motion-Tracking bzw. Camera-Tracking. Wir dürfen gespannt sein.

Kapitel 10

Software-, Literatur- und Ressourcen-Empfehlungen

10.1 Benutzte Software/Software-Empfehlungen

10.1.1 2D

Photoshop

Adobe Photoshop ist der Industriestandard für digitale Bildbearbeitung. Ich persönlich kann ohne dieses Programm nicht mehr zufrieden leben.

`http://www.photoshop.com`

Gimp

Ein freies Bildbearbeitungsprogramm.

`http://www.gimp.org`

10.1.2 3D

Blender

Ein Open-Source-3D-Programm, das in diesem Buch wohl ein paar Mal erwähnt wurde ;)

`http://www.blender.org`

POV-Ray

Kostenloses Raytracing-Tool, das dank Add-On direkt aus Blender benutzt werden kann.

10.2 Buch- und DVD-Empfehlungen

10.2.1 Blender

Diese Bücher und DVDs erhält man im Blender-Shop:

`http://www.blender3d.org/e-shop/`

Das meiste davon bezieht sich allerdings auf die veraltete Version 2.4x.

Essential Blender

Das offizielle Blender-Buch der Blender Foundation. Da es die Version 2.4x behandelt, ist es leider schon ein wenig veraltet, bietet dennoch einige interessante Ansätze.

Mastering Blender

Sehr umfangreiche Anleitung zu Blender 2.4x und dessen nicht so bekannten Features und Tricks.

Blender Open Movie Workshops

Eine Serie von Übungsvideos.

Mancandy

Eine umfangreiche Video-Anleitung zum Thema Character-Animation. Ein komplettes Modell zum Benutzen und Modifizieren ist auch dabei.

10.2.2 Grundwissen

Animators Survival Kit

Lighting & Rendering

10.3 Website-Empfehlungen

Blender-Website

Die offizielle Blender-Website. Hier ist das Zuhause der Software Blender.

`http://www.blender.org`

Blender Wiki

Das offizielle Wiki der Blender-Website. Hier gibt es Dokumentationen wie z.B. das Handbuch von Blender in vielen verschiedenen Sprachen.

`http://wiki.blender.org`

Blendercookie

Eine englischsprachige Seite mit hochwertigen Video-Tutorials für Blender.

`http://www.blendercookie.com`

Blendernation

Das bekannteste englischsprachige News Archiv zu Blender.

`http://www.blendernation.com`

Blenderartists

Die größte englischsprachige Community Rund um das Thema Blender.

`http://www.blenderartists.org`

BlenderArt Magazine

Kostenloses Blender-Magazin. Meist in Englisch, teilweise sind aber auch Übersetzungen vorhanden.

`http://www.blenderart.org`

Freie Texture-Seiten

Bei folgenden Seiten können kostenlos Texturen heruntergeladen und für private und ggf. kommerzielle Projekte benutzt werden. Auf den Seiten gibt es immer eine Information zur jeweils gültigen Lizenz.

`http://www.plaintextures.com/`

`http://www.cgtextures.com/`

`http://www.morguefile.com/`

`http://www.texturelib.com/`

Blender.Heiko-Ih.de

Die Seite zu diesem Buch.

`http://blender.heiko-ih.de`

Stichwortverzeichnis

Symbole

A

B

E

F

G

H

I

P

Q

R

S

T

U

V